내 친구 예수는 아나키스트

지은이	박홍규
초판발행	2025년 3월 1일
펴낸이	배용하
책임편집	배용하
교열교정	윤찬란
등록	제2021-000004호
펴낸곳	도서출판 비공
	https://bigong.org ┃ 페이스북:평화책마을비공
등록한곳	충청남도 논산시 가야곡면 매죽헌로1176번길 8-54
편집부	전화 (041) 742-1424
영업부	전화 (041) 742-1424 · 전송 0303 0959-1424
ISBN	979 - 11 - 93272-29-9　03110
분류	기독교 ┃ 아나키즘 ┃ 예수

 값 25,000원

내 친구 예수는 아나키스트

박홍규

목/차

일러두기

이 책은 학술적인 연구서로 쓴 책이 아닙니다. 그래서 논리가 정연하지도 않고, 학술서로서의 엄밀한 체계도 충분히 갖추지 못합니다. 특히 완벽한 인용을 하지도 못합니다. 성서는 생명의말씀사에서 낸 『현대인의 성서』에 따라 인용하되 필요하면 수정하고, 그 소제목을 붙였습니다. 성서는 구약과 신약으로 나누어지지만, 구약이나 신약이라는 용어에 대해서는 많은 논의가 있습니다. 그런 말을 사용함은 구시대적이고 보수적이라는 지적도 있는데, 지금도 여전히 가장 일반적인 용어라는 이유에서 그 말들을 그대로 사용하겠습니다. 성서의 핵심적 개념의 하나인 God에 대해서도 '하나님'이나 '하느님' 등과 같이 여러 가지 말의 번역이 있지만, 이 책에서는 가급적 '신'이라는 말을 사용하고, 특별한 경우에만 그중에서도 일반적이라고 볼 수 있는 하나님이라는 말을 사용하겠습니다. 또 복음서를 인용할 때에도 일반적인 인용 방법을 따르겠습니다. 가령 '마'란 '마태가 기록한 기쁜 소식'의 약칭입니다. 그러나 이는 종래 마태복음이라고 불린 것이고 그것이 지금 우리에게도 더 친숙하다는 이유로 그렇게 인용합니다. '막'은 마가복음, '눅'은 누가복음, '요'는 요한복음의 약자입니다. 그 밖의 성서 약자는 관례에 따릅니다.

머리말

지금부터 약 이천 년 전에 서른 살쯤의 무명 청년이 별안간 나타나 "회개하십시오. 신의 나라가 다가왔습니다"라고 말하기 시작했다고 복음서 ^{마 4:17, 막 1:15}에 적혀 있습니다. 지금 누가 나에게 그렇게 말한다면 당장 반발할 것 같습니다. 윤동주의 시 한 구절처럼 '하늘을 우러러 한 점 부끄럼이 없'이 살았다고는 못 해도, 전혀 모르는 남에게 별안간 '회개하라'는 말을 들을 정도로 잘못 살지는 않았다고 생각하기 때문입니다. 어쩌다 역 같은 데서 그런 말을 하는 사람을 만나면 당연히 기분이 나쁩니다. 너는 얼마나 잘 살았는데 하는 말이 속에서 치밀어 오르지만, 입으로는 뱉지 못하고 그냥 못 들은 척, 안 들은 척하며 지나치기 마련입니다,

그런데 그 말의 본래 뜻이 "생각을 바꾸어 봅시다. 지금 이 세상은 너무나도 잘못되어 있습니다. 새로운 세상을 함께 생각해 보고, 그렇게 바꾸어 보면 어떨까요?"라는 뜻임을 알게 되면 어쩌면 정말 생각이 바뀌지 않을까요? 그 말이 독재권력자들의 말을 무조건 믿고 그들에게 맹종할 것이 아니라, 그 밑에서 신음하던 민중이 생각을 바꾸어 모두 자유롭고 평등하고 평화롭게 사는 권력 없는 세상을 만들어 보자는 뜻이라고 한다면, 그 말에 공감하여 위의 청년을 따른 사람들이 있었듯이, 나도 따를지 모르겠습니다. 물론 처음에는 반신반의할 수도 있겠지만, 그 청년이 그

후 한 해 남짓 세상을 바꾸겠다고 열심히 노력하다가 자기가 비판한 권력에 의해 처형당하는 모습을 당당하게 보여주었다면, 그의 말을 믿을 수도 있을 것 같습니다.

아시다시피 바로 예수의 이야기입니다. 그의 이야기는 너무나도 유명하여 모르는 사람이 거의 없고, 지금도 그의 말을 따른다고 하는 사람들이 있습니다. 그런데 그들이 성당이나 교회에 모여 예수에게 열심히 기도하면 아들딸이 시험에 합격하는 등의 행운을 주고, 죽으면 '신의 나라'라는 천당에도 간다고 하는 것은 예수의 생각과 말을 잘못 알고 있는 것이라고 여겨져 이 책을 쓰게 되었습니다. 얼마 전 고등학교 졸업 이후 한 번도 보지 못한 친구를 반세기 만에 만나려 그가 목사로 있는 시골 교회로 힘들게 찾아갔는데, 교회 입구에 차별금지법과 학생인권조례에 반대한다는 등의 이상한 플래카드들이 요란스레 붙어있는 것을 보고 놀란 적이 있습니다. 예수는 차별금지나 학생 인권을 비롯하여 모든 사회적 약자의 인권 보장에 반드시 찬성할 뿐 아니라, 그것을 위해 적극적으로 싸울 사람이라고 생각했기 때문입니다. 그러나 친구 목사는 서로 보지 못한 50여 년 동안 내가 그가 말하는 '동성애자라는 사탄'이라도 된 것처럼 힘상궂게 쳐다보면서 교회에 나와 기도하면 천당 간다고 설교했습니다. 같은 고교 졸업 후 반세기를 각각 목사와 법학자로 살았던 두 사람의 거리는 지금 우리 사회의 분열을 적나라하게 보여주는 것 같습니다.

정작 회개는 예수에 뜻에 반하는 교회가 해야 하지 않을까요? 예수는 서양에서 최초로 모든 사람의 평등을 주장한 사람입니다. 그보다 더 빨리 평등을 주장한 사람은 인도의 붓다뿐이었습니다 예수는 차별을 "하나님 나라의 문을 사람들 앞에서 닫아버리는"마 23:13 짓이라고 강력하게 비판했습니다. 그러니 차별금지에 반대하는 교회는 예수를 거짓되게 팔아먹는 것이니 교회가 예수 배신의 죄를 회개해야 하지 않을까요? 교회 스스로 차별하는 민중에게 회개하라니 그야말로 적반하장도 유분수 아닌가요? 민중이 죄가 많아서 회개해야 하는 것이 아니라, 지금까지 권력 밑에서 신음한 것이 잘못된 생각 때문이니, 생각을 바꾸어 민중 자신이 주인공이 되고 권력 없는 세상을 만들어야 한다는 것이 예수의 생각이고 말이고 행동입니다. 교회가 할 일은 바로 그것이 아닌가요?

　나는 일본과 미국에 몇 년씩 살면서, 또 남미와 아프리카, 유럽과 이스라엘 등을 여행하면서 그런 차별을 보고 직접 겪기도 했습니다. 세상 어디에나 차별과 인권탄압이 있습니다. 특히 이스라엘에서는 유대교를 믿는 유대인이 이슬람교를 믿는 팔레스타인 사람들을 극단적으로 차별하고, 심지어 마구잡이로 체포하고 죽이는 것도 보았습니다. 유대인들은 2천 년 이상 그곳에 살던 팔레스타인 사람들을 대부분 쫓아내고, 그곳에 남은 사람들을 장벽에 가두고서 온갖 차별과 인권유린을 저지르고 있습니다. 2천 년 전이나 지금이나 그곳은 마찬가지입니다. 그런데 그곳의 한국인 선교사들은 이스라엘 편에 서서 기독교를 믿으라고만 말하고, 그곳을 성지로 순례하는 한국인 기독교도를 비롯한 모든 기독교인은 팔레스타인 사람들에게는 아무런 관심이 없이 그곳에서나 자국에서나 이스라엘만을 좋아합니다. 지금 예수가 그곳에 정말 부활한다면 팔레스타인 사람들을 차별하지 말고, 체포하지 말고, 죽이지 말라고 했을 겁니다. 그런 짓을 하는 부당한 권력에 저항하고, 무권력의 새로운 세상을 만들기 위해 생각을 바꾸라고 했을 겁니다. 그러니 진정으로 예수를 믿는다면 팔레스타인 사람들에 대해 무관심해서는 안 됩니다. 아니 권력 자체에 대해 고민해 봐야 합니다.

'권력이 없다'라는 무권력을 아나키라고 하고, 그 아나키를 추구하는 사람을 아나키스트라고 합니다. 흔히 아나키는 무정부 상태나 무질서 혼란 상태, 아나키스트는 무정부주의자라고 번역되지만, 이는 엄청난 오해입니다. 사람들은 권력이 없으면 혼란이 오고, 권력이 강할수록 질서도 확실해진다고 생각하지만, 이는 오해입니다. 적어도 예수는 그렇게 생각하지 않고, 도리어 반대로 국가가 무질서를 초래한다고 보았습니다. 가령 로마서에 나오는 다음 문장을 읽어봅시다.

> 법은 범죄 행위에 이르게 하는 악한 충동을 일으키고, 정신적인 죽음을 초래합니다. 이제 우리는 법에 복종하는 것에서 해방되어 문자 그대로의 법이 아니라, 정신 안에서 사는 새로운 방식으로 신을 섬길 수 있습니다.롬 7:5~6

위 말은 "아나키즘은 인간이 만든 법으로 구속되지 않는 자유에 근거한 새로운 사회 질서를 만들고자 하는 철학"이라는 보는 아나키스트의 말과 일치합니다. 이 말들에 대한 찬반을 고민할지 모르지만, 성서가 "새로운 방식으로 신을 섬기는" 것을 "법에 복종하지 않는 것"이라고 함은 예수를 아나키스트로 보는 데 충분합니다. 이 책은 평생 법을 연구한 법학자가 아나키스트 예수를 내 친구 삼아 그를 아나키스트로 다시 보고자 쓴 책입니다. 물론 나는 모든 법을 나쁘다고 보지는 않습니다. 예수 시대의 법과 지금 우리의 법은 분명히 다릅니다. 그러나 여전히 나쁜 법도 많고, 그 법을 악용하는 사악한 법률가도 너무 많습니다. 심지어 좋은 법이라고도 해도 얼마든지 악용될 수 있습니다. 좋은 법도 그것을 적극적으로 주장하고 이용해야 좋은 법이 되는 것입니다. 가령 헌법 제1조 "대한민국은 민주공화국이다"라는 구절은 헌법을 비롯한 모든 법의 기본으로서 중요하지만, 독재자가 자신의 독재를 민주공화국의 정치로 정당화하는 등, 얼마든지 악용될 수 있습니다.

그럼에도, 법이나 법률가 그리고 국가나 정부에 대한 무조건적 물신숭배가 여전히 팽배해 있음을 부정할 수 없습니다. 그래서 여기에도 저기에도 차별과 인권탄압의 사탄들이 설치고 있어서 그것들을 막을 아나키스트 예수를 다시 찾고자 하는 것입니다. 어디 차별과 인권유린뿐인가요? 두 세기도 전에 이미 톨스토이가 개탄했듯이 교회는 물론 세상의 모든 것이 예수의 말과는 정반대지 않은가요?

예수가 공격한 당시의 잘못된 생각은 지배자였던 로마제국의 황제니 유대의 왕이니 하는 권력자들이 내세운 것입니다. 예수는 바로 우리가 '그리스 로마 문명'이라고 배워온 것과 유대교의 경전인 구약의 차별주의, 집단주의, 폭력주의 따위를 용인하는 권력주의^{반아나키즘}를 철저히 비판했습니다. 그것이 평등주의, 개인주의, 비폭력평화주의를 핵심으로 하는 자유, 자치 및 자연을 중시하는 예수의 아나키즘이고, 그것을 적은 책이 신약의 복음서입니다. 그러나 신약에는 예수의 수제자라는 베드로나, 베드로와 마찬가지 격이라는 바울의 가르침도 있는데, 그것들은 예수의 가르침과 반드시 일치하지 않습니다. 특히 권력에 복종하라고 해서 문제입니다. 그래서 권력을 거부하고 자유롭고 평등하고 평화롭게 살자는 예수의 주장은 그 앞뒤에 있는 구약이나, 신약의 바울 등의 주장과는 다릅니다. 즉 예수는 구약을 비판했는데, 그의 제자란 자들은 다시 구약으로 돌아가 지금까지 2천 년 동안 기독교를 지배했습니다. 예수의 복음이 아니라, 구약의 권력주의가 교회와 세상을 지배해 왔습니다. 이제는 그 권력주의를 끝내야 합니다. 아니면 세상이 망합니다.

그런 취지로 처음 1장에서 이 책에 자주 나오는 몇 가지 기본적인 것들에 대해 안내하고, 2장에서는 현대 이스라엘과 팔레스타인 땅에서 새롭게 느낀 아나키스트 예수에 대해 말합니다. 이어 3장은 구약에 나타난 반아나키즘과 아나키즘구약에는 이 두 가지가 공존하는데, 예수는 당연히 구약 아나키즘의 영향을 받았습니다, 4장에서 6장까지는 복음서에 나타난 예수의 아나키즘, 7장은 예수 사후 그의 아나키즘이 죽었다가 부활한 역사, 그리고 마지막 8장은 예수 아나키스트가 나아가야 할 길을 각각 검토합니다. 8개 장을 세 등분 할 수도 있는데, 앞의 3개 장은 서론 또는 입문으로 예수 아나키즘을 알기 위한 기초, 가운데 3개 장은 본론으로 예수의 삶 속의 아나키즘, 마지막 2개 장은 예수 아나키즘의 죽음과 부활, 그리고 결론으로 예수 아나키즘을 설명합니다.

예수나 성서에 관한 책은 이미 에베레스트산만큼이나 많이 쌓여있으니 나 같은 시골 무지렁이 무신론자까지 이처럼 어렵고 힘들게 적어 거기에 쓰레기로 보탤 이유는 사실 없습니다. 그러나 예수를 아나키스트로 본 책은 거의 없습니다. 나는『기독교 사상』2012년 4월호에 쓴 「무정부주의와 기독교」라는 글을 시작으로 예수를 비롯하여 기독교 아나키스트들이나 아나키즘에 대한 글을 여럿 썼습니다. 그러다가 이 책을 쓰게 된 것은 지난 3년간 오늘의 사탄인 소시오패스를 방불케 하는 권력자들이 우리 사회를 지배하는 꼴을 보아야 했기 때문입니다. 그 직전의 코로나19보다도 더 힘든 반反아나키, 즉 사악한 절대권력의 세월이고, 거짓과 어둠, 폭력과 분열의 세월이었습니다. 그 절정이 2024년 12월 3일 밤 대통령이란 자가 저지른 반헌법적인 친위 쿠데타입니다. 그 쿠데타의 주역들이 주로 모 고등학교 동문이어서 그 학교가 쿠데타 고교라고 불리는 것 같습니다만, 내가 다닌 중고교를 포함하여 당시 한국의 학교들이 대부분 파시스트 양성소 같은 곳이 아니었을까요? 아니 그게 어디 옛날 일일 뿐일까요?

옛날이나 지금이나 쿠데타의 주역은 법률가와 군인입니다. 그런데 성서에는 법률가를 율법학자로, 그리고 법률을 율법으로 번역해 마치 지금 반헌법적 쿠데타를 주도한 한국의 법률가나 법률과는 다른 것처럼 보이게 합니다. 그래서 기독교를 믿는다는 자들이, 그것도 장로니 뭐니 하는 법률가들이 군인들과 함께 버젓이 쿠데타를 벌이는지도 모릅니다. 그러나 이것도 성서 번역의 또 한 가지 오류에서 비롯된 것일 수 있습니다. 영어 성서만 뒤져도 율법은 law, 율법학자는 lawyer로 되어 있습니다. 율법학자가 아니라 법률가입니다. 그래서 나는 흔히 "너희 율법학자들은 지식의 열쇠를 가지고 있으면서도 너희 자신도 들어가지 않고, 또 들어가려고 하는 사람도 못 들어가게 막았다"라고 번역되는 누가복음 11장 52절의 앞부분을 제목으로 삼아 법률가를 비판한 프레드 로델의 책 Woe unto you, lawyers를『저주받으리라, 법률가여』1986로 번역했습니다. 서양에서는 성서로부터 법률가에 대한 비판이 있었지만, 한국을 비롯한 동아시아에서는 과거의 과거시험 전통이 남아 있어서인지, 법률가가 과거에는 물론 지금도 최고의 직업으로 숭상되어 관존민비를 여전히 유지하게 한다고 생각해 그 책을 번역했습니다. 그러나 도리어 이제는 법률가가 대통령을 비롯해 독재 정권의 중심이 되었습니다. 그래서 예수를 따라 다시 외칩니다. 저주받으리라, 법률가여! 군인이여! 정치가여! 대통령이여! 자본가여! 그리고 그들과 함께 그들을 숭배하는 모든 네발 달린 흉악한 사탄들이여! 썩 물러가라!

나는 1994년, 1997년, 2000년에 각각 낸『사법의 민주화』,『법은 무죄인가』,『시민이 재판을』등에서 판검사를 비롯한 법률가의 특권적 풍토가 그 수의 희소성에서 비롯된다고 하면서 감기약을 파는 골목의 약방 수만큼 법률가가 많아져서 법적인 감기를 나을 수 있게 하고, 그들 중에서 훌륭한 법률가를 판검사로 선출하게 하고, 시민이 재판을 담당하게 해야 한다고 주장했습니다만, 그것은 여전히 공염불에 그치고 있습니다. 2024년 12월 3일의 친위 쿠데타 내란은 몇 시간 만에 끝나고 14일에 대통령이 탄핵당했지만, 법률가로 상징되는 권력에 대한 물신숭배가 사라지지 않고서는 참된 민주주의는 여전히 요원합니다. 권력과 돈에 대한 물신숭배를 거두고 무권력을 가르친 아나키스트 예수에 대한 새로운 믿음이 절실한 시대입니다.

그렇게 권력을 저주하면서 나의 개인사와 우리들의 역사에 대해 근본적인 반성을 하며 이 책을 썼습니다. 그리고 그런 타락의 근본 원인이 기독교 아나키즘의 죽음에 있음을 성서 다시 읽기를 통해 알게 되었습니다. 19세기에 우리에게 전해진 기독교가 처음부터 그런 타락한 제국 기독교였고, 그것이 오늘 이 땅에 수많은 제국 아류의 소시오패스 좀비들을 낳았습니다. 그들이 세계 최대의 교회들을 세우고, 거리에서 성조기와 이스라엘 국기와 함께 태극기를 흔들며 이 나라의 정치, 경제, 사회, 문화 전반을 제국의 아류 식민지로 타락시키고 있습니다.

마찬가지로 세계도 미국과 이스라엘의 동맹이 팔레스타인 난민들을 학살하고 있음을 비롯하여 도처에서 전쟁이 벌어지고 있어도, 그리고 그것이 빈부갈등과 자연 파괴로 이어지고 있어도, 그것을 불구경처럼 즐기며 자기들의 권력과 재산만을 탐닉하고 있습니다. 그래서 예수의 아나키즘을 회복해야, 아나키스트 예수를 부활시켜야, 21세기에 새로운 아나키스트 예수가 이 땅에 와야 이 나라도, 이 세계도, 이 지구도 본래의 자유-자치-자연을 되살릴 수 있다고 함께 믿으며 이 책을 내어준 비공의 배용하 목사에게 깊이 감사드립니다.

2024년 12월 25일 크리스마스에

박홍규

추천의 글

산더미처럼 숱하게 많은 예수에 관한 여러 책 중 전혀 색다른 책이 나왔다. 기독교라는 새장에 갇힌 예수를 해방시킨 책이다. 누구보다도 먼저 읽은 첫 독자로서 책 읽기의 기쁨을 만끽한다. 과연 예수는 교회를 세웠는가, 또 세우기를 원했을까.

기독교인들에게는 매우 충격적이겠으나, 눈여겨볼 만하고 비기독교인에게는 매우 환영받을 만하다. 예수는 좋아하나 교회는 안 나가는본문에서 저자 박홍규도 그러하다고 한다 이른바 가나안 교인들이 환영하겠다. 전혀 신앙을 전제로 하지 않고, 그리하여 매우 불경스럽게 예수에 접근하는데도 아니, 그래서라고도 할 수 있는데, 매우 호감이 간다.

옛날 오리게네스가 켈수스를 반박하는 책콘트라 켈수스에서 등장하는 예수 사생아설에 대해서도 끄떡없을 내용이다. 출신이 문제가 아니고 오히려 천한 출신이라 하더라도 오히려 더 멋진 삶을 보여 준 모습에 호감이 가기 때문이다. 일반 무지렁이들에게 얼마나 힘이 될 것인가.

그동안 예수에 관해서는 이런저런 수많은 논의가 있었다. 우선 역사 예수와 신앙 예수를 구별할 수 있는가. 예수는 하나인가, 여럿인가. 기원전 4년 이전에 태어난 예수, 기원후 6년 이후 태어난 예수는 다른 예수 아닌가. 산상설교하는 예수와 평야설교하는 예수. 하나님나라는 너희 가운데 있다고 하는데 그 후 이승 너머 저승에 있다고 하는 것은 왜인가. 부활후 갈릴리에 나타나는 예수, 아니고 부활 후 예루살렘에 나타나는 예수.

어느 예수가 진짜냐. 하나가 아니고 여럿 아니냐. 사복음서 외에도 도마복음, Q복음, 빌립보복음, 마리아복음, 그 외 숱한 복음. 어디가 진짜 예수인가.

예수는 신화이고 예수 퍼즐 아닌가. 이사야 53장의 예언자고난받는 종 스토리를 대본으로 한 이야기상의 예수 아닌가. 그저 예수는 정신이기만 이어도 되지 않는가. 예수 이야기 그 자체여도 되지 않는가. 예수가 내 안에 있으면 되는 것 아닌가. 예수는 과연 교회를 원했을까. 계급과 계층이 있는 그런 교회를 세웠나. 오늘날 요청되는 예수는 어떤 모습일까.

그저 유대 팔레스타인 지역의 환경 속에서 자유-자치-자연의 삶, 인간다운 삶을 외치다가, 안식일 규정 지키기보다 인간이 우선이라 주장하고 당대의 기득권자와 제도에 대해 대놓고 할 소리 다하고 여러 예수들과 함께, 예컨대 바라바 예수와 함께 나사렛 예수는 십자가에 죽은 것 아닌가. 스파르타쿠스 당시기원전 71년경처럼 숱하게 많이 십자가형에 죽은 것처럼, 그렇게 여러 강도와 함께좌우에 강도들을 거느린 우두머리 강도로 죽은 것 아닌가.

과연 예수는 기독교를 세웠나. 성직자인가 평신도인가.본문에서 예수가 유대교 랍비일수도 있다 하는 점에 대해서는 의견을 달리한다 무슨 획기적인 주장을 한다고 이단으로 정죄하고 화형에 처하는 것을 좋아했을까.

너는 너 나는 나 하면서 다름을 인정하지 않고 옳음과 그름을 누가 무슨 기준으로 판단할까. 로마 기독교나 희랍기독교보다 앞선 아르메니아 기독교, 콥틱 기독교, 그외 동방의 여러 기독교 중 누가 누구를 정죄할 수 있나. 다석 유영모가 제시하는 기독교 즉 '빈탕 한데 맞혀 놀이' 하는 그런 K-기독교가 오늘날 요청되는 것 아닌가.

마치 얀 아스만이 팰림세스트palimpsest, 지우고 다시 쓰기를 통해 제기한

'이집트인 모세'처럼 예수를 구주로 고백하는 기독교가 로마종교가 되면서 당시 로마에서 인기였던 미트라 종교가 되어 버린 것 아닌가. 12월 25일 성탄절 등등.이희수, 『인류본사』 그래서 바이블에 근거가 없는 12월 25일 성탄절을 지키지 않는 종파도 있다. 눌린 자의 친구가 어느새 권력자의 친구가 되어버리는데 저자는 이런 문제의식 가운데 '자유-자치-자연'의 아나키적 삶을 산 모범으로 예수를 부각하고 있다.

권위를 조금도 인정하지 않고 그저 친구로서 즉, 누가 누구에게 무엇인가 더 가진 것 인정 않고지도자는 하늘의 그분에게만 인정하고 그저 자유스런 인간들의 연대와 어우러짐 속에서 그런 점에서는 본문에서 꽤 길게 '예수의 리더십'을 언급하는 점에 대해서는 의견을 달리한다 "이건 아닌데" "하늘이 무섭지 않으냐" 하는 생각과 주장 속에서 앞자리 가려고 애쓰지 말고 꼴찌 되기를 즐겨하고, "기죽지 마 얼지 마 쫄지 마" 하며, 한편 기어라 낮추어라 저파비돼지는 살찌는 것 두려워하고 인파출명사람은 이름나는 것 두려워하고 누가 주는 상 받으려 하지 말고상 받으며 그 권위 인정하지 말고 당연히 훈장 거부하고 무슨 지위 등 타이틀 웬만하면 사양하고 '하고 싶다'와 '해야 한다' 사이 휘몰아치는 존재를 체험하면서 용기 있게 소신 있게 갈 길을 간 참 자유의 인간 예수를 그리고 있다.

저자는 무신론적 아나키즘을 견지하고 있으나, 유신론적 아나키즘을 배척하지 않고 수용하고 있다. 영성을 인정하느냐의 여부이나 오늘날 새롭게 조명받는 신유물론의 논의에서는 이 구별 또한 옅어지고 있다. 양자역학의 최신 이론을 받아들이면 기울어짐, 어긋남 그리고 만남, 부딪힘 속에서 새롭게 변하는 관계 맺어짐이 문제이기 때문이다. 즉 사건과 변화가 핵심이다.

한강의 주요 메시지처럼 "죽은 자가 산자를 도운다", "과거가 현재를 도운다." 우리의 자랑스러운 작가 한강의 작품 속에서 제시하는 문제인데 "소년이 온다", "작별하지 않는다"에서 그러하다.

만남, 부딪힘, 눈뜸. 이번 2024년 12월 비상계엄과 그 해제, 윤석열 대통령, 탄핵소추안, 1차 좌절, 2차 가결의 역사 드라마에서 큰 역할을 한 우원식 국회의장의 사례가 바로 그것을 보여주고 있다. "근태형, 도우소서." 그 다짐과 김근태의 유품 연두색 넥타이가 화제이다. 그러니까 "죽은 근태 형이 산 우원식을 도우더라." 사실 오래전에 예컨대 에른스트 블로흐는 무신론과 기독교를 말해왔다.박설호,『저항과 반역의 기독교』

또 두로테 죌레 같으면 신비와 저항을, 본회퍼 같으면 오늘날 성숙한 세계에서는 과거의 작업가설의 신이 필요하지 않고 신없이 더욱 신에게 가까이 다가간다고 했으며박봉랑,『기독교 의 비종교화』 늦봄 문익환은 오래전 김은국의 소설『순교자』 해설에서 주인공 신목사를 통해 새로운 종교를 말해왔다.「신목사의 새종교」,「이런저런 순교자」

엔도 슈사쿠의 침묵과 함께 후자는 [봉준호 감독이 작품 기생충으로 받은 아카데미 상 수상연설에서 공개적으로 존경한다고 한] 마틴 스코세이지 감독의 「싸일런스」2016라는 영화로 주목을 받았다. 김은국의 작품 순교자 속에서 신을 믿지 않게 되는 신목사이지만, 도망가거나 자살하거나 하지 않고 주위의 숱한 오해와 멸시 속에서도 일요일이면 물에 빠진 자 지푸라기라도 잡으려고 찾아오는 자를 "차마 외면하지 못하고" 사실과 진실을 애써 구분해 보라고 하며, 무언가 희망과 용기를 주려고 애쓰는 모습을 통해 새로 부각되는 신앙인의 모습.

기존의 교리에 갇힌 하나님을 부인하는 신목사, 그러나 무지렁이들을 차마 외면하지 못하는 순교자 신목사. 그때나 지금이나 의미 있고 교인이나 아니나 상관없이 누구에게나 감동과 용기를 주는 예수는 어떤 모습일까. 바로 이러한 질문에 저자는 아나키스트로서의 예수를 제시하며 공감을 일으키고 있다.

　이제 두 가지만 언급하고 마치기로 한다. 하나는 공감하는 것이고, 다른 하나는 다른 의견이다. 함석헌의 「성서적 입장에서 본 조선 역사」를 비판하는 부분에서는 공감한다. 광활한 영토를 통해 자부심을 가질 것이 아니기 때문이다. 예수의 실제 외모를 복원해 보았다는 부분에서는 다른 의견이다. 그저 예수가 살았다고 여겨지는 시기의 30대 전후의 유태인 남자의 전형적인 외모일 것이기 때문이다. 그리하여 이 책은 교인이나 아니나, 이웃 종교인이나 무신론자나, 누구에게나 적극 추천할 만하다.

　그동안 기독교가 독선적이고 배타적이라고 거부되는 경우가 많았는데 내 주변에도 그런 안타까운 경우가 있는데 이 책을 통해 오히려 인간적이며, 그러기에 더욱 호감이 가는 모습 아나키스트 예수, 너무나 멋있는 예수의 모습이다, 오늘날 요청되는 예수의 모습이다. 그렇게 아나키스트 예수를 친구로 여기며 네트워크형 자율 공동체를 이루면 그것이 새 교회일 것이다.

24.12.18 수

이원희, 문경촌로

*경북 문경 단산 956m, 중턱 350m 즈음인 굴골에서 6년째 은퇴 생활하고 있다. 은퇴 전에는 아주대에서 노동법을 가르쳤고, 서울에 있는 장로교회의 시무장로였다. 명예교수가 아니라서 전 교수이며 교직경력 40여 년이면 나온다는 훈장신청도 하지 않았다.

1장 · 서설

1. 예수는 내 친구
내 친구라고 하는 이유

이 책의 제목 '내 친구 예수는 아나키스트'에 대해 이상하게 생각할지 몰라, 약간 설명하는 것으로 시작하겠습니다. 1장 1절에서는 '내 친구', 2절에서는 '예수', 3절에서는 '아나키스트 예수'를 살펴보고, 4절에서는 이 책에 자주 나오는 지명과 인명에 대해서 간단히 설명하겠습니다.

흔히 말하는 '구세주 예수님'이라는 호칭 대신 '내 친구 예수'라고 부름에 대해 "감히 그런 불경한 말을 하다니"라며 화를 낼지 모르겠습니다만, 예수를 친구처럼 가깝고 미덥고 다정한 사람으로 너무 좋아하기에 붙인 말일 뿐입니다. 예수도 제자들을 친구라고 부르고요 15:15 가난하고 소외된 많은 사람을 친구로 삼았으니 나하고도 당연히 친구가 될 수 있다고 생각한 것이므로 건방진 수작이라고 오해할 필요는 전혀 없습니다. 이 책을 읽는 모든 독자도 나는 그런 친구로 생각합니다. 이 책은 모든 사람이 친구인 세상을 추구합니다. 그것이 바로 아나키입니다. 그리고 세상의 모든 사람이 친구이기를 바라는 사람이 아나키스트입니다.

'친구'란 여러 가지 뜻을 갖는 말이지만, 간단히 '너무 좋아서 항상 보고 싶은 사람', '서로를 이해하고 믿는 사람'이라고도 할 수 있습니다. 그런데 여기서 '믿는다'는 것은 '신을 믿고 우러러본다'라고 할 때의 '신앙'과는 다른 말입니다. '신앙'이라는 말은 친구에게는 사용하지 않습니다. 친구를 신앙한다거나 추앙한다거나, 또는 숭배한다거나 숭상한다고 하지는 않습니다. 성서에서 신앙이라고 함은 '피스티스'πίστις 라는 말의 번역어인데, 이를 영어로는 faith라고 번역하듯이 본래 '우러름'이라는 뜻이 없고, '믿음'이라는 뜻뿐이었음에도 신앙이라고 잘못 번역한 것입니다. 믿음이 너무 커서 우러르기까지 한다는 것인가요?[1]

이처럼 복음서를 비롯한 성서에는 잘못된 번역이 많습니다. 가장 잘못된 점은 예수의 말을 평어로 번역하는 반면, 제자들이나 일반인이 예수에게 하는 말은 경어로 번역한 점입니다. 우리말의 특이한 이중성평어와 경어의 계급성 때문에 생기는 문제이지만, 이로 인해 예수가 대단히 권력주의적이고 권위주의적인 인물이 되어 친구가 되지 못하게 합니다. 그래서 이 책에서는 복음서 등에서 예수의 말을 인용할 때 반드시 경어로 고쳐 인용하겠습니다.[2] 친구 사이에 무슨 경어냐 할지 모르겠지만, 나는 친구 사이에서도 나아가 모든 인간관계에서도 서로 인격을 존중한다는 의미에서 평어보다 경어를 사용함이 좋다고 생각합니다. 모든 사람이 서로 존중하며 경어로 대화하는 세상이 아나키입니다.

---

1) 서양 문화를 수용하는 과정에서 왜곡되는 현상은 여러 가지로 나타납니다. 가령 서양의 정치적인 내용의 팝송이 우리나라에서는 사랑의 팝송으로 왜곡됩니다. 심지어 내가 아나키즘 노래로 좋아하는 존 레넌의 '이매진'도 상업방송용으로 사용됩니다. 『로빈슨 크루소』에는 무인도에 표류한 백인 주인공이 식인종에게 도망친 원주민을 구해주는 이야기가 나오는데, 한국에서 나온 아동 판 번역서에는 원저에 없는 식인종에 대한 잔인한 묘사가 나와 원주민에 대한 증오심을 극대화합니다. 그래서 원주민에 대한 경멸이나 멸시가 어린 시절부터 세뇌되고, 백인에 대한 숭배와 비백인에 대한 모멸의 감정이 생겨나는 것이 아닐까요?

2) 나는 명령하거나 지시하는 투로 예수의 말을 번역한 종래의 성서를 비롯한 기독교 서적이 싫습니다. 예수의 말투를 경어로 번역한 성서는 '한국천주교회200주년 신약성서' 뿐입니다. 이 책을 나에게 소개하고 자신의 귀중한 소장본을 기꺼이 내어준 마리스타 수도회의 이용철 수사에게 감사드립니다. 그러나 구약과 신약을 함께 인용하기 위해 이 책에서는 부득이 『현대인의 성서』를 인용하되 예수의 말투는 경어로 고쳤습니다. 그래야 내가 그리는 예수의 모습에 맞기 때문입니다.

복음서에 따라서도 예수는 누구에게나 '믿는 친구'이고, 그것이 예수에 대한 올바른 태도입니다. 그를 믿고 좋아하면 되지 굳이 우러를 필요는 없습니다. 그것이 '내 친구'이자 '아나키스트'인 예수에 대한 나의 기본 태도이고, 이 책의 기본 자세입니다. 아나키스트란 간단히 '권력이 없어서 남을 지배하지 않을 뿐 아니라 남에게 지배되지도 않고, 권력을 싫어해 모든 권력에 반대하는 사람', 즉 무권력주의자나 비권력주의자나 반권력주의라고 할 수 있습니다. 국가권력만이 아니라, 가정의 권력^{아버지나} 남편이나 형의 권력, 사회의 권력^{학교 교사의 권력, 군대 상관의 권력, 회사 상사의 권력 등}, 요컨대 권력이라고 하면 치를 떠는 사람입니다. 그러니 모든 사람을 상하上下나 강약強弱이나 고저高低의 권력관계기 아니라, 친구처럼 자유롭고 평등하게 대하는 사람입니다. 친구나 아나키스트는 모두 '너무 좋아서 항상 보고 싶은 사람'이지 누구든 우러르지 않습니다. 물론 내려보는 것도 아닙니다. 나와 똑같이 평등하고 자유롭게, 언제나 기쁘고 평화롭게 바라봅니다.

예수만이 아니라 이 세상 누구에게도, 무엇에게도 마찬가지입니다. 사람은 물론 모든 존재, 생물은 물론 무생물까지 포함하는 모든 사물도 마찬가지입니다. 그래서 가족은 물론 개나 닭 같은 동물들도 모두 자유롭고 평등한 존재입니다. 심지어 밭에 자라는 식물들도 마찬가지여서 아침저녁으로 인사를 하고 대화를 할 수 있습니다. 예수는 평생을 홀로 방랑하며 사람들과 어울리고 동식물들과 함께 살았습니다. 자유롭고, 자치하며, 자연을 사랑했습니다. 바로 내가 좋아하는 자유-자치-자연의 친구입니다. 나는 이를 삼자주의라고 부르는데, 단 한 마디로는 자율주의라고도 할 수 있습니다. 자율주의란 남의 지배나 구속을 받지 않고 자유롭게 살아가는 것을 자신의 삶은 물론이고 타인 및 자연과의 관계에서도 일관된 최고 원칙으로 삼는다는 뜻입니다. 따라서 친구 삼는 것도 내가 자유롭게 선택하는 일이지 남이 선택해주거나 나의 자유의지와 무관한 것에 의해 강요될 수 없습니다. 자율주의에 반하는 것이 타율주의입니다. 자율주의는 신에 의한 타율적 구제에도 반대합니다. 따라서 자율적 신앙이지 타율적 신앙이 아닙니다.

예수도 그런 자율주의의 사람이고, 그를 자유로운 의지로 선택한 나도 자율주의를 믿습니다. 그런 예수를 친구로 선택해 좋아하는 것이지 예수를 '신앙'하거나 '숭배'하지 않습니다. 그러니 나는 신앙인도 숭배자도 아닙니다. 예수만이 아니라 그 누구도, 그 무엇도 숭배하거나 신앙하거나 추앙한 적이 없습니다. 성당이나 교회에 가기 싫은 이유 중 하나는 높은 제단 위에 있는 고통의 예수상이나, 엄숙한 얼굴로 딱딱하게 설교하는 목사, 신부를 올려다보아야 하기 때문입니다. 예수의 죽음을 상징하는 십자가에 깊은 의미가 있음을 모르지는 않지만, 친구의 비참한 죽음을 항상 생각하는 것은 괴로운 일이 아닐 수 없고, 게다가 그것을 항상 올려다보는 것은 피곤합니다.

목사나 신부에게 고개를 숙이고 훈계를 듣는 것도 싫고, 그들을 받들어 모셔야 하는 것도 싫습니다. 언젠가 내 눈높이에 내려오면 다시 가서 만나볼 생각이 들지도 모르겠습니다. 나는 강의실이나 강연장에서도 높은 연단에 올라가지 않고, 사람들의 눈높이에서 마이크 없이 조용히 말하기를 좋아합니다. 그러니 소위 웅변은 딱 질색입니다. 예수도 그러했으리라고 믿습니다. 모든 사람이 그에게는 친구이기 때문입니다. 서로 자유롭고 평등한 친구! 얼마나 좋은 말입니까? 세상 사람들이 모두 친구라면 얼마나 좋은 세상일까요? 물론 현실은 그렇지 않습니다. 그러나 그렇게 만들고자 노력해야 합니다. 예수도 그런 사람이었습니다. 그냥 그런 사람이었습니다. 그래서 항상 겸손하고 순박했습니다. 어떤 권력이나 권위도 내세우지 않았습니다. 그리고 부당하게 자신을 억압하는 권력에는 저항했습니다. 그것도 죽음을 무릅쓰고 반항했습니다.

나는 신부나 목사나 성직자라는 직업명도 좋아하지 않습니다. 스님이라는 직명도 우습지만, 원래 '아버지'라는 뜻의 직명을 '신의 아버지'라는 뜻인 신부神父라고 고쳐 부르다니, 또는 교인을 양처럼 치는 스승이라는 뜻이 포함된 목사牧師라고 하다니요. 성당이나 교회라는 집 이름도 좋아하지 않습니다. 성당聖堂은 '성스러운 집'이라는 뜻인데 그렇게 자처하는 것이 우습고, 게다가 교회教會는 '가르치는 모임'이라는 뜻이어서 더 황당합니다. 성당이나 교회는 성서에 나오는 헬라어 에클레시아ἐκκλησία, ekklesia의 번역어로 '세상으로부터 부름을 받다'는 뜻으로, 아테네의 민회부터 그렇게 불렸습니다. 그냥 '사람들의 모임'이라는 뜻입니다. 그래서 처음에는 '부름의 모임'이라는 뜻으로 '소회'召會라고 번역하기도 했습니다. 그러다가 '가르치는 모임'이라는 뜻의 교회教會로 번역이 바뀌었는데, 이는 가르치는 사람의 권위를 내세우기 위한 것이라는 느낌을 줍니다. 종교宗教라는 말도 '으뜸의 가르침'이라는 뜻이어서 이상합니다. 그 말은 서양어의 religion을 번역한 것인데, re는 '다시'라는 뜻이고, ligion(ligio)은 '주워 올린다take up, 연결한다'는 뜻으로 '으뜸의 가르침'이라는 뜻과는 전혀 다릅니다. 우리는 왜 이렇게 가르치는 것을 좋아할까요? 그래서 신부나 목사는 항상 가르치려고 드는 것일까요? 신도 그런 존재일까요? 이는 가부장제의 잔재는 아닐까요? 예수는 그런 가부장제 권위를 싫어했습니다. 그래서 정치권력은 물론 종교 권력도 배척했습니다.

예수는 아버지나 신도 친구로 생각했습니다. 신을 해방자, 치유자, 안내자, 공급자, 보호자, 사랑하는 친구나 연인으로 생각했습니다. 기독교인들은 곧잘 '하나님[3] 아버지'라고 하는데 예수의 유일한 일상어인 아람어로 아버지는 '아빠'abba입니다. 우리말의 '아빠'처럼 아기가 아버지를 처음 부르는 호칭입니다. 신을 '아빠'라고 부르면 신을 절대적인 타자로 보지 않고 상대적인 친구처럼 보게 됩니다. 아버지 요셉을 일찍 여읜 예수가 신을 '아빠'로 부르게 되는데, 이는 신을 추상적인 종교의 신이라기보다도 일찍 사망한 아버지에 대한 사모의 정을 담아 대신 부르는 것일 수도 있습니다. 구약[4]의 신은 창조주이자 절대자이고 지배자이자 명령자이고 정복자이고 침략자이며 대원수이자 총사령관이라는 느낌을 주지만, 신약[5]의 예수는 반드시 그렇지 않고, 그가 믿는 신도 반드시 구약의 신과 같다고 보기 어려운 착한 아빠 같은 신입니다. 게다가 선한 사람이

---

3) 개신교에서는 '하나님', 가톨릭에서 '하느님'이라고 쓰는데 모두 신을 부르는 말입니다. 이하 이 책에서는 신으로 바꾸어 씁니다.

4) 구약이란 기독교도가 신약이라는 것에 대응해 붙인 말이고, 그것을 기본 경전으로 삼은 유대교도가 사용하는 말이 아닙니다. 유대교도는 이를 타나크(Tanakh) 또는 유대교 성서(Hebrew Bible)라고 합니다.

5) 신약은 기독교의 성서에서 구약 다음의 부분으로, 예수 탄생 후의 일을 다루는 경전입니다. 신약은 예수의 행적과 가르침을 기록하고 해석한 4권의 복음서, 예수가 죽은 뒤 교회를 수립하고 복음을 전하며 박해받은 사도들의 이야기를 기록한 사도행전, 사도 바울이 각 지방의 교회에 보낸 바울 서간과 다른 서간들(공동서간), 마지막으로 종말론적 내용을 다룬 요한묵시록까지 합쳐 27권으로 되어 있습니다. 4복음서 중에서 가장 오래된 것은 마가복음이고 이어 마태복음과 누가복음이 쓰인 뒤 마지막으로 요한복음이 나왔습니다. 그런데 신약에는 마태복음이 먼저 나오고, 다음에 마가복음이 나옵니다. 이는 성서를 본격적으로 연구한 18세기 전에는 마태복음이 최초의 복음이라고 여겨진 탓입니다. 복음(⊠⊠, gospel)이란 '기쁜 소식'을 뜻합니다. 이 말은 예수 당시의 로마제국에서 사용된 말로, 당시 로마 시민들에게 '기쁜 소식'이란 새로운 황제의 즉위나 '로마의 승리'인 로마의 정복과 확장을 의미하는 말이었습니다. 그러니 로마의 용어인데, 로마에 반대한 기독교에서 그 말을 쓰는 점에는 문제가 없지 않습니다. 그러나 2천 년 이상 사용해 왔으니 이 책에서도 그 말을 그대로 사용하겠습니다. 구약은 오래된 약속, 신약은 새로운 약속을 말하는데 오래된 것이 낡아빠진 것이라거나, 새로운 것은 효력이 있는 것이라는 오해를 불러일으킬 수 있는 말이어서 문제가 있습니다. 구교(가톨릭)니 신교(개신교, 프로테스탄트)니 하는 구별도 마찬가지입니다. 그래서 구약을 히브리 성서 또는 공동성서(신구교 모두의 싱서라는 의미)라고도 하고, 구약을 첫째 성서, 신약을 둘째 성서라고도 합니다. 그러나 이 책에서는 편의상 구약과 신약이라는 말을 그대로 사용하겠습니다.

든 악한 사람이든 가리지 않고 해를 떠오르게 하고 비를 내려주는 신입니다.^마 5:45 그러니 당시 엄격한 신을 믿던 유대인들이 얼마나 놀랐을까요? 지금도 놀라는 사람이 있을지 모르겠네요. 감히 신을 아빠라고 부르다니요! 아니 어쩌면 친구라고 보았을 것입니다. 게다가 선인과 악인 모두에게 은혜를 베풀다니요! 선인과 악인이 모두 같다고 한 것이 아닙니다. 분명히 착하게 살아야 하지요. 그러나 악인을 배척해서도 안 된다고 예수는 말합니다. 악인이나 원수조차 사랑하라고 예수는 말합니다. 언젠가는 서로 친구가 될 수 있고, 그래야 한다고요.

촌놈이라는 공통점

친구란, 공통점이 있는 것이 보통입니다. 서로 너무 다르다면 친구가 되기 어렵습니다. 나와 예수의 공통점은 무엇보다도 먼저 촌놈이라는 것입니다. 이 말에도 기분 나빠할지 모르지만, 예수가 촌에서 태어나서 거의 평생을 촌에서 보낸 것은 움직일 수 없는 사실입니다. 예수가 생애 대부분을 지낸 갈릴리는 지금 우리나라에서 시골이니 지방이라고 하는 말처럼 멸시의 눈총이 포함된 말보다 더 심하게 오랑캐 땅이라고까지 모독받은 곳입니다. 즉 예수는 '오랑캐 촌놈'으로 '애국 서울 사람들'과 그들을 보호하는 로마제국을 모독했다는 이유로 후자들에 의해 처형되었습니다. '오랑캐 촌놈'은 아나키스트이자 빈민 무지렁이고, '애국 서울 사람들'은 반드시 반아나키스트 부자 권력자라고 할 수는 없지만, 서로 비슷한 이미지이기도 합니다. 국제적으로 보면, 아나키스트들은 대부분 변두리 나라 출신이지요. 가령 19세기에는 후진국이었던 러시아 출신들이 많았습니다.

예수 출생 당시 중심 선진국은 로마였고, 그가 태어난 팔레스타인은 로마의 식민지인 변두리 후진 지역이었습니다. 그 변두리에서도 다시 촌구석인 갈릴리에서 거의 평생을 살았습니다. 촌이 아닌 도시인 예루살렘에서는 마지막 1년 정도요한복음에서만 3년이라고 하고 다른 세 복음서에서는 1년 정도라고 합니다 고생고생하며 살다가 살해되었을 뿐입니다. 나는 예수보다 두 배 이상 길게 평생을 촌에서 산 '더욱' 촌놈입니다. 그래서 촌놈으로 산다는 것이 어떤 것인지 잘 압니다. 지금 여기서도 이렇게 서러운 취급을 당하는데, 2천 년 전 식민지 땅의 예수는 훨씬 더했을 것입니다. 그래도 지금 한국에는 소위 지방 '대학'이라도 있지만, 예수 당시에는 그런 학교도 없고, 예수는 대학은커녕 초등학교에도 다니지 못해 당시 유식층의 언어인 히브리어나 헬라어를 모르는[6] 무식층에 속했습니다. 지금으로 말하자면 알파벳도 한자도 모르는 무식쟁이지요.

예수가 아버지처럼 목수라는 직업을 가졌다고 하지만 당시 그들의 고향에는 나무가 거의 없어서 정말 목수였을지 의심되기도 합니다. 목수라고 해도 당시 그것은 지극히 하찮은 직업이고, 요즘 말로 비정규 일용직으로 날품팔이 노동자입니다.[7] 교사였던 나의 아버지나 나는 예수네보다는 사정이 좀 나았을지 모르지만, 가난하기는 마찬가지였습니다. 촌놈이거나 일용직이라는 이유 등으로 사람을 업신여겨서는 당연히 안 되지만, 특히 예수 믿는다는 사람들은 그래선 안 됩니다. 그것은 자기들이 신으로 모시는 예수를 욕보이는 짓이기 때문입니다.

그러니 예수의 아버지 요셉이 목수이자 "매우 고매한 지식인", "학자, 지식인, 유자儒子"로서 예수에게 "당대의 문화적 전승을 남겨주"고, 예수의 "교양", "지식과 품격", "어학 능력", "비유로 말하는 능력" 등을 가르쳤고, 그에게 목수

---

6) 예수가 어려서부터 아버지나 유대인 교당에 있는 학교에서 히브리어 등을 배웠다는 주장도 있지만, 어디까지나 짐작에 불과합니다.

7) 예수는 자신이 노동자라는 점이나 자신의 노동에 대해 자부심을 느껴 노동의 가치를 인정하였다고 볼 수 있는 언급은 복음서에 없습니다. 이와 관련하여 불트만은 "예수는 인격자 육성이나 인격의 가치 같은 것들에는 관심이 없다"라고 보고, 따라서 노동을 인간의 의무라고 보지도 않았다고 합니다.(루돌프 불트만, 허혁 옮김, 『예수』, 삼성출판사, 1977, 254쪽)

일을 배운 예수는 "단순히 작은 가구"가 아니라 "배를 만들었"고[8], 또 요셉은 예수에게 "폭력은 폭력을 낳게 될 뿐이라는 것을 뼈저리게 가르쳐주었"다고[9] 보는 견해에는 의문이 있습니다. 예수 부자를 좋게 말해서 나쁠 것이야 없겠지만 특히 아들은 물론 아내와 비교해도 너무 형편없이 무시되는 불쌍한 요셉이니, 성서를 비롯하여 예수에 관련된 그 어디에도 그런 말이 나오지 않기 때문입니다.[10]

요셉이나 예수나 노동자임이 사실이고, 그렇다고 하여 그것이 전혀 문제가 되지 않습니다. 아버지는 일찍 언제인지는 알 수 없지만, 복음서에는 예수가 열두 살 된 이후에는 등장하지 않습니다 사망하여 아들에게 많이 가르칠 수 있었는지 의심스럽습니다. 그러니 열 살 전후에 교양이나 비폭력 등을 배웠다고 하기도 어렵습니다. 예수의 비유 능력이나 비폭력에 대한 신념 등은 분명히 뛰어난 능력이지만, 그것은 누구에게 배운 것이 아니라 스스로 깨친 것일 수도 있습니다. 당시 사람들은 대부분 그러했고, 지금도 마찬가지입니다. 우리가 아버지에게 배우거나, 아버지로서 자녀에게 가르칠 수 있는 것이 얼마나 될까요? 누구나 세상을 살아가면서 스스로 깨치는 것이 보통입니다. 게다가 아들딸이나 어머니에게 아버지란 사실 황당한 가부장주의자일 수도 있습니다. 게다가 요셉은 예수의 진짜 아버지가 아닌 의붓아버지이니 아들에게 그리 좋은 아버지가 아니었을 수도 있습니다.

예수는 당대의 학자이자 지식인인 바리새파나 유대교 지도자들을 멸

---

8) 김용옥, 『나는 예수입니다』, 통나무, 2020, 45~46쪽.

9) 김용옥, 『나는 예수입니다』, 통나무, 2020, 64쪽.

10) 김용옥은 뒤에서 보는 사탄이 광야에서 세 가지의 유혹을 한 것 중 권력을 주겠다는 것을 '정치적 타협, 현세적 타협의 유혹'이라고 합니다.(『나는 예수입니다』, 통나무, 2020, 71쪽) 또 '카이사르의 것은 카이사르에게'라는 말에 대해 카이사르와의 공존을 말한 것이라고 합니다(249쪽), 이에 대해 김용옥이 더는 상세하게 말하지 않기 때문에 그 진의를 잘 알 수 없지만, 나는 예수가 권력과 '타협'했다거나 '공존'한 것이 아니라 철저히 '거부'했다고 보고, 그것이 예수 가르침의 핵심이라고 봅니다.

시했고, 그들과 동류의식을 가져 함께 어울리기는커녕 철저히 배척했습니다. 상대방인 학자나 지식인이나 지도자 등은 예수를 아예 상대하지도 않았습니다. 그래서 결국 그들에게 처형당합니다. 예수 생존 시에는 물론이고, 지금 예수가 살아 있다고 해도 예수는 지식인이나 학자들을 싫어하고, 그들과 어울릴 생각은 아예 하지 않을 겁니다. 게다가 유자라니요? 예수가 인도에서 왔다는 이야기가 있는데, 이제는 중국에서 왔다는 이야기라도 할 참인가요? 차라리 아예 한반도에서 왔다고 하면 어떤가요? 공자도 묵자도 한민족 출신이라는 말이 있잖아요? 이런 이야기는 황당무계하니 더는 하지 않겠습니다. 그나마 예수나 붓다가 한반도 출신이라는 말은 없어서 다행일지 모르겠습니다.

예수가 부처나 공자 등과 달리 평생 단 한 번도 고위층에 속했거나 고위층 인사를 스스로 만난 적이 없다는 점도 나와 비슷합니다. 그런 자들을 만난 것은 재판 전후뿐이었는데, 그것은 스스로 바라서 만난 것은 아니고, 그럴 때마다 기분이 더러웠습니다. 나는 법과대학에서 반평생을 가르쳤지만, 경찰이나 검찰이나 법원에 불려가서는 개돼지 취급을 당해 정말 죽고 싶다고 느낀 경험이 있어서 이젠 죽어도 다시 가고 싶지 않습니다. 명색이 법대 교수로 검경이나 법원에 제자나 후배가 많은 내가 그런데, 학력이나 경력이 전혀 없고 면서기 하나 알지 못하는 시골 촌놈인 예수가 당했을 수모를 생각하면 정말 모골이 송연합니다.

나나 예수나 고위층만이 아니라 친구, 가령 어릴 적 소꿉동무나 동네 친구, 학교 친구 등도 거의 없습니다. 예수가 접촉한 사람들은 많았지만, 대부분 저급한 계층의 가난한 사람들이거나 병든 사람들이었고, 보살핌이 끝나면 그것으로 끝이지 그들과 특별한 우정을 쌓았다거나 관계를 맺었다는 이야기는 전혀 없습니다. 예수가 병을 고쳤다는 것도 그가 특별한 존재라고 하는 의미는 아닙니다. 당시에는 많은 사람이 병을 고친다고 했기 때문입니다. 물론 어느 정도 고쳤는지는 의문입니다. 예수도 마찬가지였을 겁니다. 성서에서 완전히 고쳤다고 하는 이야기는 후대에 꾸며낸 이야기일 수 있습니다. 그런 헛소문이야 지금도 들끓고 있지 않습니까? 지금 한국에도 병을 잘 고친다는 도사들이 얼마나 많습니까? 2천 년 전 옛날에야 예수가 살던 곳이나 우리 조상이 살던 곳이나 그런 도사들이 더욱 많았지 않겠습니까? 나도 건강이 좋지 않아 그런 도사들에게 기치료니 뭐니 하는 것을 받은 적이 있지만, 곧 그것이 사기임을 알고 그만두었습니다. 그러나 일시적이나마 마음의 위로는 되었지요. 예수의 치료도 아픈 사람들의 마음을 달래주는 정도의 것이 아니었을까요? 그것도 아픈 사람들에게는 매우 고마운 일이었겠지요. 오로지 예수만 그들에게 따뜻한 관심을 가졌으니까요. 그러니 기적이니 뭐니 하면서 요란스럽게 떠들 필요가 없습니다. 톨스토이처럼 과학을 근거로 삼아 완전히 부정할 필요도 없습니다. 그 이야기에 숨은 뜻만 살피면 됩니다. 한센병 환자를 비롯하여 당시에는 절대로 접촉해서는 안 된다고 가르친 유대교의 계율을 넘어, 불가촉천민 취급을 당한 불쌍한 사람들을 예수가 스스로 접촉하고 그들의 병을 낫게 해주려고 노력한 것만으로도 충분히 의미가 있습니다. 그것이 예수의 이웃사랑입니다. 모든 이웃을 친구로 대하는 것입니다.

예수와의 상이점

친구란 공통점만 있는 것이 아니고, 당연히 상이점도 있습니다. 예수와 내가 다른 점은 물론 엄청나게 많은데, 그중 하나가 나는 결혼했다는 점입니다. 예수가 결혼하지 않았는지, 아니면 못 했는지 알 수 없지만, 당시 결혼 연령은 13세에서 19세 사이였으니 혼기를 놓쳤다고 볼 수도 있습니다. 당시에는 조금 잘 사는 남자라면 아내를 여럿 거느린 일부다처제 사회여서, 결혼하지 못한 노동자 농민이 많았습니다. 일부다처제가 아닌 지금 한국에서도 시골의 일용직 목수가 결혼하기란 쉽지 않습니다. 상당수의 노동자나 농부도 마찬가지입니다. 예수가 사람들에게 결혼하지 말라고 한 적은 없지만, 일방적으로 남편이 주장하는 이혼만을 허락한 유대교의 계율에는 반대했습니다. 그렇다고 예수가 남녀 합의의 이혼을 인정한 것은 아니고, 이혼 자체에 반대한 것 같습니다.[11]

예수와 내가 또 다른 점은 예수는 원수를 사랑하라고 했지만 나는 그렇지 못한 것입니다. 그러나 예수가 원수를 사랑하라는 말은 원수처럼 살거나, 원수와 함께 살라고 한 것은 절대 아닙니다. 그것은 폭력에 폭력으로 대하지 말고, 시민불복종과 같은 비폭력으로 이기라는 것입니다. 예수는 원수를 용서하고 기도하고 축복하라고 하면서 그들이 자기가 한 일을 모르기 때문이라고 합니다.마 5:43~45, 눅 23:34 그러나 그렇게 하기란 정말 쉽지 않습니다.

내가 예수와 크게 다른 점은 예수가 무소유의 전형이었는데 나는 그렇지 못하다는 점입니다.[12] 예수는 가난하고 무직이었으니 무소유가 당

---

11) 그래서인지 가톨릭에서 사제나 수녀는 결혼하지 않고, 일반인의 이혼도 오랫동안 금지한 반면, 개신교에서는 목사가 결혼하고 이혼도 일찍부터 인정했습니다. 예수를 믿는 사람들의 삶이 다양한 것은 좋은데, 한국만큼 분열의 정도가 심한 나라는 다시 없어서 문제입니다. 신을 모시는 집도 서양에서는 모두 church이지만 한국에서는 성당과 교회로 나누어지고, 성당에는 하느님, 교회에는 하나님이 산다고 하고, 신학교도 철저히 분리되는 등, 서로 원수처럼 지내니 황당무계하기 짝이 없습니다.

12) 프레데릭 르누아르는 『그리스도 철학자』에서 예수가 "부자라고 해서 비난하지 않았"고, "제자들 중 나무랄 데 없는 자들에게 모든 재산을 버리라고 요구하였다 해도 예수는 재산의 의미 없는 축적을 비난했을 뿐이다", "그가 비난한 것은 돈 자체가 아니라 돈에 대한 사랑이다", "복음의 중심 메시지는 부의 금지나 혐오가 아니라, '나눔의 필요'"(92쪽)라고 합니다만, 이해하기 쉽지 않습니다. 예수는 분명

연하다고 생각할지 모릅니다. 그러나 그럴수록 더 소유욕에 날뛰는 자들이 많아 소유욕은 인간 본성처럼 보이기도 하는데, 예수는 그 반대였습니다. 그에게는 집도 절도, 교회도 성당도 없었습니다. 돈벌이한 적도 없습니다. 제자들에게 아무것도 소유하지 말라고 가르쳤으니 그 자신은 당연히 무소유여야 했습니다. 실제로 평생 무소유자였습니다. 그러니 거지나 홈리스였다고 할 수도 있지만, 예수는 어디까지나 스스로 가난을 선택한 사람이었습니다. 요즘 말하는 자발적 가난의 선구자입니다.

지금 한국에서 무소유를 말하는 사람으로는 스님들이 있지만, 그들에게는 의식주가 보장되는 반면, 예수에게는 의식주가 전혀 보장되지 않았습니다. 붓다조차 평생 무소유였는지는 의문입니다. 20대까지는 왕자였고, 그 뒤에도 왕족과 자주 어울릴 정도였고, 죽을 때에도 돼지고기^{지금도 그렇지만 당시 서민들이 쉽게 먹지는 못했겠지요}를 잘못 먹어 죽었다니 말입니다. 공자나 소크라테스나 마호메트는 아예 무소유 같은 말을 한 적도 없습니다. 오로지 예수야말로 참된 무소유의 실천가입니다. 예수를 따른다는 신부나 목사, 수녀나 장로 등에게는 모두 의식주가 보장되니 무소유 운운할 수 없습니다. 예수를 친구로 부르는 나도 마찬가지입니다만, 그래도 나보다 가난한 남들에게 가진 것을 조금이라도 나누어주려고 노력합니다. 그것이 친구인 예수에게 하는 최소한의 도리라고 생각합니다.

그러나 내가 예수와 결정적으로 다른 점은 용기입니다. 예수는 서른쯤에 완전히 출가하여 공적으로 활동하다가 처형당했습니다. 예수가 공

___

히 "가난한 사람들은 행복합니다! 하나님의 나라가 여러분의 것입니다"라고 한 것에 반해, "부유한 사람들에게는 불행이 닥칠 것입니다"라고 했습니다. (마 5:3~12, 눅 6:20~24) 또한, "부자는 하나님 나라에 들어가기가 매우 어렵습니다. 다시 말하노니 낙타가 바늘귀로 들어가는 것이 부자가 하나님의 나라에 들어가는 것보다 쉽습니다"(마 19:23~24, 막 10:23~27, 눅 18:24~27)라고 합니다. 그밖에도 신과 돈을 함께 섬길 수 없다(눅 16:13)고 하는 등 부자를 비난하거나 부의 금지나 혐오를 나타낸 말은 복음서에 흘러넘칩니다.

적으로 활동한 소위 공생애公生涯 1년 남짓한 짧은 기간은 불꽃처럼 삶을 태운 시간이었습니다. 그는 권력을 거부하고 저항하여 권력에 의해 죽임을 당했으므로 위대하고, 그래서 그의 죽음에 의미가 있습니다. 그것은 자유에 대한 용기에서 비롯되었습니다. 인간은 자유를 추구하는 존재이면서도 동시에 자유를 얻으면 집단으로부터 소외되는 것을 두려워합니다. 예수는 그런 두려움을 갖지 않고 로마제국, 유대 사회, 자신의 동네, 심지어 가족에게서 벗어나 완전한 자유를 추구했습니다. 그리고 자기와 뜻이 맞는 사람들과의 자치, 문명이라는 이름 아래 버려진 자연과의 조화를 추구하는 용기를 가졌습니다. 자유-자치-자연의 세상이 좋은 줄 알면서도 그것을 추구하지 못하는 이유는 그렇게 할 용기가 없기 때문입니다. 많은 사람처럼 나도 그렇게 살려고 노력하지만, 예수처럼 죽음을 무릅쓰고 권력에 저항하지는 못합니다.

평범한 사람 예수

다시 강조하지만, 예수는 너무나도 다정하고 평범한 보통 사람입니다. 사람들 대부분처럼 그냥 보통 사람입니다. 그래서 나는 그를 좋아합니다. 특별하다면 좋아하지 않았을 것입니다. 일부 복음서에서는 그를 다윗 왕의 후손이라고 하지만 믿을 수 없고, 도리어 다윗 왕은 권력욕과 물욕과 성욕 등 모든 욕망의 화신으로 모든 사람의 삶과 세상을 타락시켰는데, 예수는 그런 욕망을 저버린 반대의 삶을 살았습니다. 다윗은 '애국 서울 사람들'의 우상이고 영웅이지 '오랑캐 시골 출신'인 예수와는 무관했습니다. 연약하고 부드러운 아나키스트인 예수가 다윗을 노골적으로 비난한 적은 없지만, 복음서를 읽어보면 다윗과는 전혀 다른 사람으로 전혀 다르게 살았음을 알 수 있습니다. 나는 그 점이 구약과 신약의 가장 큰 차이점이라고 봅니다.

동시에 예수는 고독한 사람이었습니다. 여가서 고독이란 소극적인 외로움과는 달리, 자립하여 주체적인 삶의 방식인 고독을 자발적으로 선택한 것을 말합니다. 그에게 부모와 형제자매가 있었지만, 그들이 장남인 그를 이해한 것 같지 않습니다. 아버지는 일찍 돌아가셨으니 이해할 수도 없었고, 어머니도 그를 충분히 이해한 것 같지 않습니다. 이렇게 말하면 성모 마리아를 모독한다고 할지 모르겠지만, '성스러운 마리아'라는 이미지는 여성도 신으로 나오는 다신교의 지중해에 기독교를 포교하기 위해 후대 사람들이 만들어 낸 것으로 보입니다. 예수가 많은 여성, 대부분 당시 사회에서는 소외된 과부나 창녀 같은 여성들에게 호의적이지만, 특정한 혈연으로 어머니를 숭배하기는커녕 형제와 함께 그런 혈연적 관계 자체를 초월했음을 복음서에서 볼 수 있습니다.

지금까지 내가 예수를 '내 친구'니 '무지렁이'니 '보통 사람'이니 '오랑캐 촌놈'이니 라고 한 말에 분노하고 비판할지 모르겠습니다만, 그런 비판을 환영하니 앞으로도 얼마든지 분노하고 비판하길 빕니다. 나도 앞으로 이 책에서 복음서를 비롯하여 성서를 비판할 것이고, 예수나 그의 추종자들도 비판할 것이기 때문입니다. 예수는 내 친구이기에 얼마든지 비판할 수 있습니다. 비판할 수 없거나 비판하지 않는다면 친구가 아닙니다. 나는 모든 글의 생명이 비판이라고 생각합니다. 그러니 자기를 비판하지 말라고 말하는 것은 독재자와 다름이 없습니다. 예수나 성서가 절대적으로 옳고, 한 치의 오류도 없다고 하는 소위 무오류설 같은 것을 나는 절대로 믿지 않습니다. 하물며 예수를 지식인이니 교양인이니 하는 지식인이나 교양인, 심지어 시이오CEO니 리더니, 회장이니 사장이니 하는 따위의 예수론이야 철저히 비판해야 할 것입니다. 국내외에는 그런

'고상한 예수 만들기', '강력한 예수 만들기', '위대한 예수 만들기', '현명한 예수 만들기', '돈벌이 신 예수 만들기' 책들이 산더미처럼 쌓여있습니다. 그런 것들을 다 비판한다면 또 하나의 산더미를 쌓아 심각한 환경오염을 초래할 것이니 포기할 수밖에 없어 유감입니다.

이 책의 본문에서 예수를 여러 번 비판하겠지만, 여기서 딱 한 가지만 지적한다면 그가 당시의 노예제에 대해 명확하게 비판하지 않고 침묵했다고 하는 점입니다. 이 점은 내가 그를 아나키스트라고 보기에 가장 큰 장애가 되는 점입니다. 그는 당시의 가부장 제도도 비판하지 않았지만, 노예제에 대해 침묵한 것은 예수의 가장 큰 문제점입니다. 나는 이미 소크라테스나 플라톤 그리고 아리스토텔레스도 노예제를 용인했다는 이유로 비판했는데[13], 내가 친구로 부르는 예수에 대해서도 그렇게 비판하지 않을 수는 없습니다. 예수의 이런 점을 비판하지 않는 기독교인들에 대해서도 유감 천만입니다. 그러나 나는 예수의 친구이기에 솔직히 비판합니다. 누군들 약점이 없겠습니까? 약점이 있다고 해서 친구가 아닌 것은 아니고, 도리어 약점이 있기에 친구입니다.

2. 예수의 모습

예수는 나와 비슷한 동양인?

예수에 관한 책들을 읽으면서 항상 뭔가 조금 부족하다고 느낀 점은 예수의 모습에 대해 거의 언급하지 않는다는 점입니다.[14] 그 책들의 저자들은 어릴 적부터 예수의 십자가형 모습이나 그의 인자한 초상화 등을 보고 자랐으니 언급할 필요가 없다고 생각할지 모릅니다. 그러나 그 모

---

13) 박홍규, 『소크라테스 두 번 죽이기』(필맥, 2005), 『플라톤 다시보기』(필맥, 2009), 『디오게네스와 아리스토텔레스』(필맥, 2011)
14) 내가 본 유일한 예외는 오강남의 『예수는 없다』입니다.

습이 정말 예수의 모습일까요? 나는 예수를 이해하는 데에 그의 모습을 정확하게 아는 것이 대단히 중요하다고 생각하는데, 이 점에 대해 언급하는 신학자들이나 종교인들이 거의 없어서 항상 이상하다고 생각해 왔습니다.

지금 우리 주변에서 예수와 비슷한 사람을 찾는다면 인도의 간디 같은 사람일 것입니다. 매우 훌륭한 인류의 스승들이자 위대한 사람들이라는 이유에서만이 아닙니다. 서양인들이 간디를 현대의 예수라고 부른 이유는 무엇보다도 예수의 위대한 정신과 인격을 닮았기 때문이지만, 나는 그 모습이 닮은 점도 중시합니다. 두 사람 모두 연약하고 부드럽고 고독한 모습이라고 생각되기 때문입니다. 간디는 키가 160cm 정두에 몸무게는 50kg도 안 되고, 이른바 미남이 아닐 뿐 아니라 굳이 말한다면 추남에 가까운 사람입니다. '법의학 예술'의 개척자인 맨체스터대학교의 리처드 니브 교수가 2001년에 재현한 예수는 키 150cm에 50kg 정도의 몸무게였습니다. 게다가 니브가 밝힌 예수는 넓고 투박한 농부의 얼굴에 코가 튀어나오고 피부가 까무잡잡하고 수염을 기르고, 운동이 아니라 육체노동으로 생긴 근육질의 몸인 점에서도 간디와 닮았습니다. 지금 '근육질'이라고 한 것은 근육을 과도하게 발달시킨 것을 뜻하지 않고, 살이 근육으로 되어 있는 깡마른 몸임을 말하는 것으로, 예수는 서른 살 즈음임에도 십자가를 지고 가지도 못할 만큼눅 23:26 허약했습니다. 그러니 「왕중왕」 1961이나 「패션 오브 크리스트」 2004를 비롯한 미국 영화나 서양 그림에 나오는 키 크고 근육이 우람하고 울퉁불퉁한 백인 미남자 예수는 물론 미켈란젤로가 「최후의 심판」에 그린 거대한 근육질의 몸집을 한 예수도 그의 참모습이 아닙니다. 마초 같은 몸이나 정신의 예수는 실제의 모습과는 전혀 다른 것입니다.

인도야 열대성 기후이니 피부가 까무잡잡한 것이 당연하고, 이스라엘도 열대성 기후에 온대성 기후가 더해진 정도라서 여름에는 덥고 건조하며, 겨울에도 따뜻하고 습도가 높으니 인도인보다야 덜 까무잡잡하지만 비슷합니다. 간디는 세상에서 유일하게 거의 옷을 벗은 반나의 정치인으로 유명한데, 그것은 인도에서 살아보면 남자들 대부분이 그렇다는 것을 알게 되어 전혀 놀랍지 않습니다. 이스라엘을 비롯한 중동 사람들은 인도 정도는 아니지만 역시 상당 정도 벗고 사는 사람들이 우리보다는 훨씬 많습니다. 그래서 나는 추운 북유럽 사람처럼 길고 두터운 옷을 겹겹이 껴입은 것이 아니라, 예수도 대충 벗고 살았다고 상상합니다. 그러니 눈 오는 크리스마스나 두터운 털옷에 털모자를 쓴 산타클로스도 사실 유럽, 그것도 북유럽의 상상적 산물이지 예수의 고향과는 전혀 맞지 않은 것입니다.

예수는 백인이 아니라 인도인, 인도인 중에서도 인도 북부의 키 큰 아리안족이 아니라, 남부의 키 작은 드라비다 원주민처럼 생겼습니다. 나는 인도에서나 이스라엘 또는 팔레스타인에서 그 비슷한 사람들을 많이 보았습니다. 반면 우리나라 교회나 성당에 걸린 예수 초상화에 그려진 백인은 본 적이 거의 없습니다. 그런 사람은 유럽이나 미국에 가야 볼 수 있는데, 예수는 그런 곳에 가본 적도 없습니다. 그런데 왜 예수는 그곳 사람처럼 그려질까요? 유럽과 미국의 백인들이 2천 년 이상 예수를 자기들의 신으로 받들면서 자기들과 비슷한 모습으로 그렸기 때문입니다.

십자가에 못 박힌 키 크고 늘씬한 백인의 몸을 가진 예수나 백인 미남자 예수는 진짜 예수가 아니고, 이 책에서 그리는 예수도 아닙니다. 굳이 상상한다면 키가 작고 왜소한 황인종 내지 흑인종이런 인종명을 나는 싫어합니다만에 속하는 사람처럼 보입니다. 아니 인종으로 그를 규정할 수 없습니다. 그는 흔히 말하는 '남자다운' 사나이도 아니었습니다. 그러니 그는 그냥 사람이나 인간으로 부르는 것으로 충분합니다. 적어도 나에게 그는 신이나 신의 아들이 아니라 한 사람, 한 인간입니다. 예수가 자신을 부른 이름은 '사람의 아들'이라는 말이 유일했습니다. 이 말에 대해서도 여러 가지 해석이 있지만, 단순한 두뇌의 소유자인 나는 그야말로 예수를 '신의 아들'이 아니라 '사람의 아들'로 봅니다. 예수는 당연히 그렇게 생각했습니다.

간디나 예수는 폭력을 거부하고 제국에 반대했습니다. 두 사람 모두 반권력주의자이고 비폭력주의자이고 반제국주의자입니다. 간디는 톨스토이의 『신의 나라는 네 안에 있다』가 그에게 깊은 감명을 주었고, 그를 영원히 비폭력으로 개종시켰다고 했습니다. 그는 톨스토이를 오랫동안 자신의 안내자 중 한 사람이자 위대한 교사, 서구 세계에서 가장 명석한 사상가 중 한 사람이라고 찬양했습니다. 간디는 톨스토이가 죽기 직전에 그와 잠시 서신을 주고받았고, 남아프리카에서 자신의 두 번째 아쉬람을 '톨스토이 농장'이라고 불렀고, 그것은 톨스토이 공동체 중에서 유일하게 성공한 사례였습니다.

인도에서 영국에 대항한 간디의 유명한 비폭력 저항 캠페인을 많은 기독교 아나키스트가 예수와 매우 유사한 방법을 용감하게 적용한 사례로 칭송했습니다. 간디는 그리스도가 기독교의 족쇄에서 풀릴 수만 있다면, 기독교인뿐만 아니라 전 세계를 위한 길이 될 수 있다고 주장했습니다. 간디의 친구인 영국인 목사 찰스 앤드루스는 간디만이 정치적 억압에 대한 비폭력 저항 캠페인을 수행하기 위해 예수와 같은 원칙을 발표했다고 말했습니다. 그러나 간디는 비겁함과 폭력 중 하나를 선택한다면 폭력을 권유하겠다고 말한 것으로 유명하고, 애국심을 거부하지 않았다는 점에서 톨스토이와는 다르다고 볼 수도 있습니다. 그럼에도 불구하고, 기독교 아나키스트들은 그에게서 많은 영감을 얻었습니다. 특히 도로시 데이의 '가톨릭 노동자 운동'은 예수의 정신과 간디의 방법을 결합했습니다. 간디는 또한 마틴 루터 킹, 넬슨 만델라, 데스먼드 투투, 란자델 바스토, 바웬사, 아웅 산 수키 등에도 영향을 주었습니다.

예수와 그리스도

예수란 그가 살았을 때 히브리어에서 '예수아'Yeshua로 발음되는, 당시 아주 흔한 이름을 헬라어로 발음한 것인데, 예수의 신격화가 이루어진 2세기 이후에는 일반인이 그 이름을 사용할 수 없게 되었습니다. 예수아는 여호수아를 줄인 말인데, 뒤에서 보듯이 여호수아는 모세의 후계자로 이스라엘 민족을 약속의 땅으로 데려간 지도자입니다. 당시 헬라어는 지중해 지역의 상류층에서 사용된 고전 그리스어로, 국제적으로 통용된 언어였습니다. 오늘날 우리 이름을 영어식으로 부르는 것과 같아서 마땅히 본래의 이름인 '예수아'라고 표기함이 옳겠지만, 편의상 예수라는 말을 그대로 사용하겠습니다.

그런데 예수를 그리스도라고도 합니다. 나는 어렸을 때 '예수 그리스도'의 예수는 이름이고, 그리스도는 성이라고 오해한 적이 있습니다. 그리스도는 히브리어 '메시아'를 헬라어로 의역한 말이고, 메시아란 당시 이스라엘에서 왕의 즉위나 대사제의 임명 시에 머리에 기름을 부으면서 부른 존칭으로, '기름을 부어 받은 사람'이라는 뜻입니다. 그러니 '예수 그리스도'라고 함은 '예수 대왕마마'나 '예수 대통령 각하'라고 부르는 것처럼 종교적 권력자로 숭상하는 것이므로, 내 친구 아나키스트 예수에게는 전혀 맞지 않는 이상한 말입니다. 아나키스트가 세상에서 제일 싫어하는 말이 왕이니 폐하니 각하니 장군이니 지도자니 하는 것들입니다.

예수는 메시아라고 자처한 적이 없고, 그가 죽은 뒤 그를 숭상하는 사람들이 그 말을 붙였기 때문에 이 책에서는 그리스도란 말을 가능한 한 사용하지 않고, 그냥 예수로 부르겠습니다. 예수를 교조로 하는 종교를 그리스도교 또는 기독교라고 합니다. 기독교란 기리사독교基理斯督教의 준말이고, 기독이란 크리스토스, 즉 그리스도의 한자 음차입니다. 예수를 믿는 종교라면 예수교라고 함이 정확하겠는데, 편의상 기독교로 표기하겠습니다. 그러나 예수가 과연 예수를 메시아로 믿는 기독교의 교조라고 할 수 있는지에 대해서는 의문이 있습니다. 적어도 예수는 자기가 하나의 종교를 만든다거나, 그 교조가 되겠다고 생각한 적은 그야말로 추호도 없었습니다. 그래서 그를 교조로 받드는 기독교를 그가 좋아할지 싫어할지도 알 수 없습니다. 특히 뒤에서 보듯이 그의 사후 2천여 년 동안 자신과 다른 길을 걸은 기독교를 좋아할 것 같지 않습니다. 그것이 바로 예수가 아나키스트냐 아니냐 하는 점입니다.

예수와 그리스도, 그리고 복음서

앞에서 예수는 자신을 종교적 권력자를 뜻하는 그리스도라고 스스로 부르지 않았는데, 그의 사후 제자 등이 그렇게 불렀다고 했습니다. 예수를 그렇게 부른 대표적인 사람이 바울입니다. 그는 유대교의 주류인 바리새파 유대인으로 그리스 로마 문화에 정통한 로마 시민이었고, 생전에 예수를 만난 적이 없었습니다. 그가 쓴 글로 현존하는 것 중에 가장 오래된 것은 기원후 50년경, 그리스의 고린도코린트에서 마케도니아의 데살로니가테살로니케 교회에 보낸 데살로니가전서인데, 그 첫 줄에 '주 예수 그리스도'라고 썼고, 그 글 속에서도 그 말을 자주 사용합니다.

그런데 당시 40년에서 60년 사이에 예수 생전에 그를 만나서 예수에게 공감한 사람들이 예수의 말을 적은 문서를 만들었으리라고 추측됩니다. 그것을 독일어의 '자료'라는 말인 Quelle의 Q를 따서 Q문서[15]라고 합니다만, 실재하지는 않습니다. 이와 별도로 60년에서 70년 사이에 최초로 쓰인 예수 문서가 마가복음입니다. 마가마르코는 초기 교단에 속하면서도 교단 중앙에 대해서는 비판적이었던 사람으로 추정됩니다. Q문서의 '예수 사람들'Jesus people은 예수를 메시아로 믿는 기독교도가 아니라, 기원전 5세기에 간소한 생활과 자유로운 사상으로 유명한 디오게네스와 같은 인물들로 짐작됩니다. 그들은 예수를 메시아가 아니라 자유로운 교사 정도로 보았습니다. 디오게네스는 예수의 선구자입니다.

마가복음을 참고하면서 80년대에 마태복음과 누가복음이 쓰입니다. 그런데 그 두 복음서에는 마가복음에 없는 말이 많이 포함되어 있어서, Q문서를 참조한 것으로 보입니다. 가령 "가난한 사람은 행복하다", "원수를 사랑하라", "하늘의 새를 보라, 들의 꽃을 보라", "좁은 문으로 들어가라" 등입니다. 이처럼 유명한 예수의 말은 모두 뒤에 쓰인 두 복음서에 많이 나옵니다. 마태복음의 마태는 예수의 제자인 마태가 아니라 그 이름을 빌린 자로 생각되고 상당히 권위주의적인 인물입니다. 반면 누가는 평민주의적인 인물로 보입니다. 마태만이 아니라 마가나 누가는 모두 원시 교단에 속했지만, 각 복음의 저자가 아니라 예수의 전승을 모아 편집한 편집자로 여겨집니다.

예수의 죽음은 그를 따르는 사람들에게는 엄청난 충격이었습니다. 그 죽음은 예수가 로마에 대항하여 자유롭게 살았던 것에 대한 처형이었으

---

15) 로기온자료라고도 합니다. (게르트 타이센, 이진경 옮김, 『갈릴래아 사람의 그림자 ─ 이야기로 본 예수와 그의 시대』, 비아, 2019, 408쪽)

나, 그것을 바울과 제자들은 인류의 원죄를 속죄한 것으로 보고, 농경 종교사상에서 나와 유대교에 포함된 묵시론적인 부활까지 포함했습니다. 이러한 원죄와 부활이라는 것이 뒤에 가톨릭은 물론 개신교에까지 가장 중요한 교의가 되었고, 여기에 예수는 신이자 인간이라는 교의가 더해졌습니다.

이처럼 '예수 그리스도'라는 말에는 문제가 있지만, '고타마 붓다'라는 말은 그것과 달리 정확한 이름입니다. '고타마 붓다'의 본래 이름은 '고타마 싯다르타'였으나, 출가하여 보리수 밑에서 도를 깨쳐 '깨친 사람', '자각적 인간'이라는 뜻의 산스크리트어인 보통명사 붓다로 불렸기 때문입니다. 붓다는 보통명사이기에 그 뒤에 '깨친 사람'이면 누구나 붓다로 불렸습니다. 예수도 그런 붓다의 한 사람으로 볼 수도 있습니다만, 그렇다고 해서 예수가 인도에서 왔다거나 인도에서 공부했다는 등의 견해에는 찬성하지 않습니다.

역사 속의 예수

'역사적 예수'라는 말이 있습니다. 이는 역사학에서 쓰이는 사료 비평적인 방법론을 적용하여 역사적 인물 예수를 연구하는 것을 말합니다. 이런 연구가 예수의 숭고한 가르침을 더럽힌다는 비판도 있고, 최근에는 그 연구가 약화하고 있다고도 하지만, 여전히 중요한 의미를 담고 있습니다. 그런데 내가 지금 '역사 속의 예수'라고 하는 것은 예수의 역사적 의의랄까 하는 것이지 '역사적 예수' 연구와는 다른 것입니다.

흔히 서양 문화를 헤브라이즘과 헬레니즘의 결합이라고 말합니다. 즉 기독교와 그리스 로마 문화의 결합이라는 것이지요. 서양사를 보면 그리스 로마의 고대사가 나오고 이어 기독교 중세가 나옵니다. 그리고 종교개혁과 르네상스 이후 근대가 이어지고요. 그런데 그리스 로마 문명과 기독교의 교조인 예수의 사상은 사실 지배문화와 민중문화라는 점에서 서로 대척점에 섭니다. 그리스 로마의 고대 서양문명이란 그 시대를 지배한 엘리트 지배층의 제국주의적이고 권위주의적인 노예 문명인 반면, 예수는 반제국주의적이고 반권위주의적인 아나키스트의 입장에 서기 때문입니다. 체드 마이어스가 말하듯이 "고대 문학 가운데 일반 민중을 위한, 그리고 그들에 관한 내러티브는 마가의 예수 이야기가 유일"합니다. 즉 마가복음은 1세기 팔레스타인의 "나머지 95%에 해당하는 병든 자, 가난한 자, 공민권을 박탈당한 자의 일상을 통해 그들의 사회적 실존을 보여"줍니다.[16] 마가복음을 연구한 마이어스는 마가복음에 대해서만 말하지만, 다른 복음서들도 대체로 마찬가지라고 볼 수 있습니다.

그러나 95%의 민중은 예수를 제대로 이해하기는커녕 예수가 대적한 이스라엘 지배층의 사주를 받아 예수의 사형을 요구하고, 결국 예수는 사형을 당합니다. 그 뒤 예수의 제자들을 중심으로 아나키스트 예수 정신의 부활이 도모되지만, 4세기에 기독교가 로마제국의 국교가 되면서 아나키스트 예수는 다시 죽고, 중세 천년의 기독교는 사실상 아나키스트 예수에 반하는 권력 기독교가 됩니다.

중세 말부터 아나키스트 예수의 부활이 다시 도모됩니다만, 16세기의 종교개혁과 르네상스는 다시금 그러한 움직임을 좌절시키고 19세기의 자본주의와 제국주의, 민족주의는 반아나키스트 예수의 극성이라고 할 수 있는 지경까지 이릅니다. 여기서 다시 아나키스트 예수를 재고할 필요가 생기는데, 이는 그리스 로마 문명을 주축으로 한 근대문명에 대한 반성을 동시에 촉구합니다.

한반도에서도 일제강점기만 해도 아나키즘은 독립운동의 큰 줄기였고, 문화운동에도 중요한 기초였습니다. 그러나 해방 이후 남북이 분단

---

16) 체드 마이어스, 황의무 옮김, 『강한 자 결박하기』, 대장간, 2022, 138쪽.

되고 남북 모두 국가주의와 물질주의를 내세우면서 모든 이데올로기에서 자유로운 개인들이 자치하는 소규모 사회의 연대를 만들고 자연과 함께 살아가고자 하는 아나키즘은 거의 자취도 없이 사라져버렸습니다. 기독교도 본래는 아나키즘과 가까운 것이었는데, 기독교 아나키즘도 아나키즘과 마찬가지로 없어지고, 기독교는 반아나키즘적인 것으로 왜곡되었습니다. 이 책에서 나는 구약에 나타난 이스라엘을 국가 없는 공동체라는 아나키 사회로 보는 관점에서 시작하여 그것을 계승한 신약에 나타난 예수의 '아나키 사회'와 비폭력 운동을 아나키즘의 전형으로 그리고자 합니다.

그런데 역사 속의 예수는 우리에게도 여러 가지 중요한 시사를 합니다. 가령 고대 이스라엘이 국가 없는 공동체라는 아나키 사회였던 것처럼 한국의 고대사회를 비롯하여 다른 모든 고대사회도 마찬가지였다고 하는 점입니다. 특히 한국에서는 고조선부터 중앙집권적이었다는 학설이 지배적인데 과연 그러했을지 의문입니다. 가령 지금 내가 사는 마을은 신라 통일 이전에 압독이라는 작은 나라로 당시의 다른 많은 작은 나라들의 하나였고, 신라 통일 이후에는 물론 최근까지도 작은 나라의 독자성이 유지되었습니다. 지금도 한반도는 산지가 70%라고 하는데 과거에는 더욱더 많았겠고, 그런 두메산골이 대부분인 한반도에 어떻게 중앙집권국가가 그렇게 일찍부터 가능했을지 의문입니다. 도리어 중앙집권국가가 이상적이라고 하는 근대적 환상에 젖어 역사를 왜곡한 것이 아닐지 모르겠습니다.

고대 이스라엘은 물론 팔레스타인 땅에 1948년 이스라엘이라는 홀로코스트 군사 국가가 세워지기 전까지 그곳은 분권 사회였고, 다른 사회 대부분도 마찬가지로 분권 사회였기에 세상은 얼마 전까지만 해도 모두 아나키 세상이었다가 19세기 서양의 국가주의적 자본주의 이후에야 그 것이 없어졌습니다. 그러니 국가니 민족이니 하는 것은 19세기 이후에 만들어진 허구가 아닐까요? 학교니 공장이니 병원이니 하는 제도들도 마찬가지가 아닐까요? 모두가 자본의 산물이 아닐까요?

3. 아나키스트 예수

아나키스트 예수의 모습

예수를 '내 친구'라고 함은 그를 객관적으로 본다기보다도 주관적으로 본다는 점이 강하다고 할 수 있습니다. 그것이 바로 예수를 아나키스트라는 특별한 관점으로 본다는 것입니다. '아나키스트 예수'라고 하면 영화 「아나키스트」2000에 나오는 멋진 양복과 트렌치코트에 총을 들고 도열한 장신의 미남자 테러리스트들이나, 영화 「박열」2017에 나오는 일본 기모노를 차려입고 함께 앉은 테러리스트 미남미녀를 떠올릴까 봐 두려웠습니다. 그래서 '연약한'이나 '부드러운'이나 '고독한'이라는 형용사를 더해 이 책의 제목에 넣으려고도 생각했지만, 책 제목으로는 너무 긴 것 같아 포기하고 '내 친구'라는 말만 붙였습니다. 내가 이 책에서 그리고자 하는 예수는 총이나 칼 같은 것을 절대로 가까이하지 않는 연약하고 부드러우며 조용하고 착한 보통 사람으로 혼자 있기를 즐기는 고독한 사람입니다. 게다가 양복이나 트렌치코트나 기모노는커녕 허름한 무명베를 걸친 단신에 허약한 몸이고, 도시 출신 미남자는커녕 농촌 출신의 무지렁이 모습입니다. 나도 그런 사람이어서 예수를 '내 친구'로 삼는 것입니다. 2천 년 전의 이스라엘 유대인으로 천국의 신 옆에 있는 존재가 아니라, 지금 이 땅에 내 곁에 있는 아나키스트 친구로 삼아야 한다고 생각하기 때문입니다. 그런 아나키스트 예수란 단순히 나의 주관만이 아니라,

예수에 대한 가장 객관적인 관점이라고 나는 생각합니다.

아나키스트란 흔히 무정부주의자로 번역되지만, 그보다 더 넓게 정부를 포함한 모든 권력을 거부하고 부정하는 사람을 말합니다. 정부만이 아니라 국가, 자본, 심지어 권력화한 종교나 가정까지도 부정하는 사람입니다. 그 모든 것을 권력관계라고 본다면 아나키스트는 무권력주의자라고 할 수 있습니다. 예수가 바로 그런 사람이었습니다. 그는 그가 살았던 팔레스타인 땅을 식민지로 지배한 로마제국의 권력을 부정하고, 그곳을 다스리던 부자들과 제사장들의 권력을 부정했습니다. 심지어 주인과 종이나 남편과 아내, 심지어 부모 형제라는 가부장주의적 인연도 부정했습니다. 자기처럼 부모 형제를 미워하지 않으면, 심지어 자기 자신마저 미워하지 않으면눅 14:26 제자가 될 수 없다고도 했습니다. 그냥 미워한 것은 아니겠지요. 당시 사람들 대부분처럼 평범한 사람들이어서 예수를 이해하지 못했고, 그래서 미워했겠지요. 그런 점에서 그는 그 누구보다도 철저한 아나키스트였습니다.

흔히 유신론자는 아나키스트일 수 없다고 하지만, 그것은 무신론 아나키스트들이 지어낸 이야기입니다. 신이 있다고 믿거나 없다고 믿는 것은 개인의 신앙심 문제일 뿐이고, 그 신이 권력으로 현존하지는 않으므로 아나키스트에게 문제가 되지는 않습니다. 세상에는 예수만이 아니라 수많은 유신론자 아나키스트들이 있습니다. 나는 무신론자이고 무종교주의자이지만, 예수를 좋아합니다. 그만큼 완벽한 아나키스트가 다시 없기 때문입니다. 아나키스트로서 추구하는 바가 같다면, 유무신론을 비롯한 다른 것들은 문제가 아니라고 생각합니다. 아드리앙 뒤쇼샬도 다음과 같이 말합니다.

결국, 하나님의 존재를 인정하거나 부정하는 문제는 별 의미가 없으며 의미 있는 것은 삶이 주는 맛과 기쁨을 누리는 것이다.[17]

엘륄도 아나키스트와 기독교인의 관계를 다음과 같이 말합니다.

나는 공통되고 명백한 일반적인 방향성이 거기 있음을 이야기하고 싶을 뿐이다. 그것은 우리가 같은 관점에서 같은 싸움을 하고 있다는 것이다. 혼동할 필요가 없고, 환상을 가질 필요도 없다. 우리는 같은 적, 같은 위험이 있으며, 그것은 사실 아무것도 아니다! 우리를 갈라놓는 모든 것은 한 편으로는 신과 예수를 믿는 신앙 및 그 결과들이며, 또 한편으로 우리의 차이는 이미 강조한 바와 같이 '인간 본성'에 대한 평가다.[18]

보통 사람 예수는 당시의 그 누구보다도 권력에 저항한 아나키스트로 보이기에 나는 이 책을 쓰게 되었습니다. 지금까지 르낭『예수전』이나 니체 『안티크리스트』[19]를 비롯하여 예수를 아나키스트라고 부른 사람이 전혀 없지는 않았지만, 그런 사람들도 대부분 지극히 부정적인 의미에서 그렇게 불렀습니다. 테러리스트 비슷하게 말입니다. 톨스토이도 당대에 아나키스트는 테러리스트로 여겨졌기에 자신이나 예수를 아나키스트라고 부르지 않았습니다만, 그가 말한 자신이나 예수는 내가 말하는 아나키스트에 가장 가까운 사람들입니다.『신의 나라는 네 안에 있다』오스카 와일드도 같

---

17) 자끄 엘륄,『무정부주의와 기독교』, 이창현 옮김, 대장간, 2011, 139쪽.
18) 자끄 엘륄,『무정부주의와 기독교』, 이창현 옮김, 대장간, 2011, 149쪽.
19) 니체는 '신은 죽었다'라는 말로 예수와 기독교를 증오, 즉 평등, 이웃사랑, 인류애, 타인의 고통에 대한 연민과 같은 예수의 믿음을 증오하고, 초인을 대망한 사람으로 유명합니다. 그를 좋아하는 해체주의자들은 대한민국에도 철학자라는 이름으로 흘러넘칩니다. 나는 이미 그에 대해서 충분히 비판했다(『니체는 틀렸다』)고 생각하여 더 이상 언급하지는 않겠습니다.

은 입장이었습니다.『사회주의 하 인간의 영혼』사실 아나키스트라는 말을 긍정적으로 사용한 사람은 1840년대 프랑스의 프루동이 처음이었고, 그 뒤에도 그 말은 오랫동안 부정적으로 사용되었습니다.

그러나 예수는 폭력을 거부한 평화주의자이니, 테러리스트 아나키스트는 아닙니다. 사실 아나키스트로서 테러리스트인 사람들은 지극히 소수였고, 대부분은 톨스토이나 간디처럼 평화주의자입니다. 그들이 평화주의자 아나키스트로 본 예수도 마찬가지입니다. 예수는 원조 비폭력 아나키스트입니다. 그래서 나는 그를 좋아합니다. 존경한다는 말은 너무 무겁습니다. 그를 친구처럼 좋아하기 때문입니다. 그러니 '주 예수님', '주님', '하나님의 아드님', '거룩 전능하신 주님' 등의 호칭은 딱 질색입니다. 내 친구처럼 그냥 예수로 좋습니다.

내가 예수를 연약한 아나키스트라고 보는 더 중요한 이유는 그가 권력을 거부하고 반대하는 사람이기 때문입니다. 그가 왕을 자처했다고 하고 그것이 처형을 당한 이유라고 하지만, 나는 그가 일으켰다는 기적과 함께 그 말을 믿지 않습니다. 그가 권력을 거부하여 반역자로 몰려 처형을 당했지만, 인류를 위해 죽었다는 말도 믿지 않습니다. 그렇게 죽어서 위대하다고도 생각하지 않습니다. 누구를 지배했다는 것도 믿지 않습니다. 열두 제자를 '거느렸다'는 것도 믿지 않습니다. 예수는 그들의 친구였을 뿐입니다. 아니면 잠시 길동무였을 뿐입니다. 그는 가난하고 못 배우고 제대로 된 직장을 한 번도 가진 적이 없는 백수입니다. 머리가 좋은 것도 아니고, 어려운 시험에 척척 붙는 경쟁능력자도 아닙니다. 남을 지배하거나 남에게 명령하기는커녕 남이 옳지 않은 말을 하지 않는 한 항상 남의 말을 듣고 따른 착한 사람입니다.

농부이자 노동자이기도 했지만 자기 집을 가진 적도, 결혼한 적도 없습니다. 나는 그를 어떤 권력자나 능력자와도 비슷하게 상상할 수 없습니다. 그는 그야말로 보통 사람입니다. 그렇지만 비인간적인 세속의 가치를 거부한 용기 있는 사람입니다. 권력만이 아니라 돈도 재산도 거부합니다. 심지어 가족도 거부합니다. 「왕중왕」 같은 영화에는 예수의 어머니가 자주 나와서 어머니 성모 전설을 강조하지만, 성서에서는 볼 수 없는 장면입니다. 생각이 비슷한 열두 제자하고만 친구 비슷한 관계를 맺었습니다. 그리고 자신과 비슷하게 가난하고 권력 때문에 살기에 지친 사람들과 항상 어울리면서 권력에 저항했기에 처형당합니다. 그렇다고 사람들과 함께 혁명했거나 무기를 든 것도 아닙니다. 그는 홀로 권력을 거부하고 홀로 죽임을 당합니다. 그래서 그는 고독하고 연약한 아나키스트입니다. 그는 다윗과 솔로몬이 대표하는 강력한 대왕이 아니라, 그들을 비판한 예언자의 후예입니다. 그래서 복음서에서 예수를 다윗의 후손이라고 쓴 점에 대해 나는 불만입니다. 예수를 「왕중왕」이라고 부른 영화가 있고, 성서에서도 예수를 왕이라고 부릅니다. 그러나 예수는 왕이 아닙니다. 더욱이 왕 중의 왕도 아닙니다. 영화의 압권은 영화의 중간 부분에 나오는 산상설교 장면입니다. 수만 명이 그의 설교를 듣기 위해 몰려드는 장관입니다. 그러나 산상설교를 전하는 마태복음에는 제자들에게 한 말로 기록되어 있고마 5:1 그 밖의 복음에는 아예 나오지도 않는 이야기입니다.

예수를 아나키스트라고 하는 이유

머리말에서 성서의 번역 문제를 지적한 바 있습니다. 예수가 처음으로 한 말은 복음서에 나오는 "회개하십시오. 하나님 나라가 다가왔습니다"가 아니라, "생각을 바꾸세요. 새로운 세상이 왔습니다. 지금 이 세상은 잘못된 것입니다"가 옳은 번역이라고 지적했습니다. 그렇게 바꾸어야 할 생각 중 하나가 법에 대한 것인데, 법을 율법이라고 번역하여 마치 우리가 아는 법과 다른 것인 양 오해하게 만든다고도 지적했습니다. 바울이 로마서에서 말하는 것을 예로 들어봅시다. [이 부분을 예로 드는 것은 우연히 선택한 것에 불과하고, 성서의 모든 부분에도 아래에서 지적하는 문제점이 있습니다.]

> 우리가 육신에 있을 때에는 율법으로 말미암는 죄의 정욕이 우리 지체 중에 역사하여 우리로 사망을 위하여 열매를 맺게 하였더니 이제는 우리가 얽매였던 것에 대하여 죽었으므로 율법에서 벗어났으니 이러므로 우리가 영의 새로운 것으로 섬길 것이요 율법 조문의 묵은 것으로 아니할지니라.롬7:5~6

위 번역은 인터넷 구글에 로마서를 치면 제일 먼저 나오는 한국컴퓨터선교회의 '개역개정'판에서 따온 것입니다. 다른 한글 번역도 비슷한 수준입니다만, 무슨 내용인지 아시겠습니까? 나는 도저히 알 수 없어서, 그것을 이해하기 위해 고민을 거듭하다가 혹시나 영어판 성서를 보면 알 수 있을까 하여 찾아보았더니 다음과 같이 되어 있음을 알고, 그 뜻을 겨우 이해하게 되었습니다.

> the law arouses evil impulses that produce a harvest of sinful actions, which results in spiritual death, Now, that we have been freed from following the law we can serve God. not by obeying the letter of the

law, but the new way of living in the Spirit.[20]

한글로는 무슨 말인지 이해하지 못하다가 영어로 이해하게 되었다니 이 무슨 괴이한 일입니까! 나는 정말 기독교인들에게 요청합니다. 젊은 세대가 바로 이해할 수 있는 성서 번역을 내놓으세요. 불교도도 젊은 세대의 감각에 맞는 불경을 번역해 내놓으세요. 종교가 쇠퇴한다고들 야단인데, 이런 성서나 불경을 읽고 어떻게 기독교나 불교에 가까이 갈 수 있겠습니까? 여하튼 위 영어 번역문을 우리말로 번역해 보면 다음과 같습니다.

> 법은 범죄 행위에 이르게 하는 악한 충동을 일으키고, 정신적인 죽음을 초래합니다. 이제 우리는 법에 복종하는 것에서 해방되어 문자 그대로의 법이 아니라, 정신 안에서 사는 새로운 방식으로 신을 섬길 수 있습니다.

위 구절은 바울의 말이지만, 예수의 말이라고 해도 무방합니다. 이를 다시 풀어보면, 한정된 법을 강요하고 시행하려는 본능의 국가정부는 필연적으로 자유의 부정을 초래하고, 질서가 아니라 혼란가령 전쟁, 경제적 불의, 노예제 등을 가져온다는 것입니다. 따라서 혼란을 일으키는 것은 국가에 내재한 권력관계이고, 이와 반대로 바울이 말하는 법이 아닌 정신적 방식의 삶은 참으로 자유로운 사람들 사이의 질서라고 하는 자연적 조건이며, 그것이 바로 아나키즘이라는 것입니다.[21] 이는 미국의 아나키스트인 엠마 골드만이 아나키즘을 다음과 같이 정의하는 것과 일치합니다.

---

20) https://www.bibleref.com/Romans/7/Romans-7-5.html
21) Paul Dordal, *In Search of Jesus the Anarchist*, Eleutheria Press, 2017, 26쪽.

아나키즘은 인간이 만든 법에 의해 구속되지 않는 자유에 근거한 새로운 사회 질서를 만들고자 하는 철학으로, 모든 형태의 국가는 폭력에 의존하며, 따라서 그런 국가는 불필요할 뿐만 아니라, 잘못된 것이고 해로운 것이라고 보는 이론이다.[22]

엠마 골드만은 살아 있을 때 '미국에서 가장 위험한 여성'으로 불린 사람인데, 그가 말한 '미국에서 가장 위험한 사상'이 기독교의 시조라고 하는 예수나 이론적 창시자라는 바울의 사상과 같다는 점에 대해 어떻게 생각합니까? 바울은 자유에 대해서 갈라디아서에서 다음과 같이 말하는데, 이 역시 예수의 말이라고 보아도 좋습니다.

형제 여러분, 여러분은 자유를 누리기 위하여 부르심을 받았습니다. 그러므로 육체의 욕망을 채우려고 여러분의 자유를 남용하지 말고, 사랑으로 서로 섬기십시오. 갈 5:13

아나키스트 예수는 타인을 지배하기 위해 사용되는 권력에 저항하여, 모든 사람이 타인에게 편의를 강요하지 않고 평등하고, 그들 자신의 개인적 능력인 자유를 이행할 기회가 있어야 한다고 주장합니다. 예수는 사람들을 조종하거나 지배하는 모든 권력에 저항합니다. 나아가 권력자에 대한 비판과 예수의 반권력적 태도는 예수의 다음 말에 집약되어 있습니다.

---

22) Emma Goldman, *Anarchism and Other Essays*, Motherearth Publishing Association, 1910, 7쪽.

여러분도 알다시피 백성들의 통치자들은 권력으로 엄하게 지배하고, 높은 사람들은 백성들을 억압합니다. 그러나 여러분은 그럴 수 없습니다. 오히려 여러분 가운데서 크게 되고자 하는 사람은 남을 섬기는 봉사자가 되어야 합니다. 그리고 여러분 가운데서 첫째가 되고자 하는 사람은 모든 사람의 하인이 되어야 합니다. 나는 봉사를 받으러 온 사람이 아니라 오히려 봉사하고, 또한 많은 사람들의 죄값을 치르기 위해 내 목숨마저 내주러 왔습니다. 마 20:25~28, 막 10:35~45, 눅 22:24~27

예수가 "아무도 두 주인을 섬길 수 없습니다. 사실 한편을 미워하고 다른 편을 사랑하거나 한편을 받들고 다른 편을 업신여길 것입니다. 여러분은 신과 마몬을 함께 섬길 수는 없습니다" 마 6:24라고 말할 때 마몬이란 땅 위의 모든 권력을 말합니다. 뒤에서 보듯이 빌라도가 처형 직전의 예수에게 자기에게 예수를 풀어줄 권력이 있다고 하자 예수는 "위에서 권력을 당신에게 주지 않았다면 당신은 나에 대한 어떤 권력도 가질 수 없습니다"라고 답했습니다. 요 19:11

예수의 아나키 사회 '신의 나라'

아나키스트는 무권력주의자에 그칠 수는 없고, 긍정적인 자기 나름의 비전이 있어야 합니다. 아나키스트는 세속의 갖가지 권력이 만들어 내는 모든 권위나 구속으로부터 자유롭게 살고자 하고, 그렇게 마음이 맞는 사람들과 함께 작은 마을에서 자치하며 오순도순 살고자 하며, 들꽃이나 들새나 들짐승과 함께 자연 속에서 순수하고 아름답게 살고자 하는 연약하고 부드러운 마음과 몸의 고독한 사람입니다. 요컨대 자유-자치-자연의 삶을 좋아하고 그렇게 살고자 하는 사람입니다. 예수가 바로 그런 사람입니다. 자유-자치-자연의 삶을 추구하기에 그는 아나키스트입니다. 그냥 권력만 거부하는 사람이 아닙니다. 그는 권력을 거부하고 권력이 없는 아나키 세상을 꿈꾸었는데, 성서에서는 그것을 곧잘 '신의 나라'나 '신의 왕국'이라고 합니다. 흔히 그것을 내세의 '천당'이니 '천국'이라고 하지만, 예수는 현세의 것이기를 바랐기에 그는 그것을 부정하는 현세의 권력에 의해 처형을 당했습니다.

그런데 아나키스트인 예수에게 신의 '나라'니 왕'국'은 물론 천'국'이라는 말도 어울리지 않습니다. 처음부터 영어로 '왕국'이란 뜻의 kingdom으로 번역된 헬라어 바실레이아basileia는 영토적 또는 지리적 의미일 수도 있고, 왕권이나 주권을 지칭할 수도 있고, 궁전이나 대궐, 왕이나 여왕 또는 왕자, '지배'나 '규제'나 '영역'으로 이해될 수도 있습니다. 이러한 이해는 헬라어 용어 사용의 기초가 되는 히브리어와 아람어 단어인 malkūth에도 해당합니다. 따라서 '신의 왕국'이라는 표현 외에도, 헬라어 basileia tou theou의 영어 번역으로 가장 잘 알려진 '신의 통치' 또는 '신의 지배'로 생각할 수도 있습니다. 그러나 '왕국'이나 '나라' 또는 '통치'나 '지배'라는 말들은 아나키즘과 어울리지 않습니다. 그리고 예수가 말하는 '신의 나라'에는 사실상 신이 부재합니다. 신은 지배자가 아니고, 그 사회 구성원인 민중의 일원도 아니기 때문입니다.

나라니 왕국이라는 말보다는 차라리 과거에 불교식으로 '천당'天堂이라고 한 말이 더 낫습니다. 그러나 길거리에서 외치는 '예수 천당 불신 지옥'이라는 말이 생각나 싫군요. 여하튼 '하나님 나라'라고 해도 그것은 내세를 말하는 것이 아니라, 현세를 말하는 것입니다. 나는 그것을 예수와 같이 현세에서 자유-자치-자연의 삶을 살겠다고 결심한 사람들이 함께 모인 '아나키 사회'라고 부릅니다, 그리고 가톨릭이나 성공회에서는 하느님, 개신교에서는 신이라고 다르게 번역하는 신이라는 말을 그대로 신으로 부르기 좋아합니다. 세상의 모든 신화나 종교의 신과 같이 본다는 것이지요. 신이 세운 최초의 사회를 신시神市라고 부르기도 좋아하는데, 이는 단군신화에 나오는 말이어서 단군신화를 싫어하는 사람들에게는 미움을 받을 짓이겠지요. 그러나 기독교의 여러 개념어도 기독교가 시작된 로마제국의 용어들을 많이 빌려 쓴 것들이 대부분입니다.

'아나키 사회'는 '무권력 사회'나 '무지배 사회'라고 번역할 수도 있고, 현실에서는 교회나 성당일 수도 있습니다. 지금은 많이 다르지만, 초기 교회는 예수의 무소유 등을 따르는 '아나키 사회'였습니다. 여기서 사회란 '뜻을 같이하는 사람들의 자발적인 모임'을 뜻하는 것으로, 혈연, 지연, 학연 등의 인연에 의해 맺어지는 집단인 공동체, 그리고 국가나 회사처럼 인위적인 목적에 의해 구성되는 제도와도 구별합니다. 사회를 구성하는 '뜻을 같이하는 사람들'이 바로 친구들입니다.

'아나키 사회'에 대한 언급은 뒤에서 보듯이 예수의 가르침뿐만 아니라 그의 활동에도 가득 차 있습니다. 그것은 일반적으로 공관복음서라고 하는 마태복음, 마가복음, 누가복음과 함께 도마복음에서 두드러지게 나타납니다. 도마복음은 공관복음서와 비슷한 예수에 관한 초기 기록을 담고 있습니다. 반면 요한복음은 다소 늦게 쓰였고, 예수를 역사적으로 연구함에는 문제가 많습니다. '아나키 사회'를 뜻하는 '신의 나라'라는 말은 구약에는 나오지 않지만, 그것은 구약에서도 중요한 주제입니다. 출 15:1~18, 사 6:5~9, 시 99:1~5 이처럼 그것은 구약과 유대 문학에서도 볼 수 있는 개념이지만, 신약만큼 일반적이지는 않습니다.

'신의 나라' 즉 '아나키 사회'는 예수와 관련된 모든 곳에 만연합니다. 그것은 예수의 삶에 관한 설명 시작 부분에서 그의 설교 주제로 나타나

며, 그의 공생애 사역 내내 관심사로 남아 있습니다. 예를 들어, 마태복음
과 마가복음에 따르면 예수는 그의 공적 활동을 시작할 때 이렇게 선포
합니다. "때가 차서 신의 나라가 다가왔습니다. 여러분은 회개하고 복음
을 믿으십시오."마 4:17, 막 1:15, 눅 4:43 그리고 '아나키 사회'는 생애 마지막
까지 예수의 관심사로 남아 있으며 '최후의 만찬'이라고 불리는 그의 마
지막 식사마 26:29, 막 14:25와 십자가에서도 중요한 논의 주제였습니다.눅
23:42

따라서 그것은 예수 공생애의 처음부터 끝까지 그의 사상을 결정짓는
가장 중요한 개념입니다. 예를 들어, 부를 포기하는 것은 '아나키 사회'에
들어가기 위한 가장 중요한 진제 조건이라고 하고, 따라서 부자가 거기
에 들어가는 것보다 낙타가 바늘구멍을 통과하기가 더 쉽다고 합니다.마
19:24, 막 10:25 '아나키 사회'는 또한 치유자이자 악령 퇴치사로서의 예수의
역할과 직접 연결되는데, 그러한 역할은 초기 로마제국과 1세기 유대교
의 문화적 맥락에서 드문 일은 아니지만, 예수는 자신의 악령 퇴치가 '아
나키 사회'의 도래를 증명한다고 다음과 같이 선언하는 점에서 다른 악
령 퇴치와는 명백히 다릅니다. "그러나 내가 신의 손가락으로 귀신들을
쫓아내고 있으니 그렇다면 신의 나라는 여러분에게 왔습니다."마 12:28, 눅
11:20 '아나키 사회'라는 주제는 다양하게 표현되는데, 특히 비유는 예수
의 특별한 가르침으로서, 많은 비유가 '아나키 사회'를 직접 언급하고, 대
부분은 '아나키 사회'의 특성을 설명하는 기능을 합니다.

'신의 나라'의 모습

크로산이 말하듯이 "예수는 로마제국의 조직적인 부정의와 구조적인
악에 대항하여 살았"고, "차별 없는 인간적 접촉과 계급 없는 신성한 접촉

의 근본적 평등주의라는 삶을 받아들이는 모든 사람에게 열린 대안"을 추구했습니다.[23] 그리고 그 대안을 다음과 같이 말합니다.

주님께서 나를 보내셨으니,

이는 가난한 이들에게 복음을 전하고

포로들에게는 희망을

소경들에게는 눈뜰 것을 선포하며

억눌린 이들을 풀어 보내고

주님의 은혜로운 해를 선포하게 하시려는 것이로다.눅4:18~19

은혜로운 해란 희년禧年, jubilee을 말합니다. 희년이란 7년 안식년이 일 곱 번 지난 다음 해인 50년마다 맞이하는 해로, 50년마다 이스라엘 백성 들이 다음 세 가지를 선포하고 민족공동체 전체가 일 년 내내 축제로 들 어간 것을 뜻합니다. 첫째, 온 백성들에게 자유를 공포하고, 둘째, 50년 사이에 주인이 바뀌었던 모든 땅이 주인에게로 되돌아가 평등 경제를 이 룩하고, 셋째, 그사이 종살이하던 사람, 감옥에 있는 사람 모두가 희년 나 팔 소리가 울려 퍼지는 즉시로 해방이 되어 가족에게로 돌아가는 것입니 다.레25장

이처럼 예수의 아나키즘은 권력에 대한 비판만으로 끝나지 않고, 대 안이랄까 비전이랄까 하는 것을 분명히 제시합니다. 그것이 바로 '신의 나라'입니다. 이는 예수 출생 8세기 전의 선지자인 이사야가 다음과 같이 말한 바에서도 볼 수 있습니다.

---

23) John Dominic Crossan, *The Essential Jesus: Original Sayings and Earliest Images*, HarperCollins, 1994, 12쪽.

오호라 너희 모든 목마른 자들아, 다 물로 나아오라, 돈 없는 자도 와서 포도주와 젖을 거저 마셔라. 너희가 어찌하여 양식이 아닌 것을 위하여 돈을 쓰며, 만족을 주지 못하는 것을 위해 수고하느냐? 너희는 내 말에 귀를 기울여라. 그러면 너희가 좋은 것을 먹을 것이며, 너의 영혼이 만족을 누릴 것이다.사55:1~2

이처럼 목마르고 가난한 사람들이 물질적으로 행복한 것도 '신의 나라'에서 중요하지만, 모든 사람이 자유롭고 평등하고 평화롭게 사는 것도 '신의 나라'에서 중요합니다. 더 중요한 것은 그러한 '신의 나라'에 이르기 위한 과정에서 시켜아 힐 비폭력, 직접 행동, 불의아 압제에 대한 저항 등의 수단 또는 방법입니다. 그래서 골드만은 "나사렛의 선동가가 주장한 형제애라는 원칙에는 생명과 진리와 정의의 싹이 보존되어 있다"[24]라고 했습니다. 나사렛의 선동가는 바로 예수입니다.

그러나 골드만은 예수를 믿는 기독교인은 아닙니다. 아니 정확하게 말하면 모태 기독교인이었지만 성장하여 아나키스트가 되면서 기독교에 대한 믿음을 버렸습니다. 당시의 기독교를 포함한 모든 종교는 인간의 정신을 지배하는 권력이라고 생각했기 때문입니다. 기독교도들은 신과 악마, 지옥과 천국, 보상과 처벌을 말하며 사람들을 순종시키고 유순하고 무력한 존재로 만들기 위해 채찍질을 가한다고 골드만은 비판했습니다. 무신론이 인간 정신의 팽창과 성장을 표현한다면, 유신론은 인간 정신을 정적이고 고정적으로 만들 뿐이라고도 비판했습니다.

골드만만이 아니라 아나키스트 대부분은 종교의 지배로부터 인간의

---

24) Emma Goldman, *Anarchism and Other Essays*, Motherearth Publishing Association, 1910, 22쪽.

정신을 해방하고자 합니다. 이는 재산의 지배로부터 인간의 육신을 해방하고자 하고, 국가의 족쇄와 통제로부터 인간을 해방하고자 하는 것과 같습니다. 그들에게 아나키즘은 진정한 사회적 부를 생산할 목적으로 개인이 자유롭게 연합한 사회 질서를 의미합니다. 그 질서는 모든 인간에게 지구의 자원에 대한 자유로운 접근을 가능하게 함으로써 자신의 욕구, 취향, 성향에 따라 자신의 삶을 자유롭게 향유할 수 있는 질서를 말합니다.

나는 이 책에서 예수를 기독교라는 종교의 창시자라기보다도 한 사람의 아나키스트 친구로 봅니다. 아니, 역사상 그 어떤 아나키스트보다 훌륭한 아나키스트로 봅니다. 따라서 골드만을 비롯한 아나키스트들이 무신론을 주장하면서 기독교와 같은 유신론 종교를 비판하는 점과 예수는 관련이 없습니다. 아니, 예수가 유대교를 비판한 점과는 관련이 있습니다. 그는 기성 종교인 유대의 문제점을 비판한 점에서 반종교주의자입니다. 게다가 이 책의 7장에서 보듯이 기독교는 지난 2천 년 간 예수의 아나키즘을 배반하고 권력과 결탁한 종교였으니, 지금 예수가 살아 있다면 유대교를 비판했듯이 기독교도 비판했으리라고 생각합니다.

4. 이 책에 나오는 지역과 사람들
비옥한 초승달 지대

이 책의 2장 이하에서 아나키스트 예수를 설명하기 전에 먼저 이스라엘, 팔레스타인, 아나키스트를 비롯하여 이 책에서 자주 사용하는 지리에 대해 간략하게나마 설명하도록 하겠습니다. '비옥한 초승달 지대'Fertile Crescent라는 말이 있습니다. 오늘날의 이집트, 이라크, 시리아, 레바논, 이스라엘, 팔레스타인, 요르단, 쿠웨이트 북부, 튀르키예 남동부, 이란 서부로 구성되는 '비옥한 초승달 지대'는 그 지역이 초승달처럼 생겼기 때문입니다. 세계 최초로 정착 농경이 발생한 지역으로 세계 최초의 문명인 메소포타미아 문명과 이집트 문명의 발상지이기도 합니다. 4,500여 년 전에 세계 최초의 도서관이 이곳에 세워져 문학이 급속도로 발전했고, 건축술과 수학, 천문학 등 다양한 학문도 여기에서 시작되었습니다.

'비옥한 초승달 지대'의 중간에 있는 현재의 이스라엘 및 팔레스타인 땅은 1948년 이스라엘 건국 이전에는 팔레스타인으로 불렸는데, 그곳은 이집트와 메소포타미아를 연결하는 회랑 같은 곳이었습니다. 그래서 동과 서의 강대국들이 끊임없이 침략하고 정복한 땅이었습니다. 침략국들은 북쪽의 아나톨리아^{현재의 튀르키예}, 남쪽의 아라비아반도, 그리고 지중해에서 왔습니다. 다양한 언어와 문화를 갖는 여러 민족과 집단이 팔레스타인 땅에서 전쟁과 정복과 지배와 격퇴를 되풀이하면서 교류, 무역, 혼혈, 번영, 쇠퇴도 되풀이했습니다.

특히 부유한 국제 무역 거래의 중심이었습니다. 인도양에서는 후추를 비롯한 각종 향신료와 천연염료, 중앙아시아의 실크로드에서는 비단과 호박 등의 보석, 아프리카에서 황금과 상아가 와서 거래되어 유럽과 아시아로 판매되었습니다. 뒤에는 유럽에서 목재와 소금으로 간을 한 물고기, 그리고 에티오피아에서 유향과 커피가 와서 거래되었습니다. 그래서 팔레스타인 주변에는 일찍부터 여러 무역항이 발달했고, 내륙인 나블루스나 헤브론 등에서는 농산물 시장이 형성되었습니다.[25]

1만 년 이상 이전에 팔레스타인에 정주하여 관개농업을 시작하고 몇

---

25) 나블루스에는 로마제국의 유적과 함께 이슬람교, 유대교, 기독교의 공통 성지인 요셉의 무덤을 비롯하여 많은 유적이 남아 있습니다. 헤브론은 유대교, 기독교, 이슬람교의 성지로 유대교에서는 예루살렘에 이어 두 번째로 큰 성지로 여겨지며 4대 성지 가운데 하나입니다.

개의 성벽 도시를 세운 최초의 민족은 가나안인이지 이스라엘^{히브리} 사람들이 아닙니다. 죽음의 바다라고 하는 사해死海의 북쪽에 있는 여리고는 세계에서 가장 오래된 성벽 도시의 하나인데, 수많은 나라가 이곳을 침략했습니다. 그중에서 상당히 장기간 계속 지배한 민족 중에 페르시아인들과 히브리인들이 있었습니다. 이처럼 히브리인들은 팔레스타인을 침략하여 일정 기간 지배한 여러 민족 중 하나에 불과합니다.

기원전 12세기경에 페르시아인들이 동지중해 연안을 정복하자 그곳과 동쪽 내륙부를 합쳐 그리스인의 역사가 헤로도투스가 팔레스티네이라고 불렀습니다. 히브리인들은 기원전 1000년경 팔레스타인을 정복하고 이스라엘 왕국을 세웠지만, 기원전 6세기에 멸망합니다. 그리고 약 2400년 뒤인 1948년에 세워진 새로운 나라가 지금의 이스라엘인데, 지금 이스라엘 사람들은 그곳이 자기들의 옛 땅이라고 주장했지만, 사실은 400년 정도 그곳에 이스라엘이라는 나라를 세웠을 뿐입니다.

몇천 년에 걸쳐 서서히 진행된 기후 변화와 함께 관개농업의 한계로 토양이 지나치게 염화되고 척박해진 탓에 지력이 쇠해버려, 지금의 팔레스타인을 비롯한 '비옥한 초승달 지역'은 이름과 달리 비옥하다고 할 수는 없습니다. 특히 과거에 삼림이 울창했던 메소포타미아 상부 일대가 몇천 년에 걸친 벌목 작업 때문에 모조리 벌목되는 탓에 사막화가 가속화되고 있습니다. 사막화와 함께 염분화, 그리고 중동의 불안정한 정세 탓에 살기에 썩 좋은 곳이 아닙니다.

이스라엘과 팔레스타인

위에서 말했듯이 이스라엘이란 지금 중동에 있는 나라의 이름이지만,

원래는 구약에 나오는 3대 족장 야곱[26]에게 붙여진 이름이었고, 원래의 히브리 부족 연합체나 사울 왕 이후의 통일 왕국, 그리고 솔로몬 왕 이후 남북으로 분열되었을 때의 북왕국을 가리키는 말이기도 했습니다. 그러나 이 책에서 이스라엘이라고 하면 1948년에 세워진 나라를 말하고, 과거의 이스라엘을 말하는 경우에는 과거의 어떤 것이라고 분명히 밝히겠습니다.

팔레스타인도 이스라엘과 마찬가지로 지금 중동에 있는 나라의 이름입니다. 원래 팔레스타인이란 이스라엘이 건국하기 이전의 그곳을 가리키는 지명이었으나, 지금은 그곳에서 이스라엘 땅을 제외한 곳인 서안 지구와 가자 지구를 지배하는 나라를 말합니다. 그러나 이스라엘이 건국하기 전에는 그리스로마 시대 이래 헬라이로 팔레스타인이라고 불렀습니다. 아랍인들은 아라비아식으로 '필라스틴'이라고 불렀고, 유대교도는 히브리어로 쓰인 성서에 따라 '에레츠 이스라엘'이스라엘의 땅이라고 불렀습니다.

지금 이스라엘에는 유대인 외에도 여러 민족이 살고 있지만, 중심은 유대인들입니다. 오래전 이스라엘 왕국이 있었을 때도 마찬가지였지만, 그 뒤로는 상당수 유대인이 그곳에서 떠나고 아랍인들이 중심이 되어 2천 년 이상을 그곳에서 함께 살았습니다. 그러다가 1948년 이스라엘 건국을 전후로 하여 별안간 유대인들이 그곳에 대거 몰려와 다시 다수가 되었습니다. 문제는 과거처럼 아랍인들과 함께 살았으면 좋았는데, 그렇지 못하고 아랍인 대부분을 내쫓아 난민으로 만들었다는 점입니다.

유대인은 '유대 지역 사람Judea Judaea'을 말하는 민족명입니다. 한자로는 猶太人이라고 쓰고 중국에서는 이를 유타이런으로 읽는데, 그것을 우리가 유태인이라고 읽고 쓰기도 하지만 이 책에서는 유대인으로 표기하는 것이 옳다

---

26) 구약에는 10개의 시대가 나옵니다. 그 첫째가 창조 시대이고, 둘째가 족장 시대입니다. 족장 시대란 아브라함, 이삭, 야곱, 요셉이라는 4명의 족장이 차례로 다스린 시대를 말합니다.

고 생각해 그렇게 표기하도록 하겠습니다. 유대를 유다라고도 합니다. 예수의 제자로서 예수를 배반한 유다는 유다 이스카리옷Judas Iscariotes을 말합니다. 유대란 히브리족의 일족, 남부 지방, 왕국 분열 후의 남유다 왕국, 바빌론 유수 이후 히브리인을 뭉치게 한 유대교 등등으로 다양하게 사용됩니다. 이스라엘과 유대를 합쳐 히브리나 유대라고도 합니다.

　팔레스타인인이라고 하면 현재 이스라엘에 사는 아랍인, 팔레스타인에 사는 사람들, 주변 국가와 세계 각지에 흩어진 팔레스타인 사람들을 가리킵니다. 이스라엘에는 과거에는 물론 현재에도 아랍인이 있습니다. 아랍인이란 아라비아어를 사용하는 사람들을 말합니다. 따라서 튀르키예어나 페르시아어를 사용하는 튀르키예인이나 이란인은 아랍인이 아닙니다. 아랍인은 반드시 무슬림인 것은 아닙니다. 아랍인 중에는 유대교도나 기독교도도 있는데, 아랍에서는 그들이 종교적으로 소수파였지만, 1948년 이스라엘 건국 전까지는 오랫동안 무슬림과 공존했습니다. 건국 이후 아랍지역에서 이스라엘로 이주한 유대교도 숫자는 모로코에서 온 26만 명, 이라크에서 온 13만 명, 튀니지에서 온 5만 6천 명을 비롯하여 모두 60만 명에 이르렀습니다. 아라비아어를 말하는 유대교도의 대표적 사례가 신약에 나오는 사마리아인입니다. 현재 이스라엘의 주류 유대교도는 그들을 유대교도로 인정하지 않지만, 뒤에서 보듯이 그들은 지금도 서안 지역의 나블루스 부근에 있는 성지 그리심 산 주변에 집단을 이루어 살고 있습니다.

아랍과 중동

　아랍을 가리키는 말도 많습니다. 먼저 근동이니, 중동이니 하는 말입니다. 유럽에서 보아 각각 '가까운 동양'과 '중간 동양'을 뜻하는, 근동이란 Near Orient, 중동이란 Middle Orient의 준말입니다. 19세기에 근동은 지중해 동쪽에 있는 오스만제국령, 중동은 페르시아만과 이란 및 아프가니스탄을 뜻했습니다. 반면 20세기 후반부터 중동은 서아시아와 북아프리카를 포함한 지역을 말하는데, 그 두 지역이 만나는 곳에 팔레스타인이 있었고, 지금은 이스라엘과 팔레스타인이라는 두 개의 나라가 있습니다. 이스라엘을 제외한 중동지역의 여러 나라는 아랍연맹에 속합니다. 아랍연맹보다 더 넓은 지역인 이슬람교 국가들의 협력기구로 이슬람 협력기구OIC가 있습니다.

유럽에서는 중동을 투르크라고도 했습니다. 오스만제국은 유럽의 발칸 지역과 아시아 및 북아프리카의 아랍지역을 지배했습니다. 오스만제국이 멸망한 지금은 아랍지역을 중동이라고 합니다. 유럽과 오스만제국 사이의 분쟁을 19세기에는 '동방문제'라고 했습니다. 현재 중동이라고 하는 지역은 언어별로 다시 세 지역으로 나누어집니다. 즉 아라비아어권좁은 의미의 아랍권, 튀르키예어권튀르키예와 중앙아시아 및 캅카스의 튀르키예어권, 그리고 페르시아어권이란, 아프가니스탄입니다. 그중 아라비아어권이 다수를 차지합니다. 19세기 팔레스타인에 사는 무슬림 90%는 아라비아어를 사용하는 수니파 무슬림이었습니다.

이슬람이란 이슬람의 신인 '알라에의 절대복종'을 뜻하고 무슬림이란 그 복종자를 뜻하며 그 복종 상태를 살람Salam, 즉 평화라고 합니다. 그리고 알라가 무함마드를 통해 내린 계시 언어가 아라비아어이고, 아라비아어로 쓰인 경전이 쿠란입니다. 이슬람은 아브라함아라비아어에서는 아브라힘의 종교를 자처합니다. 아브라함은 아담에서 노아를 거쳐 내려오는 예언자 중의 한 사람입니다. 따라서 유대교나 기독교나 이슬람교나 아담과 그의 자손 중 아브라함까지를 숭상하는 점에서는 같습니다. 그러나 아브라함의 두 아들인 이삭아라비아어로는 이스하크과 이스마엘아라비아어로는 이스마일에 와서 유대교와 기독교, 그리고 이슬람교는 갈라집니다. 즉 이스마엘의 후계자가 무함마드이고, 이삭의 후계자 중 모세가 유대교, 그리고 예수가 기독교의 창시자가 됩니다.

레프 톨스토이

이 책에는 많은 사람이 나옵니다. 가장 많이 등장하는 주인공인 예수 다음으로 자주 나오는 사람은 톨스토이입니다. 톨스토이를 모르는 분은 없겠지만, 그가 러시아에서 1828년에 태어나 1910년에 82세로 죽었다는 점, 세계사에서 가장 위대한 소설이라고도 하는 『전쟁과 평화』와 『안나 카레니나』를 비롯하여 수많은 걸작 소설을 쓴 소설가라는 점과 함께, 50세 때 '참회'를 하고 기독교에 귀의했으며, 그 뒤 죽을 때까지 예수의 길을 따라 살려고 했다는 점을 이 책을 이해하기 위한 최소한의 안내로 밝혀둡니다. 이 책에서 자주 인용하는 『나의 신앙은 어디에 있는가』 머리말에 의하면 그 책을 쓴 55세 이전의 삶 가운데 15세까지는 모태신앙을 가졌으나, 그 뒤 50세까지 35년은 무신론자로, 그리고 죽을 때까지 32년은 기독교도로 살았습니다. 어린 시절의 모태신앙을 자발적이지 않은 것으로 본다면 50년을 무신론자로 산 셈입니다.

1869년41세 『전쟁과 평화』를 완성한 뒤에도 그러했지만, 1878년50세 『안나 카레니나』를 완성한 뒤 톨스토이는 완전히 탈진했습니다. 1873년45세 『안나 카레니나』를 쓰기 시작할 무렵 그는 대단한 자부심이 있었습니다. 그 작품이 완성된다면 내용이나 형식에서 『전쟁과 평화』를 능가하리라고 생각했습니다. 그러나 그는 집필에 열중할 수 없었습니다. 1875년부터 무엇 때문인지도 몰랐을 정도로 심한 정신적 위기를 경험했습니다. 그러던 중에 농민이나 순례자들의 가난하지만 유쾌하며 신앙심 깊은 삶이 눈에 들어왔습니다. 그리고 참회의 시간으로 접어들었습니다. 물론 참회는 금방 이루어지지 않았습니다.

그는 농부들의 삶이 자기가 가야 할 길이라고 생각해서 그들처럼 교회에 다니고 금식을 했으며, 자신의 죄를 고백하고 신실한 신앙인이 되려고 노력했습니다. 아마도 사람들 대부분은 그런 신앙에 충실한 것으로 끝날 것입니다. 그러나 톨스토이는 달랐습니다. 교회에서 가르치는 신앙은 그가 기대한 것과 너무나 달랐습니다. 교회 신앙은 규칙과 의식의 연속이고 기적을 중심으로 이성을 부정하는 것으로 교회 권위에 복종을 요구하는 것이었습니다. 그래서 복음서를 철저히 읽기 시작했습니다. 그 결과 예수의 가르침이란, 하나님 앞에 만인이 평등하고, 자신이 가진 모든 것을 가난한 사람들에게 주고 모든 형태의 폭력을 거부하며 복수심을 품지 않는 것임을 알게 되었습니다. 그것은 신비한 것도 불합리한 것도 아니었습니다.

그런데 교회는 그런 신앙이 보통 사람들에게는 신비로운 것이어서 도달할 수 없으므로 교회의 권위를 인정하고 교회와 국가의 결탁을 인정하며 교회의 도움을 받아야 한다고 가르쳤습니다. 반대로 이를 인정하지 않고 그리스도의 가르침이 교회와 국가를 부정하는 것이라고 보게 되면, 기독교는 수미 일관된 것이고 어디에도 애매한 구석이 없었습니다. 참된 신앙을 방해하는 것이야말로 교회였습니다. 그래서 톨스토이는 『고백』을 썼습니다. 『고백』은 독자에게 읽으라고 쓴 책은 아닙니다. 자신의 마음 수양을 위한 책도 아니고, 혼란된 영혼이 평화를 찾아가는 과정을 쓴 책도 아닙니다. 그것은 신이나 인생에 대한 성찰이 아니라, 육욕과 전쟁, 명예와 돈 등으로 타락했다고 자처하는 죄 많은 인간의 솔직한 고백입니다.

계시종교가 아닌 이성 종교를 믿는 이신론자 톨스토이의 종교론은 50세에 기독교로 귀의한 뒤 1877년49세 6월에 쓰기 시작해 1881년 초에 탈고했으나 출판을 거부당한 『고백』을 필두로 합니다. 이어 교회화된 기독교를 정화하여 참된 기독교 정신을 발견하고자 1879년부터 1881년까지 『교조 신학 비판』을 씁니다. 인간의 이성에 반한 처녀 수태나 사망자의 부활 등 기적이나 신비를 배제한 『4복음서의 통합과 번역』을 1881년부터 1883년까지 쓰고, 그것을 요약한 1881년의 『요약 복음서』를 쓰고, 1882년에는 「교회와 국가」를 비롯한 논문도 씁니다. 이어 1884년의 『나의 신앙은 어디에 있는가』, 1887년의 『인

생론』, 새로운 기독교를 세우고자 한 1893년의 『신의 나라는 네 안에 있다』, 1902년의 『종교란 무엇인가, 그리고 그 본질은 어디에 있는가』 등을 계속 썼습니다.

그의 저술 중 『고백』은 『참회록』으로, 『나의 신앙은 어디에 있는가』는 『신앙론』으로, 『복음서 요약』은 『톨스토이 성서』로 우리말로 각각 번역되었고, 앞의 두 책은 최근 러시아어판의 번역으로 새로 나왔습니다. 『폭력의 법칙과 사랑의 법칙』과 함께 논문들을 엮은 『국가는 폭력이다』와 『신의 나라는 네 안에 있다』도 최근에 번역되었으나, 『교조 신학 비판』과 『4복음서의 결합과 번역』은 아직 번역되지 못하고 있습니다.

자끄 엘륄

톨스토이 외에 저명한 기독교 아나키스트로는 헬치츠키, 아나뱁티스트, 키르케고르, 부버, 발루, 게리슨, 간디, 데이, 모린, 헤나시, 베리건, 블룸하르트, 허바드, 엘러, 캐버너, 엘륄, 베르자예프, 일리치, 스틴위크, 앤드류스, 알렉시스, 크리스토야노풀로스 등이 있는데, 그들에 관해서는 해당 부분에서 다시 설명하도록 하고, 여기서는 이 책에 자주 나오는 엘륄과 엘러에 대해서만 간단히 설명하겠습니다.

톨스토이와 함께 기독교 아나키스트 사상가 중 가장 중요한 사람은 프랑스의 자끄 엘륄입니다. 엘륄은 기술과 기술 사회에 대한 비판적 작업으로도 알려져 있지만, 그의 『아나키와 기독교』우리말 제목은 『무정부주의와 기독교』와 『폭력에 맞서』는 톨스토이의 예수, 아나키스트 예수를 보완하기 위하여 이 책에서 여러 번 인용합니다.

톨스토이와 달리 엘륄은 아나키즘을 "가장 완전하고 가장 심오한 사회주의 형태"[27]로 보고, 바쿠닌, 프루동 및 크로포트킨과 같은 아나키즘 사상가들에 동의하여 아나키즘이 현대 세계에서 유일하게 받아들일 수 있는 사상이라고 단호하게 주장합니다. 그러나 진정한 아나키스트 사회가 도래할 수 있다고는 믿지 않습니다. 즉 아나키즘 사회의 실현은 불가능하지만, 그러한 사회를 위한 아나키즘 투쟁은 현대 사회에 가장 중요한 본질이라고 보았습니다.

구약을 혐오한 톨스토이와 달리 엘륄은 구약을 포함하여 성서의 더 많은 구절을 아나키즘 입장에서 주석합니다. 따라서 그의 작업은 산상설교에 대한 톨스토이의 좁은 관점을 보완합니다. 게다가 기독교에 대한 엘륄의 접근 방식은 톨스토이만큼 특이한 것이 아니라, 전통적인 개신교특히 칼뱅주의 신학에 기반을 두고 있습니다. 따라서 그의 접근 방식은 그러한 전통에 속한 기독교인들에게 톨스토이의 접근 방식보다 더 편할 수 있습니다.

엘륄의 아나키즘은 폭력을 절대적으로 거부하고, "평화적이고 반국가적이며 반자본주의적이고 도덕적이며 반민주주의적인다시 말해 부르주아 국가의 변조된 민주주의에 적대적인" 것으로, "모든 권력에 대한 실제적인 전복과 기층민에 의한 발언과 자율 조직을 목적으로 삼아, 설득 수단을 통해 또 소집단과 조직망의 생성을 통해 활동하면서 거짓과 압제를 고발"하는 것입니다.[28]

버나드 엘러

미국의 신학자 버나드 엘러는 엘륄의 『아나키와 기독교』와 비슷한 시기에 『기독교 아나키』*Christian Anarchy*, 번역서명은 『기독교 무지배 - 군림하지 않는 세계관』를 저술했습니다. 그의 기독교적 배경은 재세례파/형제단 전통의 배경이어서 기독교인들에게는 톨스토이보다 더 합리적이라고 생각될 수 있습니다. 뒤에서

---

27) 자끄 엘륄, 『무정부주의와 기독교』, 이창현 옮김, 대장간, 2011, 18쪽.
28) 자끄 엘륄, 『무정부주의와 기독교』, 이창현 옮김, 대장간, 2011, 31쪽.

보듯이 로마서 13장과 '카이사르에게 바쳐라' 구절에 대한 그의 주석은 엘러가 기독교 아나키스트로 자처하는 것을 이해하게 하지만, 그는 국가를 옹호하기 때문에 행동주의에 기운 기독교 아나키스트들에게는 비판을 받습니다. 앞의 책과 함께 『무장하지 않은 자들을 무장시키는 왕 – 성서에 나타난 전쟁과 평화』도 2022년에 번역되었습니다.

기독교 아나키스트에 가까운 기독교인들

이 책에서는 기독교 아나키스트가 아니면서 그들과 비슷한 결론에 이르는 기독교인들의 저술도 자주 인용합니다. 그 대표적인 사람이 미국의 체드 마이어스로 마가복음을 정치적으로 주해한 저술들로 유명합니다. 우리말로 번역된 책들로는 『오늘, 마가복음을 살다』와 『강한 자 결박하기』가 있습니다. 그러나 지도자를 부정하지 않아 아나키스트라고 보기는 어렵고 마르크스주의 해방신학자에 가깝습니다.

월터 윙크도 마찬가지로 예수의 가르침과 바울의 능력에 대한 정치적 해석이 아나키즘의 관점과 통한다고 봅니다. 나는 이 책에서 그의 『예수와 비폭력 저항』에서 산상설교에 대한 해석을 인용합니다.

존 하워드 요더는 메노나이트이자 평화주의자로 예수 가르침의 정치적 의미를 연구하는 데 중요한 기여를 했습니다. 마이어스나 윙크와 달리 요더는 많은 기독교 아나키즘 사상가를 연구했고, 기독교 아나키스트 문헌에는 그에 대한 많은 언급이 있으며, 그의 추론은 종종 아나키스트 결론으로 이어집니다. 그러나 그는 주로 국가의 경찰 기능을 옹호함으로써 기독교 아나키즘을 옹호하지 않는다는 점을 분명히 했습니다.

2장 • 이스라엘에서 만난 아나키스트 예수

1. 내가 본 이스라엘

나의 이스라엘 여행

복음서에 나오는 예수는 2천여 년 전후에 지금의 이스라엘과 팔레스타인 땅에서 살았습니다. 2천 년 전 당시와 지금은 당연히 다르지만, 내가 처음 가본 그곳은 옛날과 마찬가지로 예수가 있어야 할 곳이었습니다. 2장에서 그런 이야기를 하는데, 1절에서는 나의 이스라엘 스케치, 2절에서는 지금 그곳에 예수가 살았다면 어떠했을까 하는 상상을 하며 예수가 그때나 지금이나 필요하다는 점을 강조합니다.

나는 7년 전인 2018년 3월에 이스라엘을 처음으로 여행했습니다. 예수가 태어나 살다가 죽은 땅을 직접 보고 싶어서였습니다. 이스라엘 여행은 오래 전부터 꿈꾸었던 여행이었습니다. 그 직전인 2월 말에 정년퇴직하고 처음으로 자유롭게 나선 여행이었습니다. 오랫동안 가고 싶었으면서도 가지 못한 이유는 경제적인 것만은 아니었습니다. 그곳에 가고자 했을 때 그곳은 항상 여행 위험지역이었습니다. 이번에도 그곳은 위험하므로 조심하라는 연락을 계속 받았습니다. 다행히도 핸드폰을 갖지 않은 나는 직접 그 연락을 받지는 않았지만, 동행한 사람들의 근심 어린 표정과 말과 한숨을 언제나 살피고 들어야 했습니다. 그러나 가장 큰 이유는 그곳을 성지로 뻔질나게 다니는 한국 기독교인들이 너무나 많다는 점 때문이었습니다. 이번에도 가끔 한국이라고 착각했을 정도로 그곳에는 한국인 여행객이 많았습니다. 그다음으로 미국인 여행객이 많았습니다. 그래서 정말 이스라엘-한국-미국의 관계가 참으로 돈독하다는 느낌이 들었습니다.

안전 때문에 어쩔 수 없이, 내가 끔찍이도 싫어하는 패키지여행을 선택했으나, 여행 안내문에는 기독교 신자만을 위한 것이라는 내용이 없음에도 불구하고, 여행 가이드는 독실한 기독교 신자와 목사였고, 그들이 안내하는 여행은 기도로 시작하여 기도로 끝나며 구약과 신약의 이야기로 이어지는 나날이었습니다. 내가 기독교 신자도 아니면서 이스라엘에 온 것을 이상하게 생각하는 신자도 있었고, 신자들의 끝없는 기도와 열렬한 찬송을 매일 몇 번씩 듣고도 기독교를 믿지 않는다는 나를 이상하게 생각하는 신자도 있었습니다. 내가 웃으며 예수를 좋아하지만 교회에는 나가지 않는다고 말하자, 그들은 "예수님을 좋아한다니 불경스럽다"라고 하며 고개를 돌렸습니다. 그들은 성스러운 이스라엘에는 성도인 기독교인만이 올 수 있고, 일단 왔으면 성지의 성스러움에 당연히 감동하여 기독교인이 될 수밖에 없다고 생각하는지도 모르겠습니다. 그래서 첫날부터 마지막 날까지 황당무계함뿐이었습니다.

그래도 한국이야말로 '새로운 이스라엘'이라는 말을 들었을 때처럼 황당무계하지는 않았습니다. 일제강점기에 한국인의 고통을 고대 이스라엘 사람들이 이집트 등지에서 고난을 겪은 것과 비교한 것이야 이해된다고 해도, '한국이 새로운 이스라엘'이라는 말이 한국인만이 신의 선택을 받아 신의 뜻을 펼칠 수 있는 나라를 세웠다는 의미라는 것을 알았을 때, 장로 출신의 어느 대통령이 서울시장을 할 때 서울시를 자신이 믿는 기독교 신인 여호와에게 봉헌하려 했다는 이야기가 별안간 떠올랐습니다. 대통령이 된 뒤에는 한국을 신에게 봉헌한다는 말을 하지 않은 듯하지만 아마도 매일 아침저녁으로는 그렇게 기도했을지도 모르겠습니다.

그런데 이러한 '새로운 이스라엘'이라는 발상은 19세기 미국인들의 발상에서 나온 것이었습니다. 당시 많은 미국인이 이스라엘을 여행했음[29]은 마크 트웨인1835~1910의 성지순례기인 『철부지의 해외 여행기』*Innocent Abroad*, 1869를 통해서도 알 수 있습니다. 그런데 그 여행기에는 당대 팔레스타인의 모습이 아니라 성서에 나오는 이스라엘 사람들의 팔레스타인에 관한 이야기만 나옵니다. 이는 트웨인을 비롯한 미국인들의 관심이 수천 년 전에 쓰인 '성서의 이스라엘'뿐이었음을 뜻합니다. 그리고 20세기 초부터의 일본인들이나 20세기 말부터의 한국인들의 성지순례와 조금도 다르지 않습니다. 한국에서 나온 수많은 성지순례 책들도 트웨인 책의 답습에 불과합니다. 이것이야말로 오리엔탈리즘의 극단적인 보기라고 할 수 있습니다.

그래도 당시의 미국은 주로 교육기관의 설치 등을 통해 기독교를 선교하였으므로, 아직 제국주의적 야욕을 가진 나라는 아닌 것처럼 아랍인에게는 비추어져, 제국주의적 야욕을 노골적으로 드러낸 영국과는 달리 아랍인에게 호의적인 평을 받았습니다. 물론 이러한 당대의 미국인에 관한 평가에도 문제는 있었습니다. 뒤에서 보듯이 2차 대전 이후 본격적으로 전개되는 미국의 친이스라엘정책은 이미 19세기에서부터 시작되었기 때문입니다. 19세기 아랍은 그것을 몰랐을 뿐입니다. 그래서 지금과 같은 미국의 지배를 받고 있는지도 모릅니다. 이런 사정은 한국도 마찬가지일지 모릅니다.

장벽 속의 예수

비행기에서 내려 처음으로 땅을 디딘 텔아비브 공항 입구는 '시오니즘은 영원한 이상'Zionism is infinite ideal이라는 표어가 쓰인 거대한 장벽이었습니다.

---

29) 1807년 증기선이 발명된 뒤 그것을 탄 최초의 미국 순례자들이 1819년에 팔레스타인에 도착했습니다. 1832년에 미국과 오스만제국의 외교 관계가 정상화되면서 팔레스타인 여행은 더욱 쉬워졌습니다. 트웨인은 1866년 팔레스타인을 여행했습니다.

그 뒤 여행 내도록 본 것은 장벽뿐이었고, 여행 내도록 들은 것은 그 장벽에 갇힌 팔레스타인 사람들의 통곡뿐이었습니다. 그러나 한국인 가이드 목사는 그 팔레스타인 사람들이 예수를 믿지 않고 마호메트를 믿는 것만을 탓했습니다. 그 목사는 자신이 그들에게 예수를 믿으라고 선교 중이라고 열렬히 말했습니다. 무엇 때문에? 그들이 예수를 믿으면 그 장벽이 없어지고 그 통곡도 사라질 것이라는 확신이 있어서 그렇게 말하는 것도 아닌 듯했습니다. 차라리 유대교를 믿어 이스라엘 사람이 되어야 장벽이 없어지는 것이 아닐까요?

그 목사는 이스라엘의 팔레스타인 점령과 장벽 설치가 국제법과 국제인권법을 위배한 명백한 불법행위라는 사실을 모르지는 않았을 겁니다. 이는 2004년 국제사법재판소만이 아니라 2007년 이스라엘 대법원도 인정한 것이었습니다. 그럼에도 이스라엘은 소위 '점령촌' 보호를 핑계로 팔레스타인 전역에 장벽을 쌓고 팔레스타인인들의 땅을 강제로 빼앗았습니다. 영어로 settlement라고 하는 점령촌을 '정착촌'이라고도 번역하기도 하지만 이는 잘못된 것이고, 차라리 '침략촌'이라고 하는 것이 옳습니다. 앞으로는 그 말을 사용하도록 하겠습니다.

이스라엘 어디에서나 팔레스타인 사람들은 아예 장벽에 갇혀 살거나, 어쩌다가 장벽 밖에 나와도 수시로 심문을 당하는 공포와 불안 속에서 살고 있습니다. 유대인들은 그것이 자기들과는 무관한 남의 나라 일인 양 전혀 신경을 쓰지 않고 지나칩니다. 내 눈으로 팔레스타인 사람들이 이스라엘 군대의 총에 맞아 죽는 일을 보지는 못했지만, 그런 일이 눈앞에서 벌어져도 눈 하나 깜짝하지 않을 유대인들이라는 생각이 들 정도입니다. 그러자 지금 여기, 예수가 와야 한다는 생각이 퍼뜩 들었습니다. 그 총을 걷어치우지는 못해도 최소한 쓰러진 사람을 안아주는 예수는 와야 한다고 생각했습니다. 그러나 그 예수는 지금 기독교에서 말하는 예수가 아니라, 아나키스트 예수입니다.

이스라엘 유대인들의 소득은 팔레스타인 소득의 10배를 훨씬 넘습니다. 팔레스타인 지역에서는 관광업 정도 외에 어떤 공장 건설도 허용되지 않고, 이스라엘이 발행하는 통행증을 가지고 이스라엘 지역에 와서 여러 가지 3D 업종에 종사하며 하루살이 삶을 겨우겨우 어렵게 이어갑니다. 성서에 나오는 유적지를 발굴하는 것도 그 하나입니다. 유대인 감독 밑에서 유대인 유적지를 열심히 파헤치는 팔레스타인 사람들의 지친 모습은 이스라엘을 여행하는 동안 어디에서나 볼 수 있었습니다. 그들 중에 일에 지친 가난한 목수 노동자 예수가 보였습니다. 세상의 모든 노동자가 보였습니다. 이스라엘에서 나는 노동자 예수를 처음으로 보았습니다. 이스라엘에서 내가 가장 보람차게 느낀 것이 그 노동자 예수의 발견이었습니다. 그는 유대인이 아니라, 팔레스타인 사람으로 나에게 다가왔습니다.

유대 유적 발굴은 '시오니즘은 영원한 이상'이라는 구호의 역사적 실천입니다. 즉 팔레스타인을 비롯한 아랍에 맞서는 유대 민족주의의 역사적 근거를 제공하는 것입니다. 그리고 그곳을 성지라고 하며 순례하는 '성지순례' 여행은 유대 민족주의를 더욱 공고하게 하는 세계적 프로그램입니다. 방금 시오니즘이니 민족주의니 했지만, 더 솔직히 말하자면 파시즘입니다. 그들이 희생당하고 피해 왔다는 파시즘입니다. 그것을 그대로 배워 써먹는 것이 아닌가요?

시오니즘

이스라엘 땅 어디에서나 볼 수 있는 단어는 시온이고 시오니즘입니다. 시오니즘의 시온Zion이란 원래 예루살렘의 언덕 이름으로 예루살렘, 또는 '단에서 브엘세바까지'라고 하는 성서에 나오는 이스라엘인의 땅 '가나안'[30]을 말

---

30) 가나안이란 요르단 강의 원류 중 하나인 북쪽의 단 강에서 남쪽의 나기브 사막 위에 있

하고, 다른 의미로는 천국을 말합니다. 즉 히브리어로 이스라엘 땅에레즈 이스라엘과 예루살렘, 바로 유대인의 고향이자 성지를 뜻합니다.

시오니즘은 유대인이 선조의 땅인 팔레스타인에 민족국가를 세우려고 하는 운동으로, 1896년 당시 빈에 살았던 기자 테오도어 헤르츨이 『유대 국가』 1896라는 책에서 처음 주장한 것이었습니다. 그는 당시 프랑스에서 터진 드레퓌스 사건에 충격을 받고 1897년에 시온협회Zionsverein를 만들었습니다. 드레퓌스 사건이란 프랑스의 유대인 대위 드레퓌스가 독일 간첩이라는 누명을 덮어쓰고 옥살이를 한 사건으로 이 사건을 계기로 프랑스에서는 반유대주의가 기승을 부렸습니다. 따라서 시오니즘은 이스라엘 재건 운동이나 유대 국가 재건 운동이라고 할 수 있습니다.

그러나 팔레스타인이 유대인 선조의 땅이라고 해도 그 역사는 모세 정도에 이르고, 당시 이스라엘인이란 이집트 난민으로 그곳에서 탈출하고도 40년간 나라를 갖지 못하다가 서서히 이스라엘 땅에 나라를 세웠으며, 그 뒤에도 신바빌로니아에 멸망해 바빌론 유수라는 난민 생활을 다시 겪었습니다. 그 후 페르시아의 키루스 대왕[31]이 바빌론을 멸망시킨 뒤 유대인들을 다시 이스라엘로 돌려보내지만, 페르시아가 지배하는 속주의 사람들로 살아갔습니다. 이어 로마가 그곳을 점령하자 1세기경 반란을 일으켰으나 실패하여 다시 난민

는 브엘세바까지를 말합니다. 단 강은 골란 고원의 북단에 있습니다. 요르단이라는 말도 '단에서 내려간 지역'이라는 뜻입니다. 갈릴리를 중심으로 포교를 한 예수가 북쪽으로 간 곳은 시돈을 제외하고는 단 주변이었습니다.

31) 키루스 대왕은 기원전 539년 바빌로니아를 정복한 후 '키루스의 원통'으로 알려진 세계 최초의 인권선언문을 발표하면서 노예로 잡혀있던 유대인들을 해방했습니다. 그는 "내가 살아 있는 한 너희의 전통과 종교를 존중할 것이다. 나는 결코 전쟁으로 통치하지 않을 것이다. 그 누구도 다른 사람을 억압해서도 차별해서도 안 되며, 이유 없이 남의 재산을 강탈해서도 안 되며, 다른 사람의 자유와 권리를 침해해서도 안 되며, 부채 때문에 남자도 여자도 노예로 삼는 일을 금한다…"라고 했습니다. 구약에서는 키루스 대왕을 '고레스 왕'으로 표기하면서 "그는 나의 목자라 나의 모든 기쁨을 성취하리라"(사 4:28), "여호와께서 그의 기름 부은 고레스에게 이렇게 말씀하신다. 내가 네 오른손을 잡고 민족들을 네게 굴복시키고 왕들을 무장해제 시키겠다. 네 앞에 있는 성문을 활짝 열어줘서 성문들이 다시는 닫히지 않게 하겠다"(사 45:1)라고 기록합니다.

이 되어 세계를 떠돌았습니다.

그리고 1800년 정도가 지나서 시온주의가 대두했습니다. 그 중심은 독일, 오스트리아, 폴란드 지역의 유대인 가운데 좌파 노동조합원들이었습니다. 그들은 자본주의의 착취와 제국주의의 폭압에 물든 유럽을 떠나 유대인과 아랍인 공동의 사회주의적 이상사회를 건설하고자 했습니다. 이는 아래에서 설명하는 구약의 아나키즘 사상에서 비롯된 것입니다. 그러나 1948년 이스라엘의 건국과 함께 그런 아나키즘 이상은 사라졌습니다.

1948년의 이스라엘 건국 선언에서 '유대 국가'라는 말이 사용되었습니다. 그 선언에서는 유대 국가를 만드는 권리를 인정한 것으로 1917년의 밸푸어선언을 들었으나, 이는 '유대인을 위한 고국의 건설'을 명시했을 뿐 '유대 국가'의 건설을 명시하지 않았습니다. 뒤에 이스라엘 기본법인 '인간의 존엄 및 자유법'1992과 '직업의 자유법'1994에 등장한 '유대 국가이며 민주국가로서의 이스라엘'이라는 말로 인해 이스라엘의 정체성이 애매하게 되었습니다. 그러나 2018년 건국 70돌에 이스라엘을 '유대 민족의 국가'로 규정하는 기본법인 '유대 민족 국가법'이 통과되었습니다. 당연히 아랍계는 반발했습니다.

유대인이 팔레스타인에 정착하기 전에는 그곳에는 여러 민족이 공존하였기에 국가나 국민이라는 의식이 약했습니다. 국가나 국민을 뜻하는 네이션이라는 개념이 나폴레옹 이후 유럽을 중심으로 한 국민국가 시대를 형성하고, 그것이 제1, 2차 세계대전을 일으키면서 국제연맹과 국제연합을 중심으로 한 국제사회가 형성되었습니다. 범세계적으로 국가라는 개념은 19세기 초에 서양을 중심으로 처음 나타났고, 비서양지역은 서양의 침략 이후 민족이나 국가라는 개념에 눈떴다고 볼 수 있습니다. 한국을 비롯한 아시아 아프리카 등의 지역에서도 마찬가지입니다. 민족국가 의식을 고취하기 위해 먼 옛날에 그런 것이 있었다고 과장하는 역사가 창조날조라고 하는 것이 더 적합합니다되지만,

민중 대부분에게는 그런 것이 있었다고 보기 어렵습니다. 21세기인 지금도 민족국가 의식이 투철한지 의심스러운데, 그것을 비정상적인 것이 아니라 반대로 정상적인 것으로 볼 필요가 있습니다. 대부분 가난한 민중에게는 국가나 민족보다 하루하루 먹고사는 문제가 더 중요합니다.

이스라엘 땅이 주는 놀라움

이스라엘로 들어가는 텔아비브 공항에서 시내로 향하는 차창에 비치는 풍경은 예상과 달리 광야나 사막이 아니라 서양의 여느 도시와 다름없었습니다. 서유럽보다는 동유럽 도시의 분위기였지만, 지중해 바닷가의 따뜻한 텔아비브에서 내륙의 산 위에 있는 서늘한 예루살렘[32]까지 차로 가는 1시간 중에도 기후 변화와 함께 비행기로 날아오르는 듯한 기압 차이로 귀가 멍멍해질 정도로, 자연이 그야말로 변화무쌍한 곳이 이스라엘입니다.

점령지를 뺀 이스라엘의 면적은 2만㎢를 아주 조금 넘어 한반도의 10분의 1도 되지 않고, 대구직할시를 뺀 경상북도보다도 약간 넓은 정도로 사실상 거의 같습니다. 점령지를 더하면 대구를 포함한 경상북도보다 조금 더 넓은 정도입니다. 그렇게 작은 땅임에도 남부 네게브의 사막과 이스라엘 전역의 광야 지대에서 북부 갈릴리_{이는 신교에서 사용하는 영어식 표기이고, 가톨릭에서는 갈릴래아라고 합니다만, 이 책에서는 좀 더 익숙한 말인 갈릴리로 표기하겠습니다}의 곡창과 고원 지대, 남한의 최고봉인 지리산보다 월등 높은 골란고원 최고봉인 헤르몬산_{2814m}에서

---

32) 예루살렘이란 히브리어나 아랍어로나 '평화의 도시'라는 뜻이지만 정말 평화로웠던 시간은 그다지 길지 않았습니다. 예루살렘의 상징인 '반석 위의 돔'은 원래 유대교 신전이 있던 곳에 691년 무슬림이 세운 모스크입니다. 그 반석이란 아브라함이 아들 이삭을 제물로 바치려고 했던 바위를 말합니다. 그곳에 솔로몬이 제1성전을 세웠으나, 그것은 기원전 586년 바빌로니아가 파괴하였고, 다시 기원전 515년 바빌로니아에서 돌아온 유대인이 재건하였습니다. 이를 제2성전이라고 합니다. 그 뒤 로마가 파괴하였다가 기독교 시대에 교회가 세워졌으나 7세기에 모스크로 바뀌었습니다. 이슬람 시대에 예루살렘은 평화로웠습니다. 그것이 깨진 것은 1099년 십자군의 습격이었습니다.

세계에서 가장 낮은 곳에 있는 짠물 바다인 사해_{수심 302m}까지, 경상북도가 아니라 한반도 전체에서도 볼 수 없는 다양한 지형이 존재합니다.

게다가 세계에서 가장 오래되었다_{기원전 9천 년경}는 도시인 여리고가 있고, 그 뒤의 그리스 로마, 이슬람 등의 역사 유적들이 곳곳에서 발견됩니다. 지금도 유적 발굴 작업이 전국 곳곳에서 펼쳐지고 있어서 이곳이 아랍과 전쟁하는 곳인지, 역사와 전쟁하는 곳인지 모를 정도입니다. 그러나 그 두 가지 전쟁은 목적이 같습니다. 그것은 공항의 장벽에 적힌 '시오니즘은 영원한 이상'임을 추구하는 것입니다. 그것을 상징하는 것이 유적 발굴지 곳곳에 꽂혀있는 이스라엘 국기입니다. 경상북도 정도의 땅인데도 그 역사는 몹시 복잡하여 그런 역사를 전혀 모르고 사는 한국인으로서는 이해하기 쉽지 않습니다.

텔아비브

나는 '군사문화'나 '군대문화'를 싫어하면서도 '문화'를 좋아한다는 모순된 말을 할 때가 있습니다. 그러나 군사나 군대에 문화라는 말을 붙이는 것 자체가 문제입니다. 군사문화란 군대라는 조직이 가지는 특수문화로 군대의 전통 및 관습 등을 포함하여 군대에서 군인들에 의해 만들어진 모든 형태의 생활 양태를 말합니다. 문화라는 말이 남용되면서 군사문화라는 말이 사용되었지만, 사실은 어불성설입니다. 군사문화는 군사주의나 전체주의나 집단주의, 또는 가부장주의나 정쟁주의나 투쟁주의 등의 말로 바꾸는 것이 좋겠는데 그것들이 반드시 적합할지는 의문입니다.

한국이나 일본 또는 중국 같은 동아시아 국가에서 볼 수 있는 가부장주의는 적어도 이스라엘에서는 볼 수 없지만, 이스라엘 어딜 가도 군인들이 버글거리는 것을 볼 수 있습니다. 그러니 이스라엘에는 우리 식의 군사문화나 가부장주의는 없습니다. 그러나 군국주의나 군사주의 같은 것은 분명히 있습니다. 그런 이스라엘임에도 나는 이스라엘의 문화를 좋아합니다.

이는 영국이나 미국 등 서양의 제국주의를 싫어하면서도 그곳 문화를 사랑하여 괴로운 점과 같습니다. 이스라엘은 1인당 미술관과 박물관이 세계에서 가장 많은 나라인데 이 중 대부분이 예루살렘이 아니라 텔아비브에 있습니다. 세계 최대 규모의 동성애 축제도 1993년부터 매년 텔아비브에서 열리고 있는데, 그곳 주민의 25%가 동성애자이고, 이스라엘 국민의 10%가 동성애자라는 보도도 있습니다. 이런 보도는 한국의 보수 기독교 측에서 이스라엘의 타락을 강조하면서 그 증거로 제시되기도 합니다. 그렇게 보도하는 목적은 기독교의 이스라엘 선교를 위한 것입니다.

내가 평생 외국을 다니며 주로 한 일이란 미술관과 내가 좋아하는 사람들에 관련된 장소들을 방문하는 것이었습니다. 아직도 못 가본 미술관이나 유적지가 많은데 그중 한 곳이 텔아비브 미술관입니다. 그곳이 현대미술의 세계적인 소장처라는 점을 일찍부터 알고 가고 싶었지만, 특히 2023년 이스라엘 정부의 사법개혁안에 반대하는 전국적 시위에 미술관이 동참했음을 알고 더욱 좋아하게 되었습니다. 미술관이 그런 일을 했다는 소식은 내 평생 처음 들었기 때문입니다.

'마비의 날'이라고 불린 3월 23일 미술관은 갤러리를 어둡게 하고, 전시를 폐쇄하고, 민중 강연과 투어를 취소하면서 이를 '정부가 반민주적 입법을 승인받기 위한 조치를 강화한 것에 대한 항의 행위'라고 설명했습니다. 그리고 직원들은 휴가를 내고 시위에 참여했습니다. 텔아비브 미술관은 시위에 대한 지지 성명에서 '사상과 표현의 자유를 증진'하는 것이 미술관의 사명이며 '이스라엘 사회의 기초가 되는 1948년 독립 선언서의 가치에 대한 무조건적인 헌신'이라고 주장했습니다. 그 독립선언서는 텔아비브 미술관에서 서명되었습니다.

텔아비브 미술관만이 아니라 이스라엘의 모든 미술관과 박물관이 시위에 참여하고 심지어 시위의 중심이 되었습니다. 수요일에 수백 명이 텔아비브의 에레츠 이스라엘 박물관 앞에서 정부에 반대하는 시위를 벌였는데, 그곳에서 여러 장관이 회의에 참여하고 있었습니다. 시위대는 박물관 지붕에 독립 선언서의 큰 사본을 걸었습니다. 법무부 장관이 그 행사에 참석할 예정이었지만 뒤에 참석을 취소했습니다. 이처럼 권력에 저항하는 미술관은 나에게 아나키즘을 실천하는 전초기지로 보였습니다.

예루살렘

20세기에 건설된 현대도시 텔아비브와 달리 예루살렘은 고도이고 기독교, 이슬람, 유대교의 성지입니다. 기독교 중심의 성지순례도 예루살렘을 중심으로 합니다. 그중에서 압권은 구시가지의 북서쪽에 있는 성묘교회와 골고타 언덕입니다. 예수가 십자가에 못 박힌 뒤 그 시신이 묻혔던 장소로, 기독교 성지 중 하나가 된 그곳 외에도 라틴 총대주교좌, 정교회 총대주교좌, 세례자 요한 성당 등의 명소가 있습니다. 종교 행사가 열리는 날에 거룩한 무덤 성당을 직접 방문하면, 그야말로 성지에서 각 그리스도교 종파의 분열과 갈등을 실감할 수 있습니다.

흔히 예루살렘을 '황금의 도시'라거나 '평화의 도시'라고 하지만 실은 '회색의 도시', '전쟁의 도시'이고 '분단의 도시'입니다. 예루살렘의 주인은 지금까지 스무 번 이상 바뀌었고, 그런 과정에서 열 번 이상 도시가 완전히 파괴되었습니다. 예루살렘에서 황금빛은 성전산에 있는 알 아크사 모스크, 바위의 돔인데, 그곳은 기독교가 아니라 이슬람의 성지입니다. 이슬람의 시조인 무함마드가 승천한 곳이기 때문입니다. 그러나 유대교에게는 그곳이 과거에 솔로몬 성전이 있던 자리이고, 아브라함이 이사악을 제물로 바치려던 바위가 있어서 유대교에 성스러운 곳이기 때문에 그곳에 솔로몬 성전을 재건하려고 합니다. 하지만 만일 그렇게 하면 전 세계의 이슬람을 적대시하는 것이 되므로 생각조차 못하고 있습니다.

예루살렘은 기원전 1천 년 전쯤 다윗이 이스라엘 왕국의 수도로 삼으면서 1천 년 동안 배타적인 유대교 지역이었다가, 이어 400년은 기독교, 1300년 동안 이슬람, 1917년 이후 영국이 각각 지배한 곳이었습니다. 16세기 당시 그곳을 지배한 오스만 투르크가 세운 예루살렘 성의 성벽으로 둘러싸인 옛 시가는 약 30만 평에 불과합니다. 내가 근무한 대학교의 3분의 1 정도로 어디에나 10분 정도에 걸어서 갈 수 있는 넓이입니다. 성벽의 길이도 4km, 1리에 불과하여 천천히 걸어도 한 시간 거리에 불과합니다. 그곳을 구예루살렘 또는 동예루살렘이라고 부릅니다.[33] 그리고 19세기에 세우기 시작한 신예루살렘 또는 서예루살렘은 이스라엘 독립 이후 급속히 발전하여 지금은 구예루살렘의 100배가 넘는 넓이입니다. 신예루살렘은 고층 건물이 즐비한 현대도시로 미국이나 유럽의 도시들과 크게 다르지 않습니다. 반면 구예루살렘은 자동차가 다닐 수 없을 정도로 좁은 길이어서 여전히 조랑말들이 물건을 나릅니다. 구예루살렘은 예수 시대 예루살렘 마을인 반면, 신예루살렘은 20세기 후반에 이스라엘이 만든 거대도시 예루살렘으로 서로 대립합니다.

1948년 독립 직후에 발발한 제1차 중동전쟁 이후, 예루살렘은 이스라엘이 점령한 서예루살렘과 요르단이 점령한 동예루살렘으로 분단되었습니다. 당시 서예루살렘에는 주로 유대인이 거주하였고. 동예루살렘에는 주로 팔레스타인인이 거주하였습니다. 동예루살렘은 국제법상 이스라엘 영토가 아니나, 1967년 발발한 제3차 중동전쟁 이후 이스라엘이 동예루살렘을 포함한 요르

---

33) 동예루살렘에 사는 팔레스타인 사람들은 영주권(2등 시민권)을 갖지만, 그들은 투표권도 없고 정해진 구역 외에서는 재산을 소유할 수도 없습니다. 게다가 이스라엘은 그것조차 박탈하는 정책으로 그 박탈 비율이 2007년에는 그 전해보다 6배나 증가했습니다.

단강 서안 지구를 무력으로 강제 점령하였습니다. 동예루살렘은 예루살렘의 역사 지구가 있는 곳으로 유대교와 기독교와 이슬람교의 성지가 모두 있습니다. 독립 국가 팔레스타인의 수도로 예정된 곳이지만, 점령국인 이스라엘은 팔레스타인 정부 기관의 입주를 인정하지 않고 있습니다. 그것이 국제법을 비롯한 여러 규범을 위반하는 것임은 두말할 필요가 없지만, 누구도 이스라엘의 그런 만행을 저지하지 못하고 있습니다. 그러니 지금 이스라엘은 예수시대의 헤롯과 같은 무지막지한 독재자가 다스리고 있고, 이를 과거의 로마 제국과 같은 미국이 방치하는 것입니다.

일신교의 유래

역사란 과거와 현재와 미래의 대화라고 했던가요? 그런데 이스라엘-팔레스타인 문제의 역사는 과거와는 무관한 현재만의 이야기일까요? 그렇다고 보는 견해도 있습니다. 가령 팔레스타인평화연대가 쓴 『라피크 팔레스타인과 나』라는 책 본문 처음에는 다음과 같은 문장이 나옵니다.

> 이스라엘-팔레스타인 문제의 시작은 언제부터일까요? 2천여 년 전에 있었던 이스라엘 왕국이나 로마의 정복 시대로 돌아가자고도 하지만 그 시절의 일이야말로 지금과는 관련이 없는 옛날 이야기입니다.[34]

그러나 이스라엘-팔레스타인 문제의 시작은 2천여 년 전만이 아니라 더 오래 전부터 시작된 옛날이야기입니다. 이집트에서 탈출한 모세가 시내 산에서 십계를 받은 뒤에 성립되었다고 하는 유대교는, 이스라엘 민족만이 신의 구제를 받고 비유대교도는 신메시아의 구제 대상이 아니라고 보는 점에서 선

---

34) 팔레스타인평화연대, 『라피크 팔레스타인과 나』, 메이데이, 2002, 29쪽.

민사상의 민족종교라고 합니다. 이와 반대로 기독교는 인류 전체가 구제를 받는다고 하지만, 메시아사상을 계승한 점에서는 유대교와 같습니다. 히브리어로 메시아라는 것을 헬라어식으로 읽은 말이 그리스도라고 앞에서도 말했습니다. 사실 예수는 유대교 랍비였고, 기독교는 유대교의 나사렛파라고도 할 수 있습니다.

그러나 그보다 더 근원적인 유사점은 일신교라고 하는 점입니다. 종교는 그것이 받드는 신의 수에 따라 일신교와 다신교로 나누어집니다. 고대 종교 대부분은 다신교이지만 유독 유대교만이 일신교를 믿었고, 그것으로부터 기독교와 이슬람교가 나왔습니다. 그래서 지금도 그 셋을 일신교 3대 종교라고 합니다. 일신교와 다신교를 고대 철학에서 세계의 본질을 원자로 본 것과 여러 원소로 본 것에 비교할 수도 있습니다.

그런데 일신교를 유대인들이 발명했다고 보는 점에는 문제가 있습니다. 왜냐하면 이미 고대 이집트에서 일신교가 등장하기 때문입니다. 기원전 14세기 이집트를 지배한 제18대 파라오인 아나크톤에 의해 태양신 아톤을 숭배하는 일신교가 등장했기 때문입니다. 당시 모세는 아나크톤의 종교의식을 주관한 사제였습니다. 그리고 출애굽이란 아나크톤이 죽은 뒤 권력을 상실한 아나크톤의 추종자들과, 그의 사후에 전통 종교인 다신교를 부활시킨 자들의 불화로 생겨났습니다. 그러나 모세 시대는 물론 그 뒤에도 유대인들은 다신교를 믿었고, 구약이 처음 편집되는 기원전 5세기에 와서야 현재 전해지는 구약의 일신교가 최초의 형태를 갖추게 되었습니다.[35]

여하튼 유대교의 유일신을 여호와·야훼 등 여러 가지 발음이 있으나라고 합니다. 구약이란 여호와와 이스라엘 민족의 약속을 말하는 것입니다. 그것이 십계입니다. 그런데 여호와는 모든 사람에게 말하지 않고 모세에게만 말하고 모세는

---

35) 게리 그린버그, 김한영 옮김, 『성서가 된 신화』, 씨앗을뿌리는사람들, 2001, 7~9쪽.

신의 말을 맡아두었다預는 점에서 예언자預言者라고 합니다. 즉 돈을 맡아두었다는 의미인 예금의 '예'와 같은 뜻의 '예'입니다. 따라서 이를 앞일을 예언하는 사람인 예언자豫言者와 혼동해서는 안 됩니다.

셈 일신교

셈 일신교는 같은 신을 믿습니다. 유대교의 야훼Yahweh, 기독교의 갓God, 이슬람교의 알라나 모두 같은 신입니다. 기독교에서는 야훼를 여호와라고 부릅니다. 그 신은 초자연적인 존재, 우주와 세계의 창조자, 의사와 감정을 갖는 인격적 존재, 특정한 집단이나 시공간에 한정되지 않는 보편적 존재입니다. 신의 말을 인류에게 전하는 사람이 예언사이고, 에인자에게 신의 말을 전하는 존재가 천사이고, 인간은 죽으면 심판을 받는데 생전에 율법을 지킨 사람은 구제를 받아 천국에 가고, 지키지 않은 사람은 지옥에 떨어진다는 것도 셈 일신교 공통의 믿음입니다.

이러한 골격은 이스라엘 왕국 흥망을 전후한 1천 년 사이에 만들어졌으나, 그 최초인 유대교의 율법이 복잡해지고 그것을 지키는 자도 특정 집단에 속하는 유대교만이 구제를 받는다는 율법주의와 선민사상이 생겨났습니다. 이를 비판하고 구제의 보편성을 주장한 사람이 예수입니다. 그는 특권을 갖지 않는 빈민이야말로 먼저 구제된다고 말했습니다. 그가 유대 특권층에 의해 십자가형을 당한 뒤 그를 신으로 숭배하는 기독교가 생기는데, 뒤에 다신교의 영향을 받아 우상숭배와 성자숭배가 더해집니다. 유대교의 율법주의와 선민사상, 기독교의 예수 신격화와 우상숭배를 배척하고 모든 사람이 신 앞에 평등하다고 주장하면서 7세기에 생긴 제3의 종교가 이슬람교입니다. 이슬람교는 모세와 예수와 함께 마호메트를 최후의 예언자로 인정하므로 유대교도와 기독교도에게 신교와 예배의 자유를 인정합니다. 그래서 이슬람교가 팔레스타인을 지배한 1300년간은 세 종교 사이에 평화가 유지되었습니다. 그런 점에서 예수가 바란 평화의 종교는 유대교도는 물론 기독교도 아니라 이슬람교라고 해야 할지도 모릅니다.

뿐만 아니라 이슬람교가 지배한 시기에는 예수가 바란 '아나키 사회'도 어느 정도 구축되었습니다. 가령 국가는 치안유지와 징세의 권한만을 갖고, 대부분의 지역에서는 원로들이 합의제를 구성하여 관습법에 따라 다스리는 자치를 했습니다. 그러다가 20세기에 들어와서 위임통치가 시작되자 그들은 반란을 일으켰고, 뒤이어 이스라엘이 점령하자 저항한 것입니다.

통곡의 벽

기독교 신자들에게는 예루살렘에 있는 '통곡의 벽'이니 예수나 베드로의 '통곡교회'니 하는 곳에서 유대인의 통곡만이 예수의 통곡처럼 들리는 듯했지만, 나에게 그곳은 유대인에 의해 쫓겨난 팔레스타인 사람들의 통곡으로 가득 찬 곳일 뿐입니다. 1967년 이스라엘이 동예루살렘을 점령하기까지 그곳은 아랍계 사람들의 집들이 있는 곳이기 때문입니다. 예루살렘만이 아니라 이스라엘 땅 전부가 그들이 수천 년 살았던 곳입니다. 수천 년 전부터 그들의 조상들이 살았고, 사랑하고, 죽었던 역사의 현장입니다. 그러나 그 삶의 역사와 함께 당시 그곳에 살던 팔레스타인 사람들도 대부분 쫓겨났습니다. 그러니 통곡은 유대인이 아니라 팔레스타인 사람들의 것입니다. 유대인들은 수천 년 만에 돌아와 통곡했지만, 그때 그들이 그곳에 살았다는 증거는 없습니다. 반면 팔레스타인 사람들은 엄연히 그때부터 지금까지 그곳에 살고 있는 사람들입니다.

'통곡의 벽'이라는 말이 생겨난 19세기 후반, 가령 1878년 팔레스타인 전체 주민은 44만 명 정도였고, 그중 무슬림은 88%, 기독교인이 9%이었던 반면, 유대인은 단 3%였습니다. 이어 영국이 위임통치한 1920~1947년 사이에 40만 명 가까운 유대인이 몰려왔고, 1946년에는 팔레스타인 주민 약 185만 명 가운데 무슬림이 58%로 줄고, 기독교인이 10%, 유대인이 32%로 늘어났습니다. 1945년에는 팔레스타인 영토의 87.5%를 팔레스타인인이 소유했고 유대인은 6.6%만 소유했으나, 1947년 유엔총회는 그 영토의 56.47%를 유대 국가에, 42.88%를 아랍 국가에 분할한다고 결정했습니다. 참으로 황당무계한 결정이 었습니다. 그 후 1948년의 1차 중동전쟁 결과 이스라엘은 팔레스타인 지역의 약 78%를 차지하고, 팔레스타인 전체 도시와 마을의 반이 넘는 약 531개를 파괴했습니다.

그래서 팔레스타인 사람들은 가자와 서안 지구 그리고 주변 아랍 국가들로 피난을 떠났습니다. 1947~1949년 사이의 난민은 75만~90만 명에 이르렀는데, 이는 팔레스타인 토박이의 90%였습니다. 그들은 그 뒤에도 계속 이어진 중동의 여러 전쟁으로 주변 국가에서 계속 추방당했습니다. 1967년 3차 중동 전쟁6일 전쟁으로 다시 35만 명의 난민이 발생했습니다. 현재 팔레스타인 난민은 5백만 명을 넘습니다. 팔레스타인 인구가 7백만 명 정도이니 압도적 다수가 난민입니다. 반면 이스라엘은 1950년에 제정한 '귀환법'에 의해 유대인의 인구를 계속 불렸습니다.

20세기 전반에 유대인이 몰려들어 결국 나라를 세우게 된 계기는 1917년 영국 외무부장관 아서 제임스 밸푸어1848~1930 36가 영국 정부는 팔레스타인에 유대인 국가를 건설하기 위해 최선을 다하겠다고 말한 탓이었습니다. 영국 정치인의 친유대 정책은 1853년 샤프츠베리1801~1885 37로부터 시작되었

---

36) 아서 제임스 밸푸어(Arthur James Balfour)는 1902년부터 1905년까지 영국의 총리를 역임한 보수당 정치인입니다. 그는 로이드 조지 내각에서 외무장관으로서 팔레스타인에 '유대인의 고국' 건설을 지지하는 1917년 밸푸어선언에 내각을 대표하여 서명했습니다.
37) 앤서니 애슐리-**쿠퍼, 제7대 샤프츠베리 백작**(Anthony Ashley-Cooper)**은 영국의**

습니다. 이는 당시 이스라엘을 점령했던 오스만제국1299~1923을 무너뜨리고
중동에 진출하기 위한 것이었습니다. 이는 그 뒤 영국만이 아니라 현대 미국
의 정책으로도 계속 이어져 왔습니다.

밸푸어는 1차 대전을 치르기 위해 긴요했던 무연화약을 만들 아세톤 합성
기술과 유대인들의 자금이 필요해서 유대인들에게 그런 약속을 했고, 유대인
들은 그 대가로 제1차 대전 때 영국에게 적극 협력했습니다. 그 때문에 히틀러
독일은 제2차 대전 때 홀로코스트를 저질렀습니다. 한편 영국은 오스만제국
을 무너뜨리기 위해 1916년 아랍인의 반란을 환영하면서 지금의 이스라엘 땅
을 포함한 아랍시나이 반도와 페르시아 사이의 독립을 지원한다고도 약속했습니다.
또한 같은 해 프랑스와는 1차 대전 후 오스만제국을 분할 통치한다고 약속했
습니다. 당시의 사정은 영화『아라비아의 로렌스』에서 볼 수 있지만, 그 영화
나 그 영화의 원작인 T. E. 로렌스1888~1935의『지혜의 일곱 기둥』*Seven Pillars of
Wisdom*, 1926에는 제국주의적 시각이 강한 점을 주의해야 합니다.[38]

1차 대전 후 영국과 프랑스는 레바논, 시리아, 팔레스타인, 요르단, 이라크
를 분할 통치하면서 이스라엘인들의 이주를 허가했습니다. 바로 이스라엘인
들과 아랍인들의 갈등이 생겼지만, 제국주의 영국에게는 관심 밖이었습니다.
결국 모든 것은 제국주의의 음모에 의한 것이었습니다. 지금은 영국이 아니
라 미국이 그 중심이라는 점이 다를 뿐입니다. 그러나 팔레스타인 문제에 대
한 기독교의 입장은 애매합니다. 가령 존 도미니크 크로산1934~[39]이 쓴『신과

**토리당 정치인, 자선가, 사회 개혁가이자 시오니즘 옹호가로 유대인의 성지 복귀를
일찍부터 지지했으며, 팔레스타인에 유대인을 재정착시키자고 최초로 제안했습니다.**

38) T. E. 로렌스는 인종주의자, 제국주의자, 그리고 독단적인 의미에서 오리엔탈리스트였
습니다.

39) 존 도미니크 크로산(John Dominic Crossan)은 로마 가톨릭교회 출신 신학자로, 현재는
천주교에서 벗어난 진보적 신학자로 신약성서 신학 분야에서 저명합니다. 예수의 신성
을 사실상 부정하는 자유주의 계통의 신학자로서 대표작인『역사적 예수』에서 예수를
종말론적 예언자로 묘사했습니다. 그는 갈릴리가 독실한 유대교 지역이 아니었고, 예수
는 유대교로서의 예언자가 아닌 헬레니즘 세계의 키니코스학파 같은 존재였다고 봅니

제국: 로마에 대항한 예수, 과거와 현재』*God and Empire: Jesus Against Rome, Then and Now*, 2007 40은 상당히 진보적 입장으로 보이지만, 팔레스타인 문제에 대해서는 단 한마디도 하지 않습니다.

성지순례의 허구성

야만을 이유로 한 제국주의적 침략은 어떤 차원에서든 인정될 수 없다는 점은 자명합니다. 소위 시오니즘을 창시하여 유대인의 팔레스타인 입식을 사주한 테오도르 헤르츨1860~1904은 그 서양 제국주의의 아들이었습니다. 그리고 그 후예들은 팔레스타인을 침략하자마자 자신들의 침략을 정당화하기 위하여 성지 발굴이라는 짓을 했고, 그것을 세계적으로 선전하여 성지순례라는 영원히 팔아먹을 수 있는 성스러운 장사를 개발했습니다.

성지순례는 사실상 '신화 순례'로 실제 역사의 인식을 방해합니다. 이스라엘이 성서를 근거로 팔레스타인에서의 주권을 주장하는 것을 이른바 성지라는 곳으로 증명하고자 하기 때문입니다. 그러나 실제로 발굴된 유적은 대부분 고대 로마의 유적이지 고대 유대인의 유적이 아닙니다. 특히 솔로몬과 다윗의 성전 신화는 그것을 증명할 어떤 유적도 발견되지 않아 그야말로 신화에 그치고 있습니다. 팔레스타인 유적이 '통곡의 벽' 정도를 제외하면 모두 로마의 유적이라는 것은 우리식으로 말하자면 일제 유적과 같은 것입니다. 우리가 일제 유적을 모두 파괴한 것에 문제가 없었던 것은 아니지만, 그것을 남겼다고 해서 자랑스럽게 성지로 둔갑시켜 관광 장사를 하거나 국위 선양을 한다

다. 실제로 당시 예수가 활동했던 지역 대부분에서 그리스적 문화와 예술, 건축이 성행하였습니다. 그러나 최근에는 크로산의 연구와는 반대로 갈릴리 지역이 독실한 유대교 지역이었음이 밝혀졌습니다. 갈릴리에서 그리스 문화와 건축 등은 헤롯 왕가가 의도적으로 건설한 몇몇 도시들에 집중되어 있었으며, 예수는 이런 도시들과는 거리를 두고 활동하였습니다.

40) 이종욱 옮김, 『신과 제국』, 포이에마, 2010.

는 것을 상상하기 어렵습니다. 그러나 이스라엘은 그런 짓을 하고 있고, 우리나라를 비롯한 여러 나라 기독교도들이 그것에 편승하여 성지순례라는 이름으로 관광사업을 하고 있습니다.

그나저나 문제는 이스라엘-팔레스타인 문제의 해결입니다. 이스라엘 정치지도자들이 큰맘 먹고 정치적 결정을 내려야 한다고 보는 견해[41]도 있지만, 그런 이스라엘 정치가를 기대하기란 어렵습니다. 그래서 반제국주의 아나키스트 혁명가 예수가 와야 한다고 생각합니다. 거듭 말하지만, 이는 팔레스타인 사람들이 이슬람교를 버리고 기독교를 믿도록 해야 한다는 이야기와는 전혀 다릅니다. 21세기 이스라엘 혁명가가 유대인일지 팔레스타인인일지 나는 모르겠습니다. 어느 쪽에서 나와도 좋습니다. 또는 다른 나라 사람이라도 좋습니다. 나는 화가 벵크시가 베들레헴 장벽에 그린 돌 던지는 팔레스타인 남자를 그 혁명가로 상상합니다. 한 사람이 아니라 다수여도 좋습니다. 아니 이스라엘이나 팔레스타인 사람들 중에 많은 사람들이 21세기 아나키스트 예수이길 바랍니다.

반면 우리나라 기독교인들은 그들이 믿는 21세기 이스라엘의 혁명가 예수로 생각하지는 않을 것입니다. 나는 그런 한국 기독교도에 대해 아무런 기대도 관심도 없습니다. 그러나 나는 예수를 좋아합니다. 이 책은 내가 좋아하는 예수를 21세기에 뜨겁게 느껴보는 책입니다. 그는 고통과 착취가 있는 곳이면 어디에나 나설 것입니다. 제국주의와 권위주의가 설치는 곳이라면 언제 어디에서나 돌을 던질 것입니다.

그런데 예수를 뜨겁게 느끼기란 쉬운 일이 아닙니다. 예수를 알기 위한 유일한 길은 성서를 읽는 것인데, 읽기가 절대 쉽지 않기 때문입니다. 성서를 세계 최대, 최고의 베스트셀러니 스테디셀러라고 하지만, 기독교 신자가 아닌

---

41) 다나미 아모에, 송태욱 옮김, 『이스라엘에는 누가 사는가』, 현암사, 2014, 25쪽.

사람이 그 책을 고전이나 교양서로 읽기란 결코 즐거운 일이 아닙니다. 초등학교 시절 성당에서 세례를 받은 적도 있지만, 나의 기독교 경험은 그것으로 끝이었습니다. 성서를 처음으로 끝까지 읽은 것은 군대에서 훈련을 받았을 때였습니다. 그것도 그 당시 읽을 수 있는 책이 성서밖에 없었기 때문이었습니다. 군대에 가지 않았더라면 성서를 읽을 일이 평생 없었을지도 모릅니다.

그때 성서로부터 받은 인상은 황당무계함이었습니다. 그 뒤로도 성서를 몇 번이나 부분적으로 읽었고, 성서에 관련된 책들을 꽤나 읽었지만, 그 느낌을 버린 적이 한 번도 없습니다. 그럼에도 예수가 가난한 집안 출신으로 이웃 사랑을 포함한 산상설교와 같은 감동적인 연설을 했고, 평생 권력과 싸웠기에 사형을 당했다는 점만으로도 나는 그를 존경해 왔습니다. 이 책에서 나는 내가 본 팔레스타인과 내가 읽은 성서를 중심으로 예수 이야기를 하고자 합니다.

『영광의 탈출』

이스라엘에는 기념일이 많습니다. 그중에서도 가장 유명한 유월절逾越節은 6월의 행사가 아니라 모세의 출애굽, 즉 이집트 탈출을 기념하는 이스라엘 축일입니다. 과월절過越節이라고도 합니다. 성서에 따라 유대력에 의하면 1월 14일이지만 양력으로는 해마다 다릅니다. 그러나 봄인 것은 분명합니다. 한국식으로 말하면 광복절 같은 날입니다.

이집트 탈출 이야기는 영화 「십계」를 통해 우리에게도 잘 알려져 있습니다. 이스라엘이 건국한 지 8년 만인 1956년에 만들어진 「십계」는 한국에서도 극장에서는 물론 TV 등을 통해서 여러 번 상영되어 한국인들에게 강인한 인상을 남겼습니다. 그 3년 뒤인 1959년에 나온 「벤허」는 그 감동을 더욱 배가시킨 작품이었습니다.[42] 한국만이 아니라 세계적으로도 흥행에 성공한 두 작품을 위시한 유대 소재 영화는 그 뒤로도 이스라엘 건국을 정당화하는 역할을 했습니다. 「십계」와 같은 내용의 영화가 1995년에는 「모세」, 1998년에는 애니메이션 「이집트 왕자」도 나왔습니다. 「벤허」는 1973년과 2003년에 애니메이션으로 제작되었고 2010년에는 TV 드라마로, 2016년에는 새로운 영화로 다시 나왔습니다.

2014년에 나온 최신판의 제목은 「엑소더스: 신들과 왕들」이었습니다. 이 영화의 일부 내용에 관해 이집트 정부는 이의를 제기하고 상영을 금지했습니다. 모세와 유대인들이 피라미드를 건설했다든가, 모세가 홍해를 가르는 장면에서 지팡이가 아닌 칼을 쥐고 있다든가, 조류 현상에 불과한 홍해의 갈라짐을 기적이라고 묘사한 부분 등이었습니다. 모로코 정부도 마찬가지로 조치했습니다. 모세 이야기의 현대판 영화가 1960년에 제작된 「영광의 탈출」 *Exodus*이었습니다. 그 원작 소설인 레온 유리스Leon Uris, 1925~2003 의 『엑소더스』*Exodus*, 1958도 일찍부터 우리나라에 번역되어 널리 읽혔습니다.[43] 소설은 처음부터 영화화를 예정한 것이었습니다. 소설이나 영화는 1947년 7월에 있었던 '엑소더스 1947' 사건을 소재로 한 것이지만, 그 사건 자체는 미국 국적의 배가 프랑스에서 출발해 팔레스타인 해안 앞까지 갔다가 영국 해군에 나포되어 하이파로 예인된 뒤 프랑스로 되돌아간 것이었습니다. 그러나 영화와 소설에서는 자살 폭파 위협과 단식투쟁, 그리고 세계 여론으로 영국을 굴복시켜 하이파에 내린다는 것으로 바뀌었습니다.

---

42) 『벤허』는 1907년과 1925년에도 무성영화로 제작되었고, 후자는 1929년 조선에서도 개봉되어 환영을 받았습니다. 그 원작인 소설 『벤허』는 루 월리스(1827~1905)가 1880년에 쓴 소설로 2016년 3권의 완역본(안진환 옮김, 씨앗을뿌리는사람)이 나오기 전까지는 널리 단권의 축역본이 읽혔습니다.

43) 레온 유리스, 문일영 옮김, 『엑소더스: 조국에의 망명』(뒤에는 『영광의 탈출』), 정향사, 1961. 레온 유리스의 그 소설은 그 뒤에 계속 출간되었고, 그의 작품들은 그 밖에도 여러 권 번역되어 한국에서 엄청난 인기를 끌었습니다.

소설과 영화에서는 모세의 이야기가 아니라 영국의 밸푸어선언과 그 배신을 반복하여 강조합니다. 마찬가지로 현실의 정착을 위한 노력으로 1947년 유엔의 분할안을 확보하고 그 결과로 팔레스타인 영토의 53%를 갖게 됩니다. 이어 전쟁으로 영토의 78%까지 확보하고 1956년 전쟁으로 동예루살렘과 이집트의 시나이 반도까지 점령합니다. 그러나 1958년에 쓰인 소설에서나 1960년의 영화의 끝 장면에서는 아랍인과 유대인의 평화가 구가됩니다. 1947년 단계에서 그러했다고 주장하면 할 말은 없지만, 그 10여 년 뒤 이미 평화가 깨진 뒤에 그런 이야기로 결말을 맺는다는 점에는 그것이 허위임은 물론이고 위선적인 요소까지 있다고 비판하지 않을 수 없습니다.

그 소설은 1990년대까지 한국에서 계속 출판된 스테디셀러였고, 영화도 계속 TV 등을 통하여 소개되어 마치 그때까지도 팔레스타인에서는 평화로운 공존이 있었던 것처럼 왜곡되었고, 그 영향은 21세기에도 이어졌습니다. 그러나 그 소설이나 영화보다 더 오랜 생명력을 가진 것은 모세의 이야기 자체이고 벤허의 이야기 자체였습니다.

홀로코스트

이스라엘 여행은 대부분 성서와 관련된 장소를 방문하는 것이었지만, 성서와 무관한 홀로코스트박물관야드바셈, Yad Vashem, 기념물과 이름이라는 뜻. 사 56:5 참조을 찾기도 했습니다. 유월절을 지낸 뒤 13일 뒤인 1월 27일은 국제 홀로코스트 희생자 추모일입니다. 1월 27일로 정한 것은 1945년 1월 27일에 소련의 붉은 군대가 아우슈비츠 강제 수용소에 수감되어 있던 죄수를 해방시켰기 때문입니다. 이스라엘의 홀로코스트 기념일인 욤 하쇼아는 유대력에서 첫째 달인 니산Nosan 달의 27일로 정해져 있습니다. 니산 달은 태양력으로 4월과 5월쯤 됩니다.

집단학살을 뜻하는 홀로코스트는 불법적으로 전개된 것이 아니라 합법적으로 전개되었습니다. 그것을 수행한 히틀러와 나치의 집권도 불법적인 쿠데타 같은 것이 아니라 합법적으로 이루어졌습니다. 따라서 박정희나 전두환의 불법적인 집권 또는 그들이 저지른 부마 '사태'나 광주 '사태' 같은 집단학살은 어디까지나 불법적이라는 점에서 합법적인 히틀러와 홀로코스트와는 다릅니다. 박정희나 전두환을 히틀러나 나치와 같은 파쇼 정권이라고 할 수 없습니다. 같은 폭거라도 합법적이냐 불법적이냐의 차이가 있습니다.

히틀러는 1920년 나치스를 만들었고, 9년 뒤 총선에서 제2당이 되었습니다. 이어 1932년 대통령 선거에 출마했으나 2위로 패배했습니다. 1933년 총리로 임명되고, 이듬해 대통령이 죽자 국민투표로 대통령의 지위를 겸했습니다. 1935년에는 반유대주의법인 뉘른베르크법을 제정했고, 1936년 베를린 올림픽 이후 본격적으로 시행되었으며, 독일의 모든 부서가 홀로코스트에 관여했습니다. 교회와 내무부는 유대인들의 출생기록을 제공하고, 우체국은 추방과 시민권 박탈 명령을 배달했으며, 재무부는 유대인의 재산을 몰수하고, 독일 기업들은 유대인 노동자를 해고하고 유대인 주주들의 권리를 박탈하였습니다. 대학교에서는 유대인 지원자들을 거부하고, 유대인 재학생들에게 학위를 수여하지 않았으며 유대인 교수들을 해고하였습니다. 교통부는 강제수용소로 이송할 기차편을 운영하고, 제약 회사들은 강제수용소에 수용된 사람들에게 생체 실험을 실시하였고, 기업들은 화장터 건설계약권을 따기 위해 경쟁하였습니다. 일반 국민들도 대부분 동조했고, 유대인들은 과거의 탄압 때와 마찬가지로 저항하지 않고 순종했습니다.

이어 제2차 세계 대전이 발발한 1941년부터 1945년까지 아돌프 히틀러가 이끈 나치당이 나치 독일과 독일군 점령지 전반에 걸쳐 계획적으로 유대인과 슬라브족, 집시, 동성애자, 장애인, 정치범 등 약 1,100만 명의 민간인과 전쟁

포로를 학살했습니다. 사망자 중 유대인은 약 600만 명으로, 그 당시 유럽에 거주하던 900만 명의 유대인 중 약 3분의 2에 해당하고, 그중에서 어린이가 약 100만 명, 여자가 약 200만 명이고 남자가 약 300만 명이었습니다. 유대인과 기타 피해자들은 독일 전역과 독일 점령지의 약 4만 여개의 시설에 집단 수용되어 목숨을 잃었습니다.

홀로코스트를 다룬 문학작품은 수없이 많습니다. 내가 읽은 것 중에 기억에 남는 작품 몇 가지만 고르면, 『안네의 일기』1947, 프리모 레비의 『이것이 인간인가』, 윌리엄 스타이런의 『소피의 선택』1980, 헨리 위젤의 『밤』, 케르테스 임레의 『운명』, 빅터 프랭클의 『죽음의 수용소』 등입니다.

홀로코스트에 대한 영화는 소설보다 훨씬 더 많습니다. 내가 본 것만 해도 「안네의 일기」1959, 「뉘른베르크재판」1960, 「죽음의 연주」1980, 「사랑과 슬픔의 볼레로」1981, 「소피의 선택」1982, 「쇼아」1985, 「뮤직박스」1989, 「쉰들러 리스트」1993, 「인생은 아름다워」1997, 「제이콥의 거짓말」1999, 「피아니스트」2002, 「더 리더: 책 읽어 주는 남자」2008, 「줄무늬 파자마를 입은 소년」2008, 「버스터즈: 거친 녀석들」2009, 「리멤버」2011, 「어둠 속의 빛」2011, 「라운드업」2011, 「책 도둑」2013, 「사울의 아들」2015, 「나는 부정합니다」2016, 「조조 래빗」2019, 「존 오브 인트레스트」2023 등 너무나 많습니다. 그 몇 영화의 원작과 함께 뛰어난 문학작품도 많습니다. 「쥐」나 「아우슈비츠」 같은 명작 만화도 있습니다. 최근에는 그동안 무시된 집시 홀로코스트 영화도 나왔습니다.

이처럼 홀로코스트가 산업화되고 상업화되는 점에 대한 비판은 당연히 필요하지만, 그렇다고 하여 홀로코스트의 의미를 무시해서는 안 됩니다. 그보다 더 중요한 점은 1948년 이스라엘 건국 이후 이스라엘 자신이 과거에 당한 홀로코스트를 팔레스타인 사람과 아랍인들에게 가하고 있다는 점입니다.

장 피에르 이즈부츠Jean-Pierre Isbouts가 쓴 『예수의 발자취』[44]라는 책이 있습니다. 그 서론에 예루살렘 유적 발굴 현장의 사진이 나옵니다. 그 책을 처음 읽었을 때에는 그 사진 속의 사람들이 모두 유대인인줄 알았는데, 이스라엘을 다녀와서 다시 그 사진을 자세히 들여다보니 발굴을 지휘하는 소수의 유대인과 실제로 발굴 작업을 하는 팔레스타인 사람들로 나누어져 있는 것을 알게되었습니다. 그 사실을 안 것만으로도 이스라엘 여행에는 소득이 있었다고 할까요. 나는 이스라엘 전역에서 그런 발굴 현장을 보았습니다.

2. 이스라엘에서 만난 예수

아나키스트 예수는 지금 이스라엘에서 부활해야

내가 이스라엘을 여행하고 돌아와 두 달이 지난 2018년 5월 14일, 이스라엘에서만이 아니라 세계 여러 곳에서 이스라엘 건국 70주년을 기념하는 거창한 행사가 열렸는데, 내가 여행할 때에도 벌써부터 그 준비가 한창이었습니다. 언제나 그러했듯 유대인이 나치에 당한 집단학살인 홀로코스트에 대한 치열한 회고와 함께 이루어졌습니다. 매년 똑같이 이스라엘 수상이나 대통령은 이스라엘은 유대인이 자신을 지키는 권리와 힘을 갖는 유일한 장소로, 이 나라야말로 유대인이 제2의 홀로코스트를 방지할 수 있는 유일한 보장이라고 주장합니다. 그러나 그것은 이스라엘이 팔레스타인 사람들을 그들의 고향에서 추방하고 그들이 하나의 국민으로 살 수 있는 권리, 그 인간적인 미래를 박탈한 죄악을 덮지 못합니다. 그리고 이스라엘 사람들이 그렇게 생각하는 한 팔레스타인 분쟁은 영원히 끝날 수 없습니다. 그래서 나의 이스라엘 여행은 절망의 여행이었습니다.

건국일 며칠 뒤 팔레스타인에서는 '대재앙'이란 뜻의 '알 나크바' 70주년을

---

44) 장 피에르 이즈부츠, 배안용 옮김, 『예수의 발자취』, 황소자리, 2015.

맞았지만, 행사다운 행사도 열리지 못했습니다. 70년 전에 쫓겨난 난민들은 이미 거의 다 죽었습니다. 70년 전에 갓 태어난 자들이 이제 70세입니다. 그 밑에 아들, 손자, 증손자까지 태어났지만 대부분 난민입니다. 그들의 삶은 세월이 갈수록 더욱더 비참해졌습니다. 10년 뒤, 20년 뒤, 30년 뒤에는 어떻게 될까요? 100주년이 되는 2048년에는 팔레스타인 사람들이 지구상에서 없어지는 것은 아닐까요? 있을 수 없는 일이지만, 지금 이스라엘이 하는 짓을 보면 그렇게 되지 말라는 법이 없습니다. 홀로코스트에도 불구하고 이스라엘은 건국했지만, 지금 팔레스타인이 당하는 것은 바로 그 홀로코스트입니다. 그들에게는 조국의 고향으로 돌아갈 희망조차 없다는 점에서 나치의 유대인 홀로코스트보다 더 지독한 민족 절멸의 홀로코스트입니다.

그리고 5년 뒤인 2023년, 이스라엘은 건국 75주년을 맞았지만, 넉 달째 이어진 건국 이래 최대 규모의 사법개혁[45] 반대 시위로 혼란스러웠습니다. 국내외에서 민주주의를 위협한다는 강한 반발에 직면하며 이스라엘 역사상 최대 규모 시위가 벌어졌지만, 7월 24일, 비합리적인 정부의 정책을 번복할 수 있는 대법원의 권한을 폐지하는 사법개혁 핵심 법안이 최초로 통과되었습니다. 한편 7월 초 이스라엘군이 서안 지역에서 수 년만에 가장 광범위한 군사 작전을 펼쳐서 팔레스타인 사람들이 수십 명 죽거나 다치고 도망쳐야 했습니다. 10월 초 팔레스타인하마스과의 전쟁 발발 이후 시위는 일시 중단되었으며, 2024년 1월 1일 사법개혁이 대법원으로부터 무효 판결을 받아 시위대의 목표가 달성되면서 종결되었습니다. 그러나 하마스와의 전쟁은 2024년 12월까지

---

45) 이스라엘은 건국 후 계속된 전쟁 그리고 세속파와 종교파의 갈등으로 성문헌법을 제정하지 못하고 대신 기본법을 만들어 국가의 근간으로 삼아 기본법과 일반법의 관계에 대한 논쟁이 생겼으나, 대법원이 위헌 여부 판단 및 법률 폐기 권한을 갖게 되었습니다. 이후 대법원에 진보 성향의 법관들이 많아지면서 정부의 여러 법안들을 막자 우파 세력의 불만이 커지는 가운데 보수파인 베냐민 네타냐후가 3차 집권 이후 입법부와 행정부의 사법부에 대한 영향력을 증가시키고 사법부의 독립성을 약화시키는 사법개혁을 시도했습니다.

도 여전히 격화되고 있습니다. 전쟁을 반대하는 이스라엘 사람도 많지만, 사법개혁 때처럼 적극적이지는 않습니다. 즉 국내 민주화에는 적극적이지만 국외 전쟁에는 소극적인 것이 이스라엘 사람들입니다. 이는 대부분의 나라에서도 마찬가지입니다.

내가 이 책을 쓰게 된 것은 2000여 년 전 예수가 살았을 때와 꼭 마찬가지로 지금 이스라엘 땅에는 자유를 상실하여 억압받고 착취당하는 사람들이 그때와 똑같이 아나키스트 예수를 필요로 한다고 생각한 점에 있습니다. 한국에서는 이스라엘을 예수를 비롯한 위인이나 천재들이 태어난 대단한 나라라고 생각하지만, 나는 그곳이 21세기 최고의 야만국이라고 생각합니다. 아파르트헤이트라는 인종 격리 체제가 있었던 과거의 남아연방보다 더 야만입니다. 그 야만을 일깨울 선지자, 선각자, 혁명가 아나키스트 예수가 필요하다는 생각을 나는 오늘의 이스라엘을 보면서 했고 지금도 그렇게 생각합니다.

예수가 혁명하여 자유를 갖도록 이끌어야 사람들은 팔레스타인인이지만, 예수 생존 시와 달리 이제는 착취자인 유대인도 인간 혁명의 대상이라는 점에서는 역시 혁명가 예수를 필요로 합니다. 아니, 팔레스타인 문제를 낳고 지금까지도 모른 채 하는 영미 등의 소위 선진국을 포함한 인류 전체가 혁명의 대상입니다. 따라서 이 책에서 말하는 아나키스트 예수는 앞으로 올 사람이지 이미 죽은 사람이 아닙니다. 그런 의미에서 나는 21세기의 예수 부활을 믿지만, 그것은 2천 년 전 예수의 부활이기도 합니다. 나는 2천 년 전의 부활만이 아니라 성서에 나오는 어떤 기적도 믿지는 않습니다. 사실로서는 물론 비유로도 결코 믿지 않습니다. 그러나 그 아나키즘 정신이 새로 밝혀지고 부활하기를 희망합니다.

아나키스트 예수가 필요

예수를 혁명가로 이야기한 책은 많습니다. 그 대표적인 것이 해방신학에서 본 예수일 것입니다. 그러나 해방신학에서도 예수를 바로 지금 이스라엘 땅에서 신음하는 팔레스타인 사람들의 혁명가로 보지는 않습니다. 물론 해방신학이 비록 남미에서 시작된 것으로 남미 현실과 관련되었지만, 그 논지가 팔레스타인 땅에도 해당한다는 것은 믿어 의심치 않습니다. 남미에도, 아니 세상 어디에도 혁명가 예수는 필요하지만, 특히 예수의 고향인 지금 이스라엘 땅에서 그곳 사람들의 해방을 위해 필요합니다. 팔레스타인 사람들은 물론 그들을 착취하는 야만 유대인들을 해방하기 위해서입니다.

그러나 팔레스타인 사람들에게 예수 같은 혁명가가 필요하다고 내가 말하는 것은 그들에게 기독교를 전파하는 사람들, 특히 한국에서 그곳에 간 선교사들이 예수를 말하는 것과는 아무 상관이 없습니다. 내가 말하는 예수는 기독교에서 말하는 예수와도 상관이 없습니다. 지금 팔레스타인 사람들에게 필요한 사람은 마하트마 간디나 마틴 루터 킹이나 넬슨 만델라와 같은 반제국주의의 혁명가이지, 기독교라는 종파의 교조로 섬겨지는 2천여 년 전에 죽은 예수가 아닙니다. 그 세 사람이 싸운 제국주의적 인종차별과 인종 격리의 현실이 지금 팔레스타인 사람들의 현실이기 때문입니다. 나는 유대교도도 기독교인도 무슬림이슬람교도도 아닙니다. 그 세 종교인이 지금의 팔레스타인 문제를 낳았다는 점에서 나는 종교 자체에 대해 회의합니다. 그러나 문제는 종교가 아니라 제국주의입니다.

그런 이스라엘에 대해 기독교인들을 비롯하여 친밀감을 갖는 사람들이 많은 한국도 야만이기는 마찬가지입니다. 한국에는 심지어 유대인-한국인 유사 인종론이나 유사 고통사 따위의 망언도 있습니다. 이는 일본인-유대인 동종론의 식민주의적 변태에 불과합니다. 물론 유대인은 한국인은 물론 일본인의 짝사랑도 철저히 무시합니다. 봐주는 척 한다고 해도 그것은 자기 이익을 취하기 위한 허위에 불과합니다. 일본인이나 한국인이 동경한 성서를 매개로 한 유대식 선민주의는 오리엔탈리즘적 열등감의 환상에 불과한 것일 뿐입니다. 여하튼 이스라엘이나 이스라엘 사람들은 한국에 대해 아무런 관심이 없습니다. 그러니 한국인들의 이스라엘 사랑은 그야말로 일방적인 짝사랑, 그것도 완전히 무의미한 헛사랑에 불과합니다.

그럼에도 한국에 나와 있는 이스라엘에 대한 책들은 대부분 기독교인들이 예수의 나라 이스라엘을 좋다, 아니, 좋은 정도가 아니라 성스럽다고 찬송하는 책들입니다. 찬송가 자체는 두말할 필요도 없는데, 교회나 성당에서 둘리는 찬송가는 한국인이 이스라엘 사람들이고, 유대인이고, 그 후손이라고 자처한다는 느낌까지 줍니다. 지난 수십 년간 이스라엘을 다녀온 사람들도 대부분 이스라엘을 예수의 성지로 순례한 사람들입니다. 아주 오래전부터 한국의 교육이나 언론이나 그런 것들이 만들어낸 상식도 마찬가지입니다. 물론 이는 그런 방면에 한국보다 훨씬 선구자이고 강력한 제국인 미국이 만들어낸 것입니다. 미국의 기독교인들을 중심으로 한 보수 세력은 물론 진보세력도 친이스라엘인 점에서는 예외가 아닙니다. 일본도 마찬가지입니다. 유럽도 마찬가지입니다. 남미나 호주도 마찬가지입니다. 세계적으로도 예외는 거의 없습니다.

이스라엘 예찬은 미국 예찬과 같은 맥락에서 이루어집니다. 그 미국은 2천 년 전 로마와 같고, 이스라엘은 그 하나의 지부입니다. 2천 년 전에도 그랬습니다. 물론 2천 년 전 로마와 달리 지금 미국은 그야말로 세계를 지배하여 무수한 지점을 두고 있습니다. 우리가 사는 한국도 그 하나입니다. 그 점에서 이스라엘과 한국은 같은 처지입니다. 그러나 2천 년 전 예수는 불의의 폭력에 근거한 제국인 로마를 거부하고, 비폭력의 정의에 뿌리내린 새로운 나라의 도래를 주장했습니다. 예수를 사랑하는 나도 예수가 로마를 거부했듯 미국과 그 지점인 이스라엘 그리고 한국을 거부합니다. 그리고 새로운 나라의 도래를 대망합니다. 그것이 반권력의 아나키 사회입니다.

그런 입장에서 나는 한국에 나와 있는 팔레스타인이나 아랍에 관한 견해나 책에도 문제가 있다고 봅니다. 특히 팔레스타인이나 아랍의 권위주의, 이중주의, 비민주주의, 인권침해는 큰 문제라고 생각합니다. 제국주의의 농단으로 팔레스타인 문제가 생겼지만, 그렇다고 해서 팔레스타인의 반민주주의를 비롯한 모든 문제가 제국주의 탓뿐이라고 볼 수는 없습니다. 여성의 참정권조차 인정하지 않거나 공공장소에서 이슬람 이외의 종교 활동이나 종교적 상징의 사용을 금지하는 사우디아라비아 같은 나라를 포함하여 상당수의 아랍권 나라에서 수많은 인권침해가 사행되고 있습니다. 예수라면 당연히 그런 것들에 저항할 것입니다.

예수, 군대를 거부하다

이스라엘 거리에서 본 사람들 중에서 가장 흔한 것은 중무장한 군인들이었습니다. 이스라엘은 군대의 나라입니다. 특히 여군이 눈에 띄었습니다. 여성도 군에 징집되는 이유는 인구가 적은 탓입니다.[46] 이스라엘 인구는 약 1천 만 명으로서 한국의 5분의 1도 안 됩니다. 한국의 군인수는 50만 명 정도이고, 예비역은 290여만 명입니다. 이스라엘 군인수는 약 18만 명여군이 3분의 1, 예비군은 47만 명 정도입니다. 인구 비례로 따지면 한국보다 이스라엘 군인수가 더 많습니다. 이스라엘 외에 양성 징병제가 실시되는 나라는 남녀평등이 확고한 노르웨이, 스웨덴, 덴마크 같은 북유럽 나라, 그리고 북한과 미얀마 같은 사회주의 국가 등입니다.

---

46) 양성 징병제에도 불구하고 출산율은 OECD 국가 중 1위입니다. 이스라엘 방위복무법 제39조에 의해 여성이 기혼자, 임신한 여성, 아이의 어머니가 되거나 종교적인 이유로 병역이 면제됩니다.

이스라엘 징병제는 남성은 18세부터 3년, 여성은 1년 9개월 군복무를 요구합니다. 군대는 이스라엘 사람들을 전체주의화하는 도구입니다. 동서고금 어디에서나 군대는 전체주의화의 가장 효율적인 도구입니다. 세계 각국에서 온 다른 민족성을 갖는 유대인들이 군대를 통해 동일성을 갖는 유대인으로 변하는 것입니다. 그것은 서구 지향의 이스라엘 사회에 적응하게도 합니다. 히브리어 능력도 군대에서 가능해지고, 아랍을 적대시하는 관점도 확실하게 익히게 됩니다.

이스라엘 군인들과 한국 군인들의 차이점 중 하나는 이스라엘군의 머리모양이 자유롭다는 점입니다. 여군에 대해서는 두발 규정 자체가 없으므로 입대 전의 헤어스타일을 그대로 유지하고, 남군에 대해서는 '층이 없는 짧은 머리'라고 명시해 둘 뿐 한국군처럼 길이가 명시되지는 않습니다. 겉보기에 단정하고 군모를 썼을 때 머리가 삐져나오지 않을 정도로 짧기만 하면 됩니다. 그래서 대부분이 단발머리이지 스포츠형이나 삭발한 병사는 거의 없습니다. 머리만이 아니라 복장도 자유로워 단추를 반쯤 풀고 다니거나 상의를 바지 윗단에 넣지 않아도 됩니다. 휘장 등도 잘 달지 않고, 각 잡힌 군복도 위장무늬 전투복도 입지 않습니다.

하루에도 몇 번이나 통과해야 하는 검문소에서 만난 군인들의 얼굴은 딱딱하게 굳어있었으나, 거리나 상점에서 만난 군인들은 모두 즐겁게 웃으며 군대 생활을 즐기는 듯이 보였습니다. 이스라엘에서 제작된 영화 중에는 군인들이 주인공 영화가 많은데 영화 속에서 군인들은 관등성명이 따로 없고, 상관이든 하관이든 모두 이름만 부를 정도로 수평적인 인간관계 속에서 자유롭게 살아가는 점에서 한국의 수직적 군대문화와는 판이합니다. 당연히 기합 같은 비인간적인 군기 강제는 없습니다.

휴가는 한국에 비해 훨씬 깁니다. 일반병들은 최소 1~3주에 한 번씩은 휴가를 갑니다. 보병이면 1~2주에 2~3일을 연속으로 쉴 수 있습니다. 금요일과 토요일이 주말이므로 목요일 오후나 금요일 오전에 부대를 벗어나 일요일 오전에 복귀하면 최대 60시간의 휴가를 보낼 수 있습니다. 비전투원이면 매일 출퇴근도 할 수 있습니다. 즉 오전 8시 출근해 오후 5시 퇴근하여 '805'로 불립니다.

예수가 지금 이스라엘에 살고 있다면 군대에 갈까요? 징병 대상에서 유대교 정통파인 하레딤Haredim은 제외되고 예시바yeshiva라는 유대교 전문학교에 다니는데 예수가 그랬을 것 같지는 않습니다. 이에 대해 이스라엘 기본법인 '인권의 자유와 존경'을 위배했다는 이유로 이의가 제기되었으나 여전히 인정되고 있습니다. 그밖에 상습 마약사범, 정신병자, 장애인 등도 제외됩니다.

예수는 양심적 병역거부자로 인정되어 복무를 면제받거나 대체복무를 할 것 같습니다. 이스라엘에서 양심적 병역거부로 인정되는 사람들의 9%는 아예 입대 면제를 받고, 나머지 91%는 1~2년 정도의 대체복무를 하는 점도 한국과 다릅니다. 게다가 그들에게 각종 혜택이 주어지는 점은 한국에서는 상상도 할 수 없습니다. 즉 600세⊠약 17만 원 이상의 월급이 지급되고, 대체복무를 수행하고 있는 지역의 아파트가 제공되고, 복무를 마칠 시점에 대학 학비의 75%를 정부가 보조해 주고, 열차표도 무료로 제공됩니다. 제대 후에는 2년 동안 근로소득세가 면제됩니다. 양심적 병역거부가 인정되지 않았을 때에도 한국과는 비교가 안 될 정도로 형량이 가벼워 30일 징역에 그쳤습니다. 이는 양심적 병역거부를 대단히 존중한다는 것인데, 이와 반대로 한국에서는 양심적 병역 거부를 존중하는 풍토 자체가 전혀 없다고 볼 수 있습니다. 그만큼 한국은 전체주의 사회입니다. 군사적 위협이 강력한 점은 이스라엘이나 한국이나 마찬가지인데, 양심적 병역거부를 대하는 태도는 전혀 다릅니다.

국기의 나라 이스라엘

이스라엘 여행 동안 한국에서 벌어진 태극기 집회에 성조기와 함께 이스라엘기가 펄럭였다는 소식을 들었습니다. 항상 그랬으니 놀라울 것도 없는데도 이스라엘에서 그 뉴스를 들으니 기분이 묘했습니다. 이스라엘에서야 한국인이 이스라엘 국기를 들고 다닐 필요야 없겠지만, 어쩌면 기독교인들 마음속에는 이스라엘 국기가 펄럭이고 있었던 것이 아닐까요? 한국에서도 태극기와 함께 펄럭일 정도의 국기여서 이스라엘에서는 매일, 어디에서나 펄럭이는가요? 나는 이 세상 모든 나라를 가본 것은 아니지만, 그렇게도 국기가 1년 365일, 나라 어디에서나 걸려 있는 나라는 처음 보았습니다. 관공서나 공공장소는 물론 가정이나 자동차에도 국기가 항상 펄럭입니다. 이스라엘은 국기의 나라라고 해도 과언이 아닙니다. 국기가 국가주의의 표상이라면 이스라엘은 그야말로 국가주의의 나라입니다. 이스라엘 여행에서 내가 얻은 소득은 바로 이 점입니다.

과거에도 그런 국기의 나라가 있었습니다. 바로 나치 독일입니다. 나치 깃발의 붉은색 배경은 붉은 피, 즉 국가를 위한 국민의 희생을 상징하며, 가운데에 들어있는 하켄크로이츠라고 불리는 문자는 독일어로 갈고리를 뜻하는 하켄과 십자가를 뜻하는 크로이츠가 합쳐진 말로, 원래 고대 게르만족의 상징이었고 이른바 '룬 문자'라고 불리는 문자 형태의 한 종류였습니다. 1945년 독일 패망 이후 제정되어 '반나치법'으로 불리는 형법 제86조에서는 하켄크로이츠가 그려진 깃발, 배지, 유니폼 등을 사용하면 3년 이하의 징역이나 벌금형에 처하도록 했습니다. 반면 같은 전범 국기인 일본의 욱일기旭日旗는 지금도 여전히 일본의 국기입니다. 그러니 일본은 지금도 여전히 제2차 대전의 침략 전범국입니다. 그러나 일본 정부는 "욱일기가 정치적 주장의 표현이거나 군국주의의 상징이라는 주장은 거짓"이라고 합니다.

이스라엘 국기는 나치 독일 국기나 일본의 욱일기나 일장기처럼 간단하고 강렬합니다. 흰 바탕에 가로로 상하에 파란 선이 두 개, 그리고 그 가운데 파란색 '다윗의 별'이 그려져 있어 한 번 보면 누구나 기억하고 누구나 그릴 수 있을 정도로 간단하고 강렬합니다. 흰색 바탕에 단 하나의 색만 쓰는 국기는 세상에 이스라엘 국기와 일본 국기 그리고 핀란드 국기뿐입니다. 대단히 철학적인 의미를 담아 그 의미도 알기 어렵고, 그리기에는 더욱더 어려운 국기의 나라에서 태어난 나로서는 특히 그런 쉬운 국기들에 흥미가 있습니다. 매우 부끄러운 이야기이지만 나는 나이 70세가 넘은 지금도 태극기를 정확하게 그릴 수 없습니다. 그러나 대한민국에서 태극기를 정확히 이해하거나 제대로 그릴 수 있는 사람은 과연 몇이나 될까요?

다나미 아오에田浪亞央江라는 일본인은 일장기의 "원이 관대한 듯하면서도 주변을 배제한다면, 이스라엘 국기는 신경질적이고 딱딱하다"[47]라고 비교하지만, 나는 일장기나 이스라엘 국기를 그렇게 느낀 적이 한 번도 없습니다. 일본인에게는 그냥 원일지 모르지만 나에게는 떠오르는 태양의 이미지이고 사방으로 뻗어가는 침략의 이미지입니다. 일장기의 이름인 '히노마루'라는 것도 그런 태양을 상징하는 것이 아닌가요? 다나미는 일본의 팔레스타인 연구가이지만, 일장기를 두고 '관대' 운운하는 그의 느낌에는 동감하기 어렵습니다. 아니 관대하다니 정말 어처구니가 없습니다. 물론 그 뒤에서는 "주변을 배제하고 자신의 고결함과 우월감을 과시하는 디자인"[48]이라고 하지만 말입니다. 그러나 이스라엘 국기도 그렇다는 이야기에는 역시 동감하기 어렵습니다. 이스라엘 국기의 파란 가로선은, 타리트라고 하는 예배용 숄의 디자인에서 나온 것이어서 적어도 이스라엘 사람들에게는 종교적 의미가 있으니 그런

---

47) 다나미 아모에, 송태옥 옮김, 『이스라엘에는 누가 사는가』, 현암사, 2014, 51쪽.
48) 다나미 아모에, 송태옥 옮김, 『이스라엘에는 누가 사는가』, 현암사, 2014, 51쪽.

의미를 이해하지도 못하고 함부로 신경질적이니 딱딱하다니 할 것은 아닙니다. 게다가 '다윗의 별'에도 나름의 종교적 의미가 있습니다.

그런 점에서는 역시 일장기와 다릅니다. 그래서 다나미가 흰색과 파란색의 조합이 '산뜻함', '시원함'을 연상시킨다고 하지만, 이스라엘 국기에 이용되는 순간 "곧바로 폭력을 수반하는 '때 묻지 않은 결벽성'을 상징하는 조합, 즉 팔레스타인을 말살하는 '소독', '무균상태'라는 이미지와 결부"[49]된다고 하는 점에는 역시 동감하기 어렵습니다.

다나미 이상으로 이스라엘을 싫어한다고 자부하는 [좀 이상한 자부심이어서 말하기 쑥스럽기는 하지만] 나이지만, 일장기의 '해'가 낮을 비추는 것이라면 밤을 비추는 '별'을 그린 이스라엘 국기를 일장기와 크게 다르게 느끼지 않습니다. 다르다면 태양이 낮의 침략자라면 별은 밤의 침략자를 상징한다는 정도의 차이랄까요?[50] 이를 두고 '아침 해가 떴다. 어서 일어나자'니 '반짝반짝 작은 별' 등의 순진한 동화 이미지로 해와 별을 느끼는 동심을 잃었다고 비난해도 어쩔 수가 없습니다.

예수, 국기를 태우다

이스라엘의 일상에서 느끼는 이스라엘 국기는 그 자체의 의미나 이미지보다도 그것들이 너무 많고 흔한 것이어서 국기로서의 상징이나 의미나 위엄이 없을 정도입니다. 반면 일본에서 보게 되는 일장기는 대단한 권위를 과시하는 느낌을 줍니다. 특히 한국인인 내가 일본에서 그것을 볼 때에는 언제나 침략을 상징한다는 느낌을 받아 쳐다보기도 싫습니다. 일본인의 경우도 그것이 일본 국가와 함께 일본 국가주의의 상징으로 문제가 될 것임에도 일본에서는

---

49) 다나미 아모에, 송태욱 옮김, 『이스라엘에는 누가 사는가』, 현암사, 2014, 51~52쪽.
50) 핀란드 국기는 흰 바탕에 파란 십자가를 그린 것인데, 흰색은 눈, 파란색은 호수를 상징합니다. 호수가 많은 핀란드의 풍토를 잘 살린 국기입니다.

그런 논의를 보기 어렵고, 그런 문제를 제기하는 사람들은 극소수입니다.

이스라엘에서도 아무리 강한 반체제성을 갖는 사람이나 단체라고 해도 국기나 국가를 거부하지는 않는 듯합니다. 물론 팔레스타인 사람들에게는 당연히 그렇지 않습니다. 유대교를 믿지 않는 모든 사람에게 이스라엘의 '유대교적' 국기는 불편할 수 있습니다. 그러나 적어도 학교에서는 일본에서와 같은 강제적 의식이 거의 없어 일본에서와 같은 국기 게양이나 국가 제창의 강제나 거부 같은 문제는 발생하지 않습니다. 그것이 다행일까요. 아니면 이스라엘은 일본보다 못한 나라임을 보여주는 것일까요?

일본의 반체제운동가가 일장기를 태웠다거나 짓밟았다는 이야기를 들어본 적이 없지만, 이스라엘에서는 그런 일이 종종 일어납니다. 이를 다나미는 "쓸데없이 적대적인 편에 있는 사람의 광신적인 감정을 자극할 뿐"[51]이라고 비난하지만, 국가의 권위에 저항하는 퍼포먼스로는 그 이상 '화끈한' 것도 없습니다. 나도 그 국기를 태우고 싶은 유혹을 느꼈지만, 여행자 신세라서 태우지는 못했습니다. 그러나 예수가 지금 이스라엘에 살아있다면 그 국기를 흔들거나 게양하기는커녕 그것을 활활 태우리라 생각합니다.

지금도 이스라엘에는 그 국기를 태우는 사람들이 있는데, 놀랍게도 그들은 팔레스타인 사람들뿐만이 아니라 이스라엘 사람들, 그것도 검은 옷을 입은 정통파 유대교도들이기도 합니다. 그들은 유대교가 가르치듯이 유대인의 나라는 신의 나라를 따라 실현되는 것이라고 믿어, 인간에 의한 시오니즘으로 탄생한 이스라엘이라는 나라는 유대교의 가르침에 반한다는 이유에서 국가로 인정하지 않습니다. 그들은 이스라엘 정부나 다수 국민과 달리 모든 팔레스타인 사람들이 팔레스타인으로 귀환할 권리를 주장하고 팔레스타인 자치 정부와도 협력합니다. 따라서 이스라엘 정부가 보면 가장 반국가적인 집

---

51) 다나미 아모에, 송태욱 옮김, 『이스라엘에는 누가 사는가』, 현암사, 2014, 57쪽.

단이 아닐 수 없습니다. 예수도 그런 사람들 중의 하나일 가능성이 높습니다. 신의 나라와 카이자르_{성서에서는 가이사라고도 합니다}의 나라는 다르다고 했기 때문입니다.

예수, 애국가를 거부하다

짧은 이스라엘 여행 동안에도 '희망'이라는 뜻의 하티크바Hatikvah라고 하는 이스라엘 국가를 몇 번이나 들었습니다. 곡은 귀에 익은 곡이니 그 전에 한국에서도 들은 것 같습니다. 이스라엘을 소재로 한 영화에서 자주 들어서 그러했던 것 같습니다. 한국에 돌아와 찾아보니 「쉰들러 리스트」나 「영광의 탈출」이나 「뮌헨」 같은 영화에 그 노래가 나왔습니다. 그러나 가사는 몰랐습니다. 내가 영어 번역에서 중역한 것을 소개합니다.

우리 마음속에서
유대인의 영혼이 갈망하는 한,
동쪽 끝을 향하여
우리의 눈이 시온 쪽을 지켜보는 한,
우리는 아직 희망을 잃지 않았네.
2천 년의 희망이 있기에,
조국의 독립을 위해 나아가리,
시온과 예루살렘의 땅으로.
조국의 독립을 위해 나아가리,
시온과 예루살렘의 땅으로.

이스라엘 국기와 국가는 이스라엘이 건국되고 난 뒤에 만들어진 것이 아니라 1897년에 만들어진 시오니즘의 깃발이고 노래이기에 문제가 있습니다. 그래서 새로운 국기와 국가를 만들자는 주장도 있지만 소수의 의견에 불과합니다. 그러나 예수라면 아예 국기와 국가 같은 것은 없애자고 했을 것입니다. 이스라엘에 사는 비유대인도 그 국가를 싫어할 것입니다. 그들은 '유대인의 영혼'이니 '시온'이니 '2천 년의 희망'이니 하는 가사를 당연히 싫어할 것입니다. 그들은 그 땅에 2천 년 동안 살아왔는데, 그 노래를 부르며 유대인들이 와서 자기 땅이라고 주장하며 그들을 쫓아냈으니 그런 반발은 당연한 것이 아니겠습니까? 이처럼 남의 나라를 침략하는 노래를 자기 나라의 국가로 삼다니 있을 수 없는 일입니다.

　이 노래는 한국어로도 번역되어 불리는데 가사가 찬송가처럼 바뀌어 이상하다는 느낌을 줍니다.

　　　오랜 세월 희망을 품고
　　　우리의 영혼은 외치고 있네.
　　　시선은 시온을 바라보며
　　　동방의 땅끝을 향해 나가네.
　　　우리의 희망은 끝나지 않네.
　　　이천 년의 소망이라네,
　　　주님의 자유가 이 땅에 가득하리.
　　　예루살렘과 시온 땅에.
　　　주님의 자유가 이 땅에 가득하리.
　　　예루살렘과 시온 땅에.

　여기서 주님은 예수를 의미하지만 예수가 이 노래를 좋아할지는 의문입니다. 이스라엘 민요로 한국에서도 유명한 '하바 나길라'Hava Nagila도 이스라엘 민족주의의 노래입니다. 하시딤 전통 음악에 시편에서 비롯된 다음 가사가 1917년 밸푸어선언을 기념하여 만들어진 탓입니다. 노래 제목은 '이제 기뻐하자'는 뜻입니다.

이제 기뻐하자

이제 기뻐하자

이제 기뻐하자 그리고 즐거워하자 [반복]

이제 노래하자

이제 노래하자

이제 노래하자 그리고 즐거워하자

일어나라, 일어나라 내 형제여!

일어나라 내 형제여 즐거운 마음으로 [4번 반복]

일어나라 내 형제여, 일어나라 내 형제여!

즐거운 마음으로

이 노래도 팔레스타인 사람들이 좋아할 리 없습니다.

국어를 모르는 예수

이스라엘 거리에서는 영어를 보기 쉽지 않습니다. 20세기 전반기에 영국의 위임통치를 경험했음에도 상점을 비롯하여 대부분의 일상생활에 사용되는 공식 언어는 히브리어와 아랍어입니다. 적인 아랍, 특히 팔레스타인을 존중해서가 아님은 물론입니다. 이스라엘에 사는 아랍계 주민이 이스라엘 인구의 20%나 되기 때문입니다.

히브리어는 구약성서에서 사용되었지만, 오랫동안 죽은 말이라는 뜻의 사어死語였습니다. 그것을 19세기 말 벤 예후다1858~1922가 부활시켰습니다. 20세기 중엽까지 유럽계 유대인들은 독일어와 히브리어의 중간쯤인 이디스어를 사용했으나, 이스라엘 독립 후에는 거의 사라졌습니다. 이는 1948년에 이스라엘을 건국한 중심 세력이 홀로코스트 생존자들이 아니라 옛 러시아제국 출신 유대인러시아 유대인들이라는 점과 관련됩니다. 19세기 말에 러시아제국에는 세계 유대인의 절반에 해당하는 500만여 명이 지금의 우크라이나와 폴란드, 벨라루스 등에 살았는데, 1881년부터 그들이 집단학살포그롬, Pogrom을 당하자 그들 중 일부가 팔레스타인으로 이주하여 나중에 이스라엘을 건국했습니다. 이스라엘 초대 총리인 다비드 벤구리온1886~1973을 비롯해 러시아 유대인들이 이스라엘의 권력을 장악했습니다. 지금의 네타냐후 총리 아버지도 폴란드 출신입니다.

포그롬에 저항한 러시아 유대인들은 건국 초기에 홀로코스트 희생자들을 '약한 유대인'으로 보고 홀로코스트를 '부끄러운 기억'으로 취급했으나, 1960년대 이후 중동전쟁을 겪으면서 국제여론을 이스라엘에 유리하게 이끌기 위해 홀로코스트의 희생을 강조하기 시작했습니다. 그것은 할리우드 영화로 대량 생산됩니다. 그러나 포그롬의 트라우마에 젖은 러시아 유대인들을 주축으로 한 강경 우파가 이스라엘 정치를 주도함에 따라 팔레스타인 사람들과 아랍에 대한 공격은 더욱더 심해지고 있습니다.

그래서 이스라엘에서는 의외로 프랑스어와 러시아어를 거리에서도 자주 들을 수 있고, 10여 개의 텔레비전 방송에도 그 두 언어 방송이 나오며, 그 두 언어 자막이 깔리는 방송도 있습니다. 프랑스어가 흔하게 들리는 것은 프랑스가 십자군 전쟁 이후부터 동지중해에 상당한 영향력을 행사한 탓입니다. 십자군에 관해 한국에서는 호의적으로 말하는 기독교인뿐만 아니라 일반인,

심지어 역사가들도 있지만 그것은 종교를 앞세운 침략에 불과한 것이었습니다.

한편 러시아어는 러시아에서 온 유대인이 많은 탓입니다. 특히 1980년 말의 소련 해체 이후 60~70만 명이 이주하여 이스라엘 인구의 15%를 차지합니다. 그래서 러시아어 신문도 몇 개나 발행되고 있습니다. 러시아와 동유럽 및 미국에서 온 유대인을 아시케나지Ashkenaz, 복수형은 아시케나짐라고 하는데, 현재 세계 유대인의 80%를 차지하는 그들이 이스라엘 건국의 중심이었습니다.

아시케나지는 고대 유대인과는 혈통 상 무관합니다. 6세기에 아라비아반도 남부에서 유대교로 개종한 힘야르 족과 8세기 중반 흑해와 카스피해 연안에서 유대교로 개종한 카자르 족 후손입니다. 아시케나지의 반 이상이 중앙아시아 혈통이라는 보고도 있습니다. 이는 현대 히브리어가 슬라브어족에 속하는 이디스어의 파생어이지, 셈어가 아니라는 사실로도 증명됩니다. 한편, 예수가 2천 년 전에 사용한 언어는 아람어였습니다. 아람어를 사용하는 아람인은 지금 시리아에 살고 있습니다.

예수, 키부츠를 거부하다

이스라엘 여행 중에 자주 보인 집들과 농장이 키부츠였습니다. 어릴 적 학교에서 배운 이스라엘 이미지는 무엇보다도 집단농장을 뜻하는 키부츠Kibbutz의 나라였습니다. 이스라엘의 새마을운동이라고 배웠지만, 히브리어로 '집단'이라는 뜻의 키부츠는 '능력에 따라 일하고 필요한 만큼 받는다'라는 사회주의적 원리로 움직여지는 유토피아로 구상되고 운영된 점에서 새마을운동과는 전혀 다른 것입니다. 즉 농원 등에서 무상으로 일하고 대신 교육이나 의료를 포함한 생활의 모든 편의를 받는 것입니다. 돈은 물론 농기구를 포함하여 생산수단을 사유하지 않고 식사나 보육도 집단으로 합니다. 집단 거주지를 뜻하는 모샤브Moshav도 비슷한 것입니다.

키부츠는 아나키즘 내지 자발적 사회주의 공동체의 성공 사례로 불립니다. 공산주의 국가에서는 거의 실패한 집단농장이 친미 자본주의 국가인 이스라엘에서 성공한 것은 아나키즘 역사에서 특이한 경험입니다. 성공의 비결은 키부츠의 지분이 개인에게 인정되고, 생산-판매-분배가 상부 조직의 명령을 받지 않고 자율적으로 시장과 거래했기 때문에 국가나 관료제가 전혀 간섭하지 않은 점입니다. 이와 달리 한국의 새마을운동은 철두철미 국가에 의한 것이었습니다.

그러나 키부츠는 유대인들만의 조직이었습니다. 처음부터 팔레스타인 사람들을 배제했습니다. 유대인늘이 팔레스타인에 몰려올 때 그곳 땅의 대부분은 시리아와 레바논의 부재지주들의 소유였고, 팔레스타인 사람들의 소유가 아니었습니다. 유대인들이 부재지주로부터 땅을 사들이자 그곳에서 소작을 하던 팔레스타인 사람들과 반목할 수밖에 없었고, 결국 소작조차 불가능하게 되었습니다.

1980년대 중반부터 키부츠는 급격하게 사유화되었습니다. 특히 돈을 밝히는 젊은 세대의 키부츠는 더는 사회주의적인 이상일 수가 없게 되었습니다. 나이 많은 세대에게도 키부츠에서의 일은 열의나 전문성도 없이 주어진 일을 처리하는 수준에 급급하고 있습니다. 게다가 최근에는 임금노동자를 고용하는 키부츠도 늘고 있습니다. 또한 키부츠의 풍요한 소비생활은 일반인의 것과 전혀 다르지 않습니다. 지금은 전국에 270여 키부츠에 인구의 약 2.9%인 13만 명, 450여 개의 모샤브에는 3.9% 사람들이 살고 있고, 최근 키부츠에는 농장이 줄고 공장이 늘고 있습니다. 그러나 최근에 와서 이스라엘이 가자 지구 등에 침략촌을 세우면서 키부츠가 늘고 있어서 키부츠는 침략군의 상징으로 타락했습니다. 지금 예수가 이스라엘에 살았다면 키부츠에 들어갔을까요? 나는 아니라고 봅니다.

예수, 십자가를 다시 오르다

예루살렘을 찾는 기독교인은 반드시 비아 돌로로사Via Dolorosa, 슬픔의 길, 고난의 길, 고통의 길, 수난의 길 등으로 번역됩니다에 갑니다. 기독교인이 아닌 나도 다른 어디보다 그곳에 가보고 싶었습니다. 그러나 지금 그곳은 고요하고 거룩한 길이 아니라, 시끄럽고 복잡한 좁은 상점가 골목길입니다. 즉 슬픔이나 고통, 고난이나 수난은 그곳에서 관광객들에게 물건을 팔려고 고함을 질러대는 가난한 팔레스타인 사람들의 것입니다. 기독교인들은 그런 팔레스타인 사람들에게 그들이 마치 그 길의 성스러움을 훼손이라도 하는 듯이 얼굴을 찌푸리며 자기들의 팔을 끄는 그들의 손을 뿌리치지만, 나는 그들의 고함 소리 속에서 예수와 함께 십자가를 지고 골고다 언덕을 올랐습니다. 예수 영화에서는 예수가 처형당한 골고다 언덕은 외로운 곳으로 묘사하는 경우가 대부분입니다. 오르막이긴 하지만 평탄합니다. 예수를 처형한 십자가가 세워지고 그의 묘가 있었다고 하는 터에 성분묘교회가 있지만, 그곳이 정말 예수의 처형터인지는 알 수 없습니다.

예수가 그곳을 오른 날이 금요일이어서 금요일마다 기독교인들이 번갈아 십자가를 지면서 예수가 오른 길을 걸으며, 예수가 쉬던 14개의 장소에서 쉬어가면서 구불구불한 600미터를 오릅니다. 50미터마다 한 번씩 쉬었을 정도로 힘든 길이었습니다. 그러나 그 길은 18세기에 확정된 곳으로 정말 예수가 그 길을 갔는지는 의문입니다. 처음 쉬는 곳은 예수가 빌라도에게 재판을 받은 총독 관저가 있던 곳입니다. 두 번째 쉼터는 채찍질이 시작된 곳으로 그곳에 '채찍질 교회'가 서 있는데 그 뒤의 쉼터에도 교회들이 있습니다. 마지막 열 번째부터는 성묘교회 안에 있습니다.

이스라엘을 여행하면서 지금 예수가 그곳에 살아있다면 어떤 최후를 맞을지 생각해 보았습니다. 이스라엘은 1948년 건국하면서 사형제를 규정했지만, 1954년에 군법과 전시 학살, 반인도적 범죄, 전쟁범죄, 유대인에 대한 범죄, 반역에만 사형을 규정하고 일반 범죄에 대한 사형을 폐지했습니다. 그러나 1962년 반인도적 범죄로 사형당한 아돌프 아이히만이 민간인에 대한 유일한 사형 집행입니다. 지금 예수가 살아있다면 이스라엘은 예수를 양심범으로 살려둘까요? 아니면 아예 총살할까요?

예수의 죽음은 예수 사역의 절정으로, 그의 삶과 사명이 갖는 본질을 확인하는 것으로 여겨집니다. 기독교인 대부분에게 예수는 바로 그가 십자가를 받아들였기 때문에 구세주입니다. 그는 변함없는 사랑, 용서, 무지항으로 불의에 꾸준히 대응하고 결국 죽음으로 맞서기 때문에 메시아입니다. 그러나 그는 혁명군을 이끌고 혁명을 하여 혁명 정부를 수립하려고 하지 않고, 그러한 국가나 정치의 차원을 훨씬 넘어섭니다. 십자가 처형은 그의 가르침과 실천의 구체적인 결과일 뿐입니다. 당시 로마제국에서 십자가 처형은 널리 퍼져 있었고, 가난하고 중요하지 않은 사람들에게 십자가 처형을 가할 수 있었던 제국의 무심한 방식을 감안할 때, 당국은 예수를 죽이는 것을 전혀 중요하게 생각하지 않았을 가능성이 높습니다. 예수는 평화 유지가 어려워지고 법과 질서의 힘이 과도하게 확장된 시기에 무고하게 잡혀서 자의적으로 처형된 억울한 희생자 중 한 명일 수 있습니다. 로마인들이 십자가에 올려놓은 목패마 27:37, 막 15:26, 눅 23:38, 요 19:19, 21 는 예수가 어떤 종류의 왕권 주장 때문에 죽임을 당했다는 것을 나타내는 것처럼 보이지만, 로마인들의 관점에서 볼 때 그들에게 보이지 않는 세상에 대해 이야기하는 망상적인 광인을 처형했다는 증거에 불과할 것입니다.

이는 그들이 같은 범주에 속한다고 믿는 다른 사람들을 대하는 방식과 일치합니다. 로마제국 이래 지금의 이스라엘에서 무참히 살해당하는 수많은 민중들도 마찬가지입니다. 권력자에게 인간의 생명은 그야말로 아무것도 아닙니다. 예수는 로마제국에 저항하기는 했지만 크게 위협이 된다고 여겨지지는 않았습니다. 그는 내란의 우두머리도, 그 종사자도 아니었습니다. 그는 홀로 로마제국은 자신이 믿는 신의 나라, 아나키 사회가 아니라고 주장했을 뿐입니다. 지금도 이스라엘과 팔레스타인에는, 그밖에 세상의 모든 나라에는 예수와 같이 생각하고 행동하는 사람들이 많습니다. 그들에게 예수는 친구입니다.

3장 • 구약과 아나키즘

1. 구약의 반아나키즘

나의 『구약성서』 체험

나는 성서를 군대 훈련병 시절에 처음으로 읽었습니다. 그전에도 조금씩 읽었지만, 완독하기는 군대에서 처음이었습니다. 당시 훈련병에게 허용된 유일한 책이 성서와 불경이었기 때문입니다. 따라서 순수하게 자발적으로 읽은 것이 아니었습니다. 그런데 불경이나 신약과 달리, 구약은 당시 내가 끔찍이도 싫어한 군대의 성서라는 느낌을 받았습니다. 구약에는 신이 권력 행사의 최첨단인 전쟁의 신으로 자주 나타나기 때문입니다.물론 항상 그런 것만은 아닙니다만 그때나 지금이나 나는 군대를 끔찍이도 싫어하는데, 군대에서 읽은 탓인지 구약이 군대의 성서 같아서 지금도 싫어하는 부분이 있습니다. 특히 가나안 정복사여호수아에서 왕국 건설사무엘서 상하에 이르는 부분에서 이스라엘 야훼는 스스로 선두에 서서 계속 전쟁을 치르면서 주변의 이민족과 그들의 우상숭배를 격멸합니다.

가령 사무엘서 상 15장을 예로 들어봅시다. 예언자 사무엘은 사울에게 신의 이름으로 기름을 부어 이스라엘 최초의 왕으로 임명하고, 이웃의 적인 아말렉아마레크족을 섬멸하고, 그들이 소유하는 가축까지도 모두 죽이라고 명령합니다. 사울은 그 명령에 따라 적을 섬멸했지만, 신에게 바치는 희생물로 약간의 양과 소를 남기는데, 이를 안 사무엘은 신의 이름으로 사울에게 다음과 같이 선언합니다.

> 여호와께서 번제[52]와 다른 제사 드리는 것을 순종하는 것보다 더 좋아하시겠
> 소? 순종하는 것이 제사보다 낫고 여호와의 말씀을 듣는 것이 숫양의 기름보다
> 더 나은 것이요. 이것을 거역하는 것은 마술의 죄와 같고 완고한 고집은 우상숭
> 배와 다를 바 없기 때문이요. 당신이 여호와의 말씀을 버렸으니 여호와께서도
> 당신을 버려 왕이 되지 못하게 할 것이오. 삼상 15:22~23

이러한 구약의 신에 관해 니체는 그가 주장하는 권력에의 의지의 화신이라
고 찬양하며 박수를 쳤습니다. 니체는 구약의 신이 권력의 신인 점과 달리 신
약의 신이 사랑의 신으로 나타나는 점을 못마땅해 했습니다. 반면 시몬 베유
는 니체와 반대로 생각했습니다. 여하튼 나는 구약은 오랫동안 참혹한 투쟁
내지 전쟁 이야기라는 느낌에서 헤어나지 못했습니다.[53] 그런 고대 이스라엘
인의 전쟁신에 대한 묘사야말로 내가 기독교를 믿지 못하게 만든 가장 큰 요
인입니다.

그러한 억압과 전쟁의 신은 악에 대한 무저항을 주장하는 톨스토이 같은
사람들에게도 구약 혐오를 낳았습니다. 톨스토이 시대에는 그가 살았던 러시
아의 정교는 물론이고 가톨릭도 더 이상 중세나 르네상스 시대의 전쟁 집단이
아니었지만, 정교든 가톨릭이든 프로테스탄트든 전쟁을 찬양하고 전쟁의 승
리를 위해 기도한 점은 마찬가지였습니다. 톨스토이가 러시아 정교를 비판한
이유 중 가장 큰 것은 전쟁과 그것을 일으키는 국가, 특히 러시아 국가를 찬양

---

52) 번제(⊠⊠)는 짐승이나 다른 제물을 불에 태워 공물로 바치는 종교적 제사로 홀로코스
트라고도 합니다.
53) 구약에 대한 나의 느낌과 달리 구약을 비판한 책은 참으로 찾기 힘듭니다. 가령 한때 유
명한 좌파였던 레지스 드브레가 쓴 『백 편의 명화로 읽는 구약』도 전혀 비판적인 책이
아닙니다.

한다는 점이었습니다. 그래서 그는 매국노라는 비난을 받아야 했습니다.

내가 읽은 구약 중 몇 구절을 살펴보겠습니다. 구약 처음에 나오는 창세기 1장과 2장의 우주 창조 이야기가 서로 다른 점에 대해서는 언급하지 않겠습니다. 그 중에 "너희는 많은 자녀를 낳고 번성하여 땅을 가득 채워라. 땅을 정복하라. 바다의 고기와 공중의 새와 땅의 모든 생물을 지배하라"창 1:28로 시작되는 구절은 환경파괴, 자연 정복, 다산 및 임신 장려로 읽힙니다. 특히 '땅을 정복하라'는 말은 인간의 이익을 추구하기 위해서는 땅을 파괴하고 마멸시켜도 좋다는 것 같아 끔찍하게 느껴집니다.

기독교의 저명한 신학자인 아우구스티누스는 인간은 신의 형상으로 지어졌으나, 땅과 자연은 그렇지 못하기 때문에 인간에게 주어진 복은 땅을 정복하는 것이라고 했습니다. 토마스 아퀴나스도 인간은 신의 형상으로 창조되었지만, 땅과 자연은 신의 흔적에 불과하므로 인간이 이용하고 다스릴 수 있다고 가르쳤습니다. 이러한 기독교 창조론은 생태계 파괴를 몰고 온 원인이므로 환경파괴와 오염에 대한 책임은 기독교에 있다고 해도 과언이 아니라는 비판도 있습니다.

구약의 구성

구약은 39개 문서로 구성됩니다. 처음의 5개서모세오경는 율법서, 다음 6개서는 역사서, 이어 15개의 예언서, 기타 13개입니다. 앞의 11개서는 천지창조에서 시작하여 이스라엘 민족이 약속의 땅인 가나안팔레스타인에 들어가는 것까지입니다. 그러나 이는 역사가 아니라 만들어진 이야기인 신화로 보는 것이 옳습니다.

이스라엘의 실제 역사는 기원전 1500년 무렵 이스라엘 민족이 유목 생활을 한 것으로 시작합니다. 그 뒤 1200년 경 부족마다 팔레스타인에 토지를 얻어 거주하기 시작하고, 이어 부족 연합체를 형성하는데 그 우두머리를 '사사'라고 부릅니다. 기원전 1003년에 다윗이 최초의 통일 왕국을 세우지만 그 아들인 솔로몬이 926년에 죽어 왕국은 남북으로 분열되고, 북왕국은 722년 아시리아에 의해, 남왕국은 187년에 바빌로니아 제국에 의해 각각 멸망하고, 남왕국 요인들은 체포되어 바빌로니아로 보내지는데 이를 바빌론 유수라고 합니다. 구약을 읽는 데에는 바빌론 유수를 꼭 기억해야 할 정도로 중요합니다.

구약의 율법서와 역사서는 순번으로는 실제 역사와 맞지만, 그 내용은 맞지 않습니다. 구약은 바빌론 유수 때 바빌론에 잡혀간 사제들이 구전되어온 전승에 근거하여 만든 것이기 때문입니다. 후대로 올수록 실제 역사와 좀더 가까워졌지만 그래도 실제 역사와 완전히 부합한다고 보기 어려운 '만들어진' 것입니다. 그 목적은 바빌론 유수라고 하는 민족의 파국이 신이 무력했기 때문이 아니라, 도리어 신의 계율을 지키지 못한 자신들의 탓이라고 생각하게 하는 것입니다. 이어지는 15개의 예언서는 앞의 문서들에 나오는 예언자들의 말을 뒤에 편집한 것입니다.

이스라엘의 역사에 대해 우리말로 처음 번역된 것은 존 브라이트John Bright의 『이스라엘의 역사』*A History of Israel*, 1960입니다. 우리말 번역서는 1972년에 나온 제2판[54]과 1981년의 제3판[55] 그리고 4판[56]을 번역한 것들입니다. 키스 W. 휘틀럼Keith W. Whitelam이 지적했듯이 브라이트는 그 책에서 이스라엘 출현 이전의 팔레스타인 역사를 논의하면서 당시의 그곳 주민들을 팔레스타인인으로 간주하지 않고 이스라엘인이나 가나안인 등으로 부릅니다. 1960년에 나온 마르틴 노트Martin Noth의 『이스라엘 역사』*The History of Israel* 등의 책도 마

---

54) 존 브라이트, 김윤주 옮김, 『이스라엘의 역사』, 분도출판사, 1978.
55) 존 브라이트, 박문재 옮김, 『이스라엘의 역사』, 크리스천다이제스트, 1993.
56) 존 브라이트, 엄성옥 옮김, 『이스라엘의 역사』, 은성, 2002.

찬가지입니다.[57]

그런 책들이 "공유하는 가정들은 이스라엘의 특이성과 우월성을 강조하고 팔레스타인 토착 주민의 열등성을 강조합니다. 그것은 그 땅에 대한 이스라엘의 권리를 역설하고, 팔레스타인에 대한 강탈을 정당화합니다."[58]

휘틀럼이 지적하듯이 브라이트는 기원전 13세기 말에 이스라엘이 팔레스타인 외부에서 왔다고 하면서도 "이스라엘이 가나안을 차지하기 수 세기 전에 선조들이 메소포타미아를 떠나와서, 가나안 땅이 그들 자손들의 소유가 되리라고 한 신의 약속에 의지하여 반 유목민이 되어 그 땅을 유랑했다"라고 합니다.[59] 즉 토착 주민의 권리는 전혀 고려되어 있지 않습니다. 브라이트는 '가나안'의 문화적 업적을 인정하면서도 그 토착 종교는 부도덕하고 타락했고, 정치적 정체성도 없었다고 하는 반면, 이스라엘의 종교와 정치는 뛰어난 것이라고 주장합니다, 이는 성서의 주장을 그대로 답습한 것입니다. 휘틀럼의 책은 1996년에 나왔으므로 그 뒤에 나온 존슨의 『유대인의 역사』에 대해서는 다루고 있지 않습니다.

노아와 세 아들 이야기의 황당무계함

창세기에는 노아의 홍수 이야기가 나오는데, 거기에도 다산과 자연 지배 및 사형 찬성에 대한 이야기가 나옵니다. 노아에게는 셈과 함과 야벳이라는 세 아들이 있습니다. 함이 우연히 천막에서 술에 취한 아버지가 벌거벗고 자는 모습을 보고 다른 두 형제에게 그 사실을 말합니다. 그러자 뒤의 두 형제는 아버지에게 옷을 입히고 아버지의 나체를 보지 않았습니다. 잠에서 깬 노아

---

57) 마르틴 노트, 박문재 옮김, 『이스라엘 역사』, 크리스천다이제스트, 1996.
58) 키스 W. 휘틀럼, 김문호 옮김, 『고대 이스라엘의 발명 침묵당한 팔레스타인의 역사』, 이산, 2003, 147쪽.
59) 존 브라이트, 엄성욱 옮김, 『이스라엘의 역사』, 제4판, 은성, 2002, 93쪽.

는 함에게 분노하여 함의 아들인 "가나안은 저주를 받아 자기 형제들에게 가장 천한 종이 되리라"라고 저주합니다. 반면 "셈의 신 여호와를 찬양하라. 가나안은 셈의 종이 되기를 바라며, 신이 야벳을 번창하게 하셔서 셈의 축복을 함께 누리게 하시고, 가나안은 야벳의 종이 되기를 원하노라"라고 축복합니다.창 9:20~29

이어 창세기에서는 셈이 히브리인의 조상, 야벳이 해양 민족의 조상, 함은 노예가 되었다고 합니다. 함의 자식들 중 구스는 남이집트에서 수단, 미스라임은 이집트, 붓은 남이디오피아를 말합니다. 즉 셈은 아시아인우리와 같은 동아시아나 인도인 같은 남아시아인은 제외되고, 히브리인 외에는 서아시아인 정도가 포함됩니다. 이처럼 구약에 의하면 구약 족보에도 없는 동아시아인들이 기독교를 믿는 셈입니다, 야벳은 유럽인의 시조이고, 함은 아프리카인노예의 시조입니다.창 10:1~32 함의 자식들이 이집트에 살았음은 시편에서도 확인됩니다.시 78:51 미켈란젤로의 시스티나 예배당 천장화에 그려진 3형제 그림을 비롯한 여러 그림에서도 함은 흑인 노예로 그려집니다.

이처럼 함은 아버지 노아의 권위를 존중하지 않고, 수치를 가리기보다는 다른 형제에게 먼저 말하는 잘못을 범하였다는 이유로 함의 아들 가나안은 구약에서 뱀창 3:14과 가인창 4:11에 이어 세 번째로 저주받은 자가 되고 맙니다. 여기서 당연히 왜 당사자가 아닌 아들에게 연좌제를 적용하느냐가 문제 됩니다. 함에게는 이미 신이 존귀함을 주었으므로 저주는 그의 아들에게 전가되었다는 해석이 있지만, 이해하기 쉽지 않습니다.

함이 노아의 저주를 받은 이유가 그가 아버지의 나체를 보았기 때문인데, 이를 3세기의 『탈무드』에서는 함에 의한 노아의 거세그리스 로마신화에서 우라노스의 아들 크로노스가 아버지를 거세하는 신화와 유사합니다 또는 남색적인 행위로 보는 해석이 있었습니다. 이는 레위기레 20:7에서 아버지의 나신을 보는 것이 근친상간으로 터부시된 것과도 관련됩니다. 또는 신명기에서 아버지의 옷을 노출시키는 것은 아버지의 첩과 잠자리를 같이 하는 것의 은유로 사용되는 것과도 무관하지 않습니다.^{신 23:1, 27:20}

한편 신약에서는 바울이 갈라디아서에서 "이제는 유대인도 없고 헬라인도 없으며 노예도 없고 자유인도 없으며 남성이랄 것도 여성이랄 것도 없습니다"라고 합니다.^{갈 3:28} 이를 노예 폐지를 포함한 기독교 보편주의의 선언이라고들 합니다만, 에베소서에서는 "종[살이 하는 이] 여러분, 그리스도를 대하듯이 여러분의 순수한 마음으로 두려워하고 떨며 세속 주인들에게 복종하십시오"라고 말합니다.^{엡 6:5} 베드로전서에서도 "하인 여러분, 극히 두려운 마음으로 선하고 너그러운 주인뿐 아니라, 못된 주인에게도 순종하십시오"라고 합니다.^{벧전 2:18}

이는 기독교의 보편주의라고 하는 것이 노예, 특히 아프리카인 노예를 배제하고^{그리스 아테네 민주주의에서도 여자와 노예는 배제됩니다} 히브리인과 유럽인만의 보편주의를 말하는 것임을 보여줍니다. 그리스 로마에서 노예제가 널리 인정된 것과 다르지 않습니다. 그럼에도 기독교가 노예제를 부정했다거나 만인평등을 주장했다고 함은 허위입니다. 초기 기독교 시대의 저명한 신학자인 아우구스티누스도 노예는 죄를 많이 지어서 받은 신분이라고 하면서『신국』에서 의로운 사람 노아가 자기 아들의 죄를 벌하기 위해 만든 것이 노예라고 했습니다.^{19권 5장} 그리고 함을 "뜨겁다"고 번역하고, "불관용의 영에 의해 뜨거워진 이단의 종족을 뜻한다"라고 했습니다.^{16권 2장} 아우구스티누스 자신이 아프리카 출신이면서도 그렇게 말한 것입니다. 심지어 아우구스티누스는 노아가 함에게 나신을 보인 것을 예수의 수난^{재판과 처형}에 비유합니다.^{16권 2장} 이는 뒤에 무수히 많은 그림으로 그려집니다. 소위 예형론^{豫型論, Typology 60}의 차

---

60) 성서에 주석을 다는 성서 해석법 중의 하나이고 성서 해석에 관한 이론 체계 중 하나로,

원에서 노아는 예수의 예형이 된 것입니다. 또는 노아의 거세는 예수의 할례를 예형한 것으로도 그려졌습니다.

함에 대한 노아의 저주는 2천 년 이상 서양의 흑인 차별 내지 인종 차별의 근거로 원용되어 왔습니다. 마틴 루터 킹은 1957년 12월 15일의 연설에서 함에 대한 저주는 신이 아니라 노아가 내린 것이라고 역설하면서 인종차별의 부당함을 호소했으나, 그것이 구약에 대한 근본적 비판이 아니라는 것은 두말할 필요도 없습니다.

아브라함과 두 아들 이야기의 황당무계함

노아와 더불어 구약의 족보에는 유대교와 기독교와 이슬람교라는 일신교들이 아브라함의 종교로 등장합니다. 아브라함의 믿음을 확인하려고 신은 아브라함에게 그의 사랑하는 아들인 이삭을 공물로 바치라고 명하는데, 아브라함이 그렇게 하려는 순간, 신은 천사를 내려보내 아들을 죽이지 말게 했다는 것입니다. 그런데 아브라함의 아내인 사라는 오랫동안 자식을 낳지 못해 이집트 출신 노예인 하갈을 남편의 침실로 보내어 임신하게 합니다. 임신했다는 이유로 하갈이 사라를 업신여기게 되자 사라는 남편의 허락을 받아 하갈을 폭행합니다. 그러자 하갈은 황야로 도망치는데, 그때 신의 하인인 천사가 나타나 출산할 아이를 이스마엘이라고 부르라고 하며 하갈을 축복합니다. 하갈은 아브라함에게 돌아와 아들을 낳고 이스마엘이라고 부르는데, 그때 아브라함의 나이가 86세였습니다. 그 뒤 아브라함이 100세가 되었을 때 기적처럼 사라가 임신을 하여 낳은 아들이 이삭입니다. 14세 위인 이스마엘이 이삭을 놀리자 사라는 아브라함에게 이스마엘을 추방하라고 요구합니다. 이에 고민하는 아브라함에게 신은 사라의 원대로 하라고 명하며 아브라함의 자손은 이삭

신약의 내용을 구약의 예언이 성취된 것으로 해석하는 방법입니다.

에 의해 이어진다고 말합니다. 그러나 신은 이스마엘을 버리지는 않고, 하갈과 함께 황야로 떠나게 합니다. 황야에서 고통에 허덕이는 모자를 본 신은 그들을 구합니다. 그 뒤 이스마엘은 어머니와 같은 이집트 출신의 여성을 아내로 맞아 12명의 자식을 낳습니다.창 20:12~16

노아와 달리 아브라함의 아들은 노아와 같은 저주의 배제가 아니라, 포섭적인 배제를 당했다고 할 수 있습니다. 서양에서 이스마엘은 무슬림으로, 하갈은 음란한 여성으로, 이집트는 음행의 땅으로 묘사되어 왔습니다. 반면 이슬람의 경전인 쿠란에서는 아브라함이 늙은 자신에게 아들 둘을 보내준 신에게 감사하며, 이스마엘과 이삭은 차별 없이 평등하게 성장하고, 아브라함이 이스마엘의 지손을 위해 신에게 기도를 올리고, 이스마엘 모자를 구한 황야의 우물은 성지인 메카 부근에 있다고 합니다. 하갈은 아들을 훌륭하게 키우고, 하갈이 죽기 전에 아브라함은 모자를 보살펴주며, 하갈이 죽은 뒤에도 아브라함은 이스마엘을 찾아갑니다. 이슬람에서는 아브라함이 최초의 무슬림이고, 하갈은 새로운 문명을 개척한 선구자로 나옵니다.

이처럼 쿠란에는 민족과 신분의 차별이 전혀 나오지 않는 반면, 구약에는 그런 차별이 노골적으로 그려집니다. 게다가 하갈과 이스마엘의 추방은 유대인 추방의 예형으로 묘사됩니다. 심지어 신약에서도 바울은 갈라디아서에서 '노예가 낳은 아이'와 '자유인이 낳은 아이'를 각각 '육체의 아이'와 '약속의 아이'라고 언급하면서 유대교 신봉자와 기독교 신봉자로 구별하는데갈 4:21~31, 전자는 하갈과 이스마엘, 후자는 사라와 이삭을 말합니다. 바울은 로마서에서도 "아브라함의 자손이라고 하여 모두 그 아이인 것은 아니다"라고 말합니다.롬 9:7

이집트 탈출 이야기의 황당무계함

미켈란젤로의 시스티나 예배당 천장화에 그려진 '천지창조'를 기억하는 분은 구약이 참혹하다는 나의 언급에 반발할지 모르겠습니다. 앞에서도 말했듯이 톨스토이는 구약을 혐오했습니다. 구약은 대부분 조잡하고 원시적이며 부도덕한 내용이라고 보았습니다. 반면 일제강점기의 기독교인들이나 해방 신학에 매우 중요한 주제인 이집트 탈출출애굽에 대해 기독교 아나키스트들은 신이 왕을 쫓아내고 이스라엘인들을 새롭고 훨씬 더 아나키즘적인 유형의 공동체로 부름으로써 그의 백성을 자유롭게 했다는 점을 민족해방의 선례로 언급하지만, 그것은 동시에 이집트 사람들을 대거 학살한 이야기이기도 합니다.

출애굽기라고 불린 이집트 탈출기는 신이 약속했다고 하는 땅에 살고 있던 가나안족을 타도하거나 몰살한다는 것을 전제로 하여 그 몰살 민족에게 자유를 준다는 것입니다. 그곳에 수천 년 간 살았던 팔레스타인 사람들을 20세기에 유대인들이 몰아내고 이스라엘이라는 나라를 세우고, 팔레스타인 사람들이 사는 곳에 거대한 장벽을 세우는 것과 전혀 다름이 없습니다. 그런 이스라엘을 한반도와 같은 나라로 생각한 일제강점기의 기독교인들도 황당하지만, 지금까지도 그렇다니 더더욱 황당하지 않습니까? 도리어 침략자 일본이 이스라엘과 같지 않습니까? 해방 신학이 출애굽기를 해방의 이야기로 본다는 점도 웃기지 않습니까?[61] 침략자 서양이 이스라엘이 아닙니까? 어디 그뿐인가요? 출애굽기를 모범으로 삼아 서양인들이 아메리카 대륙과 아시아 아프리카의 원주민들을 억압하거나 죽이고 자기들의 나라를 세웠습니다. 게다가 원래 유대인들은 목축하는 유목 민족이었는데 농경사회인 가나안 땅을 정복한 뒤 자기들이 도망쳐온 이집트와 같은 권위주의 나라를 세웠습니다.

---

61) 체드 마이어스, 황의무 옮김, 『강한 자 결박하기』(대장간, 2022) 87쪽도 마찬가지입니다.

출애굽기만이 아닙니다. 모세는 약속의 땅에 도착하기 전에 죽습니다. 그의 제자이자 후계자인 여호수아가 성공적으로 침략하는 이야기인 여호수아서에서 나오는 학살과 점령, 여호수아 사후에도 이어지는 학살을 다룬 사사기, 그리고 가나안의 모습을 모두 없애라고 신이 말하는 신명기까지 구약은 온통 학살의 이야기입니다.

2. 구약의 아나키즘
함석헌의 「성서적 입장에서 본 조선 역사」

20세기 한국에서 나온 책 중에 가장 위대한 책으로 꼽히기도 하는 함석헌의 『뜻으로 본 한국 역사』는 원래 「성서직 입정에서 본 조선 역사」였습니다. 소위 기독교의 섭리사관에 입각한 그 책은 우리 민족이 원래 광활한 만주 땅에 살았고 그것이 신의 섭리였는데, 만주에서 좁은 반도로 흘러들어오는 바람에 나라의 운명이 '세계의 하수구'가 되었으니 하루빨리 신이 섭리로 주신 우리 땅인 만주를 회복해야 한다고 주장한 책입니다. 함석헌은 본래 한반도는 만주와 연결되는 것이 섭리였기에 한민족의 보금자리는 한반도가 아니라 만주였다고도 주장합니다. 따라서 만주를 회복해야 민족의 고난이 끝난다는 식의 주장을 이어갑니다.

> 이것이 우리 역사를 고난의 역사로 마련해 놓은 또 하나의 조건입니다. 이 점에서도 조선은 만주와 떨어져서는 안 됩니다.[62]

> 본래 조상 땅이었던 만주를 내놓고 이 틈바구니에서만 나라를 벌여보려 했으

---

62) 함석헌, 『함석헌저작집』, 한길사, 2009, 제30권 109쪽.

니 고난의 역사가 안 될 수가 없습니다.[63]

함석헌의 이러한 주장은 유대인이 팔레스타인 땅을 찾기 위해 세운 주장을 연상하게 합니다. 기독교도인 함석헌은 유대인의 팔레스타인 '탈환'을 당연하게 생각하므로 2천 년간 살던 땅을 빼앗긴 팔레스타인 사람들에 대해서는 전혀 관심을 두지 않습니다. 함석헌은 민족의 특성이 "큰 나라를 세우고 고상한 문화를 낳을 수 있는 자격"이며 "세계 역사에 이런 민족은 많지 않다"라고도 하면서 "다만 그것을 키우지 못한 것이 죄다"라고 주장합니다.[64]

하지만 여기에 반전이 등장합니다. 함석헌은 그런 특성이 다 옛날이야기일 뿐, 삼국시대 이후 지금 한국인은 변했다고 본 것입니다. 즉 "한국 사람은 심각성이 부족합니다.… 깊은 사색이 없습니다.… 그래 시 없는 민족이요, 철학 없는 국민이요, 종교 없는 민중입니다."[65] 그리고 종교가 없지는 않지만, 외국 종교이고, 동학도 남의 사상을 섞어놓은 것이지 우리 고유의 것이 아니라고 비판합니다.

그래서 임진왜란을 일으킨 토요토미 히데요시가 만주 땅을 먹으려고 조선을 침공하고, 일제가 만주는 물론 중국까지 먹으려고 조선에 침략한 것을 신의 섭리로 찬양합니다. 이스라엘이 2천 년도 더 지나 1948년에 건국한 것을 찬양했는지 모릅니다. 만일 그가 살아있다면 그 뒤 지금까지 이스라엘에 의해 추방된 팔레스타인 사람들과 그들을 돕는 아랍을 파괴하려고 대학살을 저지르는 것을 함석헌은 마찬가지로 신의 섭리로 찬양할지 모르겠습니다.

나의 「성서적 입장에서 본 조선 역사」

63) 함석헌, 『함석헌저작집』, 한길사, 2009, 제30권 110쪽.
64) 함석헌, 『함석헌저작집』, 한길사, 2009, 제30권 126~127쪽.
65) 함석헌, 『함석헌저작집』, 한길사, 2009, 제30권 128쪽.

내가 만약 「성서적 입장에서 본 조선 역사」를 쓴다면 구약성서의 작은 부족 국가 이스라엘이 보여주듯이 우리 민족은 만주가 아니라 그것을 포함한 중국 제국을 멸시하면서 국가가 아닌 작은 부족 마을에서 자치하면서 산 것이 최초의 역사를 만들었고 나는 무신론자이지만 섭리 사관을 취한다면 그런 작은 부족 마을 연합으로 사는 것이 신의 섭리라고 보겠습니다 그 뒤에 고대 이스라엘처럼 왕이 나타나 왕국으로 변했지만, 사람들 대부분은 20세기 초에 일제가 침략하기 전까지 여전히 두메산골에서 국가라는 것을 거의 의식하지 않고 자치하며 살았다고 쓰고 싶습니다.

　나는 한국의 역사책이 고조선부터 중앙집중 국가였다는 식의 설명에 찬성하지 않습니다. 설령 일부 지역에 그런 국가가 있었다고 해도, 대부분의 지역은 내 조상들이 얼마 전까지도 살았던 두메산골처럼 국가의 권력이 미치지 못하는 두메산골이거나 바닷가 농촌이었다고 생각합니다. 함석헌의 고향도 마찬가지였을 것입니다. 양반이 없는 곳이어서 일찍부터 기독교가 번성했습니다. 그런 고향들을 한국사의 고향으로 삼았더라면 더 구약에 맞는 것이 아니었을까요? 함석헌은 고향에 대해 다음과 같이 말합니다.

> 고향이 뭐냐? 자연과 사람, 흙과 생각, 육과 영, 개체와 전체가 하나로 되어 있는 삶입니다. 거기 나 남이 없고, 네것 내것이 없고, 다스림이나 다스림 받음이 없고, 나라니 정치니 법이니 하는 아무것도 없고, 하나로 조화되어 스스로 하는 삶이 있을 뿐이다.[66]

　기독교 신자는 이러한 고향을 성서에 나오는 '신의 나라'라고 하지는 않습니다만, 그가 묘사한 고향이야말로 바로 아나키 사회입니다. 그러나 그것은

---

66) 함석헌, 『함석헌저작집』, 한길사, 2009, 7:58.

마음속에서 희망하는 주관적 상상으로서의 고향에 대한 묘사이지 객관적 실체로서의 고향에 대한 묘사가 아닙니다. 그래서인지 위 글에 이어 다시 만주가 나옵니다. "바른 정신 가지기만 하면 조상의 옛터에 평화롭게 살 수 있을 것입니다."[67] 한민족이 과거에 만주의 원주민으로 만주 최초의 국가인 고조선을 세웠고, 고조선 멸망 후에도 후대의 한민족인 예맥 계열인 고구려와 발해 등이 천년 정도 지배했으나, 10세기경부터는 유목 민족이 발흥하여 한민족은 한반도에서 살게 되었습니다.

위의 글은 「조선일보」 1966년 8월 28일 자에 처음 실린 글입니다. 당시, 만주는 중국 땅이었습니다.[68] 우리가 중국 땅에 가서 평화롭게 산다는 것은 무슨 의미일까요? 중국 땅인 만주를 내 땅으로 만든다는 의미일까요? '조상의 옛터'이니 달라고 하면 중국에서 선선히 내줄까요? 내주지 않으면 전쟁이라도 해야 할까요? 너무나도 황당무계하니 이 얘기는 더 이상 잇지 말도록 합시다.

구약의 아나키즘 발견

구약에 나오는 토착적인 최초의 사회 조직 형태가 아나키즘에서 주장하는 아나키 사회와 상당히 유사한 부족 연합이라는 점을 알게 된 것은 내가 26년 전 시골에 들어온 뒤였습니다. 우연히 들어와 살게 된 시골이 신라 초기에 압독이라는 이름의 작은 부족 사회였음을 알게 되면서 모든 고대사회가 당연히 그런 사회였고, 예수 당시의 이스라엘도 마찬가지였으리라고 생각하게 되었

67) 함석헌, 『함석헌저작집』, 한길사, 2009, 7:62.
68) 만주는 과거 청나라의 동삼성(☒☒☒) 지역으로 이전에는 산해관 동쪽 지역이라는 의미에서 관동(☒☒)이라고도 불렀는데 여기서 일본 제국이 조차한 지역인 관동주나 그곳 군대인 관동군 등의 말이 나왔습니다. 청 이전에는 '요동'이라고 했고, 지금은 '동북'이라고 합니다. 만주는 다양한 민족들이 거쳐간 지역으로 퉁구스계 민족과 한국계 민족의 발상지이자 영토였으며, 한반도를 넘보는 중원 세력을 막는 보루이자 중원을 넘보는 수많은 민족들의 발판이었습니다.

습니다. 물론 아나키즘에서 고대사회를 그렇게 설명하는 것은 19세기부터였고, 나도 책으로는 그런 것을 읽었습니다만, 피부로 실감하기란 시골에서 살고부터였습니다.

구심력적인 제국의 사회적 순응이 창조주의 원심력적인 인간 '분산'으로 해체되어 더 지속 가능한 다양성의 사회 생태로 변화되는 바벨탑의 이야기를 담은 창세기 11장을 통해, 고대 유대인들은 그들이 그늘에 살았던 바빌로니아, 이집트, 가나안과 같은 도시 국가의 중앙집권적 정치 경제와 우주론에 대해 깊은 적대감을 보였음을 알 수 있습니다.

바벨탑과 마찬가지로 하나의 언어는 중앙집권의 상징입니다. 신이 중앙집권을 막기 위해 언어를 분화하고 흩어지게 함은 분권화기 신의 의지임을 보여줍니다. 신이 원하는 세계는 권력의 집중이 아니라 권력의 분산입니다. 하나의 말만 요구되는 획일적인 세계가 아니라, 창조 세계 안에서 각기 다른 말과 문화를 가지고 다양한 모습으로 사는 것은 권력의 분산에 의해 가능해집니다.

선구적 학자인 노먼 갓월드Norman Gottwald, 1926~2022가 주장했듯이[69] 초기 이스라엘은 청동기 시대 후반 가나안의 고지대에서 '재부족화'를 추구했습니다. '비왕국'이라고 부르는 것을 건설하려는 이러한 초기 히브리의 분권화 실험은 결국 다윗과 그의 후계자들의 군주제 성전 국가에 굴복했습니다. 그러나 이 왕정 시대에도 국가 권위에 대한 의심은 이스라엘 역사가와 선지자들 사이에서 살아남았음을 사무엘상 8장에서 읽을 수 있습니다. 엘륄은 이를 "반

---

69) 갓월드는 『야훼의 부족들: 해방된 이스라엘의 종교 사회학, 기원전 1250-1050년』(*The Tribes of Yahweh*: *A Sociology of the Religion of Liberated Israel*, 1250-1050, 1979)에서 초기 이스라엘 사람들이 부패한 정권을 전복하고자 했던 지역 가나안 농민들로, 야훼에 대한 해방적 신앙에서 비롯된 더 평등한 공동체를 형성하기 위해 이전에 정착하지 않았던 유대 언덕으로 이주했음이 오경, 여호수아, 사사기의 전설적인 이야기에 반영되어 있다고 주장합니다. 이 책은 아직 번역되지 않았습니다.

군주적, 반국가적인 정서가 지속하여 왔음을 보여주는 놀라운 증거라고 생각"[70]합니다. 그러나 불과 몇 세대 뒤에 이스라엘이 제국의 모방에 빠져 내전, 재앙적인 외부 정치적 동맹, 그리고 결국 정복과 유배로 이어졌습니다.

구약에 대한 논의는 이루 말로 다할 수 없을 정도로 많습니다만, 우리 시대의 가장 중요한 목표들인 평화, 정의, 자유를 구축하는 데 가장 중요한 과제 중 하나는 권력의 집중을 증가시키는 것보다 분산을 촉진하는 정치적 모델을 실험하는 것으로서 이는 바로 앞에서 보았듯이 기독교의 오래된 사명이기도 합니다. 21세기 글로벌 정치 조직은 루이스 멈퍼드가 3세대 전에 예상했던 '초혼잡'super-congestion이라는 위기에 직면해 있습니다. 민주주의 체제가 정치 경제적 중앙집권화와 글로벌 기술관료주의의 구심력에 의해 매년 기반을 잃으면서, 자결권과 정치적 '분권화'에 대한 원심적 요구가 더욱더 커지고 있습니다. 지나치게 집중된 권력에 대한 구조적 해결책은 정치적 의사 결정을 근본적으로 분산시키는 목표로 우리의 우려를 조직하고 옹호하는 방법을 스스로 훈련하는 것입니다. 이는 가장 최근에 '월가 점령'Occupy Wall Street, OWS [71] 운동으로 구체화되었습니다.

자유주의자본주의와 공산주의는 모두 고전적인 국가주의적 표현으로 지역 자치를 저주했습니다. 이로 인해 많은 사람들이 19세기의 협동조합적 사회주의와 아나키즘의 혁명적 운동을 재검토하게 되었습니다. 아나키즘은 1871년 파리 코뮌과 1930년대 후반 스페인 내전 사이의 기간에 현대 정치 세력으로서 정점을 찍었지만, 그 뒤 사라졌습니다. 하지만 1960년대 신좌파 운동에서 아나키즘 사상과 전술이 눈에 띄게 부활했고, 지난 15년 동안 다시 많은 반세

---

70) 자끄 엘륄, 『무정부주의와 기독교』, 이창헌 옮김, 대장간, 2011, 80쪽.
71) 2011년 가을 미국 뉴욕주 뉴욕 월 가에서 진행된 시위로 '미국의 가을'이라고도 하는데 그 뒤 미국의 다른 도시와 세계 각국으로 확산되었습니다. 시위대는 1%의 금융 거부들이 전체 부의 50%를 차지하는 현실에 저항한다는 의미로 '우리는 99%다(We are the 99%)'라는 구호를 외쳤습니다.

계화 운동가들과 환경 운동가들의 상상력을 사로잡았습니다. 급진적인 기독교 단체는 말할 것도 없습니다.

권위주의적인 종교개혁에서 16세기의 급진적 종교개혁운동인 재세례파 Anabaptism [72]가 그랬던 것처럼 아나키즘은 마르크스-레닌주의에 대해 국가 권력을 장악하기보다는 부정하는 것을 전제로 한 혁명 운동입니다. 재세례파가 개신교도와 가톨릭교도 모두에게 멸시를 받았던 것처럼, 아나키즘은 근대에 정치적 좌파와 우파 모두에게 똑같이 무시당했습니다. 자끄 엘륄이 주장하듯이 아나키즘이 특히 기독교인, 그리고 더욱 특히 현대 재세례파에 의해 재고되어야 합니다.

창세기

아담 등 천지창조에 관해서 톨스토이는 다음과 같이 말합니다.

> 아담의 타락, 낙원에서의 영원한 삶, 신이 아담에게 불어넣은 불멸의 영혼설은 그리스도에게 모르는 일이었습니다. 그렇기 때문에 그리스도는 그것에 대해서 언급하지 않았으며, 그 존재에 대해서도 한 마디도 하지 않은 것입니다.
>
> 그리스도는 있는 그대로의 삶, 언제나 있을 것인 삶에 관해서 말하고 있는 것입니다. 그러나 우리들은 우리들을 위해서 제멋대로 상상해낸, 이제까지 존재하지 않았던 삶에 관해서 말하고 있습니다. 그런 우리가 그리스도의 가르침을 어떻게 이해할 수 있겠습니까?[73]

---

72) 제세례파는 유아 세례를 성서에서 가르치는 것이 아니라고 하여 거부하고 자유롭게 선택한 신앙 고백을 할 수 있어야 한다고 주장했습니다. 초기 기독교 신앙을 고수하면서 마태복음 5~7장의 산상설교에 따라 증오, 살인, 폭력, 맹세, 무력 행사 또는 군사 행동에 대한 참여, 시민 정부 참여에 반대했습니다. 엄청난 탄압을 받았지만 뒤에 아미쉬, 후터라이트, 메노나이트 등으로 이어졌습니다.
73) 레프 톨스토이, 홍창배 옮김, 『나의 신앙은 어디에 있는가』, 바다출판사, 2020, 195쪽.

위 문장은 톨스토이가 성서를 바라보는 근본 입장이라고 해도 좋을 것입니다. 그러나 창세기에는 반문명적인 요소가 있어서, 즉 자연과의 관련이 있어서 아나키즘을 연상하게 합니다. 그것은 아담과 이브^{하와라고도 함}라는 최초의 남녀 인간이 자연과 조화를 이루며 사는 이야기로 시작해서 그것을 순수한 이상으로 옹호하기 때문입니다. 에덴은 오래된 공생적 삶의 방식에 대한 신화적 기억으로 해석될 수 있습니다. 인간, 생물, 그리고 신이 친밀하고 풍요롭게 함께 거주한다는 점에서 그렇습니다.

아담과 이브가 살았던 에덴동산이야말로 국가가 아니라고 하면서 구약은 시작부터 아나키즘적이라고 말하는 사람들도 있습니다. 가령 에덴동산을 다음과 같이 말하는 것입니다.

> 에덴동산은 인간관계에 대한 신의 이상을 표상합니다. 여기에서 우리는 평화와 평등의 비계층급이고 비국가적인 사회를 발견합니다. '타락' 이전에 인간은 권력이 강요한 룰이나 법이 없이 유기적으로 살았습니다. 인간은 신과 함께, 서로, 그리고 모든 피창조물과 하나로 살았습니다. 외부의 법은 없었습니다. 그들은 풍요의 세계에 살았고, 신은 그들에게 개인적이고 직접적으로 양심에 가르쳤습니다. 이러한 가르침 속에서 그들은 오로지 선악의 지식이라는 나무의 열매를 먹지 말라는 경고만을 받았습니다.[74]

그러나 아담과 이브뿐인 에덴동산에 법이 필요 없는 것은 당연하지 않을까요? 에덴동산이라고 하는 곳에 그 두 사람말고 다른 사람들이 살았다면, 그리고 그런 상상이 인류의 최초 원시사회라고 한다면 위와 같은 묘사가 가능할 수 있습니다. 실제로 많은 인류학자가 최기 원시사회는 그런 아나키 사회라

---

74) Paul Dordal, *In Search of Jesus the Anarchist*, Eleutheria Press, 2017, 57쪽.

고 주장합니다. 인류 역사의 99.8% 동안 사람들은 전적으로 자치적인 아나키 사회에서 살았습니다. 석기 시대 초기에는 그러한 아나키 사회가 적었지만, 기원전 1000년까지 약 60만 개로 증가했고, 그후 통합이 본격적으로 시작되어 3천 년만에 157개로 감소했다는 견해도 있습니다.[75]

더 오래된 자료를 편집하고, 아마도 실패한 군주제 이후 바빌론 유수 때에 글을 썼던 이스라엘의 현자나 사제들은 창세기 1~11장의 '원시 역사'에서 원시적 삶과의 단절을 설명하려고 시도합니다. 그래서 낙원이 사라지면서 인간은 힘든 농업 노동으로 전락하게 된다고 봅니다.

첫 번째 폭력 행위는 유목민 목동 아벨이 아니라 농민 가인이 저지릅니다. 농업은 문명의 출현과 함께 등장합니다. 이 살인자가 첫 번째 도시를 세웁니다. 나중에 인류가 '진보'하면서 인구가 급증하고 사람들이 점점 더 사악해지고 신이 홍수를 보내 재창조를 시도하는 등, 온갖 미친 일들이 일어납니다. 나중에 사람들이 모여 하늘에 닿는 거대한 바벨탑을 쌓을 때 신은 사람들을 흩어버립니다. 이처럼 창세기는 문명과 그에 따른 제국주의적 경향에 대해 매우 부정적입니다. 신은 문명의 사악함을 물리치기 위해 지구를 물에 잠기게 해야 했습니다.

그러므로 창세기 1~11장의 '타락'은 도덕적 실패의 우주적 순간이라기보다는 문명으로 쇠퇴하는 점진적인 '역사'라고 볼 수 있습니다. 이는 진보의 신화와 정반대입니다. 따라서 성서의 원시 역사는 '신화적 기억'일 뿐만 아니라, 문명의 거대한 프로젝트에 대한 최초의 저항 문학이며, 사회적 병리와 생태적 살해의 결과에 대한 엄중한 경고라고도 볼 수 있습니다.

창세기의 나머지 부분은 야훼가 자기를 따라 약속의 땅으로 들어가는 백성이 되도록 부른 최초의 족장들 이야기입니다. 창세기 전반에 걸쳐 유대인들

---

75) https://en.wikipedia.org/wiki/Stateless_society (2024. 12. 11 검색)

이 제국이라는 강대국과 호의적으로 교류하거나 너무 일찍 정착하려고 할 때 문제가 발생합니다. 그리고 당시 족장들이 많은 소유물을 가지고 있었던 것은 사실이지만, 그들의 부는 현대적 재산권과는 다릅니다. 실제 역사에서 농업 이전의 유목민들은 부족으로 살았습니다. 족장들은 완전히 평등주의적이지 않았지만, 그들의 소유권에 대한 이해는 현대의 그것보다 훨씬 더 평등주의적이고 공동체주의적이었습니다. 즉 부족이나 씨족 또는 가족의 부는 모든 사람의 이익을 위한 것이었습니다. 그리고 희년에 대한 신의 비전은 재화와 땅의 공유성을 한층 더 확대했습니다.

공동체의 재산을 이렇게 조정하는 이유는 땅이 신의 소유이고, 노예제도로 다시 돌아가서는 안 된다는 것을 기억하게 하기 위한 것입니다. 이러한 희년이 실제로 어느 정도로 지켜졌는가에 대해서는 논쟁이 있지만, 그것이 구약의 중심이었음은 분명하고, 예수는 구약 중에서 특별히 이 제도를 중시하여 부활시키고자 했음을 뒤에서 볼 것입니다. 그러나 그것은 지금 우리가 사는 자본주의 사회에서는 있을 수 없는 것입니다. 따라서 희년에 대한 구약이나 신약의 예수 가르침은 자본주의 세상과는 도저히 화합될 수 없습니다.

출애굽기

출애굽기는 이집트 제국의 노예가 된 이스라엘 사람들을 여호와가 어떻게 구원하는지에 대한 이야기를 들려줍니다. 여호와가 모세를 불러 불타는 떨기나무 신의 현현에서 이스라엘 사람들을 노예 상태에서 약속의 땅으로 인도하게 합니다. 해방되자 사람들은 불평하면서 광야에서 오래 지내는 대신 이집트로 돌아가기를 원합니다. 출애굽기에서 이스라엘 사람들이 시내산 주변에서 여호와를 만나 공동체적 유대감을 형성하는 모습을 볼 수 있습니다. 동물이나 적의 '희생'이 필요 없었습니다. 여호와는 불평하는 이스라엘 사람들을 40년 동안 광야에서 유랑하게 하였습니다.

　모세라는 카리스마적인 지도자가 이스라엘 사람들을 이집트에서 해방시키지만, 40년 동안의 방랑 생활에서 특별한 정치적 조직은 없었습니다. 그 뒤 모세는 여호수아에게 지도자의 직분을 넘겨주고, 여호수아는 가나안의 토착민들과 전쟁을 벌이는 일종의 군사 영웅으로 등장하지만, 아주 잠깐에 그칩니다. 그 뒤로 백성들은 12지파로 나누어 자치를 합니다. 지파가 중요한 결정을 내릴 때면 신탁을 얻고자 제사 의식 및 기도를 거친 뒤 백성 전체가 함께 모여 모든 결정을 했습니다.

　사무엘까지 이스라엘은 왕도, 중앙 정부도 없는 '분권화된 종족 연합'이었습니다. 엘륄에 따르면 이스라엘 민족을 구성한 부족들인 열두 "지파는 중요한 결정을 내려야 했을 때 신께서 백성에게 주는 신탁을 얻고자 제사 의식 및 기도를 거쳤으며, 이는 백성 전체가 함께 모여 마지막 한 마디의 결정까지 함께 내"렸고, 궁극적으로 신만이 이스라엘의 '우두머리'였습니다.[76] 엘륄은 '신의 대리자' 같은 것은 없었기 때문에 신정神政 형태는 아니었다고 합니다만, 신이 우두머리인 정부는 이스라엘 사람들과 이교도 이웃의 가장 중요한 차이점 중 하나였습니다. 이스라엘 사람들은 신과 그의 율법의 보호 아래 안전하게 살았습니다. 신이 모세에게 지시한 율법은 선하고 신뢰할 수 있는 것으로 여겨졌습니다. 감옥, 세금, 그리고 결정적으로 행정 기관과 입법 기관을 제외했기 때문에 모세의 정치 제도는 기본적으로 일종의 아나키 사회였습니다. 그것은 폭력에 대한 독점권을 주장하는 독립적인 기관이 아니라 고도로 분권화된 기관이었습니다. 톨스토이는 그러한 점을 의식해 사무엘상 8장을 언급했지만, 그러한 점을 구체적으로 설명하지는 않습니다.

　구약에서 원시적 아나키즘 구절 중 하나는 에스겔 34장입니다. 신은 이스

---

76) 자끄 엘륄,『무정부주의와 기독교』, 이창현 옮김, 대장간, 2011, 74쪽.

라엘의 '목자' 또는 통치자들을 심판하고, 본질적으로 그들을 쳐서 백성의 유일한 목자가 되게 합니다. 우연히도 이것은 예수가 마태복음 25장에서 '양과 염소' 이야기에서 염두에 두었던 구절과 같습니다.

> 내가 내 양 떼를 먹이고 내가 그들을 눕히리라 주권자 여호와의 말씀이니라 내가 잃은 자를 찾고 흩어진 자를 돌아오게 하며 다친 자를 싸매고 병든 자를 강하게 하되 살찐 자와 강한 자는 멸하리라 내가 공의로 그들을 먹이리라. 겔 34:15~16

구약에 의하면 신은 백성들에게 법령을 전달하고 그들을 약속의 땅으로 인도하기 위해 특정 지도자들인 모세와 여호수아를 선택합니다. 신은 지도자와 일반 민중에게 동등하게 적용되는 법예를 들어 레위기 4장과 순종하지 않는 자들에게 가해질 형벌을 제정합니다. 모세는 경건한 장인의 조언에 따라 '모든 백성 중에서 유능한 사람, 곧 신을 경외하는 사람, 부정한 이득을 미워하는 성실한 사람'을 뽑아 그들을 천부장, 백부장, 오십부장, 십부장으로 임명했습니다.출 18:21 이는 각각 천 명, 백 명, 오십 명, 열 명의 군사를 통솔하던 지휘관을 일컫는 로마제국의 군사용어에서 나왔습니다. 따라서 정부는 고도로 분권화되어 '어려운 사건을 모세에게 가져가'고 '그들 스스로 해결할 수 있는 문제는 그들이 직접'출 18:26 해결했습니다.

사사들의 통치

이스라엘 민족이 가나안에 정착한 뒤 여호와는 훌륭한 경제적, 정치적 체계를 세우는데, 그것은 희년 경제 관행을 따르고, 중앙집권적인 정부를 갖는 대신 필요에 따라 임시적인 지도부를 고용하는 것입니다. 신은 왕이나 제사장을 통해 통치하는 대신 직접 통치하기 위해 그들 가운데 거합니다. 예를 들어, 당시 나타난 지도자 중 한 명인 기드온은 사람들에게 '내가 너희를 다스리지 아니하겠고, 내 아들도 너희를 다스리지 아니하리라. 여호와께서 너희를 다스리실 것입니다'라고 말합니다. 사 8:23 이어 백성들은 성공적으로 정착하고 이웃들의 공격을 받습니다. 그러자 여호와는 '사사들'을 세워 이스라엘의 적들과의 전투에서 백성을 인도하게 합니다.

사사士師는 성서의 번역 용어 중에서 이해하기 힘든 말 중 하나입니다. 한자를 풀이하면 '선비 스승'이라는 뜻인데 구체적으로 무슨 일을 하는 사람인지 알 수 없어서입니다. 보통 재판관판사으로 이해되지만, '조언을 제공하는 사람, 제사 의식에서 사제의 역할을 하는 사람, 카리스마적인 성향을 가진 사람, 특정 방식으로 행동하거나 말하도록 성령의 감동을 받은 사람' 등의 의미이므로 오늘의 재판관과는 달랐습니다. 사사는 신의 뜻을 이루려 하지만 왕의 직분을 받지 아니하고, 모든 권세는 신의 것이니 신의 대리인도 아닙니다. 사사는 신과 특별한 관계를 가진 것으로 여겨졌기 때문에 공동체에 대한 신의 뜻을 해석할 것으로 기대되었습니다. 더욱이 엘륄은 "사사들은 그 역할을 다하고 나서 자리에서 내려와 백성 중 하나가 된다. 그러므로 신이 가문 또는 부 등의 배경이 전혀 없는 어떤 사람을 부르시는 이 시스템은 매우 유연한 것"이라고 말합니다.[77] 따라서 사사는 제한된 형태의 권한만을 소유했습니다.

사무엘

위에서 보았듯이 톨스토이는 구약을 혐오했으나, 『나의 신앙은 어디에 있는가』에서 구약의 사무엘상 8장에 대해 언급합니다. 이스라엘 사람들은 신이 아니라 왕을 원했지만, 사무엘은 그것을 헛것이라고 하고 신을 따르라고 했

---

77) 자끄 엘륄, 『무정부주의와 기독교』, 이창현 옮김, 대장간, 2011, 75쪽.

다는 것입니다.[78] 톨스토이는 여기서 더 나아가지 않지만, 다음 몇 가지를 보충할 필요가 있습니다.

앞에서 보았듯이 이스라엘이 연이은 군사적 패배, 기근, 우상숭배, 특히 외국 침략자들의 약탈과 같은 재난에 휩싸이면서 질서를 회복하기 위해 예외적으로 '사사'가 임명됩니다. 하지만 이스라엘 사람들은 인간 왕을 임명한다는 우상 숭배적인 생각에 젖었습니다. 왕의 통치를 받으려는 첫 번째 시도는 궁극적으로 실패했지만, 기드온이 사사가 된 후에 생겨났습니다. 이스라엘 왕가를 성공적으로 세우는 더 중요한 시도는 사사인 사무엘의 주문 아래 일어났습니다. 성서에 의하면 사무엘이 늙었고 이스라엘의 장로들이 그에게 다가와 '다른 나라들처럼 되기 위해'^{삼상 8:5, 20} 왕을 요구했습니다. 당시 이스라엘 사람들은 블레셋[79] 사람들과 계속 전쟁을 벌이는 상황에서 왕이 더 나은 군사 지도자가 될 것이라고 생각했습니다. 그러나 성서는 사무엘이 이 요구에 불만을 품고 주에게 기도한 것에 대해 말하고 있다고 합니다. 신은 사무엘에게 이렇게 말합니다. "그들이 너를 버림이 아니요, 나를 버려 자기들의 왕이 되지 못하게 하려 함이로다."^{삼상 8:7}

사무엘을 통한 신의 대답은 국가에 대한 현대적 믿음이 얼마나 깊은 이단인지를 냉철하게 상기시켜 줍니다. 세속 정부에 대한 사람들의 요구는 신과 그의 나라를 거부하는 것과 같습니다. 따라서 그들은 신에 대한 엄청난 믿음의 부족으로 심각한 죄를 지었습니다.

이스라엘의 군주제는 이스라엘 주변의 악한 나라들처럼 되고자 하는 욕망, 거룩한 나라가 되라는 주의 제사장 부름을 거부하고 족장들에게 주어진

---

78) 레프 톨스토이, 홍창배 옮김, 『나의 신앙은 어디에 있는가』, 바다출판사, 2020, 31쪽.

79) 블레셋 사람들은 공격적이고 전쟁을 도발하는 사람들로 지중해와 요단 강 사이의 팔레스타인의 서남부 지역에 거주했습니다. 블레셋이란 이름은 히브리어 '필리스티아(Philistia; 속물)'에서 기인하며 헬라어 표현으로 palaistinei가 되어 현재의 '팔레스타인(Palestine)'이라는 이름을 갖게 되었습니다.

신의 율법을 거부한 결과로 설립되었습니다. 이 구절은 정치적 중재자 아래 권력을 집중화하려는 움직임은 신에 대한 거부라는 것입니다. 따라서 국가는 인간의 교만과 신에 대한 반역에 그 기원이 있습니다. 정치권력은 신에 대한 불신에 근거합니다. 이스라엘 백성이 왕을 요구하는 것은 신에 대한 그들의 신뢰 상실을 드러냅니다. 사무엘에 대한 신의 대답은 이스라엘 백성의 요구가 다른 신들을 섬기는 우상숭배의 한 형태임을 나타냅니다.

그런 다음 신은 사무엘에게 그 결과에 대해 경고하라고 요청합니다. 기독교 아나키스트들에게 신은 이스라엘 사람들에게 인간 정부를 선택하기로 한 결정으로 인해 발생할 수 있는 권력 남용의 가능성에 대해 분명히 경고합니다. 정치권력은 항상 독재적이고 과도히며 부당하다는 것을 암시하는 신의 경고까지 볼 수 있습니다. 성서는 모세의 아나키에서 오늘날의 기준으로 볼 때 '제한된 정부'로의 변화조차 끔찍한 결과를 가져올 것임을 절대적으로 분명히 밝히고 있습니다.

그럼에도 신은 이스라엘 백성의 소원도 기꺼이 들어줍니다. 이것은 신의 성품과 신의 지도력에 대한 실마리를 제공합니다. 신은 동의하지 않을지라도 항상 이스라엘 백성이 '그들의 뜻대로 행'하도록 허락합니다. 그래서 신은 이스라엘의 처음 두 왕을 선택합니다. 신은 인간 정부를 승인하지 않더라도 받아들이거나 용납합니다.

다윗과 솔로몬

사무엘의 경고에도 불구하고 이스라엘 백성은 왕을 원한다고 주장하고, 그래서 사울이 왕이 됩니다. 이스라엘은 지금까지 그들을 다스렸던 유일한 신보다 왕의 형태를 한 우상을 더 좋아함으로써 그 고유한 특성을 파괴합니다. 이 시점부터 정치적 확대에 대한 탐구는 새로운 국가 의식의 필수적인 요소가 됩니다. 더욱이 기독교 아나키스트들에게 이 결정의 결과에 대한 신의 경고는 다윗과 솔로몬을 포함하여 뒤따르는 왕들에 의해 예시됩니다. 사무엘에게는 두려움이었던 군국주의, 경제적 통제, 노예제도가 뒤따릅니다. 정치 권력의 확립과 그에 따른 모든 남용은 백성들이 신을 버리고 이교 국가들 사이에서 행해지는 것을 본받고 따르고자 하는 욕망의 결과입니다. 그러므로 사무엘상 8장의 이야기는 왕정이 이스라엘에 신의 뜻을 정면으로 반대하여, 그리고 우상숭배에 의해 세워졌다는 것을 보여줍니다. 기독교 아나키스트들에게 명백한 결론은 국가에 대한 거부는 신에 대한 충성을 선언하는 데 필요한 부분이라는 것이며, 이는 이 책 전체에서 다시 언급되는 주제입니다.

사람들은 왕을 계속 원하고 결국, 신인 야훼는 굴복합니다. 그러나 사람들이 왕에 어울린다고 생각한 사울은 엉망이었습니다. 그는 전투에서 죽고, 다윗이 왕이 됩니다. 이어 왕국은 다윗의 손자 시대에 분열됩니다. 이스라엘이 점점 이웃 나라와 비슷해지면서 선지자와 왕 사이의 갈등이 흔해지고, 결국 북왕국과 남왕국이 모두 멸망하고 포로가 됩니다. 이 이야기탈출기에서 군주제까지는 중앙집권화와 방탕함에 관한 이야기입니다. 야훼의 통치 아래 있던 열두 지파 연합에서 '열방과 같은' 인간 군주제로의 변화삼상 8:5는 야훼의 '택하신 백성'이라는 이스라엘의 독특한 지위에 대한 치명적인 배신이었습니다. 이스라엘은 창조 종교에서 제국 종교로 '개종'하고, 예측 가능한 결과가 나타납니다. 이러한 변화는 4세기에 기독교가 로마제국의 국교가 되는 것으로 반복됩니다. 즉 구약과 신약의 아나키즘이 사라지는 것입니다.

따라서 예루살렘에 군주제가 집중되고 시온의 성전에 예배가 집중된 다윗과 솔로몬의 시대를 황금기로 여겨야 한다고 주장하는 것은 단순하고 어리석은 것입니다. 구약은 제국 종교신실하고 강력하고 안전하고 부유하고 광대한 국가가 야훼와 왕이 거하는 예루살렘에 중앙 집권하는 종교와 창조 종교신실한 사람들이 희년에 살면서 창조물과 사람들 가운데서 야훼를 만나고 지상의 통치자 없이 친족으로 사는 종교 사이의 논쟁입니다.

선지자들의 기록을 읽어보면, 신이 말하는 때는 대개 왕의 권력에 도전하고 군주제라는 기계 밖에 선 선지자를 통해서라는 것을 알 수 있습니다. 왕들의 강조점은 선지자들의 강조점과 매우 다릅니다. 선지자들은 우상숭배와 가난한 사람들의 착취를 연관시킵니다. 반면 왕들은 부와 권력을 중앙집권화합니다. 선지자들은 그러한 추세에 도전합니다. 선지자들은 여전히 신의 희년 비전을 상상 속에 간직하고 있습니다.

기독교인이 아니라고 해도 다윗과 솔로몬에 대해서는 잘 알고 있습니다. 다윗은 기원전 1040년에 태어나 970년에 죽었으니 3천 년도 더 전의 사람이지만 실존 여부에 대해서는 논쟁이 있습니다. 성서의 내용과는 달리 고고학적 발굴 결과를 보면 당시 팔레스타인의 주도권은 사마리아에서 계속 쥐고 있었고, 이스라엘 통일 왕국을 다스렸다는 다윗과 솔로몬의 궁궐로 추정되는 건물은 매우 작은 저택 정도였으며, 다윗을 비롯한 이스라엘 왕들의 무덤은 위치를 알 수 없습니다. 사마리아에서는 성서의 이스라엘 왕국 묘사처럼 레바논 삼나무와 상아로 장식된 화려한 궁궐 유적이 나왔으며, 주변 국가의 기록에서도 오므리, 아합, 예후 등 이스라엘 북왕국 국왕들은 실존이 확인됩니다. 하지만 다윗의 자손이라는 유다 남왕국은 막상 독립 국가가 아닌 이스라엘의 봉신국으로 기록되어 있습니다. 그래서 다윗은 아서 왕처럼 후대 유다 왕들이 자신들의 정통성을 확보하기 위해 과장해서 기록한 전설상의 인물이거나, 실존했더라도 유다 지파의 족장에 지나지 않았을 것으로 보는 견해가 유력합니다.

다윗은 양치기 출신으로 자신의 무릿매 돌로 블레셋^{필리스티아}의 거인 전사 골리앗의 이마를 정통으로 맞춰 사살함으로써 민족의 영웅으로 추앙받고, 이스라엘군 군사령관으로 임명됩니다. 그 인기가 사울 왕을 추월하자, 사울 왕은 그를 고의로 기피 지역으로 내보냈습니다. 그러나 도리어 더 큰 공들을 쌓고 결국 사울의 딸 미갈과 첫 번째로 결혼함으로써 부마가 됩니다. 그가 왕위를 노릴 것이라는 불안감과 질투에 사울 왕은 다윗을 암살하려고 했고, 다윗은 미갈과 처남 요나단의 도움으로 도망칩니다. 사울 왕이 블레셋과의 전쟁에 패하여 아들들과 함께 전사하자, 다윗은 유다로 복귀하여 헤브론에서 유다 부족의 제2대 왕으로 추대되어 40년간 통치합니다. 그는 출애굽 이후 약 400년간 정복하지 못한 시온성과 예루살렘 주변을 정복하고, 이스라엘에 주어진 여호와의 율법을 충실하게 지키면서 종교적으로 나라를 단합시켰으며, 이스라엘이 크게 번영하게 했습니다.

기원전 1037년에 아들 솔로몬이 왕권을 인계받아 성전을 건축하는 등 이스라엘을 전성기로 만들었습니다. '솔로몬의 지혜'라는 말이 있듯이 지혜의 왕으로 유명한 솔로몬 왕이 천 마리의 제물을 바치는 성대한 제사를 드리자 야훼는 "내가 네게 무엇을 줄꼬 너는 구하라"라고 말합니다.왕상 3:4~5, 대하 1:7 이때 솔로몬은 지혜를 요구합니다. 그리고 이 기도는 야훼의 마음에 맞았습니다.왕상 3:10, 대하 1:11~12 이에 야훼는 "너의 구하지 아니한 부와 영광도 네게 주노니 네 평생에 열왕 중에 너와 같은 자가 없을 것이라"라고 말합니다.왕상 3:13

다윗과 솔로몬은 이스라엘 왕국의 역사상 최고의 성군이자 신앙심이 매우 깊은 인물로 평가받습니다. 성서에는 다윗 왕가를 통해 모든 인류를 구원할 메시아가 출현할 것이라는 기록이 나옵니다. 그러나 엘륄이나 엘러는 다윗을 그를 잇는 "이스라엘 왕들이 수 세기동안 계승할 재앙을 촉발시키는 모든 것을 축적한 사람"이라고 봅니다.[80] 이는 미켈란젤로의 '다비드'를 비롯하여 수많은 그림이나 영화로 표현된 민중적인 다윗 이미지와 상반되는 것입니

---

80) 자끄 엘륄, 『무정부주의와 기독교』, 이창현 옮김, 대장간, 2011, 77쪽.

다. 다윗의 아들인 솔로몬도 마찬가지입니다. 엘륄은 "그는 세금을 올려 백성을 쥐어짜며 궁전을 새로 짓느라 파산할 지경이 되고 7백 명의 궁녀와 3백 명의 후궁을 둔다"[81]라고 말합니다. 조선의 왕들을 비롯해 모든 왕도 마찬가지가 아닌가요?

시바의 여왕

구약에는 솔로몬의 지혜에 감탄한 시바의 여왕이 왕의 신에게 경의를 표하고 재화와 향료를 바쳤다는 이야기가 나옵니다.왕상 10장, 대하 9장 구약의 사랑의 노래아가에 나오는 다음 구절은 시바의 여왕이 부른 노래입니다.

> 나는 비록 검지만 아름답단다.
>
> 중략
>
> 내 피부가 검다고
> 나를 흘겨보지 말아라.
> 햇볕에 그을렸을 뿐이란다.아 1:5~6

시바는 에티오피아 부근에 있는 나라로[82], 여왕의 피부색은 검었습니다. 그녀가 예루살렘까지 여행을 하고 공물을 바쳤다는 이야기는, 예수 탄생을 보려고 긴 여행을 한 동방 3박사 이야기의 예형이었습니다. 그 3박사는 유럽, 아시아, 아프리카에서 왔습니다. 사도행전에는 사도 필립보가 에티오피아 여왕 간다게의 고관 내시에게 세례를 주는 이야기가 나옵니다.행 8:26~40 여왕의 내시는 유대인으로 모세의 설교신명기에서 "불알이 상했거나 생식기가 잘린

---

81) 자끄 엘륄, 『무정부주의와 기독교』, 이창현 옮김, 대장간, 2011, 78쪽.
82) 아라비아 반도 남서쪽 끝인 예멘 지역이라는 설도 있습니다.

자는 종교 집회에 참석하지 못한다"신 23:2라고 하는 만큼 경원敬遠되었는데, 그를 복음에 의해 기독교도로 개종하게 했습니다.

이러한 이야기들은 기독교의 보편주의를 보여주는 것으로 여겨져 왔으나, 1959년에 제작된 영화 「솔로몬과 시바의 여왕」에 이르기까지 시바는 솔로몬을 사랑하는 섹스의 심벌로 묘사되어 끊임없이 서양 문화에서 오리엔탈리즘으로 재현되기도 했습니다. 시바 여왕은 마태복음12:42이나 누가복음11:31 등에도 나오고, 교회의 예형으로도 등장했습니다.

예언자들

기독교 아나키스트들은 왕의 행동을 가장 자주 비판하는 예언자를 중시합니다. 엘륄이 '반체제 인사'[83]라고 한 예언자들과 일부 시편은 왕들이 정치권력을 남용하고 이스라엘의 궁핍한 사람들을 돌보지 않은 것에 대해 신의 질책을 외칩니다. 선지자인 예언자들은 각각 그를 거부한 사회에 대한 신의 반대를 표현합니다.

예언자들은 사회와 종교가 잘못된 방향으로 갈 때면 이를 직설적으로 지적하고 바로잡고자 했기 때문에 심한 박해를 받기도 했습니다. 그들과 반대로 박해를 받기는커녕 민중의 인기에 영합하여 이익을 취하는 거짓 예언자들도 있었는데, 이들은 신의 말을 정직하게 전하기보다는 야훼의 이름을 함부로 부르며 권력과 결탁하며 민중들이 좋아하는 말들만 늘어놓는 자들입니다.

이사야와 예레미야는 거짓 예언자들에 대하여 참 예언자가 승리함을 보여줍니다. '마지막 예언자'인 에스겔을 통해 이스라엘 지배계급의 행동에 대한 신의 반응은 '하나의 지배계급을 다른 지배계급으로 바꾸려는 것이 아니라, 그의 신성한 왕권이 회복될 때가 오리라고 알리는 것'이라고 언급합니다.

---

83) 자끄 엘륄, 『무정부주의와 기독교』, 이창현 옮김, 대장간, 2011, 80쪽.

기독교인들에게 이 신성한 왕권은 예수 그리스도를 통해 재개됩니다. 요컨대 구약은 정치권력이 그 자체로는 아무런 가치가 없다고 합니다.

4세기 무렵 정치권력을 비판하는 전도서가 발견됩니다. 거기에 나오는 전도자 솔로몬은 정치권력이란 '허무와 바람을 쫓는 것'이라고 합니다. 그는 "사람들 간에 재판하기 위해 세워진 그곳에 항상 악이 있으며, 정의를 선포하라고 세워진 그곳에 항상 악이 있습니다"전 3:16, "사람이 사람을 지배하나니 그것으로 사람은 불행해집니다"전 8:9라고 주장합니다.

결국, 유대 왕조는 망합니다. 카이사르 후견인의 아들인 헤롯이하 헤롯 1세라고 약칭이 갈릴리 행정관으로 지명되어 폭정을 일삼고, 로마 총독의 보호를 받아 기원전 37년에 사실상 전 팔레스타인의 왕이 되어 34년간 통치합니다. 그는 예루살렘 성벽을 개축하고 성전 뜰을 확장했는데 그중 하나가 '통곡의 벽'입니다. 그리고 뒤에서 보듯이 예수를 죽이기 위해 유아 학살을 명령합니다. 예수가 활동하던 갈릴리의 통치자는 헤롯 1세의 아들인 헤롯 안티파스이하 헤롯 왕으로 약칭입니다.

4장 · 갈릴리 예수의 아나키즘

1. 출생과 성장

예수의 족보는 거짓?

네 복음서 중에서 마태복음과 누가복음에만 예수의 족보가 나오지만, 우리의 족보 대부분처럼 어느 것이나 믿을 만한 것은 아닙니다. 마태복음 1장은 그 족보를 "아브라함의 자손이요 다윗의 자손이신 예수 그리스도의 족보"라고 하며, 그 뒤의 42대 후손이 예수라고 합니다. 반면 누가복음 3장은 그 순서를 거꾸로 말합니다. 이는 예수를 그리스도로 만들기 위해 권위의 부여가 필요해서 만든 것이라고 볼 수 있습니다. 한편 요한복음은 "태초에 말이 있었다"라는 말로 시작합니다. 그 '말'이란 헬라어로 로고스이고, 예수 그리스도를 뜻합니다. 이는 관념적인 족보라고 할 수 있지만, 역시 예수와는 무관한 신화의 일종입니다. 모두 메시아 영웅대망론이라는 예수 미화의 소산입니다. 이는 아마도 민중의 소박한 의식에서 나왔을 것인데, 그것을 교단이나 교회가 당파적인 의도에서 교리로 만들어 다시 민중에게 퍼뜨린 것입니다. 이와 달리 최초의 복음서인 마가복음에는 예수 족보는 물론 예수의 출생에 대한 어떤 서술도 없습니다. 그래서 마가복음이 좋습니다.

족보는 가부장 전통에서 비롯된 것으로 부계를 중심으로 한 가문의 단합과 조상에 대한 종교적 신앙을 방불케 하는 공경을 위해 만든 것입니다. 위에서 말했듯이 예수는 어머니와 형제자매를 부정한 반가부장적인 사고를 지닌 점에서 아나키스트라고 보는데, 족보는 그러한 예수의 사고와 정반대되는 것이 아닐 수 없습니다. 예수 사후에 기록된 복음서에서 가부장적 족보가 실렸다는 점은 예수의 아나키 정신에 반하는 것입니다.

한국에서는 인구 대다수가 족보를 조작해 모두 왕족이나 귀족의 후예를 자처하고 있지만, 이는 그야말로 터무니없는 짓입니다. 한국사의 근대를 실학 이후 또는 조선 말기로 잡는 견해들이 있지만, 그 시기에 족보가 대량으로 위조되거나 매매되었다는 역사적 사실에 비추어보면 역시 재고할 필요가 있습니다. 양반이라는 특권계급이 아니면 인간 대접을 받지 못한 역사적 현실에서 그런 조작이 생겨날 수밖에 없는 점을 안타깝게 생각할 여지도 있지만, 족보주의를 버리지 않고는 우리 모두 지율적인 개별 인간이 될 수 없습니다. 예수의 탈가족주의는 그런 점에서 선구적인 아나키즘임에도 기독교인들이 먼저 탈족보 운동에 앞장서지 못하는 점이야말로 안타까운 점입니다.

족보라는 말은 수험생들의 기출 시험 문제에 대한 정보용으로도 사용되지만, 한국식 혈연주의의 상징으로 수많은 폐단을 낳았습니다. 그러나 조상은 물론 부모나 친지로부터도 독립된 개인의 선언이야말로 예수 아나키즘뿐만이 아니라 모든 아나키즘의 출발입니다. 그것은 조상이나 부모 친지의 도움으로 출세한다는 식으로부터의 혈연적 차원의 독립일 뿐만 아니라, 그들의 가치관이나 사고방식으로부터의 독립도 의미합니다.

예수 아나키즘의 출발?

누가복음 1장 32절에서 가브리엘 천사는 갈릴리의 나사렛에 사는 마리아에게 이른바 수태고지를 하면서[84] 아들이 태어나면 이름을 예수라고 부르

---

84) 예수의 탄생과 관련된 기록 중에 네 복음서에 내용이 다른 점들이 있습니다. 가령 마리아가 "성령으로 임신"했다는 것은 마태복음(1:18)과 누가복음(1:26~37)에만 나오고, 마가복음과 요한복음에는 탄생에 관한 이야기가 전혀 없습니다. 천사 가브리엘이 마리아에게 나타나 예수

게 하고 "신께서 그의 조상 다윗의 보좌를 그에게 주실 것이니 그가 영원히 야곱의 집을 다스릴 것이며, 그의 나라는 끝없이 계속될 것입니다"라고 말합니다.[85] 여기서 야곱의 집이란 고대 이스라엘을 말합니다. 그래서 위 문장은 예수가 다윗을 이어 고대 이스라엘의 왕이 되어 통치하고, 고대 이스라엘은 영원할 것이라고 말한 것이 됩니다. 앞에서도 말했듯이 예수가 다윗의 후손이라고 함은 예수 사후 후대에 꾸며진 것으로 생각됩니다. 이어 누가복음은 마리아가 예수를 배고 있을 때 성령으로 충만해져서 다음과 같은 노래[86]를 했다고 전하는데, 아래 노래에서 '그'는 신을 말합니다.

> 그가 권능의 팔을 펴서
>
> 교만한 자들을 흩으시고,
>
> 권력자들을
>
> 높은 자리에서 끌어내렸지만,
>
> 낮고 천한 사람들을 높여주었네.
>
> 굶주린 자들에게는 좋은 것으로 배불리 먹였으나,
>
> 부자들은 빈손으로 보냈네.눅 1:51~53

잉태를 예고하는 것을 '수태고지'라고 하는데, 서양에서는 5세기 이래 그 제목으로 수많은 그림이 그려졌습니다.

85) 이 글을 쓰는 동안(2024년 12월) 영화 '마리아'가 나왔습니다. 마리아의 영어명은 메리인데 서양에서 가장 흔한 여자 이름이어서 예수라는 이름이 작명에서 금지되는 것과는 다릅니다. 영화는 마리아의 아버지 요아킴이 40일간 광야에서 고행하는 장면으로 시작하는데, 이는 당연히 예수의 광야 고행을 떠올리게 합니다. 그에게 가브리엘 천사가 나타나 딸을 낳거든 신에게 바치라고 합니다. 그래서 마리아가 성장하자 예루살렘에 있는 신전에 신녀(☒☒)로 바칩니다. 신녀인 그녀가 요셉과 약혼을 한 뒤 그녀에게 가브리엘이 나타나 수태고지를 합니다. 영화에서 요셉은 목수가 아닌 일반 노동자로 나오는데, 약혼녀의 임신 소식을 소문으로 듣고 분노하지만, 그녀를 보호하고 아기를 낳게 합니다. 헤롯 1세의 억압을 피해 마리아와 요셉은 예루살렘의 신전으로 가서 제사장에게 예수를 축복하게 하는 것으로 영화는 끝납니다. 대체로 성서와 다른 허구인 이 영화에 대해 기독교인들은 뭐라 할지 모르지만, 나에게는 황당무계하기 짝이 없는 영화였습니다.

86) '마리아가 부르는 노래'(Mary's Magnificat)라고 합니다.

여기서 신이 "마리아에게 권력자들을 높은 자리에서 끌어내렸"다는 말은 예수가 왕이 된다는 말과 모순됩니다. 또 마리아에 의하면 신은 이미 권력자들을 끌어내린 반면, 낮고 천한 자들을 높여주고, 부자를 내쫓고 굶주린 자들에게 좋은 음식을 주었다는데, 이는 구약의 시편 147장 6절에서 "여호와는 겸손한 자를 붙들지만, 악인은 땅에 던진다"라고 하고, 107장 9절에서 "굶주린 심령에게 좋은 것을 채워주었다"라고 한 것을 연상하게 합니다. 여기서 '심령'이라고 한 말은 '사람'이라는 말을 이상하게 번역한 것에 불과합니다.

이러한 반권력적인 내용의 마리아의 노래나 구약의 내용이 예수의 출생과 연관된다는 것은 예수가 아나키즘과 최초로 관련되었음을 보여주는 것이라고 볼 수도 있습니다. 즉 마리아가 자신의 아기가 다윗을 잇는 위계적 국가의 왕정의 회복이 아니라, 급진적인 사회 변화의 주체가 되어 자기 백성의 속박을 끊을 것이라고 말하는데, 이는 로마제국으로부터의 새로운 해방_{출애굽, 엑소더스, 탈출과 같은}에 대한 기대를 말하는 것이고, 강력하고 교만한 모든 통치자 계층으로부터의 해방을 말하는 것이라고 볼 수 있기 때문입니다. 그러나 위의 마리아 노래가 사실이었다고 믿기는 당연히 어렵습니다. 그러니 그것을 예수 아나키즘의 출발로 볼 수는 없습니다.

시대와 풍토

예수가 태어난 기원전 4년 이전은 어떤 시대였을까요? 기원전 6세기 처음에 이탈리아반도 중앙에 도시 국가로 건설된 로마는 5세기 말까지 지중해 주변부터 유럽의 서쪽과 남쪽에 이르는 대제국으로 확대됩니다. 처음에는 공화정으로 출발했으나, 기원전 27년에 아우구스투스가 원수정을 시작합니다. 기원 6년에 이스라엘 남부의 유다는 로마의 속주가 되어 로마 총독의 직할 지배를 받습니다. 반면 예수가 태어난 이스라엘 북부의 갈릴리는 로마에 복종하는 헤롯 1세가 왕으로 지배하게 되어 이중 지배를 받았고, 종교적으로는 유대교의 지배를 받았습니다. 당시 로마는 발흥기로서 더욱 확대되고 있었고, 유대교도 최성기로서 엄격한 율법주의를 요구했습니다.

우리가 흔히 사용하는 '자본주의'와 '국가'라는 용어는 19세기 이후의 정치경제를 말하는 것이지만, 그 초기의 형태를 고대와 역사적 예수가 살았던 세계에서도 볼 수 있습니다. 첫째, 초기 로마제국의 경제는 막스 베버가 말하는 정치적 자본주의 경제로 볼 수 있습니다. 이 경제는 '정치적 권력 행사에서 발생하는 이익의 기회를 착취하는 것'으로 구성되었으므로 일종의 시장 경제로 볼 수도 있지만, 이익 창출은 제국 내의 정치 엘리트와 그 가신의 수중에 있었습니다. 둘째, 고대와 현대 국가는 유사한 점이 거의 없었지만, 로마 정부는 통치 지역 내에서 상당한 자치권을 허용하면서도, 궁극적인 군사, 재정, 입법 및 사법권을 독점했습니다. 1세기 로마제국은 행정관료와 군인에 비교적 관대했지만, 지배 영토의 범위를 감안할 때 국가가 대규모 사람들에게 상당한 권력을 행사할 수 있고, 장기간 지속될 수 있는 사회 조직으로 이해되는 최소한의 국가 정의에 확실히 부합합니다. 실제로 로마제국은 영토 내에서 합법적인 물리적 폭력의 독점을 주장하는 국가라는 고전적 정의를 충족했습니다.

일반 민중에게 중요한 것은 세금입니다. 이스라엘 사람들은 로마 정부에 의한 일반세와 유대교에 의한 종교세를 내야 했습니다. 일반세에는 인두세 같은 직접세와 통행세 같은 간접세가 있고, 종교세에는 수입의 10분의 1을 내는 십일세와 신전과 제사를 위한 신전세가 있었는데, 그것은 압제 정치와 함께 민중들에게 엄청난 압박이 되었습니다. 이러한 정치와 종교를 예수는 거부하여 결국 처형됩니다.

그러한 저항정신은 그가 태어난 갈릴리 지방이 북쪽으로는 페니키아와 시리아에 가까워 이방 세계와의 국제적 교류가 빈번한 점과도 관련이 있습니다.[87] 예수가 자란 나사렛의 북쪽 6km에 있는 세포리스는 헤롯 왕의 궁전이 있고 상업과 군사의 중심지였으나, 복음서에는 나오지 않습니다. 나사렛 뒤의 산에서는 서쪽에 하이파만과 지중해의 수평선을 볼 수 있고, 더 멀리로는 지중해 건너 이탈리아의 로마가 있습니다.

예수는 서른 살 무렵까지 나사렛에서 살았으니 세포리스에 대해 잘 알았고, 목수로서나 다른 일의 노동자 등으로 몇 차례나 그곳에 갔을 수도 있습니다. 그곳은 열심당원[88]의 본거지였으니 예수는 그들을 만났을 수도 있고, 열심당원의 반란을 목격했을 수도 있고, 그들을 처형한 십자가를 만들기 위해 그곳에 간 아버지를 따라갔거나, 예수 자신도 십자가를 만들었을 수도 있습니다. 지금 그곳은 폐허로서 고고학적 발굴의 장소입니다.

나사렛

예수를 낳기 전에 마리아가 가브리엘 천사로부터 수태를 고지받았다고 하는 '수태고지 교회'는 나사렛에 있습니다. 마리아가 살았던 집터에 세워졌다고 합니다. 그밖에도 나사렛에는 마리아가 물을 길었다는 '마리아의 우물', 성 가브리엘 교회, 성 요셉 교회, 그리고 예수가 가르침을 받기도 하고 가르치기도 한 유대인 회당시나고그 등이 있습니다.

나사렛은 예루살렘에서 북쪽으로 137km 떨어진 곳에 있습니다. 지금은 인구가 7만 명이 넘는 소도시이지만, 예수 시절에는 두메산골이었습니다. 나사렛은 당시 유대 사회에서 차별과 멸시를 당한 곳이었습니다. 이는 나다니엘이 예수의 제자가 되기 전에 "나사렛에서 무슨 선한 것이 날 수 있나요?"요 1:46

---

87) 이는 카를 마르크스가 독일과 프랑스의 경계인 트리어 출신이어서 국제주의와 세계사상을 적극으로 받아들이게 된 점과 유사합니다.
88) 1~2세기 중반경 로마제국의 지배에 항거하여 조직된 급진파 유대인 단체로 가톨릭에서는 열성단원, 개신교에서는 셀롯이라고도 표기합니다.

라고 빈정거렸다는 점에서도 알 수 있습니다. 예수가 어려서부터 차별과 멸시를 당한 고장에서 가난한 노동자의 아들로 태어났다는 점은 그를 아나키스트로 성장하게 한 요소의 하나로 볼 수도 있습니다.

'나사렛 사람'이라는 뜻의 히브리어 '노스라니'Nasrani는 기독교인을 뜻합니다. 그러나 지금은 인구의 30% 정도만이 기독교인들입니다. 지금 나사렛은 이스라엘에 속하지만, 주민 대부분이 팔레스타인 사람이어서 그들의 수도라고도 불리며, 아랍 민족주의의 일파인 팔레스타인 민족주의의 중심지이기도 합니다.

예수를 낳기 전 예수의 부모가 그곳에 살았습니다. 어쩌면 조상 대대로 그곳에 살았는지도 모릅니다. 예수의 아버지 요셉은 목수라고 하지만, 나사렛에는 나무가 별로 많지 않아 그를 석공으로 보는 견해도 있습니다.[89] 어느 쪽으로 보던 그는 평생 노동자였습니다. 마태복음에 의하면 아내의 혼전 임신을 안 "의로운 사람인 약혼자 요셉은 마리아를 부끄럽게 하고 싶지 않아서 남몰래 파혼하려고 마음먹었습니다."마 1:18 그때 천사가 나타나 결혼을 주저하지 말라고 해서 결혼을 하고 예수를 낳게 했습니다. 마리아가 신약에 종종 등장하는 반면 요셉은 전혀 등장하지 않고 역사적으로도 무시되었으나, 20세기에 와서 사회주의에 대항하는 반공 노동자의 상징으로 부각되기 시작해 가톨릭에서는 1955년 5월 1일을 '노동자 성 요셉 기념일'로 선포했습니다.[90] 그러

---

89) 4 복음서 외에 신약외전(⊠⊠)들이 있습니다. 이는 397년 카르타고에서 열린 교회회의에서 27개의 문서를 신약성서의 정전으로 정했을 때, 정전에서 제외된 문서들입니다. 그 중에서 요셉에 관하여 가장 많은 기록을 한 것이 야고보 원복음서인데, 이에 따르면 요셉은 나이가 많고 상처하고 자식이 많은 홀아비 건축업자로 16세의 마리아를 후처로 삼았으나, 마리아가 이미 임신한 것을 알고 격하게 울었다고 합니다. 그때 천사가 나타나 마리아가 성령에 의해 임신했다고 알려주었다고 하는 이야기는 마태복음과 같습니다. 또한, 외전의 하나인 도마복음에 의하면 요셉은 농기구나 가구를 만든 직인이었습니다. 요셉은 예수의 어린 시절 외에는 등장하지 않아 예수가 어렸을 때 죽은 것으로 추정됩니다.

90) 그 영향 때문인지는 모르겠지만, 1977년 이탈리아에서 만들어진 TV 드라마 '나사렛 예수'에는 예수를 비롯한 아이들에게 요셉이 다음과 같이 말하는 장면이 나옵니다. "기술

나 세계 반공의 전초 기지인 한국에서는 요셉보다 마리아가 훨씬 더 유명합니다. 가톨릭보다 개신교가 더 성행하기 때문으로 보이지만, 그렇다고 해서 가톨릭에서도 요셉을 별로 섬기는 것 같지 않습니다. 노동자라서 무시되는 것일까요?

마리아가 예수를 낳은 뒤에 요셉과의 사이에 야고보, 요셉, 유다, 시몬과 같은 남동생들과 누이동생들이 태어났다^{마 13:55}는 이야기에 관해서도 여러 가지 주장이 있습니다. 예수의 형제자매가 8남매이고, 예수는 둘째라는 주장[91]도 있지만 역시 믿기 어렵습니다.

예수도 요단강에서 요한에게 세례를 받고 가버나움으로 가기 전까지 나사렛에서 살았습니다. 예수가 생애 대부분을 이곳에서 산 셈입니다. 그래서 '나사렛의 예수'라고 불리는 것이 당연합니다. 예수를 그렇게 부르기도 하고, 그런 제목의 1977년 TV 드라마도 인터넷에서 쉽게 찾아볼 수 있습니다.

예수가 서른 살쯤까지 나사렛에서 아버지처럼 목수를 했다고 하는데^{막 6:3} 목수 예수는 당연히 건강한 노동자였을 것입니다. 그러니 서양의 회화나 조각에 묘사된 가녀린 선비 같은 예수상^{특히 조선 양반 예수}은 모두 잘못 그려진 것이고, 미켈란젤로가 '최후의 심판'에서 그린 근육질 예수도 근육의 과장이 너무 심해 이상합니다. 아니 꼭 근육질일 필요는 없지만 서른쯤의 중년이었습니다. 그러나 예나 지금이나 그다지 존경받지 못하는 목수가 기적을 행하는 그리스도로 나타나자 그의 고향 사람들은 모두 의아해합니다. 그들에게 예수

___

이 있는 자는 임금 앞에서도 떳떳하다. 노동은 신이 뜻이 있어 준 것이다. 나무를 자르기 전에 줄을 긋는다. 곧은 선을 위해 자를 사용하듯이, 곧은 삶을 위해서는 계율이 필요하다. 신은 나무를 주었다. 인간은 발명을 통해 새 도구를 만든다. 경이로운 도구를. 바퀴, 쟁기, 사다리를. 단순한 도구지만 신이 준 것이다. 사다리는 땅에서 하늘로 연결되기도 한다."두세 살로 보이는 예수를 비롯한 아이들이 요셉의 말을 이해했는지 의문이지만, 그 직후에 예수가 사다리를 올라가는 장면이 나옵니다. 그러나 이 모든 장면은 복음서에서는 볼 수 없는 허구입니다.

91) 김용옥, 『나는 예수입니다』, 통나무, 2020, 45쪽.

는 "예언자는 자기 고향과 자기 친척과 자기 집 밖에서는, 존경을 받지 않는 법이 없습니다"라고 합니다.막 6:4 그 말은 다른 복음서에는 나오지 않는데, 예수에게 명예롭지 못한 말이어서 생략된 것인지 모르겠습니다. 그러나 나이 서른이 될 때까지 뭘 했는지는 중요하지 않습니다. 노동자로 살았다는 것만으로 충분합니다. 지배계급은커녕 그 흔한 공무원이나 세리도, 학자도, 랍비도 아니었습니다.

예수 출생 이야기

누가복음에 따르면 로마 황제 아우구스투스가 호적 등록을 명하여 요셉은 마리아와 함께 나사렛에서 베들레헴으로 갔습니다.눅 2:1~2 반면 예수 탄생에 대해 기록이 가장 많은 마태복음에 나오는 동방박사나 헤롯 1세의 유아 살해 이야기는 다른 복음에서 볼 수 없습니다. 마태복음에 따르면 동방박사가 "예루살렘에 찾아와서 '유대 왕으로 태어나신 분이 어디 계십니까? 우리는 동방에서 그분의 별을 보고 그분에게 경배드리러 왔습니다'라고 말하자 헤롯 1세는 그 말을 듣고 몹시 근심하였습니다."마 2:2~3 헤롯 1세가 이에 대해 알아보니 베들레헴에서 태어났다는 것을 알았습니다. 예수가 태어난 날, 천사가 요셉의 꿈에 나타나 헤롯 1세가 아기를 죽이려고 하니 이집트로 피난 가라고 하여 그렇게 했습니다. 그 뒤 헤롯 1세는 베들레헴과 그 주변에 있는 두 살 아래 사내아이들을 모두 죽였습니다.

위 이야기에서 만일 동방박사들이 별자리를 찾아 베들레헴으로 바로 갔더라면 유아 살해 사건은 생기지 않았을 것으로 짐작되지만, 실제로 그런 사건이 있었는지는 알 수 없습니다. 마태복음에서는 예수가 태어난 해에 하늘에 '동방의 별'이 나타나고, 헤롯 1세가 2세 미만의 갓난 사내아이들을 살해하도록 명을 내려 예수 가족은 이집트로 피신했습니다.마 2:1~16 유아 학살과 이집트 피난 전승은 유대 기독교인들이 예수를 모세와 같은 권위를 가진 자임을 강조하기 위해 꾸민 것이라고 보는 견해도 있습니다. 예수를 죽이려는 희망으로 두 살 이하의 모든 어린이를 학살한 것은 그를 지배 세력에 대한 위협으로 간주했다는 것인데, 이것도 예수의 위대함을 강조하기 위해 뒤에 꾸며진 이야기일 것 같습니다.

두 복음서에 나오는 예수 출생 이야기도 서로 다릅니다. 동방박사들은 예수를 만나 엎드려 절하고 보물 상자를 열어 황금과 유향과 몰약을 예물로 준다고 하는 것마 2:11을 보면 그곳은 누가복음에서 말하는 양치기 목자들이 모인 '구유'[92]눅 2:6~20와는 다릅니다. 마태는 권위주의적인 인물로 '주 예수'에 적합한 탄생 이야기를 만든 반면, 마가는 평민주의의 입장에서 빈민의 친구인 예수의 탄생 이야기를 만든 것입니다. 누가의 사고방식은 성인이 어린 시절에 가난과 고통과 비천함을 체험한다고 하는 고대 전설에 나오는 역설적인 종교 사상이라고 할 수 있습니다. 신의 아들이 인간 세계에 와서 고된 삶을 살다가 사후에 신이 된다는 사상도 마찬가지입니다.

두 복음서에 나오는 예수 출생 이야기는 모두 허구입니다. 4세기에 와서 예수의 출생을 축하하는 크리스마스라는 축제가 열리기 시작하고 성탄극이 빈번하게 공연되는데, 그것은 구유에서 태어난 예수에게 동방박사들이 보물을 바치고 그 주변에 양치기들이 모여 있다고 하는 두 복음 이야기의 절충 형태로 행해져 왔습니다. 지금도 한국을 비롯하여 전 세계의 크리스마스 행사에 열리는 성탄극이 바로 그것입니다.

예수의 탄생일이 12월 25일 크리스마스라고 하지만, 이는 사실이 아닙니다. 왜냐하면 누가복음에는 그날 "그 부근 들판에는 목자들이 밤을 새워가며 양 떼를 지키고 있었다"눅 2:8~9라고 하는데, 당시 이스라엘에서는 12월쯤 돋

---

92) 구유는 마굿간에 있는 마소의 먹이통을 말합니다.

아나는 곡식의 싹을 보호하기 위해 11월에서 2월까지의 겨울 동안 들에서 가축을 치는 것이 금지되었기 때문입니다. 그러나 이런 목자들의 이야기는 다른 복음서에 나오지는 않습니다.

누가복음에는 그 목자들에게 "갑자기 천사가 나타나 그들 곁에서 주의 영광의 광채가 그들 주변에 비춰었"녹 2:8~9고 천사가 예수의 탄생을 알리자 그들은 예수를 보러 갔다고 합니다. 여기서 당시 목자, 즉 양치기가 유대인 중에서 소외되었고, 심지어는 도둑이나 강도와 같은 취급을 당하고 있었다는 사실을 주목할 필요가 있습니다. 일주일 내내 양을 쳐야 했던 그들은 유대교 율법인 안식일을 지키지 못했고, 대부분 빈곤하였기 때문입니다. 베들레헴 외곽에 성서의 목자들이 매장되어 있다는 지하교회가 있지만, 정말 그들이 묻힌 곳인지는 알 수 없습니다. 오늘의 목자들은 유대인이 아니라 팔레스타인 사람들, 특히 베두인 사람들임을 나는 이스라엘에서 목격했습니다.

여하튼 12월 25일은 고대 로마에서 가장 큰 축제인 사투르날리아Saturnalia, 12월 17~24일가 끝나고 새로운 축제를 시작하는 날이었습니다. 사투르날리아는 농경신인 사투르누스Saturn를 기리는 축제였습니다. 게다가 로마인들은 그날을 겨울이 끝나고 봄이 오는 날로 여겼습니다. 고대 로마에서 324년 기독교를 국교로 정한 콘스탄티누스 황제는 336년, 그날을 예수 탄생일로 정했습니다. 따라서 크리스마스에는 반아나키적인 요소가 있다고도 할 수 있습니다.

베들레헴

예수가 태어났다고 하는 베들레헴은 현재 이스라엘이 아니라 팔레스타인의 도시입니다. 방금 도시라고 했지만, 그곳 인구는 2만 명 정도에 불과합니다. 지금 한국에서는 시가 되려면 인구가 5만 명이 넘어야 합니다. 그러니 베들레헴은 우리의 읍이나 면 정도입니다. 그러나 마을 전체가 유네스코 세계

유산이고, 순례객들이 들끓어 우리의 면처럼 한가롭지 않습니다.

베들레헴은 예루살렘 남쪽 10km 정도이니 걸어서도 두 시간 거리이고, 차로는 10분도 채 안 걸립니다. 베들레헴은 히브리어로 빵집, 아랍어로 고깃집이라는 뜻입니다. 그만큼 풍요로운 곳입니다. 이름처럼 예나 지금이나 곡창지대이지만, 농업 중심이었던 과거와 달리 공업 중심인 지금은 공장을 지을 수 없어서 후진 지역입니다. 팔레스타인 땅이어서 공장을 짓기가 어렵기 때문입니다. 아니 거대한 장벽으로 삶 자체가 막혀있기 때문입니다. 예수가 자기 고향에 길고 높게 쳐져 있는 그 장벽을 본다면 뭐라고 할까요? 어쩌면 폭탄을 찾지 않을까요?

베들레헴은 서안 지구에 속합니다. 서안이란 요르단강 서안이라는 것입니다. 서안 지구는 침략촌, 분리 벽, 검문소 등으로 철저히 통제됩니다. 장벽을 통해 이스라엘은 9.3%를 이스라엘 본토로, 8%는 서안 내부의 침략촌으로 합병했습니다.

베들레헴은 예수의 출생지이지만 출생지라는 사실 외에 다른 이야기는 신약에 나오지 않는 반면, 구약에는 자주 나옵니다. 유적도 구약과 관련된 것들이 많습니다. 예수의 탄생교회가 있지만 그곳이 정말 그의 탄생지인지는 알 수 없습니다. 그곳에는 예수가 태어났다는 마구간을 기념하는 교회도 있지만, 역시 정말 그런 일이 있었던 곳인지는 알 수 없습니다. 그러나 당시 주민들이 가축과 같은 공간에서 함께 살았음은 분명한 사실입니다. 마구간에서 예수가 태어났다는 이야기는 네 복음서 중에서 누가복음에만 나오지만, 이를 굳이 부정하고 "주거 공간 옆에 있던 안마당 또는 안뜰"로 보는 견해[93]가 옳은지는 의문입니다. 그런 견해는 예수가 마구간에서 태어났다는 것은 후대 화가들의 그림 탓이라고 하지만, 의문입니다. 마구간에서 태어났다고 하면 예

---

93) 이재옥, 『걸어서 성서 속으로』, 다할미디어, 2015, 43쪽.

수에게 창피한 일이 되는가요?

나는 신의 아들?

누가복음에 따르면 베들레헴에서 예수를 낳은 뒤 "8일 만인 할례식 날, 천사가 일러준 대로 그 이름을 '예수'라고 지었고"눅 2:21 모세의 법대로 정결 의식을 하려고 예루살렘에 갔다가 나사렛에 돌아갔습니다. 예수라는 이름은 히브리어로 '여호수아' 또는 '예수아'로 '야훼는 구원'이라는 뜻이고, 헬라어로는 '그리스도'라고 하는데 그리스도에 대한 히브리어인 '메시아'는 '기름 부음을 받는 자'를 총칭한다고 합니다. 기름을 붓는 것은 유대인의 전통적 관습으로, 제사장이나 예언자나 왕 등에게 지중해 지방에서 가장 흔한 올리브성서에는 감람이라고 합니다 기름을 머리에 붓고 이마를 십자형으로 문지르는 것으로 '신의 영이 함께 합니다', '신이 심부름꾼으로 삼았습니다'는 뜻입니다. 그러나 예수라는 이름은 예수 생존 당시 전체 인구의 20~25% 정도일 정도로 흔한 이름이었습니다. 마리아도 마찬가지였습니다.

예수의 어린 시절에 대해서는 알려진 바가 거의 없지만, 누가복음에는 "지혜와 키가 자라가며 하나님과 사람의 사랑을 받았다"라고눅 2:52 간단하게 적으면서 다음과 같은 이야기를 전해줍니다. 예수가 열두 살 때 유대인들의 해방 기념일인 유월절에 부모와 함께 예루살렘에 갔다가, 예배를 마치고 부모는 집으로 갔는데, 하룻길을 가다가 예수가 없음을 알고 찾아 나섰습니다. [하루 만에 없어진 것을 알았다니 이상한 이야기이긴 합니다.] 사흘 뒤에 예루살렘 성전 안에서 예수를 만나자 예수는 부모에게 유대교의 랍비들과 율법에 대하여 이야기를 나누었는데, 모두가 그 지혜와 대답을 기이하게 여겼다고 했습니다. 이에 부모가 왜 여기에 있느냐고 묻자, 예수는 "제가 제 아버지 집에 있어야 할 줄을 알지 못하셨습니까?"눅 2:41~51 라고 답했다는데, 이를 두고 예수가 자신과 온 인류의 아버지를 야훼로 인식하고 있었음을 보여준다고 하는 견해가 있습니다. 이는 요셉이 자신의 아버지가 아니라고 보는 것입니다. 그러나 열두 살 어린이가 과연 그렇게 말할 수 있었을까요? 도리어 실제 아버지인 요셉이 사망해 신을 아버지로 부른 것은 아닐까요?

자신을 신의 아들이라고 한 사람은 예수가 처음이 아닙니다. 유대교의 문서에도 그런 사람이 나옵니다. 구약의 외전이라고 하는 지혜서 2장에서는 "하나님을 아는 지식을 지녔다고 공언하며 자신을 주님의 자식이라고 부른다"라고 하고, 집회서 23장에서는 "제 생명의 하나님이신 아버지 주님 저에게 오만한 눈길을 허락하지 마시고, 제게서 욕망을 멀리하여 주소서"라고 하고, 51장에서는 "나는 제 주인의 아버지이신 주님께 간청을 올렸고 죽음에서 구출해 주십사고 기도드렸습니다"라고 합니다.

그 뒤에 계속 나사렛에서 예수는 요셉에게 목수 일을 배우며 자랐던 것으로 추정되는데, 당시의 목수는 떠돌아다니면서 일하는 노동자였습니다. 지금도 목수는 물론 많은 팔레스타인 노동자들이 떠돌이 노동을 하고 있습니다. 뒤에 예수가 나사렛 회당에서 이사야 예언서를 인용하여 자신이 고난받는 민중들과 연대하는 메시아로서 살아갈 것임을 알리는 설교를 하자, 고향 사람들이 그의 지혜에 감탄하면서도 "저 사람은 목수인 요셉의 아들 아닌가"라며 예수가 변변치 않은 직업을 가진 사람임을 지적하였습니다.^{눅 4:16~22} 이처럼 당시 목수라는 직업은 변변치 않은 직업이었습니다.

톨스토이의 예수 출생 이야기

아나키스트인 톨스토이는 『복음 요약』에서 예수의 어머니 마리아가 수태고지를 받아 성령에 의해 임신을 해 예수를 낳았다는 복음^{마 1:18}의 기록을 부정하고, 마리아가 요셉과 약혼한 뒤 부부가 되기 전에 임신을 했는데^{누구의 아이}

인지는 밝히지 않습니다, 요셉이 신실한 사람이어서 마리아를 부끄럽게 만들고 싶지 않아 결혼을 하고, 예수를 낳기 전까지 성관계를 하지 않았다고 합니다.[94] 아이는 무럭무럭 자랐고, 나이 이상으로 영리했으며, 열두 살 때의 유월절 예루살렘에서 사흘간 행방불명되었다가 찾았고, 서른 살까지 어머니와 함께 살면서 순종했다눅 2:41~51는 것으로 이야기를 끝냅니다. 톨스토이는 마태복음에 나오는 천사의 전언이나 동방박사의 방문 및 이집트 피난, 그리고 누가복음에 나오는 당대의 인구 조사, 마굿간 출산, 천사와 목자, 예수의 할례 등의 이야기는 생략합니다.

톨스토이가 마리아를 보통의 미혼모로 본 것은 그렇다고 쳐도, 예수가 부모가 아니라 어머니와 함께 살며 순종했다는 이야기는 왜 필요하다고 보았을까요? 열두 살 때의 행방불명을 십대 예수의 반항이나 방랑으로 본다 해서 문제가 될까요? 열두 살 예수가 이미 자신이 신의 아들임을 자각하고 사흘간 성전에서 선생들에게 질문했다고 한 이야기가 꼭 필요할까요? 도리어 당시 예루살렘은 정치적으로 혼란된 곳이어서 예수가 그런 문제에 처음 부딪혀 길을 잃었다고 보면 어떨까요?

톨스토이는 예수가 어디에서 태어나 서른 살까지 어디에서 살았다는 이야기도 하지 않습니다. 사실 그것은 중요하지 않을지도 모릅니다. 그러나 예수가 출생했다고 하는나사렛에서 태어났다는 사람들도 많습니다 베들레헴에 가려면 지금은 장벽의 좁은 문으로 들어가 몸수색을 당하고, 철망이 쳐진 좁은 길을 한참 걸어야 출구가 나오고, 출구에서 차를 타고 가는 길에도 장벽이 있으며, 그 장벽에는 뱅크시가 그린 그라피티를 포함하여 수많은 이스라엘 비판 그림들이 그려져 있다는 점은 설명할 필요가 있습니다. 예수 시절에도 식민지의 수도로 정치적으로 혼란 상태였던 예루살렘을 오가기에는 문제가 많았을 것입니

---

94) 레프 톨스토이, 강주헌 옮김, 『톨스토이 성서』, 작가정신, 1999, 17쪽.

다. 예수가 태어나기 전부터 예루살렘에서는 항의와 시위가 끊이지 않았습니다. 특히 가장 큰 명절인 유월절에 그러했습니다.

예수가 행방불명되었다는 기록은 어쩌면 그런 시위가 벌어졌기 때문이 아니었을까요? 열두 살 때 예루살렘 여행은 예수에게 최초의 문제의식을 던져 준 것이 아니었을까요? 그런 경험으로부터 예수의 사회의식이 생겼고, 나이 서른이 될 때까지 그런 경험을 계속했으며, 그런 경험으로부터 나름의 생각을 가지게 된 것이 아닐까요? 예수가 태어나고 20세기가 지난 한국에서도 많은 열두 살 아이들이 처음으로 정치의식을 갖게 됩니다.

2. 예수와 요한

세례자 요한

앞에서 예수의 공생애共生涯가 1년 남짓이라고 했습니다. 공생애란 개인의 생애 중 공공의 일에 관여한 생애를 말하는데, 보통 사람이면 공생애와 사생애私生涯를 구별하기가 쉽지 않습니다. 공공의 일에 관여하면서도 사적인 삶을 계속 살기 때문입니다. 공생애를 사생애와 완전히 단절하여 사는 삶이라고 하면 붓다와 같이 부모나 처자식을 비롯한 모든 사적인 것을 버리고 출가를 해야 합니다. 방금 '출가'라는 불교 용어를 썼다고 해서 불교를 싫어하는 기독교인들이 화내지 않기 바랍니다. 예수도 그렇게 출가를 합니다. 붓다는 29세로 명기되는 반면, 예수는 서른 쯤이라고 합니다.

예수의 경우 세례 요한에게 세례를 받기 전을 사생애, 받은 뒤를 공생애라고 하기도 합니다만, 세례를 본격적인 복음 전파를 위한 준비라고 보기도 합니다. 복음서에 의하면 예수는 먼저 광야로 나가 세례를 베풀고 있었던 세례자 요한에게로 갑니다.마 3:13, 막 1:9, 눅 3:21, 요 1:29 마태복음에서 예수를 본 세례자 요한은 오히려 자신이 세례를 받아야 할 터인데 왜 받으러 왔느냐고 묻지

만, 예수는 세례를 통하여 모든 의로움을 이루어야 한다고 하면서 세례를 받습니다.마3:15

예수가 '세례를 통한 의로움'이라고 한 말은 당시 이스라엘 전체가 부정한 것으로부터 위협을 받고 있어서 모든 유대인이 반드시 세례를 받아야 한다는 정치적인 의미를 담고 있습니다. 즉 당시 헤롯 왕이 수도를 건설하면서 정결법95을 노골적으로 위반했고, 그의 결혼도 유대교 혼인법을 위반한 것에 대한 정화로서의 세례였습니다.96 물속에서 세례를 받은 뒤에 물에서 올라오자마자 하늘에서 성령이 내려왔고, 하늘에서 "너는 내 사랑하는 아들, 내 마음에 드는 아들이다"라고 하는 말이 들려왔다고 합니다.마3:17, 막1:11, 눅3:22

누가복음에 의하면 요한의 부모와 예수의 부모는 같은 마을에 살았습니다. 요한은 예수보다 반년 먼저 태어나는 친척육촌이라는 말도 있습니다이라고도 합니다만 증거는 없습니다. 요한의 아버지는 스가랴라는 유대교 랍비였고, 요한의 어머니는 엘리사벳이었습니다. 그러니 예수 가정보다는 지위가 높고 부유했습니다. 요한이 뱃속에 있을 때 마리아를 보고 엘리사벳이 찬양을 했다는 이야기가 누가복음에 나옵니다. 요한이 태어난 뒤 예수가 태어났으므로 두 사람은 같은 나이이거나 한 살 차이였습니다.

요한은 특권층인 랍비의 아들이었지만 광야에서 "낙타 털옷을 입고, 허리에 가죽띠를 띠고, 메뚜기와 산꿀을 먹고 살"막1:6면서 고된 생활을 하고, 30세 때부터 요단강으로 가서 사람들에게 물로 세례를 베풀며 살다가 요단강 부근의 여러 지방을 다니며 설교했습니다. 그는 사람들에게 "옷을 두 벌 가진 사람은 없는 사람과 나누어 갖고 먹을 것도 그와 같이 나누어 먹어야 합니다", "정

---

95) 정결법은 정결함과 부정함을 규정하는데, 정결하고 부정한 짐승과 사람과 옷과 집을 다룹니다. 그런데 정결함과 부정함은 깨끗함과 더러움을 뜻하지 않고, 죄의 문제와 연결되어 있지도 않습니다. 히브리어에서 정결함은 생명과 관련 있는 것, 부정함은 죽음과 관련 있는 것을 말합니다.

96) 게르트 타이센, 박찬웅, 민경식 옮김, 『기독교의 탄생』, 대한기독교서회, 2018, 86쪽.

해진 세금 외에는 더 받지 마십시오", "남의 것을 강제로 빼앗거나 이유 없이 다른 사람을 고소하지 말고, 자기가 받는 봉급을 만족하게 여기십시오"라고 말했습니다.눅3:11~14 다분히 아나키스트적인 생각입니다.

톨스토이는 위에서 소개한 서른 살까지의 예수에 대한 간단한 언급 위에 예언자 요한에 대해 설명하는데, 이는 다른 기독교 아나키스트들에게서는 볼 수 없는 점입니다. 그러나 요한이 기독교 역사 최초의 세례자로 예수에게 세례를 준 뒤에 예수의 활동이 시작된다는 점, 그 세례가 율법주의에 젖은 당시 유대교에 대한 저항이었다는 점, 예수와 마찬가지로 당시의 지배권력에 저항해 처형당했다는 점에서 요한은 아나키스트 예수를 준비한 사람이었음을 결코 무시할 수 없습니다.

더 중요한 이유는 요한이 '회개'를 말하는 점입니다. 예수 당시에 요한만이 아니라 많은 종교인들이 있었을 것인데, 그 중에서 예수가 요한을 선택한 이유가 요한의 개인 차원의 회개 주장에 동의했기 때문입니다. 개인 차원의 회개가 있어야 정치, 경제, 사회, 문화의 회개도 가능하기 때문입니다. 개인의 회개가 있어야 로마제국의 정치나 군대에 저항할 수 있다고 요한이나 예수나 믿었습니다. 그런데 이 회개悔改라는 말에는 문제가 있습니다. 그 말이 '죄를 뉘우치고 신에게 귀의하는 일'을 뜻하기 때문입니다. 그러나 요한이나 예수가 사용한 그 말의 원어인 메타노에오메타노이아에는 그런 뜻이 없고 그것은 단지 '생각을 바꾸라'라는 뜻에 불과함을 앞에서도 보았습니다. 그러니 회개하라는 말은 더 이상 하지 말아야 합니다. 이 말은 원죄라는 말을 만들어낸 후대 사람들이 지어낸 말이기 때문입니다.

예수의 세례 장면에 관한 성서의 언급을 선지자 요한을 추종하는 종교와 기독교 사이의 투쟁에서 우위를 내세우기 위한 것이라고 주장하는 신학자들도 있지만, 교회력을 신앙 전통으로 지키는 대부분의 교회는 예수가 세례자 요한으로부터 세례를 받아 공적인 생애를 시작한 날을 '주님의 세례 주일'로 기념합니다. 그러나 예수의 길을 준비하는 세례 요한의 사역은 명백한 정치적 성격을 가졌음을 주목해야 합니다. 뒤에 요한은 정치적 반란을 촉발할지도 모른다는 두려움 때문에 헤롯 왕에 의해 투옥되고 결국 처형되었습니다. 즉, 그를 침묵하게 만든 것은 요한의 행동이 정치적으로 혁명적인 성격을 지녔기 때문이었습니다.

예수 당시의 유대교

복음서에는 예수가 요한에게 세례를 받은 것만 언급되고, 이어 악마의 유혹을 받은 이야기가 나옵니다. 그러나 세례는 한 순간의 행사로 끝나지 않는 일종의 지속적인 입단 행사라고 볼 수도 있습니다. 예수가 요한이 이끄는 종교집단에 가입했는지는 분명하지 않지만, 그것이 오늘날의 교회나 성당과 같은 장소를 중심으로 한 교단은 아닐지라도 세례를 받은 사람들이 함께 모여 이야기를 하는 등의 활동을 함께 하는 것일 수도 있습니다. 그리고 그런 조직적 단체활동에 실망하고 좌절하여 예수가 자신의 길을 갔다고 볼 수도 있습니다. 그렇다면 예수는 단체나 조직을 싫어한 사람일 수 있습니다. 그런 점에서 예수는 집단주의적 아나키스트가 아니라, 개인주의적 아나키스트에 가깝습니다. 그렇다면 지금의 교회나 성당을 싫어할 수도 있습니다.

요한이 이끄는 종교집단도 유대교에 속한 것이었습니다. 당시 유대교에는 여러 교파가 있었습니다. 중심인 양대 교파는 비합리주의적인 진보파인 바리새파와, 합리주의적인 보수파인 사두개파였습니다. 사두개파는 종교적으로는 보수적, 현세적으로는 그리스 문화에 대하여 개방적이고 세속적이며 귀족과 성직자 중심이어서, 그것과 반대인 중간 계급 평신도 중심의 경건주의 교파인 바리새파에게 비판을 받았습니다.

사두개파는 모든 유대인이 희생제물을 바치고 물로 정결 의식을 치르는 성전을 관리하고, 로마제국과 타협해 세금을 거두고 정치적 및 행정적 권력을 행사했습니다. 그들은 모세의 율법만을 인정하고, 부활도, 천사도, 영도 부정하고막 12:18, 눅 20:27, 행 23:8 내세에서의 보상마 22:22~33도 부정하고행 23:8~9, 영혼은 육체와 함께 죽는다고 보고, 의지의 자유를 주장하여 신의 섭리를 믿지 않았고, 요한이나 예수와도 대립했습니다. 그래서 세례 요한은 그들을 '독사의 자식들'이라고 비난했습니다.마 3:7 그들은 예수에게 하늘로서 오는 표적을 보이기를 청하고마 16:1~4, 부활에 대해 난문難問을 제출하여 시험하려고도 했습니다마 22:23~33. 예수는 바리새파와 동일하게 사두개파를 비난했으나마 16:6, 11 바리새인만큼은 아니었는데, 그것은 그들이 바리새인보다 옳기 때문이 아니라, 민중을 떠난 사두개파의 신앙은 영향력이 적어 예수가 무시했기 때문입니다. 예수 사후 사두개파는 예루살렘 교회와 바울도 박해했습니다.행 4:1~22; 23:10

사두개파가 정치적 성격이 강하고 소수의 귀족계급과 대제사장 및 예루살렘의 유력자들 중심인 반면, 바리새파는 종교적 성격이 강하고 수적으로 다수였습니다. 바리새파는 사두개파와 달리 천사 등의 영적인 존재를 인정하고 부활을 믿었습니다. 뒤에서 보듯이 바리새파는 갈릴리 시대의 예수와 곧장 논쟁을 벌입니다만, 예수가 일종의 율법교사라는 점마 7:28~29, 부활눅 14:14, 요 11:25, 식사막 7:1, 어른 공경막 7:10~13, 안식일 준수마 12:2~24 등에 관해 가르치고, 천사, 귀신, 다른 영들에 대해 언급한 점 등은 일치합니다.

그밖에 사유재산을 부정하고 금욕적인 공동생활을 한 에세네파, 기원전 1세기부터 로마에서 독립하기 위한 정치활동을 한 열심당파 등과 함께 여러 개의 소수 세례 집단이 있었습니다. 에세네파도 세례 집단의 하나였습니다. 에세네란 경건이라는 뜻으로, 사해의 북서단의 쿰란을 중심으로 활동하여 쿰란 교단이라고도 합니다. 에세네파의 세례는 여러 번 물에 담그는 것이었으나, 요한의 세례는 한 번으로 끝나는 점에서 달랐습니다. 신약에 바리새파와 사두개파는 자주 등장하여 예수와 대립하지만, 에세네파는 전혀 등장하지 않습니다. 이는 노예제도에 반대하고 사유재산을 부정하고 금욕적인 공동생활을 하는 에세네파에 예수가 공감했기 때문일 수 있습니다. 에세네파는 철학을 무용한 것으로 악마적 인간의 놀음으로 배척했지만, 윤리는 열정적으로 가르쳤습니다. 그들은 자연에서 약품의 재료들을 찾았고, 신조에 상관없이 병자들을 헌신적으로 돌보았고, 광천수의 효과를 조사하기도 했습니다. 그러나 에세네파는 광야에 머물면서 엄격한 조직체를 가졌지만, 예수는 그런 조직 없이 방랑한 점이 큰 차이입니다. 또한 에세네파에게는 보물을 비롯하여 입회자들이 낸 재산이 많았지만, 예수에게는 그런 입회자들도 없고, 그것을 관리하는 조직도 당연히 없었습니다.

요한과 예수

위에서 말한 요한의 용모는 기원전 9세기의 초기 예언자였던 엘리야와 흡사하여 예수는 물론이고 당시 이스라엘 사람들에게 그를 연상시켰을 수도 있습니다. 열왕기하 1장에서 엘리야가 "털옷을 입고 허리에 가죽띠를 띠었다"라고 한 것이 요한의 모습과 같았습니다. 그러나 그는 종래의 유대교 지도자들과는 분명히 다른 사람이었기 때문에 예수가 다른 지도자가 아닌 그를 찾아갔다고 생각됩니다. 무엇보다도 그는 광야에서 고독하게 금욕적으로 살았습니다. 요한은 사람들에게 금욕과 자선을 요구하고눅3:11 자신은 "빵도 먹지 않고 포도주도 마시지 않았습니다."

반면 예수는 같은 자리에서 "먹고 마시니까 '보아라, 먹보요 술꾼이'라는 비난을 받습니다."마 11:18~19, 눅 7:33~34 복음서에서는 이 일로 두 사람이 헤어졌다고 하지는 않습니다만, 요한의 엄격한 윤리에 예수가 반발할 수 있고, 그 반발로 인해 예수가 요한을 떠날 수도 있었을 것입니다. 요한과 예수의 더 큰 차이는 요한이 광야에서 회개를 설교하며 세례를 주는 것과 달리, 예수는 갈릴리의 여러 지방을 다니며 설교와 치료를 했다는 점입니다.

그 뒤 요한은 헤롯 왕이 동생을 죽이고 동생의 아내를 취한 점과 그의 아내 헤로디아를 비판했다가 구속되고 결국 처형됩니다. 이는 단순히 비도덕이라는 점의 비판이 아니라, 당시 근친결혼은 왕조를 세우고 견고하게 하는 기초였으므로, 이에 대한 반대는 정치적인 것이었습니다. 그러니 요한이나 예수가 반체제적 행위를 이유로 처형당한 점은 마찬가지였고, 요한은 예수에게 세례 시에 이미 그런 자신의 반체제성을 드러냈을 것입니다. 아니 어쩌면 나사렛에서 두 사람은 같이 30년 정도 같이 살았을 것이므로 예수는 요한의 반체제성을 사전에 알았을 것입니다.

3. 광야의 유혹

유대 광야의 아나키

요한에게 세례를 받은 뒤 예수는 홀로 광야에 들어갑니다. 이스라엘의 신은 적의 침략을 받은 이스라엘 민족의 운명을 광야에서 결정하는 경우가 많습니다. 다윗이 왕이 되기 전에 광야에서 산적 두목으로 살며 사울 왕을 괴롭히고, 이스라엘 사람들이 시리아 왕들의 지배에 대항해 싸워 그들을 몰아낸 곳도 광야였습니다. 그래서 이스라엘 신은 광야의 신이라고도 합니다. 그리고 광야는 근본적인 저항의 장소, 아나키의 터전입니다. 예수가 공생애 최초의 장소를 요한의 광야로 선택한 점에도 아나키즘이 숨어 있습니다. 예수가 광야에서 마귀의 유혹을 물리치는 것은 신의 나라, 즉 아나키 사회의 시작을 뜻합니다. 바로 침략자인 로마제국과 귀신과 악한 세력을 유대 땅에서 몰아내

는 일의 시작을 뜻합니다.[97]

광야에서 예수는 40일 동안 금식한 뒤 높은 곳에 올라가 마귀에게 유혹을 받게 됩니다.[마 4:1~11, 막 1:12~13, 눅 4장] 40일이라고 함은 모세가 광야에서 지낸 40년을 생각나게 합니다. 금식이란 해가 떠올라서 질 때까지의 금식을 의미하므로 완전 단식은 아니고, 밤에는 얼마든지 먹고 마실 수 있는 것입니다. 이러한 금식은 요한 교단에서 수행법으로 한 것일 수도 있습니다.

세례 요한을 '광야에서 외치는 자의 소리'[막 1:13]라고 할 때의 '광야'나, 예수가 시험을 당한 '광야'는 지금 팔레스타인 지역인 여리고에서 북서쪽으로 3킬로미터 떨어진 곳에 있습니다. 이스라엘 땅의 약 60%는 광야입니다. 한반도 땅의 약 70%가 산이듯이 말입니다. 광야라는 말은 '넓은 들판'이라는 뜻이지만, 사실은 급격한 단구와 단층애로 이루어진 산악지대이므로 우리의 산악과 크게 다르지 않습니다. 그러나 대부분 황량한 들과 산들이어서 사막을 방불하게 하고, 비가 거의 내리지 않으며, 낮에는 높은 기온의 사우나를 하는 듯한 느낌이 들 정도로 더워 모든 움직임을 둔하게 만듭니다. 그래서 나무가 우거진 우리의 산과는 전혀 다른 곳입니다. 우리가 등산을 사랑하는 민족인 것과 달리, 이스라엘 사람들은 광야를 사랑하지 않습니다. 이스라엘을 보고 나는 한반도에 태어난 것이 다행이라고 느꼈습니다.

유대 광야에는 구약에 나오는 다윗이 숨었던 엔게디 황무지, 로마의 침공에 대항했던 이스라엘의 마지막 항전지 마사다 요새, 가장 오래된 성서 사본인 '사해 사본'이 발견된 쿰란 동굴, 예수가 세례를 받은 곳인 요단강 줄기 등등이 있고, 그밖에도 성서에 등장하는 여리고, 헤브론, 베다니 같은 도시들이 광야와 연결됩니다.

앞에서 보았듯이 세례 요한은 유대 광야에서 외친 예언자입니다. 예수가

---

97) 게르트 타이센, 박찬웅, 민경식 옮김, 『기독교의 탄생』, 대한기독교서회, 2018, 88쪽.

마귀에게 시험을 받은 광야도 유대 광야입니다. 나는 유대 광야, 특히 예루살렘으로 올라가는 길옆에 천막을 치고 유목 생활을 하며 살아가는 가난한 베두인들을 보았는데, 그들에게서 예수를 연상하는 묘한 체험을 했습니다. 그들은 예수 전이나 후나 지금까지 수천 년을 그렇게 살았습니다. 유대인들도 본래는 그렇게 살았습니다. 예수 시대나 지금이나 광야는 중심이 아닌 주변이고 가장자리입니다. 나라 차원에서 보면 도시 변두리와 시골이고, 지구 차원에서 보면 제3세계입니다. 그곳은 여전히 가난하고, 자유와 권리가 박탈된 장소이지만 복음서에서는 '신의 통치'가 선언되고 해방되어야 할 긍정적인 가치가 있는 곳, 즉 아나키 사회가 이룩되어야 하는 곳으로 묘사합니다. 그러나 약 2천 년 전과 달리 그곳에 숨어서 게릴라전을 벌인다거나 반역을 꿈꾸기는 힘들 것 같습니다.

유혹의 아나키즘적 의미

광야에서 예수는 정치적, 경제적, 종교적으로 자신이 메시아^{그리스도}임을 주장하라는 유혹을 받지만 거부하는 점에서 광야 유혹 이야기는 아나키스트 예수에게 매우 중요합니다. 그 유혹의 악마적인 본질은 유혹의 근원, 즉 정치적, 경제적, 종교적 권력의 주장이 신이 아닌 마귀에게서 온다는 데 그치지 않고, 예수가 추구해야 할 아나키 사회와 관련이 있습니다.

첫 번째 유혹은 "네가 신의 아들이라면 이 돌을 빵이 되게 하라"는 것입니다. 이에 예수는 "사람이 빵으로만 살 것이 아니라 신의 모든 말씀으로 살아야 한다"라고 답합니다. 다시 마귀가 예수를 거룩한 성으로 데려다가 성전 꼭대기에 세우고 "네가 만일 신의 아들이라면 여기서 뛰어내려 보아라"라고 합니다. 이에 예수는 "너의 신을 시험하지 말라"라고 답합니다. 마귀가 또 예수를 데리고 아주 높은 산으로 올라가 세상의 모든 나라와 그 영광을 보여주면서

"네가 만일 내게 엎드려 나에게 절하면 내가 이 모든 것을 너에게 주겠다"라고 합니다. 이에 예수는 "사탄아, 썩 물러가거라. 성서에는 '주 너의 신을 경배하고 다만 그 분만을 섬겨라'고 쓰여 있다"라고 합니다. 그러자 마귀는 떠나가고 천사들이 와서 예수의 시중을 들었습니다.마 4:1~11, 눅 4:1~13

이 세 가지 유혹 모두의 정치적 중요성을 누구보다도 강조한 신학자는 요더입니다. 그는 첫 번째 빵에 대한 유혹은 '무리를 배불리 먹여라, 그러면 네가 왕이 될 것이다'라는 의미이고, 두 번째 성전 꼭대기의 유혹은 예수가 신성모독에 가까운 주장을 한 것과 관련된다고 봅니다.[98]

그러나 대체로 아나키스트들은 세 번째 유혹에 정치적 초점을 맞춥니다. 세 번째 유혹에 대해 마태복음에서는 사탄이 예수에게 "세상의 모든 나라와 그 영광"을 보여주고 "엎드려 절"하면 그것들을 주겠다고 했다고 하는데마 4:8~9 [99] 누가복음에서는 "모든 나라의 권세와 영광"을 주겠다고 했다고눅 4:5 하여 그 표현이 조금 다릅니다. 이러한 차이를 강조하는 견해, 즉 사탄이 마태복음에서는 권력을 암시만 하지만, 누가복음에서는 명시적으로 권력을 주겠다고 했다는 차이를 강조하는 견해도 있지만, 중요한 점은 예수가 사탄의 주장에 이의를 제기하지 않는다는 점에서 공통된다는 것입니다. 예수는 사탄을 거짓말쟁이라고 하거나 허세라고 비난하지 않기 때문에 사탄이 실제로 세상 왕국을 지배하고 있다는 사실을 받아들이는 것으로 생각될 수 있습니다. 사탄은 거짓말을 하고 있지 않고 진실을 말한다고 예수가 믿었다는 것입니다.

그렇다면 '모든 권세와 영광, 정치 및 정치적 권위와 관련된 모든 것은 악마에게 속한다'는 것이 예수의 생각이라고 볼 수도 있습니다. 세상의 모든 나라

---

98) 존 하워드 요더, 신원하, 권연경 옮김, 『예수의 정치학』, IVP, 2007, 62~64쪽.
99) 타이센은 이 이야기가 당시의 로마 황제인 가이우스 칼리굴라가 자신을 신격화한 것을 전제한다고 합니다.(『갈릴래아 사람의 그림자-이야기로 본 예수와 그의 시대』 409쪽) 칼리굴라의 재위 기간은 37년부터 41년까지 4년간이었지만, 황제 권력을 절대화하여 고대로부터 암군, 폭군이라는 평가를 받아왔습니다.

가 사탄이 '그가 원하는 누구에게나' 줄 수 있도록 참으로 '그에게 넘겨졌다'면 '세상에 있는 필멸의 모든 권력자들은 말 그대로 사탄과 계약을 맺은 셈이 되는 것입니다!' 국가는 그 권력과 권위를 사탄에게서 얻는 것이 됩니다. 예수에게 국가와 그 권력은 사탄의 것입니다. 따라서 본래부터 신의 것도, 아나키의 것도 아닙니다.

악마는 예수가 자기에게 '엎드려 절하면' 국가의 모든 권세를 예수에게 주겠다고 합니다. 이를 요더는 예수가 "정치권력을 향한 굶주림 혹은 민족주의의 우상숭배적 성격을 포착하고 있다"고 봅니다.[100] 또는 사탄의 유혹은 예수에게 위로부터 사회를 변화시키게 하려고 한 것이라고 볼 수도 있습니다. 즉 예수는 사람들을 압제적인 상황에서 벗어나게 하기 위해 명령과 통치지배를 선택할 수도 있었지만, 그것을 악이라고 보아 거부하고, 대신 봉사의 방식을 선택했습니다. 따라서 예수는 권력을 장악함으로써 팔레스타인에서 로마의 통치를 전복시키려는 동시대 유대인 반역자 집단인 열심당원들과 그들의 방법으로부터 명확하게 거리를 두고 있습니다. 예수는 그 유혹을 거부하며 "정치적 권력은 신의 지상 약속과 양립할 수 없으며, 따라서 당연히 거부되어야 한다"라고 지적합니다.

이처럼 예수는 왕이나 정치 지도자의 역할을 일관되게 거부합니다. 예수가 사탄의 주장을 거부하는 이유는 "성서에는 주 너의 신을 경배하고 그분만을 섬겨라"라고 쓰여 있기 때문입니다.마 4:10 따라서 인간은 악의 힘을 숭배하는 경우에만 정치적 권력을 행사할 수 있다고 볼 수 있습니다. 이를 엘륄은 다음과 같이 말합니다.

모든 권력, 힘, 왕국들의 영광, 그러므로 정치권력 및 정치적 권위에 관련된 모

---

100) 존 하워드 요더, 신원하, 권연경 옮김, 『예수의 정치학』, IVP, 2007, 61쪽.

든 것이 '마귀'에게 속하며, 이 모든 것이 그에게 주어졌고, 그는 그가 원하는 자에게 그것을 준다. 그렇게 정치권력을 붙잡는 사람들은 그것을 받으며 그것에 의지한다.[101]

엘륄에 의하면 마귀의 헬라어인 디아볼로스διάβολος, diabolos는 어떤 인물이 아니라 '분열시키는 자'를 뜻합니다. 즉 국가 및 정치는 사람들을 분열시키는 거대한 요소입니다.[102] 이를 엘륄은 당시 이스라엘을 지배한 헤롯 왕조 등 권력자들 사이에 존재한 무서운 분열의 영향을 받은 것이라고 하지만, 지금 한국이나 이스라엘을 비롯한 모든 나라에서도 마찬가지라고 볼 수 있습니다.

여기서 예수의 길을 따르는 사람들이나 기독교도는 당연히 반국가의 길을 따라야 할 것입니다. 그렇지 않고 국가를 따른다면 신에 대한 배반을 따르는 것이고 사탄의 길을 따르는 것이 됩니다. 만일 신의 길을 선택한다면 그 선택은 완전해야 합니다. 국가에 대한 충성과 합법성에 대한 주장, 복종의 요구, 국가의 폭력에 대한 권리 주장, 국가에 대한 시민들의 충성에 대한 요구나 열망은 설 자리가 있을 수 없습니다.

예수는 또한 자신의 지위가 무엇인지를 명확하게 밝힙니다. 그의 동시대 사람들은 메시아가 정치적 압제자들을 타도하고 유대 군주제를 회복할 것으로 기대했습니다. 위 이야기에서 예수는 그러한 메시아가 된다는 유혹에 직면하지만, 그것을 단호히 거부합니다. 이는 예수가 사형을 당하기 전까지 평생 일관되게 지키는 신념입니다. 뒤에서 보듯이 예수가 자신의 처형에 대해 제자들에게 알리자 베드로는 "그럴 수는 없습니다. 이런 일이 결코 일어나서는 안 됩니다"라고 말합니다. 그러자 예수는 "사탄아, 썩 물러가거라! 너는 나

101) 자끄 엘륄,『무정부주의와 기독교』, 이창현 옮김, 대장간, 2011, 152~153쪽.
102) 자끄 엘륄,『무정부주의와 기독교』, 이창현 옮김, 대장간, 2011, 88쪽.

를 넘어지게 하는 자다. 너는 신의 일을 생각하지 않고 사람의 일을 생각하고 있구나"마 16:23라고 베드로를 비난합니다.

베드로의 사고방식을 거부한 뒤, 예수는 즉시 새로운 세계, 비폭력 질서에 대한 지상의 승리의 논리가 성립하지 않는 창을 열어 놓습니다. "누구든지 나를 따라오려거든 자기를 버리고 제 십자가를 지고 나를 따르십시오. 자기 생명을 구하자 하는 사람은 잃을 것이며, 나를 위해 자기 생명을 버리는 사람은 얻을 것입니다."마 16:24~25 그러므로 광야에서 예수의 세 번째 유혹은 사탄으로부터 권력과 권위를 얻는 국가에 대한 거부의 이야기, 즉 아나키스트 예수의 아나키즘을 명확하게 보여주는 최초의 이야기라고 할 수 있습니다.

4. 예수의 가르침

예수의 첫 가르침

요한복음에 의하면 마귀의 유혹을 물리친 예수는 요한에게 갑니다만, 다른 복음서에는 그런 언급이 없습니다. 요한복음에서 요한이 예수를 '구세주'라고 하자 그의 제자 둘이 요한을 떠나 예수에게 갑니다. 그중 한 사람이 안드레인데 그가 시몬이라는 형을 예수에게 데려옵니다. 예수는 그를 베드로돌이라는 뜻라고 부르고, 형제를 제자로 삼아 갈릴리로 갑니다.요 1:36 당시 갈릴리는 부자들이 많은 부유한 지역인 예루살렘에 비해 가난한 소작인들이 많이 사는 지역이었습니다. 그래서 민중 봉기가 자주 일어났습니다. 그런데 다른 복음서에는 이런 언급이 없고, 세례 요한을 떠나 예수가 바로 갈릴리로 간다고 합니다.

요한복음이나, 이를 따르는 톨스토이의 설명과 달리 마가복음이나 누가복음에서는 예수가 복음 사역을 시작한 것이 세례자 요한이 감옥에 갇힌 뒤였다고 합니다.^{막 1:14, 눅 3:19} 103 마가복음에서는 예수가 "요한이 잡혔다는 소식을 듣고 갈릴리로 가서" "때가 찼습니다. 신의 나라가 다가왔습니다. 여러분은 회개하고 복음을 믿으십시오"^{마 4:17, 막 1:16}라고 말한 것이 첫 복음이라고 합니다.

"때가 찼습니다"라는 말에는 사상적인 내용이 포함되어 있습니다. 헬라어에서 '때'란 여러 가지 의미가 있습니다. 보통 말하는 '시간'은 크로노스^{Κρόνος,} Kronos라고 하는 것으로 달력이나 시계에서 보는 일상적인 물리적 시간을 말합니다. 또한 '일정한 길이의 시간'을 뜻하는 아워^{영어의}hour가 있습니다. 이와 달리 "때가 찼습니다"의 시간이란 카이로스^{Καιρός,} Kairos, 즉 절단한다는 말의 명사형으로 '시각', '기회'^{찬스}나 '순간' 또는 '천재일우의 호기' 등을 뜻합니다. 즉 "때가 찼습니다"란 시대에 대한 하나의 결의를 나타냅니다. 가령 어떤 결정적인 시기가 왔음을 뜻합니다. 이를 "때가 왔습니다"라고도 합니다. 그런데 이 말의 해석에 대해서는 여러 가지 주장이 있습니다. 그 대표적인 것의 하나가 독일의 신학자인 불트만의 다음과 같은 불가지론적인 주장입니다.

> 신의 나라는 인간의 역사 안에서 실현되는 어떤 것이 아니다. 그것의 창립, 건설, 완성에 관해 아무것도 전해지지 않으며, 또 그런 것이 전해질 수도 없다. 오직 그것의 '가까움', 그것의 '옴', 그것의 '나타남'에 대해서만 이야기되며, 또 이야기될 수 있을 뿐이다. 그것은 초자연적이며 비세계적인 어떤 것이다.¹⁰⁴

그러나 내가 이 책에서 주장하는 바와 같이 신의 나라는 예수의 말에 따라 새롭게 추구해야 할 아나키 사회로, 이 땅에 세워야 하는 자연적이고 세속적

---

103) 그 뒤 예수의 사역이 유명하게 된 뒤 요한은 죽습니다. (막 6:14~29)
104) 루돌프 불트만, 허혁 옮김, 『예수』, 삼성출판사, 1977, 213쪽.

인 이야기로 끝나는 것이 아닙니다. 그것은 앞에서 본 구약의 12지파 시절의 이스라엘 자치에 입각하는 것으로, 이집트 신성제국에서 노예로 살았던 역사의 반성에서 시작되었으나 200년도 채 못되어 다윗에 의해 파괴됩니다. 따라서 예수는 12지파의 자치에 의한 아나키 사회를 다시 세울 때가 왔다고 하는 것입니다. 그리고 그것을 위해 '회개하라', 즉 '생각을 바꾸라'고 주장합니다. 다윗 왕국이 아니라 12지파 자치라고 하는 가난한 민중의 아나키 사회가 신의 나라이니 그것을 다시 세우기 위해 생각을 바꾸라는 것입니다.

생각을 바꾸라

'회개하라'는 밀은 앞에서 보았듯이 이미 요한이 한 말이고, 죄를 뉘우침이 아니라 생각을 바꾸라라는 뜻임을 앞에서 설명했지만, '신의 나라,' 즉 '아나키 사회'가 가까웠다고 한 것은 예수가 처음으로 한 말입니다. 여기서 요한은 아나키스트가 아니지만, 예수는 확실히 아나키스트로 볼 수 있게 됩니다.

한편 마태복음에서 예수는 요한이 잡혔다는 소식을 듣고 갈릴리로 갔다가 나사렛을 떠나 "스불론과 납달리 지방의 바닷가에 있는 가버나움[105]으로 가서 살았"고, 그리하여 "이사야 예언자를 시켜 하신 말씀이 이루어졌"는데, 그때부터 "회개하시오, 하나님 나라가 다가왔습니다"라고 했다 합니다.마 4:12~17

예수가 나사렛에서 첫 가르침을 했다는 것은 복음서에 공통된 내용입니다. 톨스토이는 예수가 사탄의 유혹을 벗어나 제자들을 만나고 그들과 나눈 이야기에 대해 상세하게 언급하지만, 그것이 아나키즘 입장에서 어떤 의미가 있는지를 설명하지는 않습니다. 반면 톨스토이는 누가복음다른 복음에는 없습니

---

105) 영화 「가버나움」(2018)의 가버나움은 레바논에 있는 소도시로 성서의 가버나움과는 다른 곳입니다.

다에 따라 예수가 나사렛 회당에서 가르치기 시작하면서 이사야 예언서의 다음 구절을 읽었다고 하는데, 이는 아나키즘의 입장에서 볼 때 중요하기 때문에 설명을 보충할 필요가 있습니다. 이사야서를 예수 자신이 선택했는지 아니면 당시의 관행에 따른 것인지에 대해 논쟁이 있지만, 스스로 선택한 것으로 보는 것이 옳다고 생각합니다. 아나키스트인 예수가 관행을 따랐다고 보기는 어렵기 때문입니다.

> 주님께서 나를 보내셨으니,
>
> 이는 가난한 이들에게 복음을 전하고
>
> 포로들에게는 희망을
>
> 소경들에게는 눈뜰 것을 선포하며
>
> 억눌린 이들을 풀어 보내고
>
> 주님의 은혜로운 해를 선포하게 하시려는 것이로다. 눅 4:18~19

예수가 이사야서에서 인용한 "가난한 자에게 복음을 전하고, 마음 상한 자를 고치며, 포로를 풀어주고, 억압받는 자를 자유롭게 하는"이라고 하는 구절사 61:1~2, 58:6은 명백한 아나키즘 선언이며, 이를 예수가 '인생에서 자신의 사명'으로 채택한 점은 자신이 아나키스트임을 분명히 선언한 것으로 볼 수 있습니다. 위 문장 마지막의 '은혜로운 해'란 앞에서 본 희년을 말합니다. 이사야의 말은 정치적이고, 메시아에 대한 기대를 사회적, 정치적 용어로 표현한 것입니다. 그것을 낭독한 뒤 예수는 그것이 "이루어졌습니다"라고 말합니다. 눅 4:21 이는 예수가 새로운 사회적, 정치적 재구성의 즉각적인 구현을 발표한 것을 뜻합니다. 메시아는 로마와 유대 국가의 권력을 장악하고 그들을 대신할 사회적, 정치적 관계의 새로운 모델을 제시할 것으로 기대되었습니다. 즉 근본적으로 다른 형태의 정치적 구성이 그렇듯이 정치적 전복을 예상하게 하는 것입니다. 이를 위해 예수는 "회개하시오! 신의 나라가 가까이 왔습니다"라고 전도하기 시작합니다.마4:12~17 따라서 회개란 새로운 정치 질서를 맞기 위한 새로운 마음의 준비인 자각이자 각성을 의미합니다. 앞에서 광야에서 마귀의 유혹을 거부한 것이 예수 최초의 아나키즘 선언이라고 했지만, 실질적으로 '신의 나라' 즉 '아나키 사회'의 선언은 첫 설교 때였다고 할 수 있습니다.

마이어스는 '신의 나라'Kingdom of God라는 말이 가부장적이라고 해서 그보다는 덜 가부장적인 '신의 통치'Sovereignty of God라는 말을 쓴다고 하지만,[106] 어느 것이나 가부장적이기는 마찬가지입니다. 그러나 그 말이 초기 이스라엘의 반왕정 전통에서 나온 것이라는 지직과 힘께, 그 점올 언급한 사람이 지금까지 거의 없었다는 마이어스의 지적은 옳습니다. 그것을 강조하는 의미에서 마이어스의 설명을 다시 요약해 보면 다음과 같습니다.

출애굽기 19장에서 24장까지에 나오는 시내산 언약[107]은 분권화된 형태의 자치제도를 구상했는데, 그것이 기드온이 왕이 되기를 거부하고 사사들에게 지파 연맹을 관리하게 한 것이었습니다. 그러나 그것이 부정부패와 외부의 군사 위협으로 무너지자 다시 왕정이 요구되고, 사사 사무엘은 하나님의 명에 의해 왕제도에 대해 경고합니다. 왕제도는 강제 징병제, 군국주의, 노동력 및 자원 징발, 엘리트 계층을 위헌 경제체제, 세금을 포함합니다.삼상8:11~17 마이어스에 의하면 예수가 말한 '하나님의 나라'는 유토피아가 아니라, 실재한 12지파 제도의 갱신을 의미합니다.[108]

---

106) 체드 마이어스, 황의무 옮김,『강한 자 결박하기』, 대장간, 2022, 30쪽.
107) 6개장으로 구성된 시내산 언약은 네 부분으로 나눌 수 있는데, 19장은 이스라엘 백성이 시내산에 도착하자 신이 그들에게 언약을 준다고 말하는 것이고, 20장은 십계명이고, 21~23장은 십계명에 이어지는 후속 계명입니다. 그리고 마지막 24장은 신과 이스라엘 사이에 언약을 체결하고 인준하는 장면입니다.
108) 체드 마이어스, 황의무 옮김,『강한 자 결박하기』, 대장간, 2022, 30~31쪽.

'아나키 사회'에 대한 예수의 비전은 궁극적으로 인류 전체를 위한 것이지만, 현재의 사람들이 온전히 품어야 할 비전이기도 합니다. 사회의 변혁을 위한 수단은 목적과 분리될 수 없기 때문에 변혁된 '아나키 사회'는 이 변혁의 수단이자 목적으로 채택되어야 합니다.

참된 '아나키 사회'의 구성원이 되려면 세례 요한이 분명히 밝힌 것처럼 '가난한 사람들에 대한 무관심'과 '폭력적인 국가에 대한 우리의 지지'나 '우상숭배'돈, 국가 등와 같은 '우리 자신의 잘못된 생각'을 의식하고 바꿈으로써 시작해야 합니다. 이를 성서에서 '회개하라'라고 번역하여 마치 죄를 뉘우치라고 하는 것 같지만, 사실은 '생각을 바꾸라'라는 뜻의 사고혁명을 말하는 것임을 앞에서도 누누이 밝혔습니다. 이에 대해 톨스토이는 우리가 사는 삶이 잘못되었음을 자기기만 없이 인정해야 하고, 우리는 스스로를 돌아보고 우리가 신이 아니라 우상을 섬기고 있음을 깨달아야 한다고 주장합니다. 우리는 우리의 '위치와 활동'을 재고하고 '진리를 두려워하지' 말아야 하고, 그러므로 개인적인 사고혁명은 예수 아나키스트 혁명의 첫 단계라고 할 수 있습니다.

사고혁명은 개인적인 일이지만 앞에서 논의한 것처럼 자신을 개혁하는 것이 결국 사회를 개혁하는 유일한 길입니다. 집단적 사고혁명과 개혁은 공동체 구성원의 충분한 개인의 사고혁명과 개혁에 의해서만 이루어질 수 있습니다. 톨스토이에 따르면 모든 사람이 인류를 변화시킬 생각을 하고 아무도 자신을 변화시킬 생각을 하지 않는데, 우리 자신 외에 다른 사람을 바꿀 수 있다고 생각하는 것은 환상이고, 변화는 다른 사람에게서 시작되는 것이 아니라 우리 자신에게서 시작되어야 합니다. 톨스토이는 예수 가르침의 본질은 정확히 외적 목표모든 사람의 동의가 필요한 달성 대신에 내적 목표다른 사람의 동의가 필요하지 않은 달성를 대체하는 데 있다고 주장합니다. 국가 전복의 본질은 개인적인 사고혁명이고, 사회를 개혁하는 유일한 방법은 먼저 우리 자신을 개혁하는 것입니다.

우리의 생각이 잘못되었음을 의식하는 것은 예수의 가르침을 따르고, 예수의 가르침과 모범을 우리 삶에 적용하는 관문입니다. 예수 자신도 그렇게 하는 것이 쉽지 않을 것이라고 경고하였지만, 그럼에도 불구하고 그의 제자가 되려면 그를 '따라야' 한다고 분명하고 반복해서 말합니다. 예수를 따름으로써만 믿음이 살아날 수 있습니다. 요컨대, 참된 '아나키 사회'이는 교회일 수 있습니다만, 현실의 교회가 아나키 사회인지는 의문입니다는 사고를 혁명하고 십자가에 못 박힌 예수를 따르기로 선택한 사람들로 구성됩니다. 그러므로 예수는 '강압을 통한 변화'가 아니라 '각성에 의한 변화'를 말합니다. 예수의 사랑과 용서의 미래는 모든 인간이 자발직으로 사고를 혁명히고 참된 아나키 사회 교회로 각성할 때에만 도달할 수 있습니다.

제자들

마가복음에서 예수는 갈릴리 호수를 지나다가 어부들을 제자로 부릅니다.막 1:21 그런데 당시 어부란 예수가 아버지로부터 이어받았다고 하는 목수라는 직업과 함께 부정적인 평가를 받는 직업이었습니다. 심지어 구약에서는 인신매매범이나 매국노로도 표현됩니다.렘 16:16 당시 갈릴리 호수에서는 밤에 고기잡이를 하고 아침에는 거물을 수선했습니다. 갈릴리 호수는 170㎢에 이르는 상당히 큰 호수입니다.

마이어스에 의하면 예수의 제자 선택 방법은 당시 배움을 찾는 학생들이 랍비를 선택하는 방법과는 반대되는 것, 즉 선생이 학생을 찾는 방법으로, 특이합니다. 이는 지금도 특이한 것입니다. 한국에서도 학생들이 학교와 선생을 찾아가지, 선생이 직접 학생을 선택하지는 않습니다. 이는 예수의 능동적인 자세와 사람을 가리지 않는 태도를 뜻하는 것이라고 볼 수 있습니다. 예수는 어떤 시험도 없이, 기준도 없이, 설명조차 없이 호숫가에서 우연히 만난 어부들을 제자로 데려갑니다.

또한, 마이어스에 따르면 예수가 어부들에게 "사람 낚는 어부"가 되게 하겠다고 말할 때의 '사람'이란 구약의 여러 곳에서 말하는 "변절한 이스라엘과 부자와 권력자"들을 뜻합니다. 즉 예수는 "세상의 권력과 명예 구조를 뒤집는 일에 일꾼들을 불러 모은 것입니다!"[109] 예수는 그런 일에 어부가 가장 적합하다고 생각했습니다. 그 뒤 기독교인들은 어부가 낚는 물고기로 불렸고, 물고기 형상을 자신들의 상징으로 삼았습니다.

또한 어부들이 그물을 버려두고 예수를 따랐다고 할 때 '버려두고'란 가족과 재산을 모두 포기한다는 것이지만, 뒤에 '빚을 탕감한다는 뜻', 즉 '사회적, 경제적 재분배'를 얻을 수 있게 됨을 포함합니다.^{막 10:28} 여기서 예수는 기존의 불평등한 질서를 뒤집으려 가는 '길 위'로 제자들을 부른 것입니다. 예수의 제자도discipleship란 바로 그런 사명감을 갖는 일꾼이 되는 것으로, 예수가 걸은 길을 그대로 걸어가는 제자의 길을 일컫는 말이라고 할 수 있습니다.

그러나 아무리 그렇다고 해도 예수가 소리쳐 부르자 바로 모든 것을 버리고 따랐다는 묘사는 믿기 어렵습니다. 상식적으로는 그런 말을 듣고 어떻게 해야 할지 며칠 고민한다든가, 가족과 상의한다든가 하는 절차가 필요하기 마련입니다. 특히 부모의 반발이 심했을 것입니다. 자식을 위해 평생을 바친 늙은 부모는 자식들이 떠난다고 하자 얼마나 황망했을까요? 심지어 마태복음에서는 떠나기 전에 아버지의 장례를 치르고자 하는 이에게 예수가 "죽은 사람은 죽은 사람들이 장사 지내게 하십시오"라고 하고, 가족과 작별 인사를 하려는 이에게는 "누구든지 쟁기에 손을 얹고 뒤를 돌아다보는 사람은 하나님 나라에 합당하지 않습니다"라고 합니다.^{눅 9:59~62} 또한, "누가 나에게 올 때

---

109) 체드 마이어스, 황의무 옮김, 『강한 자 결박하기』, 대장간, 2022, 32쪽.

자기 부모나 처자, 형제자매나 심지어 자기 자신마저 미워하지 않으면 내 제자가 될 수 없습니다"눅 14:26라고 합니다. 그리고 "나는 아들과 아버지, 딸과 어머니, 며느리와 시어머니와 서로 다투게 하려고 왔습니다"마 10:35라고도 합니다. 심지어 예수 자신도 자기를 찾아온 어머니와 형제에 대해 "누가 제 어머니이고 형제입니까? 하나님의 뜻을 행하는 자, 그들이 내 형제자매요 어머니입니다"라고 했다는 이야기가 나옵니다.막 3:21; 31~35

이는 예수가 혈연보다 제자들과 함께 새롭게 추구하려는 아나키 사회가 더 중요하다고 생각했음을 보여줍니다. 이에 대해 "예수는 이 추종자에게, 예수를 따르는 데에는 철저한 의무 준수가 절대적이며 이러한 점에서 부모 사랑 계명 또한 상대화된다는 것을 말한 것"[110]이라고 보는 견해에는 의문이 있습니다. 그렇게 본다면 예수는 절대적인 우월자가 되어버립니다. 물론 예수에게 그 정도로 사람을 끄는 힘이 있음을 강조하거나, 제자들의 결단을 강조하기 위해 그렇게 표현했다고 할 수 있을지 모르겠습니다.

여하튼 예수의 제자는 모두 12명에 이르게 되는데, 12라는 숫자는 앞에서 본 광야에서의 40일이라는 숫자와 마찬가지로 완전한 형태의 수이며, 특별한 의미구약의 12지파를 갖는 것이므로 반드시 12명이라고 볼 수는 없습니다. 예수는 제자임을 명시하는 방법, 가령 세례와 같은 증명 방법을 취하지 않았습니다. 그래서 숫자에 유동이 있었으리라고 생각됩니다. 예수가 언제나 12명을 유지했다고 보기는 어렵습니다.

12명 외에도 추종자는 많았습니다. 특히 여성들이 주목됩니다. 물론 그들은 대부분 소외 계층인 과부, 창녀, 환자들, 귀신 들린 여성들눅 8:2이었습니다. 그밖에 정상적인 여성들은 당시 어린 나이에 결혼을 했으니 예수를 따르지 못

---

110) 게르트 타이센, 이진경 옮김, 『갈릴래아 사람의 그림자 – 이야기로 본 예수와 그의 시대』, 비아, 2019, 76쪽.

했습니다. 또한 일시적인 추종자들도 복음서에 나옵니다. 가령 세리장이자 부자인 삭개오 같은 자들입니다. 예수는 세리들과 창녀들이 먼저 하나님 나라에 들어간다고 합니다.^{마21:31}

이처럼 조직을 엄격하게 하지 않고 자유롭게 한 점도 아나키스트적인 면모라고 할 수 있습니다. 그것은 지성에 대한 자유, 인공에 대한 자연, 기계 예술에 대한 수공예, 당파에 대한 운동체, 구상에 대한 추상, 현실에 대한 환상 내지 이상을 연상시킵니다.

예수 사후에 조직되는 예수 교단 내지 교회는 사상과 형태 전반에서 권위주의, 교조주의, 계급제도를 갖게 됩니다. 이는 사도행전 1장에서부터 볼 수 있습니다. 예수 사후 제자들은 예수를 배신해 죽은 유다 대신 마티아를 제비로 뽑습니다.^{행 1:26} 그리고 바울의 공개서한인 고린도전서 12장에는 교단 가운데 지도자가 갖는 권위나 계급에 대한 설명이 다음과 같이 나옵니다.

여러분은 그리스도의 몸이고 여러분 하나하나는 그 지체들입니다. 첫째로 사도들이고, 둘째로 예언자들이며, 셋째로 교사들입니다. 그 다음은 기적[의 은사], 그 다음은 치유[의 은사], 도와주는 은사, 지도하는 은사, 갖가지 이상한 언어[의 은사]들입니다.^{고전 12:27~28}

이는 조직이고 계급입니다. 이러한 사상과 형태가 뒤에 가톨릭에서 교황을 정점으로 하는 계급제를 낳습니다. 그것이 예수 아나키즘의 타락으로 나아가게 하는 조직의 문제입니다.

5. 예수가 행한 기적
복음서의 기적

예수는 제자들과 함께 요단강을 건너 갈릴리로 이주해 가버나움에 정착합니다. 마태복음에서 예수는 "요한이 잡혔다는 소식을 듣고 갈릴리로 돌아"갔다고 하지만, 요한복음에는 이에 대한 언급이 없습니다. 마태복음에 따르면 예수는 나사렛이 아니라 "스불론과 납달리 지방의 바닷가에 있는 가버나움으로 가서" 살면서 "회개하시오! 하나님 나라가 다가왔습니다"라고 전도하기 시작했음을 앞에서 보았습니다.마 4:12~17

갈릴리 호수 북서쪽에 있는 가버나움은 당시 유명한 교역항구로 매우 번화해서 세관막 2:14도 있고 큰 회당눅 7:5도 있으며 주민들이 많은 마을이었습니다. 예수가 포교 활동의 본거지로 삼은 곳이자 기적을 많이 행한 곳입니다. 가버나움은 또한 베드로의 고향이기도 하고, 예수가 베드로를 위시한 최초의 네 제자를 부른 곳이기도 합니다.마 4:13; 18~22 그러나 6세기 무렵 페르시아에 의해 도시가 파괴되고 잊혀져 지금은 호숫가 종려나무들 속에 폐허 더미로 남아 있을 뿐입니다. 지금 그곳에는 로마 유적처럼 보이는 유대 회당이 남아 있습니다. 그러나 예수가 회당에서 설교한 것은 그의 다른 활동에 비하면 미미합니다.

예수가 가버나움에서 어떤 내용의 설교를 했는지는 알 수 없습니다. 당시 유대인들은 안식일토요일에 회당에 모여 신앙을 고백하고 기도를 드린 뒤, 모세오경과 예언서를 낭독하고, 설교를 들었습니다. 안식일에는 여행이나 방문 등이 금지되고, 주로 철학, 신학, 문학, 예술에 대한 독서를 하고 가족과 함께 지냈습니다. 2천여 년 전 이스라엘 땅에서 쫓겨나 세상을 유랑하면서도 그 전통을 지킨 것이 오늘날 다수의 노벨상 수상을 비롯하여 지성과 감성이 뛰어난 인물들을 배출한 기초가 되었다고 볼 수 있습니다.

가버나움에서 많은 기적을 일으켜 예수의 제2의 고향이라고도 합니다.마 4:13 그러나 포교가 제대로 이루어지지 않아 예수는 분개합니다.마 11:23, 눅

11:15 가버나움에서 예수는 자신이 선생이자 치유자임을 공식적으로 선언하는데, 이때부터 예수에 대한 복음의 언급은 주로 기적에 관한 것들이 됩니다. 그러나 기적이란 말은 복음서에 네 번밖에 나오지 않습니다. 헬라어로 세메이온σημειόν이라는 말이 누가복음 23장, 테라스τέρας 라는 말이 마태복음 24장, 마가복음 13장, 요한복음 4장에 각각 한 번씩 나옵니다.[111] 그러나 기적이라고 여겨지는 행위는 그밖에도 많이 나옵니다. 처녀 임신이나 부활과 같은 신화를 제외한다고 해도 자연이나 인간과의 관계에서 행해진 기적, 그리고 질병이나 장애의 치유에 관한 기적으로 대별할 수 있을 정도로 많이 나옵니다. 특히 마가복음은 그 4분의 1이 기적 이야기이고, 다른 복음서는 그 중 몇 가지를 선별해 싣고 있습니다.

첫째, 자연이나 인간과의 관계에서 행해진 기적으로 예수가 풍랑을 진정시킨 이야기, 호수 위를 걷는 이야기, 엄청난 양의 고기를 잡았다는 이야기, 수많은 사람들에게 음식을 먹인 이야기 등입니다. 둘째, 치유에 관한 기적으로 열병이나 중풍, 또는 손이나 눈이나 귀의 장애 등을 치료하고, 사람에게 들어간 악령을 퇴치하는 이야기. 죽은 자를 되살리는 이야기 등입니다.

경계 넘기 – 풍랑과 치료와 전도

복음서에는 비유 설교를 마친 뒤 예수가 제자들과 함께 갈릴리 호수 '건너편'으로 가는데 호수에서 풍랑이 휘몰아쳤지만 그것을 가라앉혔다는 이야기가 나옵니다. 비유 설교에 대해서는 아래에서 설명할 터이니 순서가 뒤바뀌지만, 여기서는 풍랑 이야기부터 하겠습니다. 풍랑이 치자 제자들은 공포에 젖지만, 예수는 그냥 잠을 잡니다. 그 모습에 답답해하던 제자들이 예수를 깨

---

111) 한글 성서는 헬라어 세메이온(σημειόν)을 이적(⬚⬚) 또는 표적(⬚⬚)이라고 번역하고, 테라스(τέρας)를 기적(⬚⬚)이라고 번역해서 혼선 양상을 보입니다. 둘 다 기적이라고 할 수 있습니다.

운 뒤, 예수가 "잠잠해져라"라고 한 말 한마디에 풍랑이 가라앉았습니다.^{마 8:18,} ^{23~27, 막 4:35~41, 눅 8:21~25}

이 이야기를 합리적으로 생각해 보면, 풍랑이 잦아질 무렵에 예수가 깨어났다는 것이 됩니다. 반대로 비합리적으로 생각해 보면 예수는 신의 아들이고 그리스도여서 전지전능한 존재이므로 자연현상을 지배할 수 있다는 것이 됩니다. 그러나 이 두 가지 생각 모두 납득하기 어렵습니다. 합리적인 해석은 우연의 일치라는 것으로 아무런 의미도 갖지 않는 것이고, 비합리적인 해석은 뒤에 예수가 죽는 것을 면하지 못하는 것을 보면 인정하기 어렵기 때문입니다.

마이어스에 의하면 여기서 중요한 점은 예수가 사람들이 위기에 놓일 때 그들을 구하기 위해 기적적으로 관여하는 존재라고 하는 점입니다. 그리고 풍랑이라고 하는 자연재해의 위기는, 예수가 '건너편'이라고 하는 '경계 넘기'를 방해하는 모든 방해물을 말한다고 볼 수 있습니다.[112] 그 경계의 하나가 유대인과 이방인과의 적개심입니다. 즉 민족 간의 적개심입니다. 그 '건너편'은 게라사입니다. 게라사는 갈릴리 호수 동편 현지어로 '쿠르시'라 불리는 유적지로 추정됩니다.

게라사Gerasene에서 예수는 미친 사람들을 낫게 하는 등의 치료를 합니다.^마 ^{8장, 막 5장, 눅 8장} 그런데 사람들을 미치게 한 귀신의 정체는 로마 군대로 나타납니다.^{막 5:9} 이 이야기는 로마제국이 식민지 사람들을 미치게 할 정도로 파괴했음을 말합니다. 예수가 귀신을 쫓으려고 하자 귀신은 돼지 떼 속에 보내달라고 요청합니다. 이는 당시 로마 군대에서 돼지 숭배가 유행했음과 관련이 있습니다. 예수가 그들을 돼지 떼 속에 넣자 돼지 떼는 비탈을 내리 달리는데, 이는 군대의 돌격을 뜻합니다. 그러자 그곳 사람들이 예수에게 감사하기는커

---

112) 체드 마이어스, 황의무 옮김, 『강한 자 결박하기』, 대장간, 2022, 93쪽.

넝 자기 마을을 떠나달라고 예수에게 요구합니다.

그래서 예수는 다시 배를 타고 호수 건너편 유대 땅으로 돌아와 여성 환자들을 치료합니다.막5:21~43 그 중 한 여성이 열두 해동안 하혈을 했다는 이야기가 이어지는데, 그것은 고대 이스라엘의 열두 지파가 죽어가고 있음을 상징하고, 예수가 그녀를 치료함은 분권 사회인 '아나키 사회'의 회복을 상징합니다.

이어 예수가 고향에 돌아와 안식일에 유대교 회당에서 가르치는데, 이웃과 친족이 예수의 혈통이 낮다고 하며 그를 배척하여, 예수는 방랑의 사역을 떠나고 제자들도 여러 지방에 파견합니다.막6장 그는 제자들에게 복음을 수용하면 남아 있지만, 거절하면 떠나라고 말합니다.막6:11 즉 전도는 지배나 정복이 아니라, 순수한 복음의 전파라는 것입니다. 그러니 지배나 정복과 같은 과거 기독교의 전도 행위는 모두 예수의 뜻을 어긴 것입니다.

전도에서 돌아온 제자들에게 예수는 빵 다섯 개와 물고기 두 마리로 오천 명을 먹이는 기적을 행하는데, 이것을 '오병이어'五餠二魚의 기적이라고 합니다.마14:13~21, 막6:41, 누9:10~17, 요6:1~15 이는 나눔의 경제를 실현하기 위해서는 경쟁과 개인주의의 시장 경제를 넘어서서 협동과 참여를 중시하는 노동자 소유 기업, 협동조합, 토지신탁 등을 추구해야 한다는 것을 뜻합니다. 토지신탁은 공동체의 이익을 위해 땅을 사거나 임대하는 공동체 조직으로, 토지 및 주택 투기, 부재지주를 금지하고 생태적으로 건강한 땅 사용의 실천을 통해 주택 가격을 장기간 저렴하게 하려는 것입니다. 이 모든 것은 아나키즘적 경제를 말합니다.

앞에서도 말했듯이 예수를 치유신으로 만든 것은 예수 사후 기독교가 지중해 세계에 진출하기 위해서였습니다. 그러나 복음서에 나오는 예수는 사람들이 사는 곳을 직접 찾아 다니면서 치유를 하는 점에 특징이 있습니다. 그러니 오늘날의 교회 같은 조직을 그는 갖지 않았고, 그런 것을 만들려고 생각하지도 않았습니다. 사실 일요일에 몇 시간 정도밖에 사용하지 않는 교회라는 것이 과연 독립건물로 필요한 것일까요? 게다가 그 교회 건물이란 얼마나 웅장합니까? 엄청난 건축비가 들었겠지요? 그것을 예수처럼 병자의 치료에 쓴다면 어떨까요? 사실 교회 건축만큼 예수의 아나키즘에 반하는 것이 또 없습니다. 유럽의 문화재란 대부분 그런 거대한 성당과 교회인데 참으로 황당하기 짝이 없습니다. 하기야 보리수나무 밑에서 도를 닦은 붓다도 동양의 수많은 절들을 보면 기가 막히겠지요? 게다가 천편일률적으로 지어지는 그 거대한 건물들이 대단히 예술적인 문화유산이라고 하는 말에 질리곤 합니다.

기적의 아나키즘적 의미

톨스토이는 예수가 행했다는 기적 이야기의 비합리적인 요소를 싫어해 그의 『복음 요약』에 거의 언급하지 않습니다. 물리학, 화학 및 기타 과학 분야에서 교육받은 독자는 구약이나 신약의 많은 초자연적 기적을 믿을 수 없다고 주장한 그는, 그리스도의 기적이 나중에 인간의 믿음을 확인하기 위해 추가되었을 뿐이라고 생각하지만, 오늘날 그것들은 불필요하기 때문에 진정한 믿음을 약화시키고, 예수의 가르침의 중요한 도덕적 지침에서 주의를 돌린다고 비판합니다.

누가복음에서 예수는 나사렛에서 가버나움으로 가서 귀신을 쫓고 병자를 고쳐주는 등의 기적을 행하지만, 톨스토이를 비롯한 기독교 아나키스트들은 예수가 그의 사역 전반에 걸쳐 수행하는 다양한 퇴마退魔, Exocism, 귀신을 쫓아내는 일, 구마驅魔라고도 번역하고 기독교에서는 그 말을 애용합니다와 기적적인 치유에 대해 거의 언급하지 않습니다. 기적의 정치적 중요성이 미미해 보이기 때문입니다.

그럼에도 불구하고 톨스토이는 『복음 요약』에 예수의 기적 중 일부를 포함시켰습니다.[113] 톨스토이는 도덕적 해석을 보다 투명하게 만드는 방식으로 기적을 기록했습니다. 따라서 그러한 합리적 해석이 정식화될 수 없는 기적은 제외했습니다. 그러므로 복음의 기적을 다룰 때 톨스토이는 기적이 전달하는 교훈, 즉 물리적 사건보다는 그 진실에 더 관심이 있었습니다. 어쨌든 그가 그의 『복음 요약』에 기적을 포함하는 경우에도, 그는 실제로 그것에 대해 논의하거나 그 아나키즘적 의미를 정교화하는 데 시간을 소비하지는 않습니다. 따라서 기적에 대한 톨스토이의 입장을 명확하게 알기는 어렵습니다.

이와는 대조적으로 마이어스는 마가복음의 모든 퇴마와 치유의 기적이 기록된 사회적, 텍스트적 맥락에서 그 의미를 알레고리적이고 정치적으로 세심하고 설득력 있게 설명합니다. 그는 복음의 기적이 지배적인 사회적, 정치적, 종교적 질서를 전복시키는 기능을 한다고 주장합니다. 예를 들어, 가버나움의 유대교 회당에서 예수는 율법학자들을 대신하여 목소리를 내는 악마를 쫓아냅니다.막 1:21~28, 눅 4:31~37 즉 악마는 사람들의 마음과 생각을 지배하는 율법학자들의 권력을 위인화한 것으로, 예수는 그 악마의 영향력을 파괴해야만 민중에게 자비로운 사역을 시작할 수 있다고 봅니다.[114] 따라서 악마 추방은 단순히 간질 환자의 치료를 의미하지 않습니다. 기존 질서를 유지하고자 기적을 행하는 사람들을 묘사한 그리스 문학과 달리, 복음서에서는 기존 질서의 사회적 억압에 대한 도전으로 기적을 묘사합니다.

그런 다음 예수는 회당을 떠나 제자들의 집으로 갑니다. 악마와 귀신이 들끓는 회당과 달리 집은 안전한 곳입니다. 그곳에서 예수는 시몬베드로의 장모를 치료합니다.마 8:14~15, 막 1:30, 눅 4:38~39 그녀는 마가복음에 나오는 첫 여성인데, 그녀가 예수의 '시중을 들었다'고 함은 단순히 식사대접을 했다는 것이

---

113) 레프 톨스토이, 강주헌 옮김, 『톨스토이 성서』, 작가정신, 1999, 27쪽.
114) 체드 마이어스, 황의무 옮김, 『강한 자 결박하기』, 대장간, 2022, 38쪽.

아니라, 사회적으로 무시당한 여성들이 예수의 참된 제자가 되었음을 뜻합니다.

그 뒤 예수는 많은 병자를 치료합니다. 그들은 모두 자유와 권리를 박탈당한 사람들입니다. 당시는 로마-유대전쟁이 일어나기 10년 전이어서 수많은 팔레스타인 사람들이 재산을 뺏긴 상태에 있었습니다. 이는 지금도 마찬가지이고, 오히려 과거보다 더 어려워졌습니다. 그리고 지금과 달리 당시에는 질병이란 주로 '사회적으로 부정한 상태'로 인식되었습니다. 심지어 여성의 생리조차 부정한 것으로 여겨졌고, 피부가 검은 것도 열등하다고 여겨졌는데, 이는 예수 시대만이 아니라 최근까지도 그러했습니다. 예수는 이러한 상징적 실서에 의해 병들고 불순한 사람들에게 거부된 사회적 온전함을 회복하기 위해 치유 사역을 시작합니다. 막 1:32~39, 눅 4:40~41

마이어스는 당시의 나병은 오늘날의 그것과 달리, 모든 종류의 피부 질환이라고 보는데, 나병 환자와 중풍 환자의 치유 마 8:1~4, 막 1:40~2:15, 눅 5:12~16는 각각 정결법과 채무제도에 대한 제사장들의 공격이라고 봅니다.[115] 제사장들은 집단과 계층 사이의 경계를 유지하기 위해 무엇이 정결, 즉 깨끗하고 더러운지를 정했습니다. 음식 가리기나 남성 할례가 바로 그런 것입니다. 마찬가지로 채무debt는 죄와 동일한 것으로 취급되었습니다. 그것들을 정하는 자들은 제사장을 비롯한 권력자들입니다. 예수는 그러한 자들에게 도전합니다. 성전 숭배에 대한 비판도 마찬가지입니다.

외국 점령을 암시하는 모든 군사적 이미지와 함께 게라사 악마의 엑소시즘은 우화적으로 매우 정치적인 거부이자 권력에 대한 도전에 해당합니다. 마이어스는 그런 식으로 상당히 자세하게 이러한 기적과 다른 복음 기적의 정치적 중요성을 강조합니다. 이처럼 예수의 엑소시즘과 기적의 치유는 기독교

---

115) 체드 마이어스, 황의무 옮김, 『강한 자 결박하기』, 대장간, 2022, 42~43쪽.

아나키스트 사상에 직접 기여하지 않을 수도 있지만, 마이어스의 주석적 접근을 따라 읽을 때 간접적으로 그것을 뒷받침한다고 볼 수 있습니다.[116]

사회적 약자에 대한 배려

예수 아나키즘의 원리는 첫째, 사회적 약자인 민중에 대한 적극적인 동일시에 의한 주체적 주인공으로서의 역전, 둘째, 민중이 착취당하는 강압적인 권력관계에 대한 폭로와 비판, 셋째, 새로운 평등주의적 사회생활 양식인 '아나키 사회'로의 이행이라는 단계를 거칩니다. 첫째, 예수가 보여주는 사회적 약자에 대한 적극적인 동일시로서의 주체 역전은 '아나키 사회'가 부자가 아닌 가난한 사람들마 19:16~24, 막 10:17~25, 눅 6:20; 18:18~25, 배부른 사람이 아닌 배고픈 사람들마 6:11, 눅 6:21, 대제사장과 귀족이 아닌 세리와 창녀마 21:31~32, 어른이 아닌 어린이마 18:3; 19:14, 막 10:14, 눅 10:21; 18:16, 의로운 사람들이 아닌 죄인에게 속한다고 하는 것입니다.마 9:13, 눅 15:11~32 그러한 역전은 외국인마 9:21~22, 거지막 10:46 종교적, 정치적, 경제적으로 강력한 사람이 아닌 가난한 과부들에게도 나타납니다.막 12:41~44, 눅 21:1~4

이는 격언"지금 앞서도 나중에 뒤떨어지고, 지금은 뒤떨어져도 나중에 앞선 사람이 많을 것이다",마 19:30, 막 9:35, 막 10:31, 눅 13:30, 도 4이나 일상 언어마 21:31, 눅 14:12~13로도 나타나지만, 무엇보다도 비유에서 발견할 수 있습니다. 예를 들어, 혼인 잔치의 비유마 22:1~14, 눅 14:15~24, 도 64에서 연회에 초대되는 손님은 거기에 있으리라고는 전혀 예상하지 못했던 사람들인 "가난한 사람, 불구자, 눈먼 사람, 절름발이"눅 14:21로 나타납니다. 또한, 나사로의 비유에서 "부자의 식탁에서 떨어지는 부스러기로 주린 배를 채우려" 한 거지 나사로는 아브라함과 천사들과 함께 갔고, "자색옷과 모시옷을 입고 날마다 즐겁고 호화로운 생활을 한" 부자

116) 체드 마이어스, 황의무 옮김,『강한 자 결박하기』, 대장간, 2022, 44쪽.

는 지옥에 떨어졌습니다.눅 16:19~31 이처럼 비유에서 사회에서 '가장 낮은' 사람들, 즉 배고프고 목마르고 헐벗고 갇힌 사람, 병든 사람, 외국인을 대하는 방식은 궁극적으로 그들의 삶을 판단하는 기준을 제공합니다. 어리석은 부자 바보의 비유에서 부자는 평생 이기적으로 부를 축적한 결과 가난해집니다.눅 12:16~21, 도 63 반면 예수에 의한 사회정치적 역전의 가장 설득력 있는 증거는 그가 사회적으로 소외된 사람들과 함께 살았으며, 그렇지 않은 사람들과는 거의 끊임없이 갈등을 겪었던 사람으로서의 실천에 대한 반복적인 묘사입니다.막 2:4; 15~17, 눅 7:36~48; 8:2; 19:2~10, 요 7:53~8:11 이러한 역전이라는 주제는 불평등한 관계의 숫자를 폭로하는 것일 뿐만 아니라, 그 안에 있는 무력한 사람들과 그들의 필요와 욕망을 보이게 하고 가치를 부여하는 기능을 합니다.

착취의 폭로와 비판

민중의 주인공 역전이라는 주제와 함께 예수가 경제적, 법적, 신권적, 군사적, 의학적 착취를 폭로하고 비난하고, 억압받는 사람들의 행위와 그러한 억압에 저항할 수 있는 능력을 긍정하는 대응을 옹호하거나 제공하는 모습을 복음서에서 많이 볼 수 있습니다.

첫째, 부에 대한 예수의 적대감은 복음서 전체에 널리 퍼져 있습니다. 가령 신과 마몬을 함께 섬길 수는 없다거나마 6:24, 눅 16:13 부자가 하나님 나라에 들어가는 것보다 낙타가 바늘귀로 빠져나가는 것이 더 쉽다거나마 19:24, 막 10:25, 눅 18:25 진짜 보물은 하늘에 있다고 하고마 6:20, 눅 12:33 자선을 베풀 때는 스스로 나팔을 불지 말라고도 합니다.마 6:2, 눅 12:13~14; 16:13, 도 72 부자에 대한 반복적인 공격은 부에 대한 이러한 적대감이 금욕주의에서 비롯된 것이 아니라, 가난과 부 사이의 갈등에서 비롯된 것임을 보여줍니다.마 19:21, 막 10:21, 눅 18:22; 19:1~9 그러한 사고방식의 징후는 마가복음에서 볼 수 있는데, 남을 속여 빼앗지 말라는 명령은 원래 십계명에서 발췌한 일련의 계명에 추가된 것입니다.신 5:6~11, 출 20:1~17:180 눅 19:8, 약 5:4

둘째, 법적 착취는 예수가 "당신을 재판에 걸어 당신의 속옷을 가지려는 사람에게는 겉옷마저 내주시오"라고 하는 것입니다.마 5:40, 눅 6:29 그리고 과부의 권리를 찾아주기 위해서가 아니라, 과부가 괴롭히니 성가셔서 권리를 찾아주는 재판관의 이야기를 합니다.눅 18:2~6

셋째, 신권적 착취마 15:5; 23:1~36, 막 7:11; 12:37~13:4; 21:1~7, 눅 20:45~47는 가령 "불행하도다. 너희 율사와 바리새 위선자들아! 너희는 개종자 하나를 만들려고 바다와 육지를 돌아다니다가 개종자가 생기면 그를 너희보다 갑절이나 못된 지옥의 아들로 만들어버린다"마 23:15라는 것입니다. 그래서 예수는 제자들에게 특히 율사랍비나 사부로 불리는 것을 경계하라고 합니다.마 23:8~10

넷째, 군사적 착취는 가령 누가 천 걸음을 가지고 하거든 이천 걸음을 가주라는 것입니다.마 5:41

다섯째, 의학적 착취는 가령 병으로 인한 궁핍입니다. "그녀는 많은 의사에게 많은 고통을 겪었고, 가진 것을 모두 탕진했습니다. 그녀는 나아지지 않았고, 오히려 악화되었습니다"막 5:26, 눅 8:43 또는 "나는 석공이었고, 손으로 생계를 꾸려왔습니다. 예수님, 간청합니다. 제 건강을 회복시켜 주셔서 부끄럽게 음식을 구걸하지 않아도 되게 해 주십시오"제롬의 나사렛 복음, 마 12:13의 주석에서 볼 수 있습니다. 예수와 그의 추종자들이 제공한 치유의 무상성은 분명히 중요한 의미가 있습니다.마 10:5

다음 억압받는 사람들의 행위와 그러한 억압에 저항할 수 있는 능력을 긍정하는 사례를 봅시다. 가령 유대에서 점령군이 장비를 운반하도록 강제로 징집했을 때 어떻게 대응해야 하는지가 이에 대한 예로 볼 수 있습니다.막 15:21 피해자가 요구한 것보다 더 멀리 장비를 운반하라는 명령이 실행되었다면, 피해자에게 행위의 힘을 회복시킬 뿐만 아니라, 군인이 자신과 자신이 대표하는 식민지 정권이 궁극적인 권한을 가지고 있다는 것을 비폭력적으로 훼손할 수 있는 충격적이고 예상치 못한 행동이 발생할 것입니다. 이는 적을 사랑하라는 명령을 이행하는 것으로 볼 수 있습니다.마 5:38, 눅 6:29~30 이는 특히 예수의 생각입니다.마 5:44, 눅 6:27, 롬 12:12~21 행위의 힘을 박탈당한 사람들에게 행위의 힘을 회복하려는 관심은 다소 다른 방식이기는 하지만, 개인이 예수에게 적극적으로 그것을 요구하거나 심지어 스스로 그것을 빼앗음으로써 치유를 얻는 이야기에서도 볼 수 있습니다. 예수는 이러한 전술을 용인했을 뿐만 아니라 장려한 것으로 보입니다.

자유롭고 평등한 삶의 방식 = 아나키 사회

이상의 행위와 함께 대안을 제시하는 새로운 사회적 관계 모델인 자유롭고 평등한 삶의 방식인 '아나키 사회'가 이행됩니다. 예를 들어, 가족 관계와 의무에 대한 날카로운 비판입니다. 이를 가부장제에 대한 계획적 공격으로 보는 것은 잘못이지만상당수 여성이 이를 비판적 페미니즘의 증거로 보지만 이는 잘못 본 것입니다, 가족의 전통적 형태는 가려지고 훨씬 더 포괄적이고 허구적인 가족, 즉 결혼과 혈연의 유대가 아니라, 공유된 목적에 따라 구성원 자격이 결정되는 가족이 예수의 추종자들 사이에서 옹호되고 실현된 점을 부정할 수는 없습니다. 사회적 관계와 의무는 더 이상 대칭적이든 비대칭적이든 상호성에 따라 구조화되지 않으며, 누군가가 '갚을' 수단을 가져야 하지만, 대신 관대함의 정신이 기대되며, 빚이 용서되고 자원이 있는 사람들에게는 자유롭게 행동하고 계산하지 말라고 합니다. 예수의 가르침과 실천의 전통에는 또한 정기적으로 다음이 포함됩니다. 식사에 대한 독특한 접근 방식은 고대에 불평등한 권력 관계를 문자적, 상징적으로 유지하는 데 핵심적인 것이었으며, 이는 또한 1세기 팔레스타인의 경우 심각하고 불평등한 분열을 만들어냈습니다.

예수는 크로산이 '공개적 친교'open commensality라고 부르는 것을 옹호하고 입증했습니다.[117] 즉 사회의 수직적 차별과 수평적 분리를 축소하여 보여주는 지표인 테이블을 사용하지 않고 모두가 함께 앉아서 같이 식사를 하는 것입니다. 이것은 예수의 실천에서 중요한 모티브였으며마 9:11, 막 2:15, 눅 5:29 그가 '대식가이자 술꾼'마 11:19, 눅 7:34 으로 조롱받고 '세리와 죄인'마 9:11, 막 2:16, 눅 5:30과 함께 식사하는 사람으로 조롱을 받게 했습니다. 그러나 이것은 예수의 가르침눅 14:12~14, 특히 비유 우화와 기적에도 존재하며, 심지어 미래 아나키에 대한 종말론적 비전에도 존재합니다. "내가 너희에게 이르노니 동서에서 많은 사람이 와서 아브라함과 이삭과 야곱과 함께 천국에서 먹을 것이요"마 8:11, 눅 13:29라는 예수의 말은 그가 구상한 '아나키 사회'에 대한 열망과 우려가 궁극적으로 보편적이었다는 점을 나타내는 것이며, 심지어 아나키즘의 핵심 개념인 세계주의를 보이는데마 22:16, 막 12:14, 눅 20:21 이는 '아나키 사회'에 있는 사람들의 행동이 신의 성품을 반영해야 한다는 기대에 뿌리를 두고 있으며, 신은 예수와 당시의 다른 유대인들에게 "사람을 차별하지 않는다"라는 의미입니다. 이는 그 자체로 평등주의적이지만 그러한 경의로 상징되는 권력의 구조와 가정을 드러내고 도전하는 것이기도 합니다. 계층화와 위계의 수혜자들에게 그것은 무례함의 파괴적인 수사학을 제시했습니다.

아나키의 교육은 미래지향적이고 비강제적

교육은 아나키즘에서 상당한 중요성을 지닙니다. 주로 사회적 변혁을 목표로 하는 다른 정치 철학과 달리 아나키즘에서 교육은 결코 단순히 새로운

---

117) 존 도미닉 크로산, 김준우 옮김, 『역사적 예수 : 지중해 지역의 한 유대인 농부의 생애』, 한국기독교연구소, 2000, 261~264쪽.

사회 질서를 달성하는 수단이 아니기 때문입니다. 교육은 모든 형태의 아나키즘에 중심이 되는 미래지향적 실천의 일부이며, 이러한 미래지향적 실천은 강압이 없고 경쟁과 지배보다는 연대와 동료의식을 심어주며, 적극적인 공감과 타인과의 동일시를 장려하는 것을 특징으로 합니다. 예수의 가르침 중 일부는 적을 사랑하라는 명령마 5:44, 눅 6:27, 35이나 이혼 금지마 5:31~32; 19:3~12, 막 10:2~12, 눅 16:18와 같이 명령의 형태를 취한 것처럼 보이지만, 그의 가르침에서 가장 많은 부분은 비유적이고 정서적인 형태로 제공되며, 듣는 사람이 전달되는 내용에 대해 좁게 미리 결정된 이해에 도달하도록 강요하지 않는 형태입니다. 많은 비유 우화는 또한 어떤 방식으로든 타인과의 공감과 동일시를 직접 촉진하는 기능을 한다고 할 수 있으며마 22:1~14, 눅 14:15~24, 도 64 대부분은 아나키의 실천에 부여된 중요성을 강화하는 것 등을 통해 간접적으로 이에 기여한다고 할 수 있습니다. 사실 아나키즘이 가장 활발하게 조명된 분야가 교육입니다. 톨스토이의 자유학교와 이반 일리치의 '학교 없는 사회'를 비롯한 다양한 아나키즘 교육론은 아나키즘이 예술에 미친 영향과 함께 가장 주목할 만한 영역입니다.

6. 바리새파와의 논쟁

바리새파

예수는 제사장이 관리하는 정결제도와 율법학자들이 관리하는 채무빛에 관한 제도를 비판한 뒤 바리새가톨릭에서는 바리사이라고 합니다파들과 맞서게 됩니다. 바리새파들은 경건주의에 입각하여 농촌을 중심으로 활동하면서 기원후 70년 예루살렘 성전의 파괴 이후에 유대교의 주류 세력이 되었습니다. 오늘날 유대교도들은 자신들을 바리새파의 후예라고 합니다.[118]

---

118) 톨스토이의 『복음 요약』은 예수의 연대기적 활동 순서와는 어긋나는 점이 많습니다.

기원전 167~142년 사이에 팔레스타인에서 벌어진 유대인들과 셀레우코스 왕조의 마카베오 전쟁 이후 사제들이 이방인들과 타협하자 평신도 신분의 율법학자들이 나타났는데, 이들이 주로 바리새파였습니다. 예수 당시 6천 여명에 달한 바리새파는 단식, 기도, 선행, 성서 공부에 열중하고 로마제국으로부터 독립운동에도 앞장섰기에 유대인들의 존경을 받았습니다. 바리새파는 세리를 경멸했습니다. 로마제국에 협조하고 부정부패의 전형이라는 이유에서 강도나 도적과 같은 부류로 보았습니다. 누가복음 3장 13절에서 세례 요한은 세례받으려 온 세리들에게 "부과된 것 외에는 거두지 말라"라고 말합니다.

그러나 예수는 세리와 죄인들도 제자로 불러들였습니다. 이에 바리새파들은 반발했습니다. 예수는 세리를 병자와 같이 사회적으로 소외된 사람들로 보았습니다. 바리새파와 이어진 논쟁에서 예수는 배타적인 식사 관행의 전통인 씻지 않은 손으로 빵을 먹는 것을 거부하는 것을 비롯하여 그들의 권위 자체를 거부합니다.마 15:1~20, 막 7:1~21

그런 전통은 정치적민족 정체성 규정, 경제적중간 이익 취득, 사회적계급 규정 기능을 하는 것입니다. 그러나 예수는 이를 신의 계명이 아닌 사람의 전통이라고 하며 인정하지 않습니다. 그 예로 예수는 부모 부양의 책임을 회피하기 위해 바리새파가 재산을 성전에 바치게 한 것고르반을 비난합니다.막 7:11~13 예수는 몸 밖에서 몸 안으로 들어가는 것으로 몸을 더럽히는 것은 없다고 하는데,막 7:18~19 여기서 몸은 사회를 비유합니다. 즉 오염은 사회 안에서만 발생합니다.

그 책 2장에 설명되는 바리새파와의 논쟁도 나사렛이 아니라, 예수가 출신지인 갈릴리를 벗어나 다른 지역에서 행한 것입니다. 바리새파들은 예수를 궁지에 빠트릴 계략을 꾸미지만, 예수는 그들에게 잘 대응합니다. 예수와 반목한 사람들 중에는 그의 가족도 있었습니다. 요한복음 6장에서 예수는 자기를 찾아온 마리아를 비롯한 가족을 모른다고 말합니다. 보통 어머니라면 크게 화를 냈을 것이지만, 마리아는 마지막 순간까지 아들을 지킵니다. 그 모습이 미켈란젤로의 「피에타」를 비롯한 여러 피에타의 예수와 마리아입니다.

이어 예수는 바리새파에게 자신의 제자들이 단식을 하지 않는 이유를 "혼인 잔치 손님들이 신랑이 함께 있는 동안"막 3:19 단식할 수 없다고 설명합니다. 여기서 '혼인 잔치'란 신의 통치를 말합니다. 즉 신의 통치가 끝나면 단식한다고 합니다. 이를 예수는 새 포도주는 새 가죽 부대에 넣는 비유로 설명합니다.막 3:22

이어 세 번째 음식 논쟁이 나옵니다. 위에서 본 첫 번째의 누구와 함께 먹느냐, 두 번째의 언제 먹지 않아야 되느냐 하는 논쟁에 이어 언제 먹어야 하는가 하는 문제입니다. 즉 바리새파는 안식일에 먹어서는 안 된다고 주장하지만, 예수는 "안식일이 사람을 위해 생겼지, 사람이 안식일을 위해 생기지는 않았습니다"막 2:27라고 하며 저항합니다. 기독교 아나키스트들은 이 문제를 무시하는 경향이 있지만, 이는 아나키스트에게 중요한 경제 문제 해결의 힌트가 된다고 생각합니다.

예수는 유대 지역이 아닌 곳으로 가서 치료를 하는데마 15:21~28, 막 7:24~3 모르는 여자가 접근하여 미친 딸을 치료해달라고 간청하자 예수는 거절하고 자녀들을 배부르게 먹여야 한다고 말합니다. 그러자 여자는 개들도 자녀들이 흘리는 부스러기를 얻어먹는다고 하면서 예수에게 반박합니다. 이에 예수는 그 말 때문에 귀신이 딸에게서 물러갔다고 말합니다. 또 귀먹은 반벙어리를 치료하면서도 정결 전통을 어깁니다.

이러한 전통 논쟁은 인종이나 성이나 계급으로 인해 소외당한 여자가 예수에게 배제의 경계를 넘어서는 포용을 가르쳤음을 보여줍니다. 장벽을 만들고 억압을 지속시키는 요인 중 하나는 특권이므로 그것을 인식하고 버려야 한다는 것입니다. 이어 다시 예수는 4천 명을 먹입니다.마 15:32~39, 막 8:1~10 또다시 비유대인 지역으로 가면서 제자들에게 바리새파와 헤롯 왕을 조심하라고 말합니다. 그리고 예수와 제자들은 갈릴리 호숫가 북동쪽의 마을인 벳새다로 가서 소경을 낫게 합니다.막 8:22~26 위에서 보았듯이 벳새다는 예수의 제자인 빌립과 안드레 그리고 베드로의 고향이고요 1:44; 12:21 예수가 오병이어의 기적을 행한 곳입니다.막 6:45, 눅 9:10 그런데 벳새다 사람들은 회개하지 않았고, 결국 예수는 벳새다를 두로와 시돈, 심지어 소돔과 비교하며 심판 날에 그들이 얼마나 고통당할 것인지를 책망합니다.마 11:21, 눅 10:13~15

민중과 가족

민중이 예수를 따르기 시작합니다. 민중이란 자유와 권리를 박탈당한 사람들을 말합니다. 그런 가운데 예수는 귀신 쫓는 일을 계속합니다.마 4:25, 막 3:7~35, 눅 6:7~19 이를 지금 우리는 미신이라고 하지만, 예수 생존 당시에는 흔한 일이었습니다. 우리나라에서는 최근까지도 흔한 일이었고, 지금도 무당이 그런 일을 하고 있습니다. 이를 마이어스는 '강한 자를 결박하기'라고 부르고, 강한 자인 귀신은 지금 신자유주의의 자유시장과 같다고 봅니다.[119]

이어 예수는 열두 제자를 사도라고 이름 짓습니다.마 10:1~4, 막 3:13~19, 눅 6:12~16 앞에서 말한 대로 이는 구약의 열두 지파를 연상하게 합니다. 이를 사도들이 이스라엘을 대체한다고 보는 대체신학[120]과 연관시키는 견해가 있지만, 마이어스가 주장하듯이 고대 이스라엘의 분권적인 자치제도를 회복하려는 것으로 봄이 옳습니다.[121] 또한, 이는 타이센이 말하듯이 열두 지파가 지배한 이스라엘의 회복이 "로마에 종속된 '한 사람'의 대제사장을 중심으로 한 제사장 귀족 집단으로 대표되는 현재의 지배 구조의 틀 안에서 실현될 것이라고 기대하지 않았"고 "오히려 예수는 이스라엘 백성 중에서 어부나 농부와 같은

---

119) 체드 마이어스, 황의무 옮김, 『강한 자 결박하기』, 대장간, 2022, 67~70쪽.
120) 대체신학 또는 대체주의(Supersessionism)란 유대인이나 유대주의를 대체한 현재 교회의 상태를 말합니다. 교회는 신의 백성인 이스라엘을 대체하였고, 모세의 언약은 새 언약으로 대체되었다고 봅니다.
121) 체드 마이어스, 황의무 옮김, 『강한 자 결박하기』, 대장간, 2022, 62쪽.

평범한 사람들로 대표되는 민중적 통치가 실현될 것이라고 기대했"음을 뜻합니다.[122] 앞에서 보았듯이 예수가 광야에서 공생애를 시작하는 것이 그것을 상징합니다.

그 후 예수는 집으로 돌아오는데, 그가 미쳤다고 생각한 친족들이 그에게 사역을 단념하라고 재촉하고, 랍비들도 그를 공격합니다.막 3:19~35 당시 친족은 그 구성원에 대한 결정권을 가지고 있었습니다. 그러나 예수는 그러한 제도와 관행에 저항하면서 "누가 내 어머니며 내 형제들입니까?"라고 하고 "신의 뜻을 받들어 행하는 사람이야말로 내게는 형제요, 자매요, 어머니입니다"라고 말합니다.

씨뿌리는 사람의 비유

예수는 씨뿌리는 사람이라는 비유를 신의 통치에 대한 희망, 즉 아나키 사회에 대한 희망으로 말합니다.마 13:1~35, 막 4:1~34, 눅 8:4~8 좋은 땅에 뿌린 씨가 무럭무럭 자라 좋은 열매를 맺는 반면, 메마른 땅 등에 뿌린 다른 씨는 그렇지 못하다고 하며 좋은 땅의 좋은 열매를 아나키 사회로 말하는 것입니다. 이 이야기는 당시 소작농들은 메마른 땅에서 농사를 지었으나, 부자들은 최고급 농지에서 농사를 지었음을 보여줍니다. 예수가 말한 것은 신의 나라에서 빈곤이 없어지고, 풍요를 재분배하는 희년의 이야기입니다. 그러나 사람들은 믿지 못합니다. 그래서 예수는 희년과 반대되는 이념에 대해 주의하라고 경고합니다.

앞에서도 보았듯이 예수 당시의 유대는 로마제국의 지배를 받는 작은 식민지에 불과했습니다. 예수를 따르는 사람들이 그 제국과 싸워 이길 확률은 거의 없었습니다만, 예수는 겨자씨의 비유를 통해서 이길 확률이 있다고 말합

---

122) 게르트 타이센, 박찬웅, 민경식 옮김, 『기독교의 탄생』, 대한기독교서회, 2018, 88쪽.

니다. 즉 그것이 "뿌려지면 자라서 어떤 푸성귀보다 더 크게 되어 큰 가지들을 뻗칩니다."막 4:32

7. 예수의 리더십
메시아의 부정

방금 소제목을 '예수의 리더십'이라고 달았지만, 적절한 제목으로 생각되지는 않습니다. 리더십이라는 말이 조직 목표의 달성을 위해 개인 및 집단을 고취하고 활동하게 하는 기술이라고 이해되기 때문입니다. 예수에게는 조직이나 집단이 존재하지 않았습니다. 제자들과 함께 방랑했지만, 그것을 조직이나 집단으로 보기 어렵고, 예수가 그런 조직적 리더십을 발휘했다고 보기도 어렵기 때문입니다. 그래서 지도자나 영도자로 번역되는 리더라는 말도 예수에게는 적합하지 않습니다. 그러나 리더십을 리더가 구성원들에게 비전과 목표를 제시하고 구성원들을 이끌어 가는 힘이라고 한다면 예수나 그 제자들에게 해당한다고 볼 수도 있습니다.

뱃새다를 떠나 인근 마을로 가면서 예수가 제자들에게 "나는 누구입니까?"라고 묻자 베드로가 예수를 '메시아'라고 부릅니다. 앞에서도 말했듯이 메시아는 리더라는 말보다 훨씬 더 크고 강력한 존재인 대제사장이나 왕이나 예언자, 심지어 구세주를 가리키는 말입니다. 그 말을 좋아하지 않는 예수는 제자들을 나무라며 자신에 관해 말하지 말라고 명합니다. 그리고는 자신의 미래를 말합니다. "반드시 많은 고난을 받아야 합니다"라는 것입니다.마 16:21, 막 8:31 이는 권력과의 충돌과 그들에 의한 죽음을 미리 말한 것입니다. 여기서 메시아는 인자人子, 사람의 아들로 바뀝니다.

인자라는 말은 누가복음 2장 등에서 예수가 중풍병자를 낳게 한 뒤에 자신을 부르는 말로 처음 나옵니다.마 9:1~8, 막 2:10, 눅 5:17~26 이는 예수가 자신을 언급한 유일한 말이지만, 일상용어로는 '한 사람'이나 '각 사람'을 뜻하거나 '나'자기를 우회적으로 표현하는 말입니다. 구약의 다니엘서에 인자는 하늘에 있다가 종말에 세상을 심판하려 오는 초월적 존재를 뜻하는데, 이는 야만적인 여러 제국을 짐승에 빗대어 표현한 것과 대조하기 위한 것입니다.단7:13~14 예수가 그런 의미에서 인자라는 말을 사용했을 수도 있지만, 타이센은 모든 사람에게 메시아적 존엄성을 부여하기 위해 이 말을 사용했을 수도 있다고 합니다.[123] 여하튼 인자는 빚의 체제를 거부하고 희년의 안식 전통을 회복한 아나키적 인물을 말합니다.

그런데 예수가 자신을 인자라고 하자 베드로가 예수를 "나무라기 시작한다"막9:32라는 표현이 나옴을 앞에서도 보았습니다. 그 말도 이해하기 어렵지만, 예수가 그 베드로를 "사탄"이라고 욕하는 것은 더 이해하기 어렵습니다.막9:33 마이어스는 그 이유를 베드로가 전통적인 메시아를 고집한 탓이라고 봅니다. "그 전통은 영웅이 월등하고 '정당한' 힘을 사용하여 적을 이긴다는 '구속적 폭력의 신화'를 주장한다"라고 하며 이는 예수의 비폭력과 충돌하기 때문이라고 합니다.[124] 이는 그 뒤에 예수가 "나 때문에 또한 복음 때문에 제 목숨을 잃는" 사람이면 자기를 따르라고 하는 말로 알 수 있습니다. '목숨을 잃는 것'이 십자가형입니다. 당시 십자가는 종교적 상징이나 개인적 고난의 비유가 아니라, "로마제국이 반체제 인사에게 내린 잔인한 사형 방식"이었고, 따라서 당시 십자가형은 매우 흔했습니다.[125] 뒤에 베드로나 유다는 예수를 배신하고 제 목숨을 구하는 반면, 예수는 십자가를 집니다.

엿새 뒤 예수는 베드로 등을 데리고 산으로 가서 새하얗게 변모한 모습을

123) 게르트 타이센, 박찬웅, 민경식 옮김, 『기독교의 탄생』, 대한기독교서회, 2018, 93쪽.
124) 체드 마이어스 외, 임진아 옮김, 『오늘, 마가복음을 살다』, 대장간, 2018, 148쪽.
125) 체드 마이어스 외, 임진아 옮김, 『오늘, 마가복음을 살다』, 대장간, 2018, 149쪽.

보여주는데막 9:2~10 흰옷을 순교를 뜻합니다.[126] 이어 모세와 엘리야의 환상이 나오는데, 이를 본 베드로는 셋을 위한 장막을 만들려고 합니다. 그는 여전히 메시아 전통에 사로잡혀 있기 때문입니다. 그러나 신이 베드로에게 도전하여 베드로의 시도는 실패합니다. 그리고 예수는 간질병에 걸린 소년을 낫게 합니다.마 17:1~9, 막 9:2~29, 눅 9:28~36

가장 연약한 자를 위한 변호

제자들이 서열 다툼을 벌이자, 그것을 본 예수는 "누가 첫째가 되려고 하면 모든 사람의 꼴찌가 되어 모두를 섬겨야 합니다"라고 말합니다.막 9:35 그리고 예수는 자기를 "믿는 이 작은 사람들"을 "죄짓게 하는 사람들"은 그 손발과 눈을 절단하라고 말합니다. 비폭력주의자인 예수로서는 매우 잔인한 말이어서 그런 말을 한 것이 의심스럽지만, 암을 제거하여 생명을 구하기 위해서는 타당한 말이라고 볼 수 있습니다. 이를 마이어스가 "계층과 배제의 패턴에 따라 일상적으로 '작은 사람들'을 희생시키는 모든 방법에서 떠나라"라는 의미로 해석하는데[127] 매우 타당한 견해로 봅니다.

예수는 예루살렘을 향해 남쪽으로 계속 갑니다.마 19:1, 막 10:1, 눅 16:18 그런 가운데 바리새파가 결혼과 이혼을 둘러싸고 예수와 논쟁을 벌이고자 하지만 예수는 거절합니다.막 10:3 그 대신 남녀가 결혼하여 한 몸이 되려면 가부장적인 집을 떠나야 한다고막 10:6~8 주장합니다. 그리고 아내를 버리고 다른 여자와 결혼하면 그와 간음한 것이라고 주장합니다. 이는 당시 유대법에서 간음한 남자는 상대방 남편에게 죄를 짓는 것이지 자기 아내에게는 죄를 짓는 것이 아니라고 보는 것에 대한 비판입니다. 또한, 아내가 남편을 버리고 다른 남

---

126) 체드 마이어스 외, 임진아 옮김, 『오늘, 마가복음을 살다』, 대장간, 2018, 156쪽.
127) 체드 마이어스 외, 임진아 옮김, 『오늘, 마가복음을 살다』, 대장간, 2018, 169쪽.

자와 결혼하는 것을 인정하지 않는 랍비들과 달리 예수는 그것을 인정합니다.마 5:31~32; 19:1~8, 막 10:9~12, 눅 16:18 예수는 어린이를 사랑하는데마 19:13~15, 막 10:13, 눅 18:15~17, 그들은 이혼 시에 희생이 되기도 합니다. 예수 당시 아이들은 가장 힘없는 존재였습니다.

부자는 구원받기 어렵다

부자가 예수에게 와서 "영원한 생명을 물려받으려면 무엇을 해야 합니까?"라고 묻자 예수는 "계명을 잘 알고 있지요"라고 하며 계명을 말합니다. 부자는 '영원한 생명'을 땅과 같은 재산처럼 물려받을 수 있다고 생각합니다. 예수 당시나 지금이나 땅은 부의 기반이고, 빈부갈등이 극심했습니다. 이는 부자들이 종교를 자신의 특권계급을 늘리는 수단으로 보는 것입니다. 부자가 계명을 잘 지킨다고 답하자 예수는 부자에게 한 가지 부족하다고 하며 "가서 가진 것을 모두 팔아 가난한 사람들에게 주십시오"라고 말합니다.마 19:16~22, 막 10:17~22, 눅 18:18~23 그리고 제자들에게 부자가 신의 나라에 가기란 참으로 어렵다고 말합니다. 즉 "부자가 신의 나라에 들어가는 것보다 낙타가 바늘귀로 빠져나가는 것이 더 쉽습니다"라고 말하는데 이는 사실 부자가 신의 나라에 들어갈 수 없다는 의미입니다. 그러나 부를 신의 은혜라고 생각하는 제자들은 이에 놀라 "그렇다면 누가 구원을 받을 수 있습니까?"라고 묻습니다. 이에 대해 예수는 신은 무슨 일이나 다 할 수 있다고 답합니다.마 19:23~26, 막 10:23~27, 눅 18:24~27

이에 베드로는 제자들이 "모든 것을 버리고" 예수를 따랐다고 답합니다. 예수는 아무런 답도 하지 않고, 집이나 부모 형제나 자녀나 토지와 같은 사적 권리를 포기하면 내세에 영원한 생명과 함께 그 모든 것을 되받고, "첫째가 꼴찌가 되고 꼴찌가 첫째가 되는 사람이 많을 것"이라고 말합니다.마 19:27~30, 막

일흔일곱 번 용서하라

톨스토이는 다른 기독교 아나키스트들과 달리 용서와 판단 그리고 하인이 되는 것에 대한 신약의 이야기를 자신의 『복음 요약』에 포함하지 않는데, 이는 그가 산상설교에서 설명하는 것과 중복되기 때문입니다. 그러나 용서 등에 대한 예수의 언급이 신약을 아나키즘으로 이해하는 데 매우 중요하므로 여기서 설명하도록 합니다.

마태복음 18장 21~22절눅 17:3, 요 20:23에서 예수는 반복해서 용서를 설교합니다. 그의 제자들이 '일곱 번' 용서하는 것으로 충분하냐고 물었을 때, 그는 '일흔일곱 번'까지 용서해야 한다는 것이 아니라, 용서를 결코 포기해서는 안된다고 말합니다. 거듭거듭 용서하려고 애써야 한다고 말하는 이유는 무엇일까요? 오직 그렇게 해야만 인류가 앞에서 검토한 폭력의 악순환에서 벗어날 수 있기 때문입니다.

더욱이 예수가 용서에 대해 그렇게 중요하다고 말한 것은 그것을 실천해야 하는 것이기 때문입니다. 인간은 소급 적용되는 법을 만들고 패배한 적을 교수형에 처합니다. 복수하고 처벌하기 위해 국가를 사용하기 때문입니다. 그러나 일흔일곱 번을 용서한다는 것은 궁정, 감옥, 전쟁이 있는 카이사르의 제국을 거부한다는 것을 의미합니다. 용서는 범죄자를 처벌하는 것이 아니라, 그들을 사랑하고 축복하기 위해 노력하는 것을 의미하며, 복수는 '신의 것입니다. 신이 갚을 것입니다'라고 하는 것입니다. 그러므로 예수가 설교한 용서는 국가의 강제 도구를 약화하는 작용을 한다고 볼 수 있습니다. 따라서 용서에 대한 복음서의 반복되는 구절은 다른 뺨을 돌려대는 것에 대한 급진적이고 엄격한 해석의 추가 증거로 볼 수 있고, 아나키즘적 의미를 담는다고 볼 수 있습니다.

더욱이 예수는 우리에게 용서를 구할 때 단순히 시기하는 원한에 대해 말한 것이 아니라, 법에 따라 정당하게 처벌될 수 있는 실제 피해를 받았다고 가정합니다. 용서해야 할 것은 사소한 잘못이나 불법행위가 아니라, 매우 실제적이고 고통스러운 상처입니다.

예수는 또한 제자들이 자신이 용서받기를 원한다면 먼저 용서해야 한다고 말합니다. 그는 인간이 모두 신에게 죄를 지었고, 그의 손에 의해 정당한 처벌을 받을 수 있음을 상기시켜 줍니다. 그러나 기독교인이라고 공언하는 수백만 명이 전쟁, 사형, 형사 상해의 전체 목록을 승인하고, 돕고, 선동하고 있습니다. 그런데도 그들은 날마다 신에게 그들의 잘못을 용서해 달라고 기도합니다. 주기도문에서 기독교인들은 자기들이 용서하듯이 용서받기를 요구하지만, 어리석게도 국가를 통해 형벌과 보복을 계속 자행하고 있습니다. 그들이 진정으로 신의 용서를 구한다면, 그들은 최악의 범죄도 용서하려고 노력해야 할 것이며, 국가의 보복 수단에서 벗어나야 할 것입니다. 궁극적인 논리적 함축에 밀려 용서에 대한 예수의 권고는 기독교에서 뒤따르는 것이 아나키즘이라는 것을 더욱 더 확실히 확인시켜 줍니다.

서로를 판단하지 마라

국가에 대한 예수의 묵시적 비판에 대한 추가 증거는 특히 그가 간음한 여인을 정죄하기를 거부하는 유명한 구절에서 서로를 판단하지 말라고 하는 그의 선언에서 나옵니다. 그 이야기는 서기관들과 바리새파들이 간음 중에 잡힌 여자를 예수에게 데려와, 모세의 율법에 따라 그녀는 돌에 맞아야 한다고 주장하면서 예수의 의견을 묻는 것으로 시작합니다. 처음에 예수는 몸을 굽혀 땅에 무언가를 쓰다가 다시 대답을 물으니 "여러분 중에 죄 없는 자가 먼저 돌로 치십시오"라고 하고 몸을 굽혀 땅에 다시 무언가를 씁니다. 그들 자신의 죄 때문에 당황한 사람들은 모두 떠나고, 예수는 그 여자에게 아무도 그녀를 단죄하지 않았기 때문에 자신도 그렇게 하지 않는다고 말합니다.요 8:1~11

　　예수 아나키즘은 바리새파에 대한 예수의 대답과 산상설교에 정확히 기초하고 있습니다. 실제로 이 둘은 연결되어 있습니다. 예수는 "여러분 중에 죄 없는 자가 먼저 돌로 치십시오"라고 말하여 악을 이기는 방법을 보여줍니다. 즉 법을 제정하는 사람에게 투표한다면, 또는 교수형 집행자나 간수를 임명하는 도지사나 대통령에게 투표한다면, 그들의 하인이 됩니다. 그들은 돌을 던지는 자의 팔이고, 예수를 부인합니다. 죄가 없다고 주장하는 자들은 국가의 긴 팔을 통해 서로를 정죄하고 돌로 쳐 죽입니다. 그들은 예수가 가르친 것과 정반대로 행동합니다.

　　그러나 예수는 실제로 판단하는 것을 금지하지는 않습니다. 예수는 "무엇이 옳은지 스스로 올바르게 판단하십시오"라고 말합니다.눅 12:57 다만, 그는 "여러분이 판단을 받지 않으려면 남을 판단하지 마십시오. 판단하면 다른 사람에게 적용하는 것과 동일한 기준으로 판단될 것입니다"마 7:1~2라고 합니다. 즉 사람들이 자신의 문제에 대한 책임을 받아들이고 스스로 판단할 책임을 받아들이기를 원하기 때문에 그 책임을 다른 사람, 특히 전문가에게 전가해서는 안 된다는 것입니다. 그러므로 간음한 여인의 에피소드에서 예수는 그들을 위한 재판관 역할을 맡는 것을 거부하고, 사람들이 '스스로 판단'하기를 원합니다. 여기서 예수는 국가 법정을 거부합니다. 그것은 사람들을 대신하여 판단하기 때문입니다. 법정에 대한 이러한 암시적인 거부는 산상설교에서 분명하게 나타나지만, 다른 복음 구절에서도 확인됩니다.마 7:1~5; 15:14; 10:24~25, 막 4:24, 눅 6:37~42 톨스토이의 말을 들어봅시다.

예수는 "악에 저항하지 마시오"라고 말합니다. 법정의 목적은 악에 저항하는 것입니다. 예수는 "악을 선으로 갚으시오"라고 말합니다. 법정은 악을 악으로 갚습니다. 예수는 "사람을 선과 악으로 나누지 마시오"라고 말합니다. 예수는 "모든 사람을 용서하십시오. 한 번도 아니고 일곱 번도 아니라 끝없이 용서하십시오. 당신의 원수를 사랑하고 당신을 미워하는 사람들에게 선을 행하십시오"라고 말합니다. 그러나 법원은 용서하지 않고 처벌합니다. 그들은 사회의 적이라고 부르는 사람들에게 선을 행하지 않고 악을 행합니다.[128]

그 몇 줄 아래에서 톨스토이는 또한 예수가 "음행한 여인에게 그 죄를 선고하기에 앞서 그는 제판 그 자체를 부인하였으며, 인간 모두는 스스로 죄를 짓기 때문에 인간이 인간을 심판하는 것은 불가함을 보여준 것"[129]이라고 지적합니다. 그는 또한 눈에 들보가 있는 사람은 다른 사람의 눈에 있는 티를 보지말고, 소경이 소경을 인도하여 둘 다 구덩이에 빠지지 않도록 하라고 반복합니다. 그리고 다시 저항하지 말라는 계명에서 예수는 누군가가 당신의 겉옷때문에 법정에서 당신을 고소하려면 당신의 겉옷도 그에게 주어야 한다고 말합니다. 따라서 톨스토이에게 예수는 '모든 사람이 법을 집행하는 것을 금지'했으며 반복적으로 용서를 명하기 때문에 '예수를 따르는 사람들은 처벌하는 재판관이 될 수 없습니다'라고 합니다.[130]

더욱이 톨스토이는 계속해서 예수의 제자들이 이것을 분명히 이해했다고 말합니다. 야고보서와 바울서신은 로마인들에게 서로를 판단하지 말라고 경고합니다. 톨스토이에 따르면, 두 저자 모두 기독교인을 박해한 법정에 반대하는 유일한 방법은 예수가 그들에게 하라고 말한 것처럼 그들이 근거한 원칙

---

128) 레프 톨스토이, 홍창배 옮김, 『나의 신앙은 어디에 있는가』, 바다출판사, 2020, 30쪽.
129) 레프 톨스토이, 홍창배 옮김, 『나의 신앙은 어디에 있는가』, 바다출판사, 2020, 40쪽.
130) 레프 톨스토이, 홍창배 옮김, 『나의 신앙은 어디에 있는가』, 바다출판사, 2020, 41쪽.

을 부인하는 것임을 인식하고 있습니다. 사실, 톨스토이는 교회의 초기 교사들이 정확히 '그 안에 강압이나 판단을 절대 인정하지 않음'으로써 '항상 그들의 가르침을 다른 모든 가르침과 구별했다'라고 봅니다. 톨스토이에 따르면 서로 판단하지 않고 악에 저항하지 않는 것이 초기 교회의 원칙이었습니다.

그러므로 기독교 아나키스트들에게 심판에 대한 예수의 명시적이고 암묵적인 가르침은 국가의 사법 체계를 명백히 정죄합니다. 기독교인들은 서로를 판단해서는 안 되며 적어도 제3자에게 그렇게 하도록 요청해서는 안 되고 따라서 국가 기관이 판단하고 정죄할 때 그들은 예수의 지시에 정면으로 위배되는 행동을 하는 것입니다.

하인이 되라

기독교 아나키스트들이 자신들의 입장을 공고히 하기 위해 언급하는 또 다른 구절은 예수의 두 제자들인 야고보와 요한이 그의 왕국에서 그의 좌우편에 앉게 해달라고 요구한 것에 대한 응답으로 예수가 봉사에 대해 가르치는 다음 구절입니다.

> 여러분도 알다시피 백성들의 통치자들은 권력으로 엄하게 지배하고, 높은 사람들은 백성들을 억압합니다. 그러나 여러분은 그럴 수 없습니다. 오히려 여러분 가운데서 크게 되고자 하는 사람은 남을 섬기는 봉사자가 되어야 합니다. 그리고 여러분 가운데서 첫째가 되고자 하는 사람은 모든 사람의 하인이 되어야 합니다. 나는 봉사를 받으러 온 사람이 아니라 오히려 봉사하고, 또한 많은 사람들의 죗값을 치르기 위해 내 목숨마저 내주러 왔습니다. 마 20:25~28, 막 10:35~45, 눅 22:24~27

앞에서 보았듯이 예수는 제자들에게 '가장 작은 자'와 연대하라고 두 번이나 가르쳤기 때문에 제자들의 요구에 분노합니다. 그래서 "내가 마시는 잔을 마실 수 있으며 내가 받는 세례를 받을 수 있습니까?"라고 되묻습니다. 제자들이 할 수 있다고 답하자, 예수는 자신의 좌우에 앉는 것은 자신이 할 수 있는 일이 아니라, 정해진 사람에게 돌아갈 것이라고 말합니다. 뒤에서 보듯이 예수의 좌우에 서는 사람들은 십자가에 못 박힌 두 강도입니다.마 27:38, 막 15:27, 눅 23:33, 요 19:18

그리고 예수는 위에서 보았듯이 "백성들의 통치자들은 엄하게 지배하고, 높은 사람들은 백성들을 억압"하지만 제자들 사이에서는 그래서는 안 되고, 종이 되어야 한다고 수장하면서 고내 세계의 계급제도를 정면으로 비판하고 새로운 대안을 제시합니다. 이는 복음의 처음마 8:15, 막 1:31, 눅 4:38과 끝마 27:56, 막 15:41, 눅 23:49, 요 19:30에서 예수가 말하는 섬김의 실천자들이 여성들인 점을 부각시키는 것으로 나타납니다.

이에 대해 톨스토이는 언급한 바 없지만, 기독교 아나키즘에서는 매우 중요한 구절이므로 설명할 필요가 있습니다. 예수는 그들이 구하는 것이 무엇인지 알지 못한다고 그들에게 말한 다음, 비록 이방인들이 그들 위에 주권과 권세를 행사하는 통치자가 있을지라도 그의 제자들 중에는 그렇지 않을 것이라고 말합니다. 그의 제자들은 권력자가 아니라 종이 되어야 하기 때문입니다.

이방인이 행사하는 반면 예수가 거부하는 '권위'라는 말은 원래 헬라어 archein로, an-archism을 부정으로 정의하는 말입니다. 따라서 예수는 '국가주의'를 뜻하는 아키즘archism에 반하는 아나키즘에 대해 말하는 것입니다. 이방인 통치자들이 '주권을 행사하는' 방법에 대해 사용한 단어는 '압축합니다', 함축적으로는 '비축합니다'를 의미합니다. 예수는 제자들에게 이렇게 말합니다. 새로운 질서는 이방인들이 권력과 특권을 '비축'하는 것과 대조되는 고통받는 종의 질서라고 말입니다. 엘륄은 또한 예수가 다른 이방인 통치자들 사이에 차별을 두지 않는다고 말합니다.

> 어떤 나라든 정치 체계가 어떠하든 나라들의 우두머리들은 백성을 압제한다. 압제하지 않는 정치권력은 있을 수 없다! 예수의 눈에 그것은 자명하며 확실한 것이다. 다시 말해 우두머리들 및 위대하다는 자들이 있다면 정치권력은 선할 수 없다는 것이다![131]

이처럼 예수에 의하면 모든 정부는 똑같이 권위주의적입니다. 하지만 예수는 그러한 포학한 세력에 대항하는 '반란 및 물리적인 투쟁을 선동하지 않고'[132], 제자들에게 그런 것은 "무시하고", "이 모든 것과 전혀 상관이 없는 사람들, 버려진 사람들의 사회를 만들어라. 그 사회에는 권력도, 권위도, 위계질서도 필요가 없다"라고 말합니다. 즉 새로운 아나키 사회를 세우라고 권합니다.

예수는 사회가 정상이라고 하는 일을 하지 말고, 다른 기초 위에 다른 사회를 세우라고 말합니다. 이에 대해 엘륄은 '탈정치화'라는 비난을 받을 수 있지만, 그것이 '탈사회화'는 아니라고 주장합니다. 즉 세례 요한이나 에세네파처럼 광야로 가지 않고, 사회에 남아 다른 새로운 법을 따르는 새로운 아나키 사회를 세우라고 하는 것입니다. 엘륄에 의하면 교회가 정치에 들어가 정치를 하자마자 자신 안에서 '권위'를 만들면서 부패했습니다.[133]

---

131) 자끄 엘륄, 『무정부주의와 기독교』, 이창현 옮김, 대장간, 2011, 92쪽.
132) 자끄 엘륄, 『무정부주의와 기독교』, 이창현 옮김, 대장간, 2011, 93쪽.
133) 자끄 엘륄, 『무정부주의와 기독교』, 이창현 옮김, 대장간, 2011, 93쪽.

새로운 리더십의 본질

이처럼 현재의 사회적 위계를 모방하지 말라고 말하면서 예수는 자신의 리더십의 본질을 더욱 명확히 밝힙니다. 즉 봉사를 받으러 온 것이 아니라 봉사하러 왔다는 것입니다.마 20:28, 막 10:45 그리고 복음의 다른 곳에서 그는 제자들에게도 동일한 것을 기대합니다. "여러분 중에 가장 위대한 사람은 남을 섬기는 사람이 되어야 합니다."마 23:11 그러므로 예수는 주권과 권위의 공동체가 아니라, 상호 봉사의 아나키 사회를 지속적으로 호소합니다.

기독교 아나키스트들은 예수가 리더십에 대한 더 일반적인 개념과 기대를 분명히 비난하고 있다고 봅니다. 예수는 지상의 '통치자'가 갖는 '권위'로 추정되는 것을 꾸짖고, 모든 억압적인 형태의 정치를 비난합니다. 예수는 어떤 지도자나 지도 권력에 대해서도 확고하게 맞섭니다. 따라서 기독교인들 사이에서 최고의 자리를 차지하기 위한 정치적 투쟁은 없어야 하고, 애용하는 주권도 없어야 합니다. 지배에 대한 사랑은 있을 수 없습니다. 진정으로 가장 높은 자리를 차지하고 있는 사람들은 가장 낮은 자리를 차지하겠다는 온전한 의지로 그 자리를 차지할 자격이 있음을 증명해야 합니다.

예수는 야고보와 요한이 자신을 권위자나 지도자로 여기는 것에 도전하지 않고, 그러한 권위나 지도력이 행사되는 방식에 대한 그들의 명백한 이해에 대해 도전합니다. 여기서 예수는 리더십의 소명을 거부하는 것이 아니라, 그것이 집행적으로 이양되지 않는다고 주장합니다. 리더십은 비폭력의 길을 배우고 따르는 사람들에게만 속합니다. 지배하는 것이 아니라 예수의 편에서 봉사하고 고난을 받을 '준비'된 사람들입니다. 예수는 정의를 위해 육체적 고통을 가하는 특권을 위해서가 아니라, 인내의 특권을 위해 경쟁하며 무저항의 훌륭한 본보기가 되기 때문에 기독교인들이 지도자가 될 것을 요구하고 있습니다. '종의 리더십'servant leadership이라는 이 소명의 결과는 십자가의 고통이며, 예수를 참되게 따르는 사람들은 기꺼이 그리고 온 마음을 다해 십자가를 짊어져야 합니다.

예수는 야고보와 요한이 '그가 어떤 새로운 사회 질서를 수립하기를 기대했기 때문에' 질책하지 않고, '자신이 세우려는 새로운 사회 질서의 성격을 오해한 것'에 대해 그들을 질책합니다. 예수는 정치적, 종교적 권위에 도전하고 대안적 사회를 주장하려고 했지만, 이것은 이방인들이 행하는 주권과 권위를 통해서가 아니라, 고난받는 종으로서의 지도력을 통해 성취되어야 하는 것입니다. 예수는 강요에 의한 지도력을 거부하고, 모범에 의한 지도력을 선호합니다. 예수의 가르침을 확립된 사물의 질서에 대한 아나키즘적 대안으로 만드는 것은 바로 이러한 리더십의 대안적 형태입니다.

예수의 반아나키적 태도?

아나키즘에서 리더십은 '상호적이고 일시적이며 무엇보다도 자발적인 권한과 종속의 지속적인 교환'[134]이라고 일반적으로 정의되지만, 예수가 모델로 삼고 옹호한 리더십 유형은 다소 달랐습니다. 예수는 12명의 제자를 임명하여 일종의 조직을 시작하는데, 그는 그것이 일시적인 것이라고 생각하지 않았던 것 같습니다. 제자들에게 귀신을 쫓아내는 기능을 주고, 그들을 여러 지방에 파견하기 때문입니다.마 4:10; 6:7; 9:35; 10:1~5, 눅 6:13~16, 요 6:67 그리고 예수의 권위는 그것을 거부한 사람들에게 미래의 심판을 선언함으로써 강압에 근거한 것으로 보이기도 합니다.마 10:7~16; 12:32~33, 눅 10:9~16; 12:8~9

그러나 예수가 12사도에게 기대하는 리더십의 본질은 계층적인 것이 아니라 지도자는 하인이어야 한다는 주장과 일치합니다. 또한 예수가 열두 제자를 택할 때 부족 연합으로 존재했던 군주제 이전의 이스라엘을 상징으로 사용

---

134) Michail Bakunin, *God and the State*, Dialectics, 2013, 33쪽.

하여 아나키에 대한 자신의 비전을 표현했다고 볼 수도 있습니다. 마이어스는 이것이 '아나키즘적 생디칼리스트' 비전과 다소 유사하다고 말했습니다. 이는 이스라엘 백성이 다른 나라들과 같이 되어 왕을 두고 신의 직접적인 통치를 거부하기 전의 시기를 회상하게 합니다.삼상 8:7; 8:10~18 예수의 특징인 치유와 가르침의 활동은 당시 지배적이었던 권위주의적 형태의 왕이나 메시아의 지도력과는 거의 관련이 없습니다. 사실 예수가 주변 사람들이 비슷한 행동을 수행할 수 있는 권한을 부여받기를 기대했던 것처럼 보인다는 점을 감안할 때,마 10:8, 눅 10:9 게르트 타이센이 역사적 예수가 그의 추종자들이 집단적으로 메시아적 임무를 맡아 일종의 집단 메시아적 행위를 이행하는 것을 예상했을 것이라는 데 동의하기에는 니무 환상적일 수 있습니다. 만약 이것이 사실이라면, 예수는 자신의 중요성을 효율적으로 낮게 평가했고, 그래서 일종의 분산적이고 비권위적인 형태의 리더십을 옹호하는 것으로 볼 수 있을 것입니다.마 19:28, 눅 22:28~30

'아나키 사회'는 무엇보다도 신과 이웃에 대한 사랑으로 인도되는 삶의 방식을 모범으로 보여야 합니다. 커뮤니티로서 그것을 구별해야 하는 것은 그 구성원들이 진정으로 서로 사랑하고, 서로 용서하고, 서로를 돌보는 방식이지만, 더 중요한 것은 진정한 시험이 사람들이 서로 사랑하는지 여부가 아니라, 그들이 다른 모든 사람에게 거부당한 사람들, 버림받은 사람들을 사랑하는지 여부입니다. 예수는 "가장 작은 자 중 한 사람, 즉 소외되고 괴로워하고 장애가 있고 불우한 처지에 있는 사람들 중 가장 작은 사람에게 한 일이 무엇이든 나에게 한 것"이라고 경고합니다. 따라서 참으로 "공동체 생활의 질을 시험"하는 사람은 동료가 아니라 이방인입니다. 참된 '아나키 사회'에서는 가장 고통받는 자들을 신처럼 사랑하고 보살펴야 합니다.

그러나 예수의 가르침과 행동에는 위에서 설명한 원리와 맞지 않는 측면도 있습니다. 즉 예수는 무력한 사람들을 배려하지만, 그가 정치적, 경제적 착취를 촉진하고 그로부터 이익을 얻은 사람들의 지원을 받고, 부유층의 관대한 지원이나 세리와 군인과 같은 제국 통치의 대리인들과 사교를 나누었다는 점은 문제입니다. 이를 제국 내에서 편안함을 느끼고 자신의 경험을 정당화하고자 했던 예수 사후 기독교인들의 발명품이라고 보고 기각할 수 없습니다.^마
^{9:9~13}

이와 관련하여 누가복음에 나오는 세리 삭개오의 이야기를 살펴봅시다. 이스라엘 성지순례 때 여리고에 있는 세리 삭개오가 올랐다는 무화과 나무를 방문한 적이 있습니다. 삭개오는 악랄한 세리로 받은 세금에서 일부를 가로채어 부자가 되었는데, 예수가 그곳에 왔을 때 삭개오는 키가 너무 작아서 사람들에게 에워싸인 예수를 볼 수가 없어 뽕나무 위로 기어 올라가 예수를 보았는데, 예수가 그를 올려다보고 내려오게 한 뒤 그의 집에서 묵었습니다. 집에서 삭개오는 예수에게 재산의 반을 가난한 사람들에게 나누어 주고, 사람들을 속여서 세금을 받아 낸 사람에게는 자기가 받은 세금의 네 갑절을 돌려주겠다고 약속하자, 예수는 바로 그 집에 구원이 내렸다고 말합니다.^{눅 19:1~10}
그런데 이 이야기는 마태복음에 나오는 부자에게 예수가 "소유하고 있는 재산을 모두 팔아 가난한 사람들에게 주시오"^{마 19:21, 막 10:21, 눅 18:22}라는 이야기와는 다릅니다.

예수는 포용적인 인물이 아니었습니다. 예수는 다양한 종류의 소외된 사람들을 배려하지만, 그는 또한 종교적으로나 사회경제적으로 다양한 사람들을 소외시킵니다. 그중에서 가장 문제가 되는 것은 노예들입니다. 예수가 권위주의나 위계주의에 반대하는 모습을 직접적으로 또는 일관되게 보이지 않는다는 점도 문제입니다. 예수가 권위적이거나 중심적인 역할을 주장하는 것으로 제시되거나 암시되는 상당한 범위의 자료를 무시하는 것은 불공

평할 것입니다. 가령 예수는 "신의 영으로 귀신들을 쫓아내고 있다"라고 주장합니다.[마 12:28, 눅 11:20] 또 "내가 세상에 평화를 베풀러 온 줄로 여기지 마시오. 평화를 베풀러 오지 않고 오히려 칼을 던지러 왔"다고 합니다.[마 10:34~36, 눅 12:49~56] 그리고 세례 요한의 질문에 답하면서 자신이 많은 환자들을 치유하고 "나에게 걸려 넘어지지 않는 사람은 복"되다고 합니다.[마 11:2~6, 눅 7:18~23]

5장 · 산상설교의 아나키즘

1. 산상설교

산상설교

예수의 산상설교는 그의 핵심 메시지입니다. 마태복음에 나오는 산상설교5:1~7:29는 누가복음에 나오는 훨씬 짧은 평야 설교6:20~49와 유사하지만, 이 책에서는 앞의 것을 중심으로 검토합니다.

예수가 산상설교를 한 곳에 대해서는 여러 가지 설이 있으나, 지금은 갈릴리 호수 연안의 완만한 구릉지에서 했다고 보는 견해가 유력합니다. 그렇다면 '산상' 즉 '산 위'라기보다도 '언덕 위'가 맞습니다. '언덕 설교'가 듣기에도 좋지 않은가요? 그곳 언덕에서 내려다보면 갈릴리 호수가 보입니다. 바로 그 언덕에서 호수를 내려다보며 편안히 누운 제자들 앞에서 함께 누워 조용히 말하는 예수의 평화로운 모습을 상상해 본 적이 있습니다. 영화 「왕중왕」에는 예수가 스타처럼 산 위에 별안간 등장해 우뚝 선 채로 수천 명을 내려다보며, 심각한 얼굴로 히틀러나 무솔리니처럼 열렬히 연설하는 것으로 나오는데 너무 이상하게 보입니다.

오랫동안 산상설교 장소로 알려진 팔복산八福山, 에레모스산이라고도 합니다도 작은 언덕입니다. 4세기 초엽에 그곳에 교회가 세워지고 그 뒤 증축되어 수도원이 되었다가 파괴되었는데, 1937년 이탈리아의 무솔리니가 그곳에 8각형 교회를 세웠습니다. 이 교회를 설명하는 한국인의 해설에는 대부분 무솔리니에 대한 언급이 빠져있습니다[135] 그 부근에 '오병이어' 기적과 연관된 교회가 있습니다.

예수의 산상설교는 아나키 사회에 대한 그의 메시지를 감동적으로 요약한 것입니다. 아우구스티누스는 그것을 '기독교인 생활의 완전한 표준'으로, 한스 큉은 '기독교 윤리의 핵심'으로 보았습니다. 그것은 '그리스도의 가르침이 요약된 그리스도의 규범의 요약'이라고 할 수 있습니다.

톨스토이와 산상설교

톨스토이에게도 산상설교는 예수 가르침의 가장 적절한 요약입니다. 톨스토이에 의하면 "그 어디에도 이 부분을 제외하고는 그리스도가 그렇게 엄숙하고, 명쾌하고, 이해하기 쉽게, 바로 모두의 마음에 화답하는 많은 도덕법칙을 말한 적이 없습니다. 또 그 어디에서도 이처럼 다양한 계층의 평범한 많은 군중을 상대로 말한 적도 없습니다."[136] 그리고 다음과 같은 자신의 경험을 감격적으로 말합니다.

> 나는 산상설교를 되풀이해서 읽었고, 때마다 바로 이 가르침을 실천해 보았습니다. 그 구절들, 즉 뺨을 돌려대고, 속옷까지 내어주며, 모든 이와 화평하고 원수를 사랑하라는 그 구절들을 읽으면서 얼마나 환희와 감격에 찼었는가.

산상설교 중 악에 저항하지 말고 대신 다른 뺨을 돌리라고 한 말을 읽는 순

---

135) 산상설교교회의 원어인 beatitude는 영어로 blessed, 즉 행복이라는 뜻입니다. 따라서 언덕행복교회가 맞는 번역입니다. 그러나 복음서에는 설교를 한 언덕의 위치가 명확하지 않습니다. 교회가 세워진 곳은 예수가 12사도를 선택한 장소라고도 합니다.(눅 6:12~16) 베드로수위권교회는 베드로의 우위를 인정한 곳에 세워진 교회의 이름인데 어색합니다. 그 교회 안 바위에서 부활한 예수가 제자들과 함께 식사를 했다고도 합니다.(요 21:4~19) 오병이어교회의 이름도 어색합니다. '빵과 물고기 교회'로 충분합니다.(마 14:13~21) 크루시라는 비잔틴 시대 교회가 있는 곳은 예수가 돼지들을 죽이는 기적을 일으킨 곳이라고 합니다.(마 8:28~32, 눅 8:26~33)
136) 레프 톨스토이, 홍창배 옮김, 『나의 신앙은 어디에 있는가』, 바다출판사, 2020, 16쪽.

간, 수년간 깊은 실존적 위기에 시달린 톨스토이는 갑자기 "예수의 모든 가르침을 명확하게 이해"하게 되어 위기를 끝내고 교회에 대한 맹렬한 공격을 시작했다고 말합니다. 톨스토이만큼은 아니라고 해도 누구나 그 구절과 산상설교에서 사랑과 용서에 대한 예수의 핵심 가르침을 감동적으로 읽어내고, 그것이 아나키 사회를 위한 이상적인 청사진이자 선언문이라고 하는 데 동의할 수 있습니다. 톨스토이의 경우와 마찬가지로 기독교 아나키스트 대부분의 출발점은 국가에 대한 비판이라기보다는 사랑과 용서에 대한 예수의 급진적인 가르침에 대한 이해이며, 이를 국가와 대조했을 때 아나키즘적 결론으로 이끌게 됩니다. 따라서 산상설교에서 살펴봐야 할 가장 중요한 구절은 예수가 제자들에게 악에 저항하지 말라고 요구한 구절입니다.

산상설교에 대한 전통적인 기독교의 해석과 기독교 아나키스트의 해석은 상당히 다를 수 있습니다. 기독교 아나키스트들은 이러한 불일치를 기껏해야 순진한 오독, 최악의 경우 기성 주석가들의 고의적인 속임수에 기인한다고 봅니다. 따라서 기독교 아나키스트들은 의식적으로 이러한 전통적인 해석을 우회하고 성서에만 근거하여 해석하려고 합니다. 예를 들어, 톨스토이는 자신이 "그리스도의 법칙에서 완전히 새로운 것을 발견했다는 그런 기분이 들었"다고 말할[137] 정도로 전통적 해석과 다르게 봅니다.

악에 저항하지 말라

악에 저항하지 말라는 가르침은 기독교 성서의 결정적인 구절로 마태복음 5장 38~42절에 나오는데, 여기서 예수는 제자들에게 이렇게 말합니다.

'눈에는 눈으로, 이에는 이로'라고 말한 것을 여러분은 들었습니다. 그러나 나

---

137) 레프 톨스토이, 홍창배 옮김, 『나의 신앙은 어디에 있는가』, 바다출판사, 2020, 69쪽.

는 여러분에게 말합니다. 악한 사람에게 맞서지 마십시오. 오히려 누가 당신의 오른편 뺨을 때리거든 그에게 다른 편마저 돌려대십시오. 당신을 재판에 걸어 당신의 속옷을 가지려는 사람에게는 겉옷마저 내주십시오. 누가 당신에게 천 걸음을 가자고 강요하거든 그와 함께 이천 걸음을 가십시오. 당신에게 청하는 사람에게는 주고, 당신에게 꾸려는 사람은 물리치지 마십시오.

위 구절에서 예수는 세 가지 사례를 들었습니다. 첫째는 뺨을 때리는 것입니다. 예수는 왜 오른쪽 뺨을 때리는 경우를 말할까요? 왼손은 더러운 일에만 사용되었으므로 공격자는 오른손을 사용했을 것이라고 보는 윙크는 "오른손으로 오른쪽 뺨을 때릴 수 있는 유일한 방법은 오른손 손등으로 때리는 것뿐"이고 그것은 창피를 주기 위한 것이하고 주장합니다.[138] 즉 예수는 제자들이 즉시 굴욕적이라고 알아볼 상황을 묘사하고 있으며, 그 사회에서는 결과적으로 존엄성과 명예를 지키기 위해 적절하고 똑같이 강력하고 굴욕적인 대응이 필요할 것이라고 주장합니다.

그러나 예수가 권장하는 대응은 그러한 지역적 기대에 어긋납니다. 즉 "보복하지 마십시오. 적이 기대하는 방식으로 행동하지 마십시오. 공격자가 가장 예상하지 못하는 일을 하십시오. 반대로 행동하십시오"라는 것입니다. 실제로 다른 뺨을 돌리면 "폭력의 악순환이 예상치 못하게 중단됩니다." 이것이 공격자를 혼란스럽게 만들고, "자신이 시작한 과정을 더 이상 통제하지 못합니다. 그는 매우 현실적인 의미에서 무장 해제되었습니다!"라고 주장하게 합니다. 마찬가지로 윙크는 다른 뺨을 돌리는 것이 "억압자에게 굴욕을 줄 힘을 빼앗는 것"이라고 주장하여 공격자가 피해자를 "평등한 인간"으로 여기도록

138) 월트 윙크, 김준우 옮김, 『예수와 비폭력 저항』, 한국기독교연구소, 2003, 32쪽.

강요하다고 주장합니다.[139] 따라서 첫 번째 예에서 예수의 놀라운 반응이 공격자를 무력화하고 피해자를 다른 관점에서 보도록 강요한다는 데 동의합니다.

두 번째 사례에 대해 윙크는 예수가 다음 사실을 알았다고 말합니다. 속옷 때문에 소송을 당한다는 것은 극빈자가 담보물로 내놓을 수 있는 것이 속옷 외에는 없었기 때문인데, 극빈자가 법정에서 겉옷마저 내밀게 되면 그는 나체가 됩니다. 나체는 유대 공동체에서 금기였으므로 극빈자보다 이런 일을 초래한 채권자가 더 비난을 받게 된다는 것입니다. 윙크에 따르면 그런 일을 초래한 사회적, 법적 시스템에 대해 나체는 놀라운 항의 수단이 됩니다. 즉 "채무자를 억압하는 체제 전체가 공개적으로 폭로되고", 그 폭로는 "채권자로 하여금 아마도 그의 생전에 처음으로 그가 무슨 짓을 저지르고 있었는지를 직시하도록 만들어, 회개할 기회를 주"게 됩니다. 여기서 예수의 권고는 법체계의 이러한 부당한 사용에 대항하여 "억압당하는 사람들에게 힘을 넣어주기 위한 실제적이며 전술적인 조치"가 된다고 윙크는 주장합니다.[140]

세 번째 예에 대해 윙크는 예수가 당시 식민지에서 확립된 군사 관행을 언급하고 있다고 말합니다. 그 관행에 따르면 군인은 민간인에게 짐을 지고 가도록 강요할 수 있지만, 단 오 리만 가능합니다. 여기서도 예수가 제안한 대응은 군인을 놀라게 합니다. 이는 당신의 대응에 대한 예측 가능성을 박탈함으로써 일반적으로 허용되는 것보다 두 배 더 많은 것을 하는 것은 권위를 전복하는 방법입니다. 피해자가 자신이 갈 준비가 된 길이를 스스로 결정할 수 있는 힘을 주장하는 것이기 때문입니다. 따라서 다시 한번 예수의 무저항에 대한 예는 당시 사회의 기대에 대한 비판을 의미하며, 반직관적인 대응을 통해

---

139) 월트 윙크, 김준우 옮김, 『예수와 비폭력 저항』, 한국기독교연구소, 2003, 34쪽.
140) 월트 윙크, 김준우 옮김, 『예수와 비폭력 저항』, 한국기독교연구소, 2003, 38쪽.

피해자에게 힘을 실어주려고 하는 것입니다.

위의 세 가지 예는 예수가 제자들에게 적이 가장 많이 사용할 수 있는 세 가지 전략을 가르쳐 준 것입니다. 즉 신체적 위협, 법체계의 강제, 군사적 공모는 모두 폭력의 형태들입니다. 따라서 예수가 든 세 가지 예는 즉각적인 정치적 의미를 갖게 됩니다. 이는 그 정치적 맥락에서 세 가지 전형적인 폭력과 이에 대한 세 가지 예상치 못한, 파괴적이지만 비폭력적인 대응을 보여줍니다.

의도적인 반응

예수의 무저항은 악에 대한 완전히 무활동적이고 무관심한 수용이 아니라, 매우 구체적이고 진략적인 대응 방법들입니다. 그러나 여기서 정확히 어떤 종류의 행동이 허용되고, 어떤 종류의 저항이 금지되는지에 대해 기독교 아나키스트들 사이에서 견해가 다를 수 있습니다. 여기서 주목해야 할 것은 예수가 예시한 무저항은 목적이 있고, 단호한 유형의 반응이라는 점입니다.

예를 들어, 기독교 아나키스트가 아니라 전투적 평화주의자인 윙크는 '악에게 저항하지 말라'고 번역된 헬라어의 부정확한 번역이 비폭력 저항을 온순함으로 바꾸었다고 비판하면서, 이는 군주들의 절대권력을 인정하고자 하는 것이라고 지적합니다. 이와 반대로 그 말의 본래의 뜻은 '수동적으로 당하고 사는 것'이 아니라, '폭력에 대해 폭력으로 저항하지 말아라'라는 것이라고 하며, '역사상 이제까지의 어떤 발언보다도 가장 혁명적인 정치적 선언 가운데 하나'[141]라고 주장합니다.

윙크에 의하면 악에 대한 세 가지 가능한 반응은 수동적 '도피', 폭력적인 '투쟁' 그리고 '전투적 비폭력'입니다.[142] 헬라어 동사의 올바른 번역은 예수가

---

141) 월트 윙크, 김준우 옮김, 『예수와 비폭력 저항』, 한국기독교연구소, 2003, 28~29쪽.
142) 월트 윙크, 김준우 옮김, 『예수와 비폭력 저항』, 한국기독교연구소, 2003, 30쪽.

처음 두 가지를 거부하고 세 번째를 권장했음을 보여줍니다. 그는 나태하라고 설교한 것이 아니라, 매우 급진적인 유형의 반항을 설교했습니다. 예수가 금지하는 정확한 유형의 저항은 '가해를 입은 수단을 통한 개인적 상해에 대한 저항'입니다. 따라서 저항이라는 단어를 '가장 넓은 의미로' 받아들여서는 안 되며, '신의 명령이라는 엄밀한 의미로' 받아들여야 합니다. 이것은 결과적으로 '악은 모든 정당한 수단으로 저항해야 하지만, 결단코 악으로 저항해서는 안 된다'는 의미입니다. 따라서 예수는 폭력적이거나 악한 반응을 금지하지만, 이는 반드시 모든 정치적 저항을 하지 말라고 말하는 것이 아닙니다.

그러나 고전적인 기독교 아나키즘의 전통적인 모범인 톨스토이는 이에 동의하지 않습니다. 그는 "악을 악으로 대항하지 말라. 황소에는 황소로, 종에는 종으로, 목숨에는 목숨으로 요구하지 말라. 결코 악으로 갚으려 하지 말라"[143] 고 합니다. 그는 저항이라는 단어를 가능한 한 가장 넓은 의미로 해석합니다. 이런 식으로 읽을 때 예수의 대답은 어떤 형태의 저항도 전혀 용납하지 않는 것이 됩니다. 그러나 비폭력이란 행동하지 않음을 의미하는 것이 아니라, 우리가 취하는 행동에서 폭력적이지 않음을 의미합니다. 따라서 예수는 저항하지 않고 요구되는 것 이상을 수행하는 것으로 구성되는 진정한 전략을 보여줍니다. 이것은 행동의 한 형태이며 진정하고 의도적이며 전술적인 반응입니다. 그러한 행동의 전형이 간디나 킹의 비폭력 저항입니다.

탈리오법 너머

예수는 급진적인 유형의 반응을 처방하고 설명합니다. 이 급진적인 반응은 예수의 유도 문장 "여러분은 들었습니다. [...] 그러나 나는 여러분에게 말합니다"과 함께 그의 정치적 맥락에 대한 '어떤' 비승인을 의미합니다. 그 '어떤'이란 비기독교

---

143) 레프 톨스토이, 강주헌 옮김, 『톨스토이 성서』, 작가정신, 1999, 53쪽.

사회의 사법 행정에 내재된 폭력의 악순환, 특히 구약에서 존중하는 보복법인 탈리오법lex [또는 jus] talionis과 관련이 있습니다. 동해보복법同害報復法이라고 번역되는 탈리오법은 '피해자가 입은 피해와 같은 정도의 손해를 가해자에게 가하는 보복의 법'을 말합니다. 라틴어 탈리오talio는 '받은 그대로 되갚아주기'라는 뜻입니다.

그러나 탈리오법은 무제한의 폭력에 대한 면허가 아닙니다. 예수가 언급하고 있는 구약의 '눈에는 눈, 이에는 이'라고 하는 표현은 민사법 및 형사법의 일부 영역에서 문자 그대로의 과징금에 근거한 원칙에 해당하고, 그것은 호혜주의에 입각한 정의의 확립을 목표로 하는 것입니다. 잘못에 대한 보상은 보복의 개념만큼 의미가 있었습니다. 그 목적은 '범죄와 죄를 억제하고 히브리인들 사이에서 국가 질서를 유지하는 것'이지, 오늘날과 같은 사적이고 증오에 찬 복수를 할 수 있는 권한을 말하는 것이 아니었습니다. 탈리오법의 기본 개념은 정당한 보복, 즉 '정의에 근거하고 정의를 의도하여 처벌을 내리는 것'이었습니다. 그러나 동등하게 중요한 것은 이러한 '공정'하고 '정당한' 수준의 보복이 두 당사자가 '공정'하고 '정당한' 수준의 보상이라는 대체 해결에 도달하기 위한 기초로 어떻게 사용될 수 있는가 하는 것입니다. 따라서 탈리오법은 보복범죄자에 대한 처벌 또는 회복적가해자에 의한 보상 정의의 기초를 제공합니다. 이러한 원칙은 예수 시대에만 사용된 것이 아니라 근현대 민법 및 형법의 기본이기도 합니다.

그러나 위의 구절에서 예수는 제자들에게 잘못을 당했을 때 '복수하거나 법적 또는 강압적인 수단을 통해 시정'하지 말라고 당부합니다. '가차 없는 복수의 순환에 사로잡힌 세상에서 취하는 보복의 수준을 제한하기 위해' 신은 인간에게 과도하게 하지 말라고 명령했습니다. 그러나 여기에서 예수는 동일한 의도를 더욱 강화합니다. 즉 '눈에는 눈'을 취하라는 명령에 따라 무제한의 폭력에서 제한적인 폭력으로 전환하고, '다른 쪽 뺨도 돌려대라'라는 명령을 통해 폭력에서 비폭력으로 나아가야 한다고 말한 것입니다.

예수 이전에는 누가 다른 사람의 눈을 멀게 하면 전통에 따라 즉시 린치를 당하는 것이 당연한 것이었으나, 예수는 '조금 더 나아가라'고 말합니다. 즉 탈리오법이 충분하지 않다는 것을 분명히 밝히고, 대신 '용서와 평화라는 상향의 창조로 볼 것'을 촉구합니다. 따라서 요더는 "옛 언약에서 한쪽 눈에는 오직 한쪽 눈만으로 보복을 제한했던 것이 이제는 공격한 사람을 구제하기 위해 필요한 특별한 사랑의 척도가 되었다. 이것이 '완전한 사랑'이다. 이것이 바로 율법이 일점일획도 없어지지 않고 다 성취된다는 의미다"[144]라고 봅니다.

두 가지의 명령은 같은 의도로 알려졌지만, 악에 대한 무저항은 더 엄격한 호혜의 법칙보다 더 나아간 것입니다. 실제로 이것은 예수가 원래의 목적에 따라 율법을 재조명함으로써 율법을 '파괴'하는 것이 아니라, '이행'하는 의미 중 하나입니다. 예수는 제자들에게 구약을 넘어 원래 의도를 더욱 발전시키라고 말합니다. 기독교 아나키스트들에게 예수가 이렇게 하는 이유는 보복의 법칙이 통제를 벗어나 폭력과 복수의 끊임없는 악순환으로 타락하는 일반적 경향을 막기 위한 것입니다.

2. 폭력

폭력의 악순환

기독교 아나키스트들은 예수의 가르침을 과거의 법뿐만 아니라 과거와 현재의 인간 관행에 대한 논평으로 해석합니다. 기독교 아나키스트들은 탈리오법에 대한 예수의 논평을 사회 전체에서 악을 다루고 정의를 달성하는 점에 대한 보다 광범위한 정치적 질문으로 재빠르게 일반화합니다. 그들은 개인적

---

144) 존 하워드 요더, 김기현 전남식 옮김, 『근원적 혁명』, 대장간, 2011, 71쪽.

또는 집단적 보복에서 경쟁하는 정치사상 학파에 의해 표현된 사회 정의의 훨씬 더 광범위한 비전에 이르기까지, 모든 종류의 정의를 달성하기 위한 방법으로 폭력을 사용하는 것에 대해 반성합니다. 따라서 그들은 또한 개인적인 악뿐만 아니라 사회적, 정치적, 경제적 악과 불의를 포함하도록 유사한 방식으로 악의 개념을 확장합니다. 예수의 세 가지 예는 악에 대한 더 좁은 범위의 사례를 예시하는 것이지만, 그것들은 사회에서 정의를 달성하는 것을 목표로 하는 원리인 탈리오법이라는 훨씬 더 광범위한 원리를 재해석한 예시에 불과합니다.

기독교 아나키스트들은 강력한 저항이 인류가 불의에 맞서기 위한 정당한 방법으로 거의 보편적으로 받아들여진다는 점에 주목합니다. 인류의 거의 보편적인 의견과 관행은 부상에 대한 저항의 편에 있고, 그 시스템이 작동하지 않는 것이 분명합니다. 지구는 광대한 도살장, 상호 잔인함과 복수의 극장으로 변모했습니다. 왜일까요? 이 세상의 지혜는 악에 저항하기 위해 부상, 공포, 악의 효능에 의존해 왔기 때문입니다. 톨스토이에게 인류의 전체 역사는 악으로 악에 저항하고, 폭력 문제를 폭력적으로 다루며, 다른 전쟁을 배제하기 위해 전쟁을 벌이려는 끊임없는 시도로서, 궁극적으로 실패한 시도입니다.

그러한 방법은 악을 배가시킬 뿐입니다. 인간은 종종 다른 사람의 폭력이 원래의 범죄에 대한 공정한 보복일 뿐이라는 사실을 깨닫지 못하기 때문에 끝없는 복수의 악순환에 갇히게 됩니다. 보복의 정당성을 피해자가 인정하지 않는다면, 한쪽에게는 정당한 보복이 상대방에게는 정당하지 않은 공격이 됩니다. 악으로 악을 보답하는 것은 때때로 정당해 보일 수도 있지만, 그렇게 함으로써 악을 배가시키는 경우가 더 많습니다. 따라서 탈리오법의 본질은 폭력의 악순환을 촉발할 위험이 있다는 것입니다.

또는 톨스토이가 말했듯이 하나의 잘못에 다른 잘못이 더해진다고 해서 올바른 것이 되는 것은 아닙니다. 그것은 단지 잘못된 영역을 확장할 뿐입니다. 눈에는 눈으로 갚는 것은 결국 온 세상을 눈멀게 합니다. 이 깨달음이 모든 기독교 아나키스트, 특히 톨스토이에게 얼마나 중요한지 말하기 어렵습니다. 그는 예수가 폭력의 악순환을 폭로하고 인류에게 탈출구를 보여주었다고 믿습니다. 그러므로 폭력의 악순환에 대한 기독교 아나키스트들의 반성 중 일부를 더 자세히 살펴볼 가치가 있습니다.

엘륄의 폭력론

엘륄은 『폭력에 맞서』에서 폭력에는 다섯 가지 법칙이 있다고 주장합니다. 그 중 하나는 '폭력은 폭력을 낳는다. 다른 것은 없다'라는 것입니다. 칭찬할 만한 목적이 때때로 약간 불행한 수단을 정당화한다고 보기도 하지만 이에 동의하지 않습니다. 폭력은 더 많은 폭력을 생산하며 가장 가치 있는 목표조차 치명적으로 부패시키고 파괴하기 때문입니다. 민중적인 격언을 수정하자면, 목적은 단순히 수단을 정당화하지 않습니다.

그럼에도 불구하고 도덕적 목표는 폭력적 수단을 채택하기 위한 필수 전제 조건입니다. 엘륄의 또 다른 폭력 법칙이 강조하듯이, 폭력 지지자들은 항상 훌륭한 목표를 불러일으킴으로써 타인과 자신 모두에게 폭력을 정당화하려고 합니다. "폭력은 너무 매력적이지 않아서 그것을 사용하는 모든 사람들은 그것이 정당하고 도덕적으로 정당하다는 것을 사람들에게 보여주기 위해 긴 사과를 했"습니다.[145] 이것은 이해할 수 있으며, 폭력 지지자들은 악의로 비난받는 경우가 거의 없습니다. 즉 그들은 일반적으로, 그들이 굴복하는 폭력적인 수단으로 그들이 원하는 더 나은 목적을 달성할 수 있다고 진심으로 믿습

---

145) 자끄 엘륄, 이창현 옮김, 『폭력에 맞서』, 대장간, 2012, 103쪽.

니다. 그러나 폭력에 의지하는 곳은 바로 악이 스며드는 곳입니다.

게다가 반항적인 소수자들에게 사회적 비전을 강요하기 위해 폭력이나 강압을 사용하는 것은 실패할 수밖에 없습니다. 톨스토이는 인간 사회에는 무엇이 잘못과 억압을 구성하는지에 대해 끝없이 다양한 의견이 있기 때문에 어떤 한 가지 이유로 폭력을 승인하는 것은 필연적으로 폭력의 보편적 지배라는 악순환의 악순환을 초래한다고 주장합니다. 강요당하는 자들은 위협을 두려워하여 폭군보다 약할 때만 복종할 것입니다. 그러나 그들이 강해지면 자연히 하기 싫은 일을 그만두는 것만이 아니라, 압제자들과의 투쟁과 그들로 인해 겪어야 했던 모든 일에 괴로워하면서 그들의 차례가 되면 상대가 선하고 필요하다고 생각하는 일을 하도록 강요하게 됩니다. 혁명적 폭력은 반혁명적 폭력을 약속합니다.

기독교 아나키스트들은 폭력적인 방법의 근본적인 문제 중 하나로 "우리가 폭력을 사용하는 데 동의하면 상대방도 폭력을 사용하는 데 동의해야 한다"라고 주장합니다.[146] 엘륄은 계속해서 말합니다. "우리는 우리가 받는 것과 다른 대우를 요구할 수 없다. 우리는 우리 자신의 폭력이 필연적으로 적의 폭력을 정당화하며, 그의 폭력에 반대할 수 없다는 것을 이해해야 한다." 자신의 목표를 달성하기 위한 수단으로 폭력을 채택한다는 것은 애초에 폭력을 수용 가능한 수단으로 인식하는 것을 의미합니다. 따라서 우리는 폭력으로 폭력에 대응하면서 상대방의 무기가 옳다는 점에 동의하며, 따라서 그가 하고 있는 일이 잘못되었다고 말할 권리를 상실합니다. 톨스토이에 따르면 바로 그것이 "폭력 사용의 위험이 있는 곳입니다. 폭력을 사용하는 사람들이 제시하는 모든 주장은 동등하거나 더 큰 정당성을 가지고 폭력에 불리하게 사용될

---

146) 자끄 엘륄, 이창현 옮김, 『폭력에 맞서』, 대장간, 2012, 99쪽.

수 있습니다."[147] 오른쪽 뺨을 때렸을 때 다시 때리면, 때리는 것이 허용 가능한 유형의 행동임을 인정하는 것입니다. 한 쪽의 폭력은 항상 다른 쪽에서 자신의 폭력적 방법 선택을 합법화하는 것으로 보이게 할 것입니다.

설상가상으로, 폭력의 사용은 추가 폭력에 대한 정당화를 만듭니다. 폭력이 수용 가능한 방법이라는 것을 암묵적으로 인정하는 것 외에도, 폭력의 사용은 사실상 정당화, 말하자면 폭력적인 대답을 위한 초대가 됩니다. 이것은 "폭력이 폭력을 낳는다"는 엘륄의 또 다른 폭력 법칙입니다. 즉 "모든 폭력 행위는 이전의 폭력 행위에 대한 대응으로 스스로를 설명하고 정당화할 수 있습니다." 폭력 행위는 표적이 된 사람들과 그들의 가족 및 친구들을 화나게 합니다. 이 사람들은 일반적으로 폭력적인 보복으로 정의를 추구합니다. 따라서 폭력을 사용하는 것은 상대방에게 그 대가로 더 많은 폭력을 가할 타당한 이유를 제공합니다. 반대로, 이 폭력적인 보복은 "공격자가 자신이 옳고 모든 인간이 똑같으며, 자신을 방어하기 위해 항상 무기를 사용해야 한다고 느끼게 만듭니다. 요컨대 폭력은 초기 목적을 모호하게 하고, 수단으로서 자신을 정당화하며, 그 대가로 더 많은 폭력을 정당화합니다."

더욱이 엘륄의 제1법칙은 "폭력은 정치적, 사회적, 인간적 상황을 단순화하는 습관이 되고, 습관은 쉽게 고칠 수 없다"라는 것입니다. 악이 우리를 이기고 우리는 "악의 수단을 사용하여 악을 행함으로써 대응하는 악의 게임을 하도록 이끌린다"[148]라는 것입니다. 세계는 폭력의 효능이라는 망상적인 습관에 사로잡힌 이 게임에 익숙해져 있습니다. 폭력은 항상 가장 짧고 확실한 방법입니다. 우리는 폭력이 우리의 목표 달성에 도움이 될 수 있다고 생각하는 습관이 있지만, 장기적으로 보면 폭력의 파괴적인 순환에 추진력을 더할 뿐

---

147) 레프 톨스토이, 홍창배 옮김, 『나의 신앙은 어디에 있는가』, 바다출판사, 2020, 269쪽.
148) 자끄 엘륄, 이창현 옮김, 『폭력에 맞서』, 대장간, 2012, 173쪽.

입니다.

따라서 톨스토이는 "불이 불을 끄지 않는 것처럼 악이 악을 파괴하지 않을 것"이라고 믿습니다.[149] 우리가 옳다고 생각하더라도 다른 사람들에게 우리의 뜻을 따르도록 강요하려는 유혹을 물리쳐야 합니다. 신체적 강압은 도덕적 존재에 적합하지 않습니다. 악한 수단은 도덕적 미덕을 가르치지 않습니다. 게다가 톨스토이의 예수에 따르면 "모든 사람은 결점이 가득하고 다른 사람을 인도할 능력이 없습니다. 복수함으로써 우리는 남들에게 똑같이 하라고 가르칠 뿐입니다."[150] 폭력이 때때로 단기적으로 효과가 있는 것처럼 보인다는 바로 그 사실은 폭력의 사용자가 옳았다는 것이 아니라, 폭력이 효과가 있는 것처럼 보인다는 것을 정확히 가르칠 뿐입니다.

기독교 아나키스트들은 모든 인간에게 그들이 어디에 서 있는지 결정하라고 촉구합니다. 악에 대응하는 방법에 대한 질문은 피할 수 없습니다. 탈리오법은 해결책을 제시하는 것처럼 보이지만, 그 해결책에는 상호 폭력이 통제 불능 상태에 빠지는 경향이 내재되어 있습니다. 예수는 이 논리를 넘어서라고 충고함으로써 이 논리를 간접적으로 폭로합니다. 그러나 겉으로 보기에 인류는 지금까지 이 충고에 주의를 기울이지 않았습니다. 폭력에 대응하거나 때로는 매우 가치 있는 목표를 달성하기 위해 폭력적인 수단을 선택함으로써 세상은 스스로를 강화하는 폭력과 저항의 순환에 스스로를 가두었습니다. 기독교 아나키스트들에게 예수는 치명적인 실수가 저질러지는 것은 수단의 선택에 있음을 분명히 합니다. 폭력의 악순환이 끊어지기 위해서는 인류가 불의에 대응하고 도덕적 목표에 도달할 수 있는 대안이 필요합니다.

---

149) 레프 톨스토이, 홍창배 옮김, 『나의 신앙은 어디에 있는가』, 바다출판사, 2020, 49쪽.
150) 레프 톨스토이, 강주헌 옮김, 『톨스토이 성서』, 작가정신, 1999, 269쪽.

폭력의 악순환 극복

기독교 아나키스트들은 예수가 그러한 대안을 가르치고 실천했으며, 그가 무저항을 권고하는 구절에서 그것을 가장 잘 표현했다고 굳게 믿습니다. 기독교적 무저항의 원칙은 "악은 오직 선으로만 극복할 수 있다"라는 것입니다. 이것은 쉬운 방법이 아니며 처음에는 직관에 반하는 것처럼 보일 수 있습니다. 엘륄은 무저항이 "승리의 흔적을 포기하고, 다른 종류의 승리를 추구하는 것"을 의미하다고 강조합니다. 그러나 기독교 아나키스트들은 그것이 인류를 위한 유일하고 진정한 대안이며 "폭력의 사슬을 끊고, 공포와 증오의 고리를 끊을 수 있는 유일한 방법"이라고 믿습니다.[151]

동시에 어떤 기독교 아나키스트도 그것이 고통스럽지 않은 척하지 않습니다. 사랑으로 악을 극복하려면 폭력이나 악에 대한 대가로 폭력이나 악을 행하지 않고 기꺼이 견디려는 의지가 필요합니다. 용서는 '정의에 따라' 보상을 요구하지 않고 불의를 받아들이는 데 필요한 희생을 의미하기 때문입니다. 그 희생은 정확히 '관계 회복을 위해 배상 또는 보복에 대한 권리를 포기하는 것'입니다.

악을 선으로 갚는 것이 모든 나쁜 관계를 좋은 우정으로 바꾸지는 못할 수도 있습니다. 그러나 이는 지금까지 가졌거나 앞으로도 가질 유일한 것입니다. 그러한 사랑, 비폭력, 용서의 태도만이 치유를 가능하게 합니다. 그것은 압제자가 당신을 새로운 시각으로 보게 하고 상황을 재고하도록 강요합니다.[152] 이것은 '적도 똑같이 될 가능성'을 열어주며, 이는 윙크가 계속해서 말하듯이 '양측이 이겨야 하기' 때문에 중요합니다. 무저항과 그에 수반하는 부당하게 고통받는 의지는 상황의 파괴적인 폭력을 폭로하고, 그것을 극복하기

---

151) 자끄 엘륄, 이창현 옮김, 『폭력에 맞서』, 대장간, 2012, 173쪽.
152) 월트 윙크, 김준우 옮김, 『예수와 비폭력 저항』, 한국기독교연구소, 2003, 23쪽.

위한 감동적인 탄원을 하기 때문에 화해의 토대를 마련합니다. 그것은 폭력의 악순환을 폭로하고 그것을 연장하기를 거부합니다.

혹자는 무저항이 자기보존 본능에 어긋난다는 점에서 인간의 본성에 어긋난다고 반박할지 모릅니다. 실제로 무저항은 자기보존의 진정한 방법입니다. 저항이 항상 자기방어로 정당화되는 경향이 있습니다.

그것은 모든 공격성을 피한다고 공언하지만, 언제나 공격성에 부딪힙니다. 개인의 안전을 약속하지만, 대상을 가중 공격뿐만 아니라, 모든 종류의 위험, 희생 및 재난에 노출시킵니다. 그것은 평화를 유지하기 위해 주먹을 휘두르고 칼을 휘두르며 몽둥이를 들어 공포에 떨게 하며 끊임없이 전쟁을 일으키고 도발하며 영속화합니다. 처음부터 거짓발생이입니다. 사탄은 사탄을 쫓아낸다고 공언하면서도 권세를 확인하고, 우리의 불행한 인류를 소유한 악마의 수를 증가시켰습니다. 그것은 자기보존에 도움이 되지 않고, 자기 파괴에 도움이 되므로 폐기되어야 합니다.

자기보존의 일반적인 방법은 '그것이 방지하고자 하는 바로 그 잘못에 끊임없이 매달린다'는 것입니다. 상해하려는 성향은 상해하려는 성향을 낳습니다. 다시 말해 저항은 인류를 분열시키고 실제로 파괴하지만, 무저항은 실제로 인류를 보존합니다. 따라서 무저항은 반대되는 것이 아니라, '자연의 법칙'에 '완전히 일치'하는 것입니다. 장기적으로 인류를 보존할 수 있는 유일한 방법입니다.

따라서 기독교 아나키스트들은 목적과 수단 사이의 엄격한 연속성을 굳게 믿습니다. 그들은 수단이 결국 목적이 되기 때문에 이것들이 분리될 수 없다고 믿습니다. 폭력은 폭력, 저항에 대한 저항으로 이어집니다. 마찬가지로 평화, 사랑, 용서는 평화롭고 사랑이 넘치며 용서하는 개척자들에 의해서만 시작될 수 있습니다. 폭력의 악순환은 카타르시스나 모범적인 폭력 행위로 끊을 수 없고, 사랑과 무저항으로만 극복할 수 있습니다. 톨스토이는 폭력이 있어서는 안 된다고 주장합니다. 톨스토이는 세상에서 폭력을 줄이는 유일한 방법은 모든 폭력에 대한 순종적이고 평화로운 인내라고 주장합니다.

물론 그러한 무저항은 쉽지 않습니다. 무저항은 절대적인 헌신을 필요로 하며, 이는 저항하기보다는 기꺼이 고통을 받고 심지어 죽기까지 하는 것을 의미합니다. 따라서 무저항은 비겁하지 않습니다. 용기가 필요합니다. 간디는 '용기는 죽이는 것이 아니라, 죽는 데 있다'라고 말했습니다. 무저항은 기꺼이 고통을 감수하고, 아마도 죽기까지_{하지만 죽이지는 않음} 기꺼이 요구하기 때문에 용기를 포함합니다.

게다가 무저항은 예수가 명령한 것이고, 톨스토이는 "예수는 그가 말한 것을 진정으로 의미한다"라고 단호하게 말합니다. 실제로 톨스토이는 예수가 그 말을 문자 그대로 의미했다고 스스로 인정했을 때만 이 구절을 이해했습니다. 그는 그 구절이 "기독교의 중요한 원리"를 표현하고 있음을 깊이 알고 있었음에도 불구하고, 그 구절을 우화적으로 설명하려고 시도함으로써 주의가 산만해졌다고 설명합니다. 그러나 가르침은 이보다 더 명확할 수 없습니다.

> 이 규칙을 지속적으로 이행하는 것은 어렵고 모든 사람이 이 규칙을 준수하는 데서 행복을 찾지는 못할 것이라고 단언할 수 있습니다. 그것은 어리석다고 말할 수 있습니다. 불신자들이 주장하는 것처럼 예수는 몽상가이자 이상주의자였으며, 제자들의 어리석음 때문에 실행 불가능한 규칙을 따랐을 뿐입니다. 그러나 예수가 말씀하시려는 것을 매우 분명하고 확실하게 말하였다는 것을 인정하지 않을 수 없습니다. 그러므로 그의 가르침을 받아들이는 사람은 저항할 수 없습니다.[153]

153) 레프 톨스토이, 홍창배 옮김, 『나의 신앙은 어디에 있는가』, 바다출판사, 2020, 18~19

제자들에게 악에 저항하지 말라고 당부하였을 때 예수는 그것을 진심으로 말한 것입니다. 더욱이 예수는 자신의 생애와 죽음을 통해 자신이 전파한 것을 실천하였습니다. 톨스토이를 따라 반복하고 요약하자면, 예수는 무저항을 설교함으로써 세상의 폭력을 거부합니다. 그의 가르침은 저항을 거부함으로써 폭력의 악순환을 극복합니다. 그러므로 예수를 충실히 따르는 기독교인은 저항할 수 없고 폭력에 가담할 수 없으며 오직 예수의 지시를 따름으로써만 세상의 악순환을 극복하는 데 도움이 될 수 있습니다.

3. 아나키즘적 의미

국가 이론과 실천은 예수의 이 근본적인 가르침과 상충되는 태도를 드러냅니다. 간단히 말해서, 국가는 폭력에 기반을 두고 있습니다. 법과 질서를 집행하기 위해 국가는 시민에게 합법적인 무력 사용에 대한 독점권을 요구합니다. 따라서 강제력은 정부에 필수적입니다. 홉스, 로크 및 [정도는 덜하지만] 루소가 가정한 유명한 '사회 계약'은 폭력의 정당한 사용에 대한 독점권을 국가에 부여하는 개인 그룹의 가상의 동의에 정확하게 의존합니다. 그렇지 않으면 혼돈스럽고 죄 많은 세상에서 질서와 안전을 유지할 수 없습니다.[154] 이것은 모든 정부, 심지어 최고 정부도 경찰에 기초하여 세워졌다는 것을 의미합니다. 즉 그리스도의 가르침과 정반대로 악을 악으로 갚는 것 위에 국가가 세워졌습니다.

기독교 아나키스트들은 부정적인 의미를 지닌 '폭력'과 국가의 '힘' 사용 사이의 구분을 거부합니다. 엘륄은 다음과 같이 씁니다.

쪽.

154) 엘륄은 국가의 명령이 국민이 국민을 통치하는 데 동의하는 데서 나온다는 '사회 계약' 이론에도 동의하지 않습니다. 대신에 그는 다른 국가가 인정할 때 국가가 합법화된다고 주장합니다. 피지배자의 동의는 특정 국가가 특정 영토를 통치한다는 다른 권력자의 동의보다 덜 중요하다는 것입니다.

나는 폭력과 무력 사이의 고전적인 구분을 거부한다. 변호사들은 국가가 제약을 가할 때 심지어 가혹한 제약을 가할 때 '강제'를 행사하고 있다는 생각을 발명했다. 개인 또는 비정부 단체신디케이트, 정당만이 폭력을 사용한다. 이것은 완전히 정당하지 않은 구별이다. 국가는 프랑스, 미국, 공산주의, 프랑코주의 혁명과 같은 폭력에 의해 수립되었다. 변함없이 처음에는 폭력이 있다.[155]

폭력은 처음부터 사용되며 '힘'이 관련될 때마다 정부의 일상적인 행정에 스며듭니다. 따라서 엘륄은 '행정의 폭력'과 '사법 제도의 폭력'에 대해 말합니다. 그는 국가가 '폭력에 의해서 그리고 폭력을 통해서가 아니면 스스로를 유지할 수 없다'고 주장합니다.[156]

그 결과 비극적이게도, 국가가 악으로부터 보호하겠다고 약속하지만, 국가 자체가 '악을 생산하고 확장'합니다. 시민법은 '소송, 처벌 및 복수를 영속화하고 악을 악으로 갚기' 때문에 '인간의 지속적인 타락을 조장'합니다. 따라서 기독교 아나키스트들에게 법은 폭력에 대한 부적절하고 비기독교적인 대응인데, 이는 그 자체가 폭력의 또 다른 형태이기 때문입니다.

국가는 또한 눈에 띄게 폭력적이기 때문에 다른 면에서 예수의 가르침에 반합니다. 국가는 끊임없이 전쟁을 벌입니다. 그렇게 함으로써 그것은 악에 저항하지 말라는 예수의 가르침뿐만 아니라 훨씬 더 오래된 십계명 중 하나인 '살인하지 말라'를 어깁니다.출 20:13 이 명령은 '신이 결코 취소하지 않은' '절대적인' 명령입니다. 그럼에도 살인은 국가에 의해 조직적인 방식으로 엄청난 규모로 저질러집니다. 심지어 국가는 군대를 유지함으로써 살인을 제도화합니다. 군대 제도는 살인하지 말라는 명령에 대한 국가의 무시를 증명합니다.

155) 자끄 엘륄, 이창현 옮김, 『폭력에 맞서』, 대장간, 2012, 84쪽.
156) 자끄 엘륄, 이창현 옮김, 『폭력에 맞서』, 대장간, 2012, 84쪽.

그것은 국가의 살인 기계이며, 살인과 악에 저항하는 궁극적인 도구입니다.

어떤 사람들은 살인과 전쟁을 구별해야 한다고 반박할지 모릅니다. 이에 대해 발루는 다음과 같이 말합니다.

> 그러나 악을 의로 바꾸려면 얼마나 많은 사람이 필요할까? 한 사람은 죽이지 말아야 한다. 그가 한다면 그것은 살인이다. 2명, 10명, 100명 자신의 책임 아래 행동하는 사람은 살인을 해서는 안 된다. 그렇게 하면 여전히 살인이다. 그러나 국가는 원하는 만큼 많은 사람을 죽일 수 있으며 그것은 살인이 아니다. 그것은 정당하고, 필요하고, 칭찬할 만하고, 옳다. 사람들이 그것에 동의할 만큼만 얻으면 무수한 인간을 도살하는 것은 완전히 결백하다. 하지만 몇 명의 남자가 필요할까?[157]

기독교 아나키스트들은 스스로 행동하는 사람들과 국가를 통해 같은 일을 하는 사람들을 구별할 타당한 이유가 없다고 봅니다. 기독교 명령은 두 경우 모두에 적용됩니다. 교황 베네딕토 15세는 '사랑에 대한 복음의 명령은 개인 간에 적용되는 것과 마찬가지로 국가 간에도 적용된다'라고 말했습니다.

국내외에서 국가는 살인하지 않고 악에 저항하지 말라는 관련 계명을 직접 위반합니다. 모든 정부는 입법부, 법원, 감옥 및 전쟁에서 악을 악으로 갚음으로써 산상설교를 부인합니다. 미국을 비롯한 모든 국가 정부는 대외 관계와 국내 문제 모두에서 조직적으로 악을 악으로 갚는 가장 큰 단일 사례를 나타냅니다. 전쟁과 사형을 통해 국가는 살인으로 악에 대응합니다. 기독교인은 죽이거나 악에 저항해서는 안 되지만 국가는 두 가지 모두를 행합니다.

---

157) 레프 톨스토이, 박홍규 옮김, 『신의 나라는 네 안에 있습니다』, 들녘, 2016, 13쪽 재인용.

더욱이 사람이 다른 사람을 통해 하는 일은 실제로 자신이 하는 일입니다. 따라서 인간은 정부의 구성 지지자로서 손상으로 손상에 저항하는 자신을 발견할 수 있습니다. 즉, 만약 정치적 협약이 전쟁, 유혈 사태, 사형, 노예제도, 공격적이든 방어적이든 절대적인 상해를 요구, 승인, 제공 또는 용인하는 경우, 그러한 협약을 지원하는 것은 마치 그가 개인적으로 저지른 것처럼 엄격하게 준수하여 발생한 모든 상해 행위에 대한 책임이 있습니다.

국가가 악에 저항할 때 악에 저항할 수 있는 권한을 보유하는 데 동의한 시민은 자신이 악에 저항한 경우와 마찬가지로 국가 행동에 대한 책임이 있습니다. 국가가 나의 묵시적 또는 명시적 동의로 저지르는 것은 곧 내가 그것을 통해 스스로 하는 것과 같습니다.

예수가 가르친 폭력의 포기는 기독교인의 폭력 사용이나, 국가와 같은 영토 경계 내에서 폭력과 강압 사용의 합법화를 스스로 구현하는 사회 구조의 승인에 엄청난 질문을 던집니다. 기독교인은 동료 인간을 강요해서는 안 되며, 다른 사람들이 입법을 통해 그렇게 하도록 권한을 부여해서도 안 됩니다. 예수와 기독교 아나키스트들이 국가의 제도와 행동을 승인하기를 거부하는 것은 비폭력에 대한 이러한 절대적인 헌신 때문입니다.

같은 이유로 기독교 아나키스트들은 진정한 기독교인은 구제를 위해 법정을 이용할 수 없다고 주장합니다. 예수의 지시는 단순히 모든 개인적, 개별적, 자칭 보복권을 금지하는 것이 아니라 법에 따른 모든 복수를 금지합니다. 톨스토이에 따르면 무력의 사용이 금지된 경우 관련된 사람이 출석하고 참여할 의무를 부여하기 위해 실제로 또는 암묵적으로 무력이 사용되는 모든 법적 절차도 금지됩니다. 따라서 기독교는 당연히 아나키즘을 포함합니다.

아나키즘은 평화주의와 산상설교의 부정적인 측면입니다. 기독교 아나키스트들에 따르면, 아나키즘은 '힘이 구성 요소인' 어떤 대안보다 예수가 구상한 '사회 질서'에 더 가깝습니다. 기독교 아나키즘은 기독교 평화주의의 불가피한 결과입니다. 국가를 폐지하는 것은 악을 악으로 갚는 것이기 때문입니다. 톨스토이가 아나키스트가 된 것은 정부와 국가 기구의 존재 자체가 폭력과 전쟁을 불가피하게 만든다고 생각했기 때문입니다. 기독교 아나키스트들이 아나키즘이 기독교의 불가피한 결과라고 믿는 것은 그들이 산상설교를 문자 그대로 받아들이고 국가가 이론적으로나 실제적으로 이것들에 명백히 위반된다고 생각하기 때문입니다.

다른 아나키스트들과 마찬가지로 톨스토이와 같은 기독교 아나키스트들은 사회 조직을 강제가 아니라 동의와 협력에 기초하기를 원했습니다. 기독교 아나키스트들은 혼란스러운 사회가 아니라, 어떤 괴물 같은 리바이어던에게 폭력의 합법성을 허구적으로 부여하는 것이 아니라, 진정한 동의, 사랑, 상호 도움에 기초한 아나키 사회를 상상합니다.

톨스토이의 아나키즘에 대해 누구도 그의 일관성을 부정할 수 없습니다. 기독교 아나키스트들은 이론과 실천 모두에서 국가 폭력에 대한 평가를 통해, 악에 저항하지 말라는 예수의 명령에서 국가에 대한 궁극적인 거부에 이르기까지 일관된 논리적 단계로 이동합니다. 톨스토이는 자주 인용되는 그의 삼단논법에서 이 논리의 명백한 단순성을 요약합니다. 즉 국가는 폭력이고, 기독교는 온유함, 무저항, 사랑이므로 국가는 기독교적일 수 없으며, 기독교인이 되고자 하는 사람은 국가를 섬겨서는 안 된다는 것입니다.

따라서 톨스토이에 따르면 기독교인이 되려는 모든 사람은 선택에 직면해 있습니다. 신이냐 국가냐, 예수의 가르침과 모범이냐 아니면 국가 이론과 실천이냐 하는 것입니다. 그는 악에 저항하지 않는 것이 가르침의 기초인 예수를 믿으면서 재산, 법원, 왕국, 군대를 세우기 위해 의식적으로 침착하게 노력하는 것은 불가능하다고 말합니다. 그는 또한 이 선택이 불가피하며 모든 사람이 이 문제에 대해 자신의 입장을 결정해야 한다고 믿습니다. 그는 다음과 같이 씁니다.

> 아마도 기독교는 시대에 뒤떨어진 것일 수 있으며, 기독교와 사랑 또는 국가와 살인 중 하나를 선택할 때 우리 시대 사람들은 국가와 살인의 존재가 기독교보다 훨씬 더 중요하므로 기독교를 포기하고 더 중요한 것, 즉 국가와 살인만 유지해야 한다고 결론을 내릴 것이다.
>
> 그럴 수도 있다. 적어도 사람들은 그렇게 생각하고 느낄 수 있다. 하지만 그런 경우에는 그렇게 말해야 한다![158]

사람들은 공개적으로 자신이 선택한 것을 선택했음을 인정해야 하며 두 가지를 결합할 수 있는 척해서는 안 됩니다. 그것은 기독교이거나 국가 중 하나입니다. 이론과 실천 모두에서 기독교 아나키스트에게 국가는 폭력에 기초하고 폭력을 통해 스스로를 유지합니다. 악에 저항하지 말라는 예수의 가르침을 지켜야 합니다. 더욱이 국가가 폭력적일 수밖에 없다면 완전한 아나키 사회에서는 국가를 없애버릴 것입니다. 국가가 폭력적일 수밖에 없다면 악에 대한 무저항을 설교하면서 예수는 일종의 아나키즘을 세우는 것입니다.

재판하지 않음

아나키즘은 악에 대한 무저항뿐만 아니라 산상설교의 다른 핵심 구절에서도 이어집니다. 톨스토이가 악에 저항하지 말라는 계명과 함께 자주 분석한 구절 중 하나는 예수가 다음과 같이 말한 것들입니다.

---

158) 레프 톨스토이, 홍창배 옮김, 『나의 신앙은 어디에 있는가』, 바다출판사, 2020, 22쪽.

여러분이 판단을 받지 않으려면 판단하지 마십시오. 여러분이 판단하는 그 판단으로 여러분도 판단을 받을 것이요 여러분의 헤아리는 그 헤아림으로 여러분도 헤아림을 받을 것입니다. 어찌하여 형제의 눈 속에 있는 티는 보면서 당신 눈 속에 있는 들보는 깨닫지 못합니까? 당신이 어찌하여 형제에게 말하기를 나에게 당신 눈 속에서 티를 빼게 하라 하겠습니까? 보십시오, 당신 눈 속에 들보가 있습니까? 위선자여, 먼저 당신 눈 속에서 들보를 빼십시오. 그 때에야 밝히 보고 형제의 눈 속에서 티를 뺄 것입니다.마 7:1~5

    톨스토이는 예수가 제자들에게 이렇게 말한다고 봅니다. "판단하고 처벌하는 사람들은 소경이 소경을 인도하는 것과 같습니다."**159** 더욱이 "사람들은 그들 자신이 사악함으로 가득 차 있기 때문에 서로의 허물을 판단할 수 없습니다." 결점 없는 인간은 없기 때문에 다른 사람의 결점을 비난하는 것은 경솔하고 위선적입니다.

    이것은 인간이 악에 저항해서는 안 되는 이유입니다. 이 두 계명은 "사람마다 허물이 가득하고 남을 지도할 능력이 없기" 때문에 정죄하거나 복수하거나 악에 대항해서는 안 된다는 점에서 연결되어 있습니다. 애초에 악을 제대로 판단할 수 없기 때문에 악이라고 주장되는 것에 저항함으로써 그 판단에 따라 행동하는 것은 현명하지 못합니다. 판단하는 대신에 기독교는 그들에게 악하게 보이는 것까지도 인내하며 용서해야 합니다. 예수를 참되게 따르는 사람들은 "벌을 주는 것이 아니라 용서하는 것이 그들의 의무입니다. 진노에 굴복하고 부당한 고통을 당하며, 악을 악으로 갚지 않고, 복수는 하나님께 맡깁니다. '복수는 내하나님 것입니다. 내하나님가 갚겠습니다.'"

    이 말은 바울의 로마서에서 나온 것입니다. 그들은 구약을 다시 언급하지

---

159) 레프 톨스토이, 강주헌 옮김, 『톨스토이 성서』, 작가정신, 1999, 165~166쪽.

만, 기독교 아나키스트들은 판단하지 말라는 예수의 지시를 해석할 때 때때로 구약 구절을 언급합니다. 예를 들어 이사야의 한 구절을 이렇게 해석합니다. "온 땅의 심판자로 일할 자격이 있는 분은 오직 한 분뿐이며, 그는 정의가 무엇인지 말할 수 있을 뿐만 아니라 정의를 일의 실제 상태로 가져올 수 있습니다." 진정한 정의는 "여호와가 심판하리라"에 의해서만 이루어질 수 있으므로 우리는 처음부터 그분의 방식대로 하도록 하는 것이 더 낫습니다. 신을 믿는 기독교인은 또한 신의 심판과 공의의 집행에 대한 믿음을 가져야 합니다. 그러므로 그는 신을 사칭하고, 동료 인간을 판단하는 일을 삼가야 합니다.

인간은 법을 제정하고 다른 사람을 선악으로 판단할 능력이 없으며 그에 대해 처벌하는 것은 고사합니다. 따라서 전지전능한 신이 행악자들을 벌하실 수는 있지만 "사람이 사람에게 이렇게 해서는 안 됩니다."[160] 심판은 신의 특권입니다. 그러므로 예수는 분명히 인간의 심판을 금하였습니다. 이것이 아무리 놀랍게 보일지라도 톨스토이는 더 이상 판단하지 말라는 예수의 지시가 지상의 모든 법정을 정죄하는 것이라고 주장합니다. 우리의 사법 제도는 악에 저항할 뿐만 아니라 심판을 수반하기 때문에 예수에 반합니다. 둘 다 예수가 금지하였습니다. 그 결과, 기독교인은 판사가 될 수도 없고 어떤 재판에도 참여할 수 없으며 동료 인간을 법정에 데려갈 수도 없습니다. 기독교인들은 인간 법정을 멀리해야 합니다.

톨스토이는 보통 악에 저항하지 말라는 지시와 함께 판단하지 말라는 지시를 논하는데, 그 이유는 둘 다 초점이 약간 다르지만 악하다고 판단한 것에 대한 국가의 저항을 비난하기 때문입니다. 판단하는 것과 저항하는 것은 다른 행위이지만 특히 국가와 관련이 있습니다. 전자는 입법과 사법 제도에 더 중점을 두며, 후자는 경찰과 군대에 중점을 둡니다. 어느 쪽이든, 둘 다 국가의

---

160) 레프 톨스토이, 홍창배 옮김, 『나의 신앙은 어디에 있는가』, 바다출판사, 2020, 64쪽.

존재에 근본적인 기능을 비판합니다. 둘 다 기독교 아나키스트 입장을 알려줍니다.

6장·예루살렘 예수의 아나키즘

1. 예루살렘 입성

예수는 왜 예루살렘에 가는가?

이제 예수는 팔레스타인의 지방을 벗어나 그 수도인 예루살렘으로 갑니다. 왜? 복음서에는 그 이유가 설명되어 있지 않고, 주석서 등에도 설명이 없습니다. 예루살렘은 정치와 종교, 경제와 문화의 중심이었지만, 예수가 그런 것에 흥미가 있어서 그곳에 갔다고 보기는 어렵습니다. 당시 제자들의 언행을 보면 예수가 예루살렘에 가서 권력을 잡기를 바란 것도 같지만, 예수는 그런 생각이 전혀 없었습니다. 당시에는 성전 절기의 축제 때마다 소란이 발생했기에 로마 총독은 예루살렘에 군대를 끌고 와서 안정과 질서를 유지하기 위해 감시하곤 했는데, 예수는 그러한 로마 군대의 행위에 대해 반대하여 죽음을 무릅쓰면서 의도적으로 예루살렘에 입성했다고 볼 수 있습니다. 마가복음에 의하면 예루살렘 가는 길에 예수가 앞장을 서서 사람들이 놀라고 두려워했다고 하고, 예수는 예루살렘에서 자기가 잡혀 처형당한 뒤 부활한다고 말합니다.막 10:34 다른 복음서에도 비슷한 이야기가 나오지만, 누가복음에는 제자들이 예수의 말을 알아듣지 못했다고 합니다. 사실 제자들은 예수가 죽을 때까지 그를 이해하지 못합니다.

예수가 스스로 처형당할 것이라고 말하는 것을 보면, 그가 예루살렘 성전에 충성을 보이려는 순례자나 로마 총독부에 충성을 보이려고 하는 것 등이 아니라, 국가 권력을 뒤엎으려는 예언자로 들어가는 것임을 알 수 있습니다. 이는 갈릴리에서 있었던 제1차 아나키 운동^{막 1:20~3:35}에서 귀신 축출과 치유로 그러한 악을 초래하는 체제에 간접적으로 저항한 것처럼, 예루살렘에서의 제2차 아나키 운동에서 성전과 성직자 체제에 직접 저항하려고 한 것입니다.

예수가 예루살렘에 들어서니 사람들이 "호산나, 주님의 이름으로 오시는 분은 축복받으소서. 우리 조상 다윗의 나라 이제 오니 축복받으소서. 지극히 높은 곳에서 호산나"라고 외쳤다고 합니다.^{마 21:1~11, 막 11:9~10, 눅 19:28~40, 요 12:12~16} 호산나란 아람어로 '구원하소서'라는 뜻입니다. 그런 사람들이 뒤에 가서는 예수를 처형하라고 외쳤다고 해서 전혀 주체적이지 못한 민중이라고 비판하는 사람들이 있지만, 환영하던 사람들과 처형을 바란 사람들이 반드시 같은 사람들이라고 볼 수는 없습니다. 여기서 더 중요한 문제는 과연 예수가 그런 환영을 받았을까, 그런 환영 이야기는 후대 사람들이 꾸며낸 이야기가 아닐까 하는 점입니다. 특히 당시 예수가 무명이었다는 점을 감안하면 믿기 어려운 이야기입니다.

성전 정화

예루살렘에서 예수의 최초 행동은 성전 정화입니다. 톨스토이는 산상설교 앞에서 예수의 성전 정화에 대해 설명하지만, 복음서에 의하면 이는 순서가 뒤바뀐 것이므로 여기서 설명하도록 하겠습니다. 톨스토이는 예수가 유월절이 다가오자 예루살렘에 가서 성전을 깨끗이 청소한 유명한 구절을 강조합니다.[161] 즉 상을 뒤집고, 채찍을 휘두르고, 환전상들을 내쫓고, 다음과 같이 선포한 것입니다. "당신들은 성전을 강도의 소굴로 만들었습니다."^{마 21:12~16, 막 11:15~18, 눅 19:45~48, 요 2:13~17} 이는 현재 귀족 계층이 장악한 성전과 달리, 본래

---

161) 레프 톨스토이, 강주헌 옮김, 『톨스토이 성서』, 작가정신, 1999, 30쪽.

과거의 성전이나 새로운 미래 성전이 희생 제물을 바치지도 않고 경제적 이권에 의하지도 않았음을 말하는 것입니다.[162]

당시 사원은 중요한 종교적, 정치적, 경제적 상징이었습니다. 예수가 공격하는 것은 다름 아닌 '가장 강력한 이데올로기적 상징', 즉 성전 신앙의 정치 경제가 가난한 사람들을 억압하는 방식입니다. 당시 대제사장 가족은 성전 매매로 인한 고수입을 관리했습니다. 그들은 환전을 하거나, 비둘기를 팔았습니다. 순례자들은 성전 회비나 십일조를 내기 전에 환전을 해야 했는데, 그 돈으로 생겨난 금융 수입은 상당한 권력의 토대가 되었습니다. 또 비둘기는 종교 의무 수행을 위한 중요한 물품이었습니다. 특히 여성이나 나병 환자의 정결을 위한 희생 제사에 필요한 것이었습니다.

예수는 성전을 가로질러 물건을 나르지 못하게 합니다.[막 11:16] 즉 상업 활동을 금지시킨 것입니다. 그러나 이러한 예수의 행동을 상업 활동으로 종교 사원을 더럽힌 것에 대한 '의로운 분노'의 관점에서 설명하는 단순한 보수적 해석은 거부해야 합니다. 예수에게 성전은 단순한 종교 시설이 아니라 '국가의 정치적, 경제적 기구로서의 기능'도 하는 곳입니다. 그것은 '모든 범죄, 정치 및 종교 문제의 최종 중재자'이고 치안 역할도 수행합니다. 그리고 '모든 의도와 목적을 위해' '국고' 역할도 합니다. 따라서 그것은 우리의 현대 국가와 다르지 않은 '엄청난 권력 집중'을 나타냅니다. 그러므로 예수의 행동은 상업 활동과 종교 활동의 분리에 대한 주장보다 훨씬 더 깊숙이 들어가는 것으로, 실제로는 모든 세상의 억압받는 사람들의 좌절과 열망을 구현하는 것으로 볼 수 있습니다.[막 11:17, 눅 19:47]

성전 국가와 그 정치 경제는 지배 체제의 잘못된 점의 핵심을 나타냅니다. 성전은 근본적으로 경제 기관입니다. 따라서 예수가 공격하고 있는 것은 성

---

162) 게르트 타이센, 박찬웅, 민경식 옮김, 『기독교의 탄생』, 대한기독교서회, 2018, 88쪽.

전시장에서 상업과 기업을 통제하여 받게 되는 지배계급의 이익입니다. 예수는 구약의 예레미야 7장에 나오는 '도둑의 소굴' 구절을 인용하여 제사 제도를 도둑질이라고 비판합니다. 따라서 이 에피소드는 정치적, 경제적, 종교적 질서에 대한 예수의 묵시적 투쟁을 이해하게 하는 열쇠입니다. 그것은 당대의 권력과 권위에 대한 예수의 입장을 집약하고, 용서의 실천이 성전에서 표현된 구속적 및 상징적 부채 제도의 대체가 되는 것임을 보여줍니다. 예수의 용서에 대한 가르침은 성전 국가의 경제력을 전복시킵니다.

예수의 항의는 그가 공격하는 상업 활동의 기반이 되는 사기적 아이디어, 즉 동물 희생을 통해 죄가 속죄될 수 있다고 믿는 전통에 대항하는 것입니다. 환전상들은 숭배자들의 심리적 취약성을 악용하고 있었고, 예수는 그러한 최악의 착취에 대해 분노합니다. 예수의 분노를 불러일으킨 것은 성전 회당에서의 위선입니다. 예수가 탁자를 뒤집고 상인들과 그들의 동물을 몰아내는 것은 극적이고 상징적인 직접 행동, 성전이 상징하는 것에 반대하는 '행위에 의한 선전'163이라고 할 수 있습니다.

그러나 예수의 행위를 폭력으로 볼 수는 없습니다. 요한복음에서만 예수가 채찍을 만들어 그것으로 물건을 파는 자들과 양과 소를 쫓아냈다고 언급하고 있습니다.요 2:15 크로스비에게 보낸 편지에서 톨스토이는 "가축을 몰아낸 것이 그가 사람들을 회초리로 때린 것을 의미하고 그의 제자에게 똑같이 행하기를 명령하였다고 주장하는 것은 그리스도를 중상하는 것"이라고 썼습니다.164 한편 요더에 따르면 채찍은 종종 기독교인의 폭력 사용에 대한 선례로

---

163) 행위에 의한 선전(propagande par le fait)은 타인에게 모범이 되고 혁명의 촉매 역할을 하는 구체적인 정치적 직접 행동을 말하는 것으로, 주로 19세기 후반과 20세기 초반에 반란적 아나키즘을 지지하는 사람들이 저지른 폭력 행위, 즉 반자본주의 정신으로부터 국가와 지배계급을 표적으로 한 폭탄 테러와 암살, 종교 단체를 표적으로 한 교회 방화 등을 주로 말하지만, 비폭력적인 경우도 있었습니다.

164) 레프 톨스토이, 박홍규 옮김, 『톨스토이 비폭력 평화 편지』, 영남대출판부, 2022, 212쪽.

간주되지만[165] 동물을 '몰아냈다'는 것에는 폭력이 있을 수 없습니다. 같은 말이 신약의 다른 곳에서도 단순히 '내보내다'라는 뜻으로 사용되기 때문입니다.[166] 그것은 귀신을 쫓아내기 위해 예수가 가장 자주 사용한 말이며, 거기에는 어떤 힘이나 폭력적인 강압의 증거가 없습니다.

설령 예수가 환전상들에게 채찍을 사용했다고 하더라도, 그들의 가족을 몰살시키거나 그들을 투옥하고 죽이려고 한 것은 아니었습니다. 그러므로 그의 행동은 전쟁에 대한 기독교적 정당성과는 다릅니다. 예수의 성전 정화는 상징적으로나 정치적으로 강력한 행위이지만, 기독교인의 폭력을 합법화하지는 않습니다. 도리어 그것은 종교적, 정치적, 경제적 권력의 집중과 남용에 대한 예수의 반대를 보여줍니다.

톨스토이는 만일 예수가 지금 지상에 와서 '교회에서 그의 이름으로 행해지는 일'을 본다면, 그는 '확실히' 과거보다 훨씬 더 화를 낼 것이라고 말했습니다. 또한 그가 그때처럼 행동한다면 그는 범죄 혐의로 체포될 것이라고 했습니다. 그러므로 진정한 예수의 추종자는 성전 정화라는 정확한 역사적 사건을 재구성하려는 시도보다는 참 기독교와 국가 사이의 차이를 대담하게 폭로해야 합니다. 이는 대한민국의 교회에서 벌어지는 일들을 생각하면 더욱 분명해집니다. 한국 교회만큼 예수의 가르침과 동떨어진 곳이 이 지상에 또 있을까요?

그럼에도 불구하고 기독교 아나키스트들은 예수가 탁자를 뒤집고 상인들과 그들의 동물을 몰아내는 것을 극적이고 상징적인 '직접 행동', 성전이 상징하는 것에 반대하는 '행위에 의한 선전'의 한 형태로 봅니다. 진정한 기독교인들은 예수의 모범을 따라 국가에 대항하는 유사한 직접 행동에 참여해야 합니

---

165) 존 하워드 요더, 신원하, 권연경 옮김, 『예수의 정치학』, IVP, 2007, 85쪽.
166) 존 하워드 요더, 신원하, 권연경 옮김, 『예수의 정치학』, IVP, 2007, 87쪽.

다. 그들에게 '사랑은 대립적인 것입니다.'

무화과나무의 상징성

마태복음과 마가복음에는 성전 정화 이야기의 앞뒤로 무화과나무 이야기가 나옵니다.^{마 21:18~19, 20~22, 막 11:12~14, 20~25} 먼저 예루살렘으로 가는 길에 예수가 무화과나무를 발견하지만, 열매가 없다는 이유로 나무를 저주합니다. 그때는 무화과 열매가 열리는 철이 아니므로 그 저주는 나무에게 억울한 것일 수 있지만, 이를 상징으로 보면 이야기는 달라집니다. 구약을 보면 열매가 없는 과일나무는 신실하고 정직한 사람이 없음을 뜻합니다. 특히 무화과나무는 유대교와 이스라엘의 평화와 안전과 번영의 상징이고, 그 열매가 없음은 그 둘이 심판을 받았음을 상징합니다. 따라서 이는 타락한 예루살렘 사람들에 대한 저주라고 할 수 있습니다. 이는 예루살렘에 닿자마자 예수 일행이 우울하게 되었음을 보여주는 이야기이기도 합니다. 위에서 본 성전 정화는 그 우울함의 극치에 의한 분노라고 볼 수도 있습니다.

성전 정화 이후 다시 무화과나무가 뿌리째 말라버렸다는 이야기가 나옵니다.^{마 21:20~22, 막 11:20~26} 이는 예루살렘 사람들의 타락을 넘어 국가 자체가 멸망했음을 상징하고, 따라서 새로운 나라가 와야 함을 뜻합니다. 그래서 예수는 "신을 믿으십시오"라고 제자들에게 말합니다.^{막 11:22} 국가에서 해방된 새로운 아나키 사회를 믿으라는 것입니다. 그 말에 이어 예수가 "이 산더러 '들려서 저 바다에 던져져라'"라고 함은 '성전산'으로 알려진 거대한 돌덩이를 던져지게 할 수 있다는 것입니다. 그리고 새로 오는 세상은 서로 용서하는 곳입니다.^{막 11:25}

예수의 권한에 관한 논쟁

지배층을 상징하는 성전을 정화한 예수에 대해 당연히 지배층의 반발이 생겨납니다. 그것은 첫째, 예수의 권한에 관한 논쟁, 둘째, 포도밭 비유, 셋째, 카이사르의 동전에 관한 것으로 나타납니다. 첫째 것부터 살펴봅시다. 대제사장들, 율법학자들, 장로들이 예수에게 "무슨 권한으로 이런 일을 합니까?"라고 묻습니다. 그러자 예수는 살해당한 세례자 요한에 대해 되묻습니다. 즉 세례자가 하늘에서 비롯되었나, 아니면 사람에게서 비롯되었나 하는 질문입니다. 유대 지도층은 요한의 살해에 동의했지만, 그의 순교 뒤에 그를 향한 민중의 인기가 엄청나게 높아져서 요한을 공개적으로 비난하기 어려운 형편이었기 때문에 예수의 물음에 답하기 어려웠습니다. 만일 요한의 세례가 하늘에서 비롯되었다고 답하면 그들이 요한의 살해에 동의한 것을 설명할 수 없고, 그렇다고 해서 사람에게서 비롯되었다고 답하면 민중을 거역하는 셈이 되기 때문입니다. 그래서 모르겠다고 답합니다. 그러자 예수는 자신도 무슨 권한에서 하는지 답하지 않겠다고 말합니다. 마 21:23~27, 막 11:27~33, 눅 20:1~8

이 이야기는 예수가 이것이냐, 저것이냐 하는 양자택일을 요구하는 함정에 빠지지 않고 제3의 대답으로 교묘히 피해 가는 것을 보여줍니다. 뒤에서 보는 로마에 세금을 내야 하는가 하는 질문에 대한 답과 마찬가지입니다. 그러나 이는 대답의 현명함이 아니라 삶의 방식에서 나오는 것임을 주의해야 합니다. 이러한 이야기는 예수 사후 원시 교단이 유대교와 대립하여 논쟁을 벌였다고 하는 사실이 배경에 있다고도 볼 수 있습니다.

포도원 비유

예수는 제자들에게 포도원 우화를 들려줍니다. 어느 부재지주가 수확 철에 종을 보냈더니 처음에는 폭행하고, 다음에는 모욕하고, 다음에는 죽였습니다. 마지막에는 아들만이 남아서 그를 보냈더니 역시 죽었습니다. 소작농들은 그렇게 하면 포도원이 자기들 것이 되리라고 생각했지만, 지주는 농부들을 죽이고 다른 사람에게 포도원을 주었다는 이야기입니다.^{마 21:33~46, 막 12:1~12, 눅 20:9~10}

이는 예수 당시의 농업 사정을 말해주는데, 이런 사정은 지금도 마찬가지입니다. 유대인이 20세기 전반에 팔레스타인에 몰려왔을 때 그곳 땅은 대부분 부재지주들의 것으로, 유대인은 그들에게서 땅을 샀습니다. 그러나 그것이 현지의 소작인인 아랍인에게는 엄청난 모욕이어서 폭력으로 저항했습니다.

예수는 포도밭을 비롯한 모든 땅은 하나님 소유인데, 하나님의 종인 예언자들이 지배계급에 의해 무참히 죽음을 당했음을 고발하고, 그 지배 계급에게 유죄 판결을 내립니다. 이 우화는 예수가 자신에게 음모를 꾸미는 권력자들을 비판하는 것입니다.

예수와 카이사르

유대교 최고의회는 예수에게 올가미를 씌우려고 그에게 바리새파 사람들과 헤롯파 사람들을 보내어 로마 황제에게 주민세를 바쳐야 하는가에 관해 묻습니다. 이에 대해 예수는 "황제의 것은 황제에게 돌려주고, 신의 것은 신에게 돌려주십시오"라고 답합니다.^{마 22:15~22, 막 12:13~17, 눅 20:19~26}

톨스토이는 『복음 요약』에서 이를 "신의 것, 즉 여러분의 영혼은 신에게 바치세요. 돈과 재물과 노동은 여러분에게 그것을 요구하는 사람에게 주십시오. 그러나 당신의 영혼은 오직 신에게 주십시오"라고 풀이합니다.[167]

반면 보수적인 신학자들은 이를 예수가 국가의 조세 제도를 변호한 말이라고 주장합니다. 그것은 또한 국가와 교회 사이의 영역 분할 개념을 발전시키

---

167) 레프 톨스토이, 강주헌 옮김, 『톨스토이 성서』, 작가정신, 1999, 133쪽.

는 데 사용되어 국가는 물질적 및 현세적 영역정치에 관심을 갖고, 교회는 영적이고 영원한 영역종교에 관심을 갖는 것이라고 주장하는 근거가 되었습니다.

그러나 기독교 아나키스트들은 이러한 두 가지 해석 모두에 반대하고, 예수는 "기득권층 편에 서지"도 않았고, 정치와 종교 사이의 영역을 나눈 것도 아니라고 봅니다. 엘륄에 의하면 예수는 세금을 정당화하지도 않았고, 로마에 복종하라고 말하지도 않았고, 오로지 당연한 사실을 상기시켰을 뿐입니다.[168] 엘륄은 루소가 『사회계약』에서 황제의 나라와 신의 나라를 비교한 것이 '나라의 분열'을 초래했다고 비판하고, "인간은 그 자신과 모순되게 만드는 모든 제도를 거절해야 한다"라고 하며 "결국 국가는 시민종교의 대제사장이며, 그럼으로써 그것은 국가의 종교가 된다"라고 비판했습니다.[169]

예수가 이 말을 했을 때와 마가가 그의 복음서를 기록한 것으로 추정되는 시기서기 66~70년의 유대-로마 전쟁 동안에는 세금 납부 문제가 민감한 정치적 문제였습니다. 두 문맥 모두에서 예수의 대답은 로마에 대한 무장 반란을 지지했던 열심당원들로부터 그와 그의 추종자들을 분명히 거리를 두게 했습니다.[170]

엘륄은 이 질문이 제기되기 위해서는 예수가 황제에게 '적대적'이라고 알려졌음에 틀림없다고 주장합니다.[171] 예수는 이미 정치적 위협 인물로 간주되었고, 당국은 그를 함정에 빠뜨리려고 했습니다. 따라서 예수가 "예, 카이사르에게 경의를 표하십시오"라고 대답했다면 그의 추종자들에게 타격을 입혔을 것입니다. 반면 분명히 "아니오"라고 대답했다면 그를 즉시 체포해야 할 빌

168) 자끄 엘륄, 『무정부주의와 기독교』, 이창현 옮김, 대장간, 2011, 90쪽.
169) 자끄 엘륄, 『무정부주의와 기독교』, 이창현 옮김, 대장간, 2011, 91쪽, 주 48.
170) 자끄 엘륄, 『무정부주의와 기독교』, 이창현 옮김, 대장간, 2011, 92쪽.
171) 자끄 엘륄, 『무정부주의와 기독교』, 이창현 옮김, 대장간, 2011, 89쪽.

미를 제공했을 것입니다.[172] 그러므로 일부 기독교 아나키스트들에게 예수의 반응은 논란이 되는 질문에 대한 '정치적으로 기민한' 반응이며, 비방자들이 놓은 함정을 피하기 위한 독창적인 대답이 됩니다. 더욱이 일부 기독교 아나키스트들은 주화의 이미지와 표제가 명백히 제1계명과 제2계명을 위반한 것, 즉 우상숭배라고 주장합니다. 따라서 동전을 가지고 말한 유대인들은 십계명을 어긴 것입니다.

또한, 엘륄에 따르면 주화는 '다민족 세계였던 로마에서는 소유관계를 표시하기 위한' 것입니다. 그러므로 주화는 카이사르에게 속합니다. 즉 돈은 국가에 속합니다. 만일 카이사르가 그의 주화를 돌려받기를 원한다면, 주화는 그에게 돌려주어야 합니다. 그렇다면 중요한 질문은 무엇이 카이사르에게 속하고, 무엇이 신에게 속해 있는지를 정의하는 것입니다. 왜냐하면 예수는 또한 신에게 속한 것은 신에게 돌려주어야 한다고 강조하기 때문입니다. 카이사르에게 속한 것은 단순히 "권력과 한계를 나타낸다"라는 것일 뿐입니다.[173] 그의 표식은 주화나 동전, 공공 기념물 및 특정 제단입니다. 그게 전부입니다.

반면에 카이사르의 표식이 없는 것은 무엇이든 카이사르의 것이 아니라, 모두 다 신의 것입니다. 예를 들어 카이사르는 삶과 죽음에 대한 권리가 없습니다. 그것은 신에게 속한 것입니다. 따라서 국가는 요청 시 주화와 기념물을 반환할 것을 기대할 수 있지만, 반체제 인사를 살해하거나 국가를 전쟁에 빠뜨릴 권리는 없습니다.[174]

기독교 아나키스트들은 실제로 신에게 속한 것이 카이사르에게 속한 것보다 훨씬 더 광범위하다고 주장합니다. 유대인에게 신에게 빚진 빚은 비교할

---

172) 자끄 엘륄, 『무정부주의와 기독교』, 이창현 옮김, 대장간, 2011, 90쪽.
173) 자끄 엘륄, 『무정부주의와 기독교』, 이창현 옮김, 대장간, 2011, 91쪽.
174) 자끄 엘륄, 『무정부주의와 기독교』, 이창현 옮김, 대장간, 2011, 91쪽.

수 없을 정도로 큽니다. 게다가 돈은 '마몬[175]의 영역'입니다. 신실한 유대인에게 더 높은 의무는 항상 신에게 대한 것이며, 이에 반대하는 카이사르의 주장은 거의 무의미합니다. 따라서 예수는 그들의 충성에 따라 행동하도록 그들을 초대하고 있으며, 이는 카이사르에게 반대하는 것으로 명시하고 있습니다. 그리고 다시 예수는 적대자들에게 도전을 되돌렸습니다. 그들은 이 문제에 대해 어떤 입장을 취하고 있을까요? 그것은 그의 반대자들로부터 강한 불신의 반응을 불러일으키는 것입니다. 따라서 이는 '순종하는 시민'이라는 전통 교리로서는 설명할 수 없는 일입니다.

카이사르의 것과 신의 것 사이에서 명백한 선택은 '가짜'입니다. 예수는 그 말을 함으로써 하나의 궁극적이고 절대적인 선택과 그보다 덜 상대적인 모든 선택을 구별했습니다. 납세와 같은 질문은 진정으로 중요한 한 가지 선택인 신의 선택에 비하면 아무것도 아닙니다. 신약에는 자주 "두 주인을 섬길 수 없다"라는 말이 나옵니다. 이 구절의 메시지는 신만을 절대화하고 국가와 다른 모든 것을 인간의 상대성으로 두라는 것입니다. 이런 관점에서 볼 때, 예수의 대답은 조세 제도나 영역 분할에 대한 방어라기보다는 무관심에 의한 전복을 조언한 것이라고 볼 수 있습니다.

따라서 기독교 아나키스트들에게 시민적 책임은 신에게 속한 것을 신에게 바치는 우리의 주된 책임을 위협하지 않는 한에서만 적절한 의무가 됩니다. 다른 말로 하면 카이사르가 상처를 받도록 놔두고, 그를 계속 무시할 수 있도록 해야 한다는 것입니다. 그러므로 예수가 세금 납부를 적절하다고 인정하는 것처럼 보인다면, 그 관심은 정말 중요한 다른 한 가지 관심에 비하면 하찮은 것이기 때문입니다. 그러나 동시에 비난해야 할 것은 신과 경쟁하려는 카이사르의 시도입니다. 신께 속한 것을 신께 돌리는 훨씬 더 중요한 문제에 관

---

175) 마몬(mammon)은 신약성서에서 물질적인 풍요와 부(⊠) 그리고 탐욕을 뜻합니다.

한 것입니다.[176]

톨스토이는 위 에피소드에 이어 간음한 여자에 대해 "너희 가운데 죄 없는 사람이 먼저 이 여자에게 돌을 던져라"라고 말하는 에피소드를 말하고[177] 이어 착한 사마리아[178]인 이야기[179]를 합니다만, 이에 대해서는 이미 앞에서 설명했습니다.

성서 논쟁

예수는 지배계층 중에서 가장 보수적인 사두개인들과 논쟁을 벌입니다.[마 22:23~33, 막 12:18~27, 눅 20:27~38] 부활을 믿지 않는 사두개인들은 형사취수제兄死娶嫂制, 즉 형이 죽은 뒤에 동생이 형수와 결혼하여 함께 사는 가부장적 혼인 제도에 대해 형제가 모두 부활한 경우 누구의 아내가 되는가 라는 질문을 예수에게 던집니다. 이에 대해 예수는 부활한 삶에는 가부장적인 결혼이 없으므로 누구에게도 속하지 않는다고 답합니다.[막 12:25] 즉 부활한 세상은 지배적인 권력관계를 반영하리라는 보수적 사고를 거부합니다.

예수는 다시 율법학자와 으뜸 계명에 대한 논쟁을 벌입니다.[마 22:34~40, 막 12:28~40, 눅 10:25~28] 예수는 첫째, 하나님을 사랑하는 것이고, 둘째, 이웃을 자신처럼 사랑하는 것이라고 답합니다. 그러자 율법학자는 옳다고 하고, 예수

---

176) 세금에 대한 에피소드는 마가복음 17장에도 나옵니다. 예수는 제자에게 성전세를 이방인에게 낼 필요가 없다고 말하면서 낚시로 은화를 만드는 기적을 행합니다.(마 17:24~27) 이에 대해 엘륄은 성전세를 헤롯 왕이 거두기 때문에 예수는 낼 필요가 없다고 말했다고 하며, 이는 권력을 조롱하고 무시한 것이라고 봅니다.(자끄 엘륄, 『무정부주의와 기독교』, 이창헌 옮김, 대장간, 2011, 95쪽.)
177) 레프 톨스토이, 강주헌 옮김, 『톨스토이 성서』, 작가정신, 1999, 135쪽.
178) 사마리아는 서안지구의 북서쪽 끝에 있습니다. 그곳은 기원전 9세기에 건설되어 8세기 초까지 이스라엘 북왕국의 수도였습니다. 그 밑으로 15분 정도 차를 달리면, 예수가 물을 긷는 사마리아 여인을 만나 이야기를 나누었다는 야곱의 우물이 있는 나블루스입니다.(요 4:5~26) 예수는 앗시리아의 이민족이 사는 사마리아에서 활동하지는 않았지만, 사마리아 사람들 중에도 유대교도가 있었습니다.
179) 레프 톨스토이, 강주헌 옮김, 『톨스토이 성서』, 작가정신, 1999, 136쪽.

도 그가 하나님 나라에서 멀지 않다고 합니다. 그리고 율사들의 허위를 비판합니다. "그들이 바라는 것은 기다란 예복을 입고 나다니는 것, 장터에서 인사받는 것, 회당에서는 높은 좌석을, 잔치에서는 윗자리를 차지하는 것"이고 "과부들의 가산을 등쳐먹고 또한 겉을 꾸며 길게 기도하는" 것입니다.마 23:1~2, 막 12:38~40, 눅 20:45~47 나는 한국의 성직자들야말로 바로 그렇다고 생각합니다. 물론 교수나 공무원, 특히 경찰, 검찰, 법원 등의 공무원들도 그렇습니다. 대통령이나 장관, 의원들도 마찬가지입니다.

예수는 가난한 과부가 생활비를 몽땅 십일조로 넣었다는 이야기를 합니다. 이 이야기는 종래 가난한 사람의 독실한 신앙심을 칭찬하는 사례로 원용되었으나, 예수는 이와 달리 가난한 과부를 착취하는 사례로 듭니다.막 12:41~13:2, 눅 21:1~4

성전 파괴 예고

예수가 성전을 떠날 때 제자 한 사람이 성전의 웅장함을 칭찬합니다. 그러자 예수는 그 성전이 곧 파괴된다고 말합니다. 이어 재난이 곧 시작된다고도 합니다.마 24:4~14, 막 13:3~37, 눅 21:8~19 이는 예수가 태어나기 전인 기원전 66~70년의 로마제국에 대항한 유대 혁명을 말한 것인데, 예수에게 그것은 오로지 폭력의 악순환에 불과한 것입니다. 예수는 어느 쪽에도 협력하지 않고 비폭력을 관철하였기에 양쪽 모두에게 비난을 받았습니다. 이를 예수도 잘 알아서 제자들이 "모든 사람에게 미움을 받을 것"이라고 말합니다.막 13:13

예수는 예루살렘을 버리고 산으로 도망가라고 말합니다.막 13:14 참으로 정의로운 사회는 칼로 세워질 수 없다는 것이 예수의 확신입니다. 그리고 권세가 흔들리고 인자가 오는 것을 보게 된다고 합니다.마 24:29~31, 막13:24~27, 눅 21:25~28 그 후 다시 무화과나무를 통해 종말을 말하고, "깨어 있으십시오"라고 요구합니다.

예수 죽임의 음모와 기름 부음

예루살렘의 대제관들과 율사들은 예수를 죽일 음모를 꾸미지만, 백성을 두려워하여 축제 기간은 피해야 한다고 생각합니다.[마 26:1~5, 막 14:1~25, 눅 22:1~2, 요 11:47~53] 예수는 나병환자들과 식사를 하며 '가장 작은 자들'과의 마지막 만남[연대]을 실천하는데[막 14:3] 어떤 여성이 와서 예수에게 값비싼 기름을 부었습니다. 마이어스는 창녀라고 짐작합니다.[180] 예수 곁에 있던 사람이 그것을 낭비라고 타박하자, 예수는 그녀가 빈자를 도운 것이라고 하며 변호합니다. 그가 "여러분은 주변에서 가난한 사람들을 항상 만나게 되[므]로 여러분이 원하면 그들에게 잘해 줄 수 있습니다"라고 한 말을 교회는 빈곤의 존속을 정당화하는 말로 사용했으나, 마이어스는 그 말이 빈자에 대한 것이 아니라 "제자 교회의 사회적 위치를 나타내는 말"이라고 합니다. 그리고 여성의 기름 부음을 "왕권과 남성 리더십에 대한 전통적인 생각을 뒤엎었다!"고 하고 "진정한 지도자로 행동할 수 있는 사람은 여성"으로 "그들이 진정한 십자가의 길과 섬김의 정신을 받아들였기 때문"이라고 봅니다.[181] 예수는 그녀의 행동이 길이길이 전해져 가부장제와 싸워야 한다고 말하지만[막 14:9] 그때나 지금이나 그렇지 못하고 반대로 가부장제가 여전히 맹위를 떨치고 있습니다.

최후의 만찬

대제사장들이 유다를 불러 예수를 넘기면 돈을 주겠다고 약속합니다.[마 26:14~16, 막 14:10~25, 눅 22:3~6] 유다가 예수를 배신한 후, 처형 전날에 최후의 만

---

180) 체드 마이어스 외, 임진아 옮김, 『오늘, 마가복음을 살다』, 대장간, 2018, 249쪽.
181) 체드 마이어스 외, 임진아 옮김, 『오늘, 마가복음을 살다』, 대장간, 2018, 250쪽.

찬이 행해집니다.요 13:21~25 레오나르도 다 빈치의 그림과 달리 당대의 식사 시 자세는 거의 바닥에 눕거나 식탁에 비스듬히 기댄 자세였습니다. 실제로 그렇게 그려진 그림도 있습니다.

그 자리에서 예수는 제자들이 자기를 배반한다고 말하고, 그것을 부인하는 베드로에게 그가 "새벽닭이 울기 전에 나를 세 번 부인"한다고 말합니다.마 26:31~35, 막14:27-30, 눅 22:31~34, 요 13:36~38

만찬 후 예수와 제자들은 겟세마네 동산에 가는데, 예수는 제자들에게 자기가 기도할 때 함께 있어 달라고 부탁합니다. 그는 무서워 떨며 번민하면서 신에게 마음대로 하라고 기도합니다. 그동안 제자들은 잠자고 있습니다. 예수만이 십자가의 길을 걸을 용기를 냅니다.

신약의 분권화 사상

여기서 중요한 것은 마가복음 13장에 나오는 예수의 마지막 비유가 그의 첫 번째 비유에서 시작된 담론의 순환을 완성한다는 점입니다. 그 마지막 비유를 읽어봅시다.

여러분은 정신 차리고 깨어 있으시오. 그때가 언제 올지 모르기 때문입니다. 그것은 마치 가령 자기 집을 두고 여행을 떠나면서 그 종들에게 권한을 주어 각자 할 일을 맡긴 사람의 경우와 같습니다. 그는 문지기에게 깨어 있으라고 명했습니다. 그러므로 깨어 있으십시오. 집주인이 언제 올지, 그때가 저물 때일지, 밤중일지, 닭이 울 때일지, 새벽일지 모르기 때문입니다. 그가 홀연히 돌아와서 여러분이 자는 것을 보지 않도록 하십시오. 깨어 있으십시오. 내가 여러분에게 하는 이 말은 모든 사람에게 하는 말입니다.막 13:33~37

예수의 첫 번째 비유는 '강한 사람'제국의 은유, 막 3:27에게 포로가 된 '집'유대 정치 조직을 상징함을 '약탈'하겠다고 약속했습니다. 마가복음의 예수는 나중에 그 '집' 사람들을 '내쫓고'11:15~17 그 집을 해체하라고 요구합니다13:2. 그는 '권위/능력'헬라어로 같은 단어이 많은 하인들에게 분배되어 '각자 자신의 일을 맡긴'13:34 집을 상상하면서 그의 마지막 설교를 끝맺습니다. 그것은 아나키즘적 비전을 간결하게 포착한 이미지로, 교회와 사회의 쇄신을 위한 열쇠가 될 수 있는 '이단'입니다.

예수는 야훼의 배타적 주권에 대한 백성들의 급진적인 전통1:15뿐만 아니라, 옛 부족 연합의 기억도 되살리려고 합니다. 그래서 그는 산 위에서 새로운 이름을 붙인 열두 제자를 중심으로 운동을 조직하고막 3:13~19 지배의 압도적 정치에 대한 대안으로서 특별히 '하인 리더십'을 주장합니다.막 10:42~45 칼 대신 십자가를 받아들인 이 '왕위 거부'unking의 주인공이 바로 예수입니다. 그는 권력자들에 의해 반체제 인사로 처형되었지만, 죽음에서 부활함으로써 무덤을 봉인한 그들의 권위에 저항했습니다.마 27:64~66 나는 그 부활을 실제 사실로 인정하지는 않지만, 권력에 대한 저항을 상징하는 의의로는 인정합니다.

2. 예수의 재판

체포 과정

예수의 체포 이야기는 복음서마다 조금씩 다르지만, 아나키즘적 의미에는 거의 영향을 미치지 않습니다. 여기서는 아나키즘적 의미가 있는 예수 체포의 세부 사항만 논의하겠습니다.

예수의 체포 과정은 예나 지금이나 민간인 반체제 인사의 과잉 진압이라는 국가의 은밀한 작전과 같습니다. 즉 암호 전달, 한밤중의 잠복 기습, 중무장호위, 최고의 보안 조치 지시 등의 과정입니다. 체포 과정에서 아나키즘과 가장 직접적으로 관련이 있는 것은 칼을 뽑아 제사장의 하인 중 한 사람의 귀를 베었던 제자에 대한 예수의 대답입니다. 예수는 "당신의 칼을 도로 집에 꽂으십시오, 칼을 가지는 자는 다 칼로 망합니다"라고 말하면서 제자를 꾸짖습니다. 마 26:52, 눅 22:51, 요 18:11[182]

대부분의 기독교 아나키스트들에게 이 에피소드는 무저항에 대한 예수의 가르침을 더욱 확증합니다. 톨스토이의 복음에서 예수의 꾸짖음은 참으로 그가 "악에 저항해서는 안 됩니다"라는 말을 반복하면서 시작됩니다. 기독교 아나키스트들에게 칼을 가지는 자는 칼로 망할 것이라고 예수가 말했을 때, 그는 단순히 산상설교에서 한 요점을 반복하고 있는 것입니다. 즉, 폭력은 더 많은 폭력을 낳을 뿐이므로 폭력에 의존하는 사람은 스스로 폭력에 직면하게 된다는 것입니다. 따라서 예수는 다시 수단과 목적의 일치 문제를 제기하고 있습니다. 평화를 원하는 사람들은 칼을 멀리하고, 평화로운 수단을 채택해야 합니다. 평화를 추구하고, 우호적으로 행동하고, 잘못을 잊고 용서하는 사람들은 대부분 평화를 누리기 때문입니다.

이 에피소드의 아나키즘적 의미는 산상설교의 의미와 유사합니다. 예수는 국가 권력의 가장 강력한 원천을 무장 해제했습니다. 그러나 평시에도 국가는 소년들을 소집하고, 더 끔찍한 전쟁을 준비합니다. 국가는 칼을 들고 그것을 사용하며, 수 세기의 역사가 보여주듯이 차례로 그것에 의해 파괴됩니다. 그런 의미에서 예수의 말은 역사를 통한 국가의 흥망성쇠에 대한 성찰에 해당합니다. 그러나 또한 이 말을 기독교인들에게 주는 명령으로 볼 수도 있습니다. 칼로 나라와 싸우지 말라, 그리하면 칼에 죽을 것이라는 경고입니다. 기독교 아나키스트들에게 산상설교에서와 마찬가지로 예수는 폭력의 악순환에

---

182) 이 부분은 마가복음에는 나오지 않습니다. 그러나 같은 의미의 구절이 요한계시록에 나옵니다.(계 13:11)

대해 반성하게 하고 그 점에 대해 조언하고 있습니다.

그러나 예수가 체포되자 제자들은 모두 도망칩니다. 새로운 사회질서의 꿈은 다시금 국가권력의 폭력 앞에서 사라지고, 예수는 불법 재판에 나서 권력과 벌이는 마지막 싸움을 외롭게 시작합니다.

두 자루의 칼

예수가 재판으로 넘어가기 전에, 예수의 체포 이야기에서 살펴보아야 할 또 다른 요소가 있습니다. 그것은 누가복음에서 예수의 체포에 앞서고, 위의 말과 모순되는 것처럼 보이기 때문에 기독교 아나키스트들에게는 이해하기 어려운 구절입니다. 예수기 제자들에게 "파견했을 때에 부족한 것이 있었습니까?"라고 묻자 제자들은 "아무것도 부족한 것이 없었습니다"라고 답합니다. 그러자 예수가 그들에게 칼을 사라고 합니다. 왜냐하면 "'그는 무법자들과 함께 헤아려졌다'고 한 기록이 마침내 이루어지고 있"다고 말하기 때문입니다.눅 22:35~37 그들은 그에게 두 자루의 칼을 보여주었고, 예수는 "넉넉합니다"라고 대답했습니다.눅 22:38

이 구절에 대해 톨스토이는 다음과 같이 해석합니다. 즉 과거에 예수나 제자들에게 부족한 것이 없었지만, 이제 예수가 범죄자로 몰렸으니, 먹을 것과 함께 헛되이 죽지 않도록 칼을 구하라고 했고, 두 자루의 칼로 충분하다고 했다고 봅니다.[183] 더욱이, 같은 에피소드에 대한 그의 후기 요약에서, 톨스토이는 이 말을 베드로가 예수가 죽임을 당하도록 내버려두지 않고 그를 보호할 것이라고 주장하는 맥락에 두고, 예수는 이렇게 대답했다고 합니다. "이제 때가 되었으니 여러분을 지킬 준비를 하십시오. 여러분을 지킬 무기를 준비하세요. 여러분이 먹을 것을 모으십시오. 왜냐하면 우리가 숨어야 할 것이기 때

---

183) 레프 톨스토이, 강주헌 옮김, 『톨스토이 성서』, 작가정신, 1999, 153~154쪽.

문입니다."[184]

그러나 톨스토이는 계속해서 이렇게 말합니다. "칼이라는 소리에 예수에게 깊은 번뇌가 밀려왔습니다. 예수는 한적한 곳을 찾아가 기도하기 시작했습니다."[185] 톨스토이에 의하면 예수는 "유혹과 싸웠지만" 결국 악에 저항해서는 안 된다는 결론을 내렸습니다. 톨스토이에게 '두 자루의 칼' 에피소드는 예수가 약간의, 그러나 이해할 수 있는 주저함을 드러내었고, 뒤이어 칼 사용에 대한 최종적인 결정을 내린 것으로 보입니다. 예수는 자기가 베드로에게 칼을 사라고 말하였을 때 피곤하고 괴로웠지만, 나중에 칼이 사용되었을 때 베드로에 대한 그의 반박은 이 짧은 주저를 결정적으로 뒤집고, 순수한 무저항의 필요성을 다시 주장한다고 보는 것입니다.

그러나 이러한 톨스토이의 해석은 너무나 평면적이고, 특히 아나키즘과 맞지 않습니다. 그래서 다른 기독교 아나키스트들은 이 구절을 다르게 이해합니다. 가령 엘륄에 의하면 두 자루의 칼은 방어에 충분하지 않았으므로 칼은 폭력적인 방어와는 다른 목적을 가졌다는 것입니다.

> 그러나 예수의 놀라운 말은 본문의 끝에서 부분적으로 설명됩니다. "내가 강도 중의 하나로 여김을 받으리라 한 예언이 이루어져야합니다."눅22:36~37 그러므로 두 자루의 칼이 전투에 사용되어야 한다면 우습기 짝이 없는 것이 됩니다. 두 자루의 칼이 예수를 강도 또는 산적 두목이라는 죄목으로 고발하는 근거가 되어야 한다면 정말 그것으로 충분합니다! 예수가 예언들이 성취되기를 원했다고 생각해야 하지 않겠습니까! 그렇지 않다면 이 말씀은 난센스입니다.[186]

---

184) 레프 톨스토이, 강주헌 옮김, 『톨스토이 성서』, 작가정신, 1999, 228쪽.
185) 레프 톨스토이, 강주헌 옮김, 『톨스토이 성서』, 작가정신, 1999, 228쪽.
186) 자끄 엘륄, 『무정부주의와 기독교』, 이창헌 옮김, 대장간, 2011, 96쪽.

두 자루의 칼이 예수를 체포, 재판, 처형으로부터 보호하는 데 '충분'할 수 없었을 것이므로 그 유일한 목적은 예언의 성취였다는 것입니다. 베드로가 유월절을 준비하는 일을 담당했으며 칼은 무기로도 사용되지만, 동물을 자르고 고기를 준비하는 칼로도 사용됩니다. 이것은 만찬을 준비하는 데 사용되기 때문에 두 자루의 칼이 존재했음을 암시합니다. 이는 개연성일 뿐이지만, 칼을 요구한 예수의 목적은 폭력, 자기방어 또는 유혈 사태와 관련이 없었다는 견해에 신빙성을 더합니다. 그의 목적은 성서의 가르침을 성취하는 것이었습니다.

게다가 방어를 위해 칼을 사용하는 것은 예수의 가르침과 본보기에 위배되는 것이고, 바로 그 모순은 그 목적이 방어가 될 수 없음을 암시합니다. 그의 제자들이 칼을 사용하면 그들을 폭력과 증오의 인과라는 악순환에 빠뜨리게 될 것입니다. 그러나 베드로에 대한 예수의 꾸짖음은 예수에게 칼은 공격이나 방어 모두에 사용되어서는 안 된다는 것을 보여줍니다. 둘 다 예수의 가르침이 극복하고자 하는 폭력의 고리에 동등하게 영향을 미치기 때문입니다. 따라서 그가 단호하게, 최종적으로, 그리고 영구적으로 사용을 금지하는 유일한 목적으로 그 경우에 칼을 제공하게 했음을 증명합니다.

그러므로 기독교 아나키스트들에게 칼을 사라는 흥미로운 요청에도 불구하고, 예수가 체포되었을 때 한 말은 그의 추종자들이 폭력을 사용하여 공격하거나 무고한 방어를 해서는 안 된다는 점을 더욱 확증합니다. 국가가 칼을 빼들지 않을 수 없다면 그것은 예수의 가르침과 모순되지 않을 수 없습니다. 칼을 드는 것이 국가의 근본이라면 예수의 가르침은 아나키즘을 권유하는 것입니다.

예수의 재판

체포된 후 예수는 산헤드린[187], 빌라도[188], 헤롯 왕 앞에서 차례로 재판을 받습니다. 이 재판에 대한 복음서의 설명은 예수의 죽음을 기독교 반유대주의를 정당화하는 것으로 오해되었습니다. 즉 로마의 책임은 축소하고 유대의 책임을 극대화했다는 것입니다. 바로 빌라도는 예수를 살리려고 했으나, 유대 지도층의 압력에 의해 어쩔 수 없이 예수를 처형했다는 것입니다. 그러나 여기서 중요한 점은 유대인들에게는 범죄자를 처벌할 수 있는 권한이 없었다는 점입니다. 그래서 유대인들이 로마제국을 이용했다는 학설이 나왔습니다. 그러나 빌라도는 팔레스타인 총독 중에서도 가장 무자비한 사람이었고, 유대인들이 그를 조종했다고 볼 수 있는 어떤 역사적 근거도 없습니다. 도리어 빌라도는 자신의 정치적 목적을 위해 유대인 귀족들을 이간질했습니다. 그는 예수가 제국에 방해가 된다는 점, 특히 안보에 위협이라는 사실을 분명히 인식하고 내란죄에 해당하는 십자가형에 처했습니다.

산헤드린 재판에서 사람들은 예수가 성전을 헐고 3일 만에 재건하겠다고 말했다거나, 신을 모독했다는 말을 한 것을 들었다고 주장했고, 빌라도 재판에서는 예수가 유대인의 왕을 자처했다고 주장했습니다. 예수는 이러한 주장에 이의를 제기하지 않았습니다. 그것이 정치재판이라고 여겼기 때문입니다. 그러나 예수는 산헤드린 재판에서 자신이 인자라고 고백하여막 14:62 유죄를 인정합니다. 그러자 대제사장은 예수를 사형죄인 신성모독으로 고발합니

---

187) 산헤드린(synedrion, sanhderin, '모여 앉는다'는 뜻)은 모든 유대의 도시에 유대교 법에 의해 세워진 23명의 판관들의 모임입니다. 로마제국에서는 로마에 반역하는 투쟁을 하지 않는다면 식민지의 종교와 자치활동을 인정했으므로 고대 이스라엘 사회에서 산헤드린 의회는 최고 법원 역할을 하는 영향력 있는 집단이었습니다.

188) 폰티우스 필라투스(Pontius Pilatus), 본디오 빌라도는 로마제국 제2대 황제 티베리우스 시대의 군인으로 26년부터 36년까지 유다이아 속주 총독(프라이펙투스 유다이아, Praefectus Iudaea)으로 예수를 십자가형에 처했습니다. 그러나 복음서에서는 그 책임을 유대인들에게 돌리고 있으며, 빌라도는 도리어 예수를 사형시키지 않기 위해 노력했지만 마지못해 승인하는 사람으로 등장합니다.

다.[막 14:63]

예수에 대해 제기된 다양한 혐의는 모두 직간접적으로 정치적 혐의입니다. 예수가 성전을 헐고 3일 만에 재건하겠다고 말했다거나, 신을 모독했다는 비난을 받은 것은 지금 우리에게 정치적이라기보다는 종교적으로 들릴 수 있지만, 이 두 영역은 예수 시대에는 명확하게 분리된 것으로 여겨지지 않았습니다. 더욱이 유대인들이 생각한 예수의 죄는 종교적인 영역에 있었지만, 그들이 예수와 함께 빌라도를 대면함에 따라 그들의 책임은 정치적인 것으로 옮겨졌습니다. 신성모독 혐의는 반역죄라는 정치적 혐의가 됩니다.

유대인과 로마인 모두에게 예수는 정치적 위협이자 위험한 사회 선동가였습니다. 그의 비폭력적인 가르침과 전술은 분명히 정치 당국 및 종교 당국을 매우 불안하게 만들었습니다. 수석 랍비인 가야바가 온 민족이 멸망하는 것보다 한 사람이 멸망하는 것이 낫다고 선언한 말은 유명합니다. 예수는 위협이며 국가 이익은 그를 침묵시켜야 한다고 여겼습니다. 예수는 똑같이 정치적, 혁명적 위협을 나타내는 바라바Barabbas[189]와 함께 투옥됩니다. 그러므로 예수는 선동과 전복으로 고발된 것입니다. 예수의 시련은 그가 자신을 왕으로 세우려는 혐의에 달려 있으며 '유대인의 왕'이라는 표식이 그의 교수대 위에 못 박혔습니다. 이는 '이스라엘의 왕'과는 다른 것입니다. 일제강점기에 임시정부 대통령을 총독부가 순종처럼 '조선인의 왕'이라고는 불러도, '조선의 왕'이라고 부르지 않았을 것과 같겠습니다만, 조선에서 그런 일은 일어나지

---

189) 바라바는 신약성서에 나오는 인물로, 예수와 동시대에 로마 통치자에 대항한 반란을 일으켜 교수형에 처한다는 판결을 받았으나, 예루살렘의 유월절(파스카) 축제에서 예수를 죄수로 붙잡아두는 대신 석방되었습니다. 스웨덴 소설가 파르 파비엔 라게르크비스트(Par Fabian Lagerkvist)가 쓴 소설『바라바』는 1951년 노벨문학상을 받은 작품으로 1962년 앤서니 퀸 주연의 영화로 만들어졌습니다. 마태복음에서는 유대인이 바라바의 구제를 허용하고 예수의 처형을 바랐다고 기록되어 있으나, 그 복음을 썼을 때 로마가 기독교 포교의 대상이었으므로 빌라도를 비롯한 로마인을 착하게 서술하지 않을 수 없었습니다. 한편 유대인들은 그 나라가 멸망하였으므로 나쁘게 서술했고, 그것이 인쇄술의 발달에 따른 성서 보급 이후 유대인 차별의 근거가 되었습니다.

않았습니다.

3. 예수의 처형과 부활

예수의 십자가형

재판을 마친 예수는 처형장이 있는 골고다해골터라는뜻로 끌려갑니다. 이는 반체제를 억누르고 로마제국의 권세를 떨치는 행사입니다. 보통은 죄수가 십자가를 지고 가지만 예수 대신, 들에서 오다가 그 길을 가던 행인인 시몬이 지도록 강요받습니다.마27:33, 막15:21, 눅23:26 오전 아홉 시에 매달리고 열두 시부터 세시까지 어둠이 내렸는데, 세시에 예수는 자기를 버린 하나님을 원망하다가 죽습니다. 저녁에 요셉이라는 사람이 예수의 시신을 거두어 묻었습니다.마27:59, 막15:46, 눅23:53, 요19:38

오늘날 십자가는 종교적 상징이지만, 예수가 십자가에 못 박혔을 때 십자가는 종교적 상징물이 아니라, 로마의 주권에 도전하는 자들에 대한 궁극적인 억지력으로 행해진, 극단적으로 잔인한 형태의 사형이었습니다. 사지에 못을 박아 십자가에 매다는 십자가형은 사형 방법 중에서도 가장 잔인한 비인간적인 것이었습니다. [조선을 비롯하여 동양에서 행해진 능지처참이란 사형 방법은 사지를 밧줄로 묶어 말이나 소의 등에 매고서 각 방향으로 달리게 하여 사지를 찢는 형벌로 십자가형보다 더 잔인한 것이었습니다만.]

로마제국에서 '십자가'는 단 하나의 의미였습니다. 즉 제국 반대자들에 대한 처형입니다. 더욱이 예수가 두 도적 사이에서 십자가에 못 박힌 것은 당국이 예수를 사회적 도적과 동등하게 인식했음을 확인시켜 줍니다. 종교 및 정치 권위자들은 예수를 중요한 위협으로 여기고 그를 침묵시키기 위해 죽였습니다. 예수의 아나키즘적 전복은 국가가 참기에는 너무 설득력이 있었기 때문입니다.

엘륄은 예수 재판에 대해 예수가 "권위를 존중하는 것처럼 행동했고 판결에 불복하지 않았던 만큼, 그것은 그가 이 재판을 정당하게 받아들였음을 입증하며, 결국 그것이 바로 국가의 기초"라고 믿은 칼 바르트를 비롯한 대부분의 신학자들에 대해 비판합니다.[190] 그런 주장과 반대로 엘륄은 로마법이 정의의 이상적 모델을 나타내기 위해 매우 발전되고 복잡한 체계를 지녔음에도 불구하고 로마법을 전공한 법학자 엘륄은 로마법을 긍정합니다 이 법은 무고한 사람을 보호하지 않는다고 주장합니다. 그런 훌륭한 로마법에서도 빌라도는 폭도들에게 굴복하여 타당한 이유 없이 빌라도 자신이 인정한 대로! 예수를 사형에 처했다는 것입니다.[191] 따라서 엘륄은 재판에 대한 예수의 복종은 그 정당성을 인정하는 것이 아니라, "정의라고 주장하는 기본적인 불의를 폭로하는 것"이라고 결론을 내렸습니다.[192]

엘륄에 의하면 예수는 '대화하기', '결백을 변명하기', 또는 '권위자들이 진정한 힘을 가지고 있음을 인정하기'를 조용히 거부하였습니다. "그것이 바로 충격적입니다."[193] 이러한 모든 종교적 또는 정치적 권위에 대한 완전한 거부와 경멸이라고 하는 예수의 태도는 복음 전반에 걸쳐 일관되지만, 재판을 받을 때 특히 위험했습니다. 엘륄은 대제사장과 빌라도에 대한 예수의 대답 중 일부를 "모든 종교 및 정치의 권위를 거절하고 업신여기는 태도"로 보기도 합니다.[194] 더욱이 엘륄은 예수가 성전에서 대낮에 그를 체포할 수 있었음에도 그렇게 하지 않고 "지금 칼을 들고 강도를 잡으려는 것처럼 무장하고" 온 것은, "어둠의 권세의 때"를 선택한 것이라고 언급했을 때 예수는 당국이 교활하

---

190) 자끄 엘륄, 『무정부주의와 기독교』, 이창현 옮김, 대장간, 2011, 97쪽.
191) 자끄 엘륄, 『무정부주의와 기독교』, 이창현 옮김, 대장간, 2011, 97쪽.
192) 자끄 엘륄, 『무정부주의와 기독교』, 이창현 옮김, 대장간, 2011, 98쪽.
193) 자끄 엘륄, 『무정부주의와 기독교』, 이창현 옮김, 대장간, 2011, 99쪽.
194) 자끄 엘륄, 『무정부주의와 기독교』, 이창현 옮김, 대장간, 2011, 99쪽.

고 사악하다고 비난한 것이라고 이해합니다.[195] 같은 맥락에서 엘륄은 빌라도의 권세가 '위로부터' 왔다는 예수의 선언이 빌라도의 권세가 일부 신학자들이 주장하는 것처럼 신에게서 온 것이 아니라 '악의 영으로부터' 왔다는 비난이라고 주장합니다.[196]

마지막으로, 빌라도 앞에서 재판을 받는 동안 예수가 선언한 또 다른 유명한 문장이 있습니다. 즉 "나는 유대인들에게 넘겨지지 않을 것입니다"라는 말입니다. 엘륄에 따르면 예수는 이로써 그가 정치적 권력 행사를 선택하지 않는다고 명시적으로 진술합니다. 이는 예수가 그러한 권력의 타당성을 인정한다는 것을 결코 암시하지 않고, 오히려 그 반대라는 것입니다. 예수는 자신이 왕임을 인정하지만, 이 왕권은 싸움으로 방어되는 지상의 왕권과는 매우 다르다고 설명합니다. "내 왕국은 이 땅의 것이 아닙니다."[197] 예수는 빌라도와 그의 제국에 조금도 무게를 두지 않습니다. 예수의 왕국은 이 세상의 왕국과 같은 외부적이고 현세적인 왕국이 아닙니다. 그것은 지상 왕국의 대안이지만, 그것과는 근본적으로 다릅니다. 이 세상의 강압적인 왕국은 이 세상의 왕인 사탄이 권세를 잡은 것인 반면, 예수의 왕국은 사랑, 용서, 무저항의 왕국이기 때문입니다.

그러므로 예수는 카이사르가 빌라도에게 자신의 종들이 폭력이나 강압을 사용하지 않을 것이기 때문에 자신의 왕위를 주장하려는 폭력적인 혁명가로 간주해서는 안 된다고 말합니다. 그의 왕국은 이 세상에 속한 것이 아니므로 모든 군사적 및 호전적인 방어를 배제합니다. 그의 사역자들은 이리 가운데 있는 양처럼 무장하지 않은 채 보내졌습니다. 그러므로 예수는 지상에서 카이사르의 형벌에 굴복합니다. 그는 간수들에게 조롱을 당하고 구타를 당하고

195) 자끄 엘륄, 『무정부주의와 기독교』, 이창현 옮김, 대장간, 2011, 100쪽.
196) 자끄 엘륄, 『무정부주의와 기독교』, 이창현 옮김, 대장간, 2011, 101쪽.
197) 레프 톨스토이, 강주헌 옮김, 『톨스토이 성서』, 작가정신, 1999, 172쪽.

모욕을 당할 때 침묵을 지킵니다. 온유하고 슬픈 위엄으로 그는 모든 것을 견뎌냅니다. 그리고 자신을 구출하고 원수를 멸망시키기 위해 천사 군단을 소집할 수 있었던 순간, "아버지 저들을 사하여 주옵소서, 자기들이 하는 것을 알지 못합니다"라는 마지막 승리의 기도를 드립니다.

예수는 정치적 혐의로 재판을 받고 정치적 전복자로 처벌을 받습니다. 그는 이 필멸의 결과를 용서하지만, 지상의 왕들을 대신하여 행해지는 일종의 싸움과 관련이 있는 것으로 받아들여지면 자신의 가르침이 잘못 해석된다고 설명합니다. 그는 종교 및 정치 당국과 국가에 대한 위협이지만 이것이 일반적으로 이해되는 방식은 아닙니다. 역설적이게도 예수는 자신의 십자가 처형을 통해 자신의 가르침이 국가 권력의 가면을 벗기고 극복하는 방법을 설명하고 예증합니다.

예수 십자가형의 의미

예수는 십자가에서의 그의 고통이 '정치적 필연성', 즉 그의 가르침과 실천의 '구체적인 결과'임을 알았습니다. 예수는 사랑, 무저항, 용서를 가르쳤습니다. 사랑이 실제로 어디까지 갈 수 있는지에 대한 질문은 필연적으로 답을 요구합니다. 십자가에 못 박힘으로써 예수는 사랑은 끝까지 가야 한다고 대답합니다. 사랑의 순교자는 자신의 처형을 준비해야 합니다. 희생 없이는 사랑과 용서가 있을 수 없으며 실제로 용서는 관련된 희생의 정도에 따라 측정될 수 있습니다. 또한 악을 정복하는 유일한 방법은 의지가 있고, 살아 있는 인간의 내면에서 악을 질식시키도록 하는 것입니다. 거기에 흡수되어 창처럼 심장에 꽂히면 힘을 잃고 더 이상 나아가지 않습니다. 예수는 자신을 구원할 수도 있었지만, 그렇게 하지 않았습니다. 그는 자신을 구원하는 것보다 자기를 비웃는 사람들을 구원하는 데 더 관심이 있었기 때문입니다. 윙크는 예수가

"십자가에서 처형된 것은 그가 실패한 반란자였기 때문이 아니라, 불의와 폭력의 원인이 되기보다는 오히려 그 고난을 당하기를 선호하였기 때문"이라고 말합니다.[198] 그러므로 예수의 십자가형은 산상설교에 대한 그의 가장 강력한 예증입니다.

따라서 당국의 정치적 전복자에 대한 모범적인 처벌을 의미하는 십자가는 실제로 예수의 사랑을 의미합니다. 그것을 통하여 예수는 바로 그 폭력을 사용한 것이 아니라, 더 큰 힘, 곧 사랑의 힘으로 이 세상의 폭력과 증오를 정복하였습니다. 예수의 순교는 '최고의 사랑의 전시'이며, 연민의 횃불을 밝히는 것입니다. 십자가는 인간악의 최대 표현 — 신의 선함을 구현한 사람을 죽이는 것 — 그리고 그 선함 자체의 최대 표현입니다. 그것은 사랑과 폭력, 선과 악의 대비이며, 폭력적이고 강압적인 정치적 수단의 사용을 거부하고, 대신 사랑과 용서를 받아들임으로써 끝까지 인류에 대해 호소한 것입니다.

그러나 예수가 가면을 벗고 무장을 해제하고 권력에 대한 승리를 거두더라도 승리의 모든 전선에서 효력이 발생하고 모든 사람이 볼 수 있게 될 때까지 전투는 계속됩니다. 권력자들은 십자가에서 패배하고 정죄를 받을 수 있지만, 그들은 마치 승리한 것처럼 살아 있습니다. 국가와 권세를 최종적으로 완전히 패배시키려면 기독교인들은 예수를 따라 무장 해제하고 공개적으로 구경거리로 삼아 당대의 현현을 승리로 이끌어야 합니다.

그러므로 모든 사람은 예수와 권력 사이에서 어려운 선택에 직면합니다. 예수는 "누구든지 나를 따라오려거든 자기를 부인하고 자기 십자가를 지고 나를 따를 것입니다"라고 반복해서 말함으로써 그를 따르는 것의 어려움에 대해 경고합니다. 이 문구 전환은 감히 정치 당국에 도전하는 결과를 공유하라는 요구 외에는 다른 의미를 가질 수 없습니다. 자기 십자가를 지는 것을 질

---

198) 월트 윙크, 김준우 옮김, 『예수와 비폭력 저항』, 한국기독교연구소, 2003, 97쪽.

병이나 사고, 외로움이나 패배와 같은 개인적인 고통에 직면하는 것으로 해석하는 것은 성서의 민중적인 오용 중 하나입니다. 예수의 십자가는 권력과의 도덕적 충돌로 정치적이고 법적으로 예상되는 결과이기 때문입니다. 그러므로 추종자들에게 십자가를 지라는 예수의 부름은 궁극적인 희생에 대한 그의 사랑, 무저항, 정치적 전복의 모범을 따르라는 요구입니다.

기독교 아나키스트들에게 이것은 교회, 즉 기독교인 공동체의 소명입니다. 필연적으로 권력에 대항하는 투쟁은 '억압과 박해'로 이어집니다. 그러나 바로 이 절박한 행동에서 그들의 가면을 벗기는 일이 반복되고 확인됩니다. 그들은 자신의 본성을 드러내고 신과 구세주로서의 역할을 포기하지 않고서는 더 이상 존재할 수 없습니다. 정사와 권세의 본질을 폭로하고 권세의 폭력과 자기 과대화와 기만을 폭로하고 승리를 거두는 것이 교회의 사명입니다. 그러나 그가 할 수 있는 일은 오직 '적나라하고 약하게' 싸우고 '죽기까지' 자신을 '내어줌'으로써입니다.

사형으로 처벌하겠다는 위협은 국가 권력의 최종 전선입니다. 이에 대한 두려움은 지배적 질서를 온전하게 유지합니다. 이 두려움에 저항하고 죽음의 대가를 치르더라도 '신의 나라' 실천을 추구함으로써 제자는 역사상 권세의 죽음의 통치를 산산이 부수는 데 기여합니다. 즉, 십자가를 패배와 수치의 상징이 아니라, 해방의 길로 재정의함으로써 권세의 권력을 전복시키는 것입니다. 사랑과 용서로 인해 죽음을 받아들이고 항복하는 것은 국가를 무장 해제하고 세상에 악의 총계를 늘리지 않게 하는 것입니다. 십자가에 못 박힘으로 모범을 보인 예수는 그의 추종자들이 기꺼이 그를 따라 십자가까지 가기를 기대합니다.

요컨대 십자가는 국가에 대한 기독교 아나키즘의 입장을 상징합니다. 그것은 국가에 대항하는 경쟁의 가장 큰 대가를 치르는 결과를 기꺼이 받아들이는 것을 나타냅니다. 그것은 국가의 폭력적인 불의와 사랑, 용서와 이에 대한 예수의 무저항을 모두 집약합니다. 십자가는 국가의 폭력을 규탄하면서도 그것을 극복하는 방법을 담고 있습니다.

기독교에서는 예수의 죽음을 인류를 위한 속죄라고 보는 견해가 일반적입니다. 그러나 예수가 인류의 죄를 대신 용서받을 수는 없습니다. 그가 십자가형을 당한 것도 특별한 일이 아니라, 당시 많은 사람들이 십자가형을 받았으니 사실은 흔한 일이었습니다. 영화 「스팔타커스」의 마지막에는 반란을 일으킨 수천 명의 노예 전부가 스팔타커스를 자처하고, 모두 십자가형을 당하는 감동적인 장면이 나옵니다. 그러니 당시에는 십자가형을 받는 것도 특별한 일이 아닙니다. 서른 정도에 죽은 것도 당시 평균수명에 비해 크게 짧은 것이 아닙니다. 게다가 예수가 우리 인류의 죄를 대신 속죄하기 위해 처형당했다는 것만큼 내가 황당하게 생각하는 것이 없습니다. 예수는 물론 그를 처형한 자들도 그런 말을 한 적이 없습니다. 예수가 나를 대신하여 속죄한다는 대속 代贖이란 얼마나 창피하고 웃기는 말입니까? 범죄영화에 나오는 범죄자 집단 두목의 죄를 뒤집어쓰는 부하 이야기처럼 말입니다. 그래서 나는 십자가형을 받는 예수를 보고 나를 대신해 죽은 점에 감사해야 한다는 식의 이야기가 싫습니다.

예수의 부활

톨스토이는 『복음 요약』에서 예수의 부활에 대해 언급하지 않습니다. 대부분의 기독교 아나키스트들도 톨스토이처럼 부활에 대해 거의 말하지 않습니다. 그들은 그것에 대한 전통적인 강조를 깊은 의심으로 바라봅니다. 반면 전통적인 기독교인들은 기독교의 확산을 설명하고 십자가에 못 박힌 후 낙심한 예수의 제자들에게 희망을 심어주는 가장 중요한 단 하나의 요소는 예수의 부활이라고 봅니다.

톨스토이는 『나의 신앙은 어디에 있는가』에서 부활에 대해 언급하지만, 그는 단지 부활에 대한 전통적인 이해가 틀렸음을 증명하기 위해서만 그렇게 합니다. 그에 의하면 특히 기독교 신학자들이 그 사건에 부여한 중요성에 비추어 볼 때 "이상하게 들릴지 모르겠지만" "개인적으로 부활하였다 하고 또 만인을 부활시키겠다고 약속한 그리스도는 개인적인 부활과 무덤 이후에 영생하는 개인성에 관해 한마디도 하지 않았고 확증하지 않았습니다."[199] 톨스토이는 예수가 "일시적이고 국지적인 육체의 부활에 대한 이 신앙을 접하고, 그것을 부정했으며, 그 자리에 신 안에서의 영원한 삶의 복원에 관한 자신의 가르침을 세웠습니다"라고 썼습니다.[200] 톨스토이가 이해한 것처럼 "그리스도는 개인적이며 육체적인 부활을 부정하고, 자기 생활을 신에게 옮겨놓는 인생의 회복은 인정합니다."[201] 이것은 톨스토이의 독특하고 합리적이며 이신론적인 기독교관을 이해하는 데 도움이 됩니다.

톨스토이는 부활에 대한 전통적인 해석에 의문을 제기합니다. 톨스토이는 "그리스도가 사람들에게 부활을 설교하지 않았다는 최상의 증거는 유일하게 두 군데에서만 볼 수 있습니다"라고 하면서 그것들마 25:31~46, 요 5:28~29을 검토합니다. 마태복음에는 사람의 아들의 복원, 요한복음에는 지상에서의 참된 생활의 회복이 기록되어 있으나, 예수는 부활에 대해 전혀 언급하지 않았습니다.

톨스토이는 또한 예수가 자신의 부활을 예언했다고 주장되는 14개의 구절에 관한 해석적 오류를 폭로합니다.[202] 그중 세 곳은 고래 뱃속의 요나, 한 곳

---

199) 레프 톨스토이, 홍창배 옮김, 『나의 신앙은 어디에 있는가』, 바다출판사, 2020, 180쪽.
200) 레프 톨스토이, 홍창배 옮김, 『나의 신앙은 어디에 있는가』, 바다출판사, 2020, 181쪽.
201) 레프 톨스토이, 홍창배 옮김, 『나의 신앙은 어디에 있는가』, 바다출판사, 2020, 182쪽.
202) 레프 톨스토이, 홍창배 옮김, 『나의 신앙은 어디에 있는가』, 바다출판사, 2020, 183~185쪽.

은 신전의 재건, 나머지 열 곳은 사람의 아들은 멸망할 수 없다는 것에 대해 기록되어 있지만, 그 어디에도 부활은 기록되어 있지 않습니다. 이어 톨스토이는 헬라어와 히브리어 원전 등의 검토를 통해 부활이라는 말이 없음을 증명합니다.[203]

이러한 다양한 구절에 대한 톨스토이의 대체 번역은 자신의 복음에서 추론할 수 있습니다. 물론 복음은 부활이 아니라 십자가에서 예수의 마지막 숨결로 끝납니다.[204] 톨스토이에게 미래의 개인 생활을 믿는 것은 순진한 실수입니다. 대신 예수가 가르치는 것은 생명 전체가 영원하다는 점입니다. 사실 개인의 부활에 대한 믿음은 예수가 분명히 말한 더 중요한 윤리적 가르침에서 멀어지게 합니다. 톨스토이는 분명히 예수의 죽음의 부활을 믿지 않습니다.

폭력적인 것으로 의심되는 구절

폭력에 대한 예수의 거부는 기독교 아나키즘의 핵심이기 때문에 반대를 암시하는 것처럼 보이는 복음 구절에 대한 기독교 아나키스트의 지나가는 논평을 간단히 언급할 가치가 있습니다. 그러나 폭력적인 예수를 배반했다고 주장되는 소수의 복음 구절로 인해 이 작업은 상대적으로 간단합니다.

폭력의 정당성을 제공한다고 주장되는 가장 전형적인 예는 이미 위에서 논의되었습니다. 기독교 아나키스트들에게 성전 청소는 폭력의 예가 아니라 종교적, 정치적 권력 남용에 대한 의로운 비난의 예입니다. 게다가 사용되는 모든 폭력은 오로지 동물을 내쫓는 데 목적이 있으며 어쨌든 결코 인간을 대상으로 하지 않습니다.

예수가 체포되기 직전에 제자들에게 칼을 사라는 흥미로운 지시를 내린 것

---

203) 레프 톨스토이, 홍창배 옮김, 『나의 신앙은 어디에 있는가』, 바다출판사, 2020, 185~194쪽.
204) 레프 톨스토이, 홍창배 옮김, 『나의 신앙은 어디에 있는가』, 바다출판사, 2020, 179쪽.

에 대한 기독교 아나키스트의 견해에 대해서도 이미 논의했습니다. 기독교 아나키스트들에게 예수가 '충분합니다'라고 말한 두 자루의 칼은 폭력적인 방어를 위해 결코 '충분'할 수 없었으며, 따라서 폭력과는 완전히 다른 용도를 가졌음에 틀림없습니다. 더욱이 예수가 체포되었을 때 칼에 대해 한 유명한 말은 이전에 칼을 사 달라는 요청의 폭력적인 의미를 상쇄하는 것처럼 보일 것입니다.

예수는 또한 마태복음에서 "내가 세상에 화평을 주러 온 줄로 생각하지 마십시오, 화평이 아니요 칼을 주러 왔습니다"라고 말하였습니다. 그리고 누가복음에서 "내가 땅에 평화를 주러 온 줄로 아십니까? 내가 여러분에게 말합니다. 오히려 분열입니다"마 10:34~39, 눅 12:49~53라고 합니다.

그리고 마태복음에서 그는 그에게 '합당'하려면 그의 추종자들이 그들의 십자가를 져야 한다고 반복합니다. 엘륄은 이 구절에 대해 논평한 유일한 기독교 아나키스트이며, 성서의 다른 모든 폭력적인 구절과 마찬가지로 그는 이 구절이 다시 한번 '살과 피에 대한 것이 아니라 권세에 대한' '다툼'에 관한 것이라고 생각합니다. 엘륄은 신체적 폭력을 합법화하지 않습니다.

톨스토이는 그것에 대해 직접 언급하지는 않았지만, 복음의 번역에서 두 구절의 계시 버전을 전달합니다.

> 모든 사람이 내 가르침을 믿지는 않을 것입니다. 그리고 믿지 않는 사람들은 그들이 사랑하는 것을 빼앗기 때문에 그것을 미워할 것입니다. 그래서 내 가르침에서 불화가 올 것입니다. 그것이 세상을 불처럼 타오르게 할 것이며, 그것으로부터 반드시 다툼이 일어날 것입니다. 집집 마다 아버지가 아들과, 어머니가 딸과 다툼이 있을 것입니다. 가족들은 내 가르침을 이해하는 회원들을 미워하고 죽일 것입니다. 내 가르침을 이해하는 사람에게는 '아버지'나 '어머니'나 '아내'

나 '자식'이 의미가 없을 것입니다.[205]

따라서 톨스토이가 시사하는 바는 예수가 그의 가르침이 남녀 사이에 야기할 분열에 대해, 그리고 그 결과로 사회와 가족 구성원의 거부로 인해 그를 따라 십자가에 이르기까지의 어려움에 대해 경고하고 있다는 것입니다. 예수는 폭력을 합법화하거나 옹호하는 것이 아니라, 폭력을 예언하고 그의 가르침이 격정을 불러일으킬 것이라고 경고합니다. 따라서 이 구절은 기독교 아나키스트의 해석과 모순되지 않고, 단순히 예수의 가르침이 논쟁과 불일치를 야기할 수밖에 없음을 미리 경고합니다. 기독교의 아나키즘은 사회를 동요시킬 것입니다.

예수가 폭력을 행사한다고 말하는 또 다른 구절은 때가 되지 않았는데도 열매를 맺지 못하는 무화과나무를 저주한 것입니다. 불모의 무화과나무는 "성전 기반 국가와 그 숭배에 대한 은유로 인식되었을 것"입니다. 무화과나무에 대한 그러한 은유가 얼마나 확립되었는지를 보여주고, 전체 에피소드는 실제로 나무를 저주하는 일과 연결되는 성전 정결에 관련됩니다. 따라서 그 결과 나무뿌리가 마르는 것은 성전 상태에 대한 신의 심판입니다. 예수의 저주는 이 상태에 대한 정죄이지만, 동료 인간에 대한 폭력을 정당화하는 정죄는 아닙니다. 동일한 논리가 서기관과 바리새파에 대한 예수의 빈번하고 강력한 질책에도 적용됩니다.

따라서 폭력적인 예수를 배반했다고 주장하는 가장 유명하고 논쟁의 여지가 있는 구절은 기독교 아나키스트의 관점에서 검토되었습니다. 예수가 폭력을 옹호한다고 믿는 사람들은 일반적으로 그들의 견해를 입증하기 위해 상대적으로 덜 유명한 구절을 인용하지만, 기독교 아나키스트들의 논평이 부족하

---

205) 레프 톨스토이, 강주헌 옮김, 『톨스토이 성서』, 작가정신, 1999, 184쪽.

기 때문에 여기서 논의할 수 없습니다. 그러나 전반적으로 논쟁은 예수 자신이 때때로 폭력적이었다는 견해에 근거하고 있으며, 그가 추종자들에게 폭력적이라고 명시적으로 지시한 것은 아닙니다.

그러나 모든 것을 고려할 때 기독교 아나키스트 대다수는 예수가 폭력의 사용을 엄격히 반대한다고 믿습니다. 또한, 예수 자신이 폭력적이었다는 데 동의하지 않으며, 그의 체포, 재판, 십자가 처형을 비폭력적으로 수용한 것이 이에 대한 가장 강력한 예라고 지적합니다. 기독교 아나키스트들에게 예수는 분명히 사랑, 비폭력, 무저항을 가르치고 구현하며, 국가는 바로 이 가르침에 직접적으로 위배되기 때문에 비기독교적입니다.

기독교 아나기스트들은 예수의 가르침과 그의 삶과 죽음을 통한 예증을 국가에 대한 비판이자 무국가 사회에 대한 비전으로 이해합니다. 그들은 산상설교뿐만 아니라 네 복음서의 수많은 다른 구절에도 그들의 관점을 두고 있습니다. 그들은 심지어 구약, 특히 사무엘서가 그들의 견해를 더욱 확증한다고 믿습니다. 그것들은 오랫동안 기다려온 메시아와 분리될 수 없는 정치적 기대를 강조하고, 예수의 행동이 이 정치적 해방자의 사명에 대한 급진적이고 전복적인 재해석을 강요하는 방식임을 설명합니다. 그들은 예수가 용서, 봉사, 판단하지 않음에 대해 가르치는 모든 구절을 인용하고 이를 국가 이론 및 실천과 대조합니다. 그들은 사탄과 권세들에 대한 예수의 끊임없는 투쟁의 모든 사례를 제시하고 예수의 체포, 재판, 십자가 처형의 아나키즘적 의미를 폭로합니다. 그러나 나는 메시아라는 것을 적극적으로 보지는 않습니다.

7장 · 예수 아나키즘의 죽음과 부활

1. 초기 기독교의 아나키즘

초대 교회의 성립

7년 전에 갔던 이스라엘 성지순례 여행에 마사다 방문이 포함되어 있고, 그곳이 가장 중요하게 여겨지는 듯해 처음에는 좀 의아했습니다. 마사다는 유대인들이 로마제국과 싸운 전쟁터이지 기독교와는 무관하기 때문입니다. 게다가 지금 그곳은 이스라엘이 팔레스타인을 비롯하여 아랍 나라들과 전쟁을 치르며 승전 의지를 계속 확인하는 쇼비니즘의 상징입니다. 우리를 안내한 목사는 그 싸움에 대해 열심히 설명했지만, 나는 그보다 그곳에 남아 있는 헤롯 왕의 궁전과 욕장을 비롯한 화려한 사치가 눈에 띄었습니다. 예수가 살아 그곳을 보았다면 욕을 바가지로 했을 겁니다. 그럼에도 기독교인들은 마치 자기 조상들 유적에라도 온 것인 양 사진들을 찍고 야단법석이었습니다.

현대 이스라엘 유대인들에게 예루살렘 다음가는 성지는 마사다입니다. 66년, 제1차 유대-로마 전쟁이 발발함과 동시에 유대교 파벌 중 하나인 열심당의 당원들이 마사다에 주둔하던 소수의 로마 수비대를 쫓아내고 마사다를 되찾습니다. 그러나 전황이 로마 쪽으로 기울어진 70년, 예루살렘마저 함락되자 도주한 당원 천여 명이 마사다에서 3년이나 이어지는 게릴라전을 시작하지만 결국 패배합니다.

12사도 기독교의 본거지인 예루살렘이 로마제국에 의해 함락되자 기독교인들은 지중해 연안 해안으로 분산되었습니다. 예수가 제자들과 최후의 만찬을 들었고, 베드로가 감옥에서 풀려난 뒤 찾았던 예루살렘 성마가교회가 최초의 교회라고도 하는데, 그곳에 있는 돌판에는 "마가라 불린 요한의 어머니 마리아의 집"이라는 글귀가 새겨져 있습니다. 예루살렘에서 박해를 받던 베드로는 배를 타고 지금은 튀르키예 땅인 안디옥으로 가서 세운 성베드로동굴교회가 최초의 교회라고도 하고, 요르단 북부의 세인트고저스교회가 최초라고도 합니다.

예수 사후 베드로나 바울 같은 사도들이 다니면서 예수의 말을 전파했습니다. 초기 기독교인들은 유대인들이었고, 자신들이 유대교와 다른 종교를 믿는다고 생각하지도 않았습니다. 그러나, 사도행전 10장에 쓰인 것처럼 초기 기독교인들은 유대인이 아닌 이방인에게도 문호를 개방하였고, 유대인의 선민사상에 부정적이었습니다. 그래서 1세기에서 3세기 사이에 기독교와 유대교는 점차 서로 다른 교리와 집단을 갖는 별개의 조직으로 분화되었고, 마침내 서로를 완전히 부정하게 됩니다.

초기 기독교인들의 아나키즘

사도행전 5장에는 초기 기독교인들의 시민 불복종에 대한 이야기가 나옵니다. 제자들이 권력자들에게 가르침을 중단하라는 명령을 받았을 때, 그들은 이렇게 대답합니다. "우리는 사람보다 신에게 순종해야 합니다."^{행 5:29} 이는 초기 교회가 문제가 생기면 법정에 호소하기보다는 내부적으로 문제를 해결하고자 했음을 뜻합니다.^{고전 6:1~6} 그리고 로마서 12장에서 바울은 로마에 있는 그의 친구들에게 "이 세상을 본받지 말고 마음을 새롭게 하여 변화를 받으십시오"^{롬 12:2}라고 말합니다. 이는 로마제국의 사고방식이 아니라, 예수가 가르친 대로 사랑의 길을 추구하라는 도전을 권하는 것입니다.

로마제국이라는 단어는 신약에 나오지 않습니다. 초기 교회는 로마제국에 반역하는 것처럼 들리기를 원하지 않았습니다. 그러나 요한계시록만큼 반제 국주의적인 글은 없습니다. 그 중 13장의 괴물은 억압적인 로마제국에 대한 묘사들입니다. 엘륄에 의하면 '땅에서 올라오는 짐승'계 13:11은 "일반적인 정 치권력과 다양한 형태의 힘"을 말하고, '바다에서 올라오는 짐승'계 13:1은 "선 전이라고 부를 수 있는 것"인 거짓 예언자를 뜻하고, "전자는 폭력에 의지하며 모든 것을 지배하고, 어떠한 인간의 권리도 존중하지 않는 국가다!"206라고 합니다.

이 두 짐승은 구약에 나오는 리워야단사 27:1, 시 74:14 등과 땅의 괴물 베헤못욥 40:15~32을 연상케 합니다. 바다 짐승은 예수에 맞서고, 땅 짐승은 예수의 증인 신자들에게 맞섭니다.

초기 교회는 서로에 대한 참된 사랑과 돌봄의 공동체였습니다. 교회는 '전 례'가 아니라 '환대'에 중심을 두었습니다. 가난한 사람들은 개인적인 희생으 로 먹이고, 입히고, 보호받았기 때문에 이교도들은 기독교인들에 대해 '그들 이 어떻게 서로 사랑하는지 보라'고 말하곤 했습니다. 기독교인들을 구별하 고, 사람들이 개종하여 교회에 가입하도록 설득한 것은 바로 이러한 사랑과 희생의 아나키 사회가 갖는 집단적 태도였습니다.

더욱이 집단생활의 이러한 긍정적인 모습과 함께 초기 기독교인들은 신 외 에는 이교도 신들이든 카이사르와 같이 신성한 지위를 주장하는 인간 우상이 든 무엇에게도 경배하고 순종하기를 거부하여 주목을 받았습니다. 그러나 그 들이 로마 황제에 대한 숭배를 거부했기 때문에 잔인한 박해를 받았다는 것은 사실이 아닙니다. 도리어 로마 도시의 수호신을 경배하지 않아 민중의 비난 을 받았습니다. 기독교인은 군대에 가지 않았으나, 서기 170년 무렵부터 박해

---

206) 자끄 엘륄, 『무정부주의와 기독교』, 이창현 옮김, 대장간, 2011, 96쪽.

의 결과로 많은 기독교인이 군대에 강제로 입대하고, 국가의 다른 일에 참여했습니다.[207] 교회 내에서 많은 사람들이 이에 반대했지만, 그 결과는 다양한 반대 분파들을 낳았을 뿐입니다.

기독교 아나키스트들은 4세기에 로마 황제 콘스탄티누스의 유혹에 굴복하기 전의 초기 기독교 교회또는 교회들의 정치 조직을 아나키적인 것으로 존경합니다. 그들은 종종 오리게네스Origenes Admantius, 185경~254경, 테르툴리아누스Quintus Septimius Florens Tertullianus, 155경~240경, 락탄티우스Lucius Caecilius Firmianus Lactantius, 240경~320경와 같은 여러 교부들을 초기 교회가 예수의 가르침을 그들 자신의 가르침과 강하게 공명하는 방식으로 해석했음을 시사하는 저술을 한 사람들로 인용합니다.[208] 이 저작물들은 초기 교회가 예수의 산상설교를 문자 그대로 받아들이고 그렇게 살기 위해 노력했음을 보여줍니다.

가령 테르툴리아누스의 글은 또한 그들이 '위엄이나 권력을 행사하는 것'을 거부하거나 재판관으로 행동하는 것을 거부했음을 암시합니다.[209] 당연히 그들은 군복무 거부에 특히 열정적이었습니다. 기독교 아나키스트들이 강조하는 초기 교회는 타협하지 않는 평화주의와 병역에 대한 비판으로 유명했습니다. 따라서 초기 기독교도는 정치권력에 대해 적대적이었고, 그 방향이나 헌법 구조에 관계없이 정치권력을 나쁘게 여겼습니다. 그 결과 초기 기독교인들은 로마 당국에 의해 사회 질서를 전복하는 세력으로 간주되었습니다. 그래서 로마제국의 궁극적인 몰락을 기독교인들이 초래했다고 비난하기도 합니다.

당시에는 새로운 종교인 기독교는 처음부터 유대교와 로마제국의 박해를

---

207) 알랭 코르뱅 외『역사 속의 기독교』(2008), 김상근의『기독교의 역사』(2004),『오강남의 그리스도교 이야기』(2013) 등의 책에는 이하와 같은 설명이 전무합니다.

208) 그들이 인용하는 다른 교부로는 Justin Martyr, Athenagoras, Maximillian, Cyprian, Tatian 및 Hippolytus가 있습니다.

209) Early Church Quotes(Jesus Radicals), www.jesusradicals.com, 단락 28.

받았습니다. 로마의 역사가 타키투스는 『연대기』Annales에서, 네로 황제37~68가 64년의 로마 화재를 기독교인의 탓으로 돌리면서 박해가 시작되었다고 합니다. 네로 시대의 기독교 탄압을 다룬 헨리크 시엔키에비치Henryk Adam Aleksander Pius Sienkiewicz, 1846~1916의 1896년 소설, 그리고 그것을 마빈 르로이 감독이 영화로 만든 「쿼바디스」Quo Vadis, 1951를 비롯하여 여러 차례 제작된 연극이나 영화 등에서 보듯이 초기 기독교도들은 가혹한 탄압을 받았으나, 그럼에도 불구하고 사도들과 기독교인들은 적어도 초기에는 예수의 전복적인 정치적 가르침을 실천하기 위해 충실히 노력했습니다. 「쿼바디스」에서 예수 생전에 예수를 배신한 베드로가 카타콤베210에서 증언하는 장면과 순교하는 장면은 특히 감동적입니다. 12사도는 그렇게 예수의 길을 따라 순교합니다.

로마제국은 매우 잔인하게 기독교도들을 박해했지만, 교회를 약화하는 데 성공하지는 못했을 뿐만 아니라, 순교자들의 죽음은 기독교 메시지를 재확인하여 전파를 촉진했습니다. 잔인한 박해에도 불구하고 초기 기독교인들은 성체 거행의 중심지로서 순교자들의 무덤 위에 제단을 세우고, 바울의 충고에 따라 박해자들을 위해 기도하고 축복했습니다. 그러한 '적에 대한 사랑'이 초기 교회의 또 다른 특별 표식으로 여겨졌습니다. 이처럼 초기 기독교인들은 엄청난 박해를 받았지만, 그것에 사랑과 용서로 응답했습니다.

초기 기독교인들은 서로 사랑하고 돌보았으며, 모든 시민불복종에 대한 국가의 처벌을 기꺼이 감수했습니다. 그들은 그들의 신념에 대한 용기를 가졌습니다. 따라서 기독교 존재 자체가 국가 정부의 가식적인 주장에 순응하기보다는 기꺼이 죽으려는 사람들에 의해 확보되었습니다. 이미 언급한 바와 같이 교회의 씨앗은 참으로 순교자들의 피였습니다. 그러나 결국 그 운동도

---

210) 기독교가 박해당하던 시절, 순교자들이 로마군의 박해를 피해 지하에 지은 공동묘지를 말합니다.

몰락하고 부패했고, 그 씨앗은 분명히 약속된 수확을 가져오지 못했습니다.

베드로와 바울의 반아나키즘 – "통치 권세에 복종하라"

어부 출신으로 예수의 수제자가 된 베드로는 예수 사후 1세대 교회를 지도한 사람으로 뒤에 초대 교황이 됩니다. 그런데 그는 예수의 아나키즘에 완전히 반하여 "국가의 모든 제도와 통치자와 관리들에게 복종"하라고 하며 그것이 "주님을 위한 것"이라고 말합니다. 그에 의하면 "관리들은 악한 일 하는 사람들을 처벌하고, 선한 일 하는 사람들을 표창하라고 통치자가 보낸 사람들입니다."벧전 2:13~14

같은 취지의 말을 한 바울은 기원후 5년쯤에 태어나 67년쯤에 참수형으로 죽은 것으로 추정되고, 예수를 생전에 만나본 적이 없지만, 신약성서 27권 가운데 13권이 그의 저서로 기독교 제도화에 결정적인 역할을 하여 로마 바티칸에도 초대 교황인 베드로와 같이 바울의 동상이 세워져 있을 정도로 기독교의 역사에서 중요한 인물입니다.

앞에서 보았듯이 예수는 팔레스타인의 시골 무지렁이 출신이지만, 바울은 로마 중심지의 하나이자 그리스 문화가 지배하는 다소타르수스 211]의 부유한 바리새파 집안에서 태어나 교양인으로 자랐습니다. 바울은 초기 기독교 박해의 선봉에 섰다가 회심을 한 뒤에 기독교 선교에 앞장서게 됩니다. 그러나 바울은 메시아를 거부한 예수의 정신을 망친 인물, 즉 예수를 메시아로 만들고 기독교를 제국 종교로 만들었다고 평가되기도 합니다. 메시아와 왕조, 절대 권력, 권위주의, 선민의식 등을 거부한 예수와는 정반대의 신학을 바울이 정

---

211) 튀르키예에서는 타르수스로 불리는 다소는 튀르키예 남부에 있습니다. 고대부터 아나톨리아와 시리아를 잇는 요충지로, 지중해와 아르메니아를 잇는 무역 항구 도시로 번영하였습니다. 이름이 본래 사울이었던 바울은 예루살렘으로 이주하여 부활한 예수 그리스도를 만난 뒤 기독교로 개종하고, 바울로가 되어 고향으로 돌아왔습니다.

립했다는 것입니다. 가령 『예수냐 바울이냐』2015이라는 책을 문동환은 다음과 같은 문장으로 시작합니다.

> 기독교는 2천여 년 동안 바울신학을 추종해왔다. 그리고 이것을 유일한 구원의 길이라며 온 세계에 전파했다. ^{중략} 바울은 이방인들을 메시아 왕국으로 인도하는 역할을 맡았다고 자처했다. 어처구니없는 민족주의다. 그 후 기독교는 이것을 그대로 답습해 유대인들이 섬기던 신이 온 인류를 다스리는 유일신이라며 예수를 믿어야만 구원을 얻는다고 주장했다. ^{중략} 그동안 기독교는 언제나 강자 편에 서 있었다.[212]

나는 기독교가 처음부터 지금까지 예수가 아니라 바울의 신학만을 추종해왔다는 문동환의 비판에는 동의할 수 없습니다. 왜냐하면 국교화 이전의 초기 기독교는 예수의 가르침에 어느 정도 충실했기 때문입니다. 그러나 바울의 신학이 적어도 로마에서 기독교가 국교가 된 이후에는 기독교 제도화를 이끌면서 예수의 가르침을 압도한 점도 부정할 수는 없습니다.

초기 교회의 기독교 아나키즘에 반하는 것으로 가장 흔히 제기되는 첫 번째 문장은 로마서 13장인데, 이는 바울이 독자들에게 "통치 권력에 복종하라"라고 말한 부분입니다.

> 사람은 누구나 위에 있는 권력에 복종해야 합니다. 모든 권력이 다 신에게서 나왔기 때문입니다. 그러므로 그 권력을 거부하면 신이 세우신 권력을 거역하는 것이 되고 그런 사람은 심판을 받게 됩니다. 선한 일을 하는 사람은 통치자가 두려울 것이 없으나, 악한 일을 하는 사람은 두려워합니다. 통치자를 두려워하지

---

212) 문동환, 『예수냐 바울이냐』, 삼인, 2015, 6쪽.

않으려면 선한 일을 하십시오. 그러면 그에게서 칭찬을 받을 것입니다. 그는 여러분의 유익을 위해 일하는 하나님의 일꾼입니다. 그러나 여러분이 악한 일을 하면 두려워하십시오. 그가 쓸데없는 칼을 가진 것이 아닙니다. 그는 악한 일을 하는 사람들에게 신의 형벌을 내리는 신의 일꾼입니다. 그러므로 꼭 벌을 준다고 해서 복종할 것이 아니라 양심을 위해서도 복종해야 합니다.

이런 이유 때문에 여러분은 세금도 잘 바쳐야 합니다. 당국자들은 이 일에 항상 힘쓰는 신의 일꾼들입니다. 여러분은 그들에게 여러분의 의무를 다 해야 합니다. 바쳐야 할 사람은 바치고, 두려워해야 할 사람은 두려워하고, 존경할 사람은 존경하십시오. 롬 13:1~7 **213**

위 글에 의하면 로마 황제도 신이 세운 권력이니 무조건 복종해야 합니다. 그들에 대한 불복종은 신에 대한 불복종이 됩니다. 이는 바울이 다윗을 신이 세운 왕이고 그를 잇는 왕들도 모두 신의 아들들이라고 본 것에서 나옵니다. 그러나 강자들이 멋대로 만든 왕조의 전통은 신의 뜻에 반하는 것입니다.

주류 신학자들은 국가에 대한 교회의 지지를 합법화하기 위해 바울의 말을 최대한 활용했습니다. 따라서 콘스탄티누스 이후의 공식 교회는 거의 모든 '국가 신학'을 로마서 13장과 베드로 서신에 있는 유사한 문장에 일관되게 기초를 두고 있습니다. 로마서 13장에 근거하여 기득권 신학자들은 국가 당국이 요구할 때 칼을 휘두를 때조차 기독교인들이 국가 당국에 복종해야 한다고 주장했습니다. 국가는 신에 의해 거룩하게 되며, 기독교인들은 그것을 환영하고 국가와 협력해야 한다는 것입니다.

그러나 많은 기독교 아나키스트들에게 그러한 해석은 예수를 배반하는 것입니다. 분명한 것은 베드로나 바울이 아니라, 예수를 따라야 한다는 점입니

---

213) 디도서 3장 1절에도 관리에게 복종하라는 말이 나옵니다.

다. 왜냐하면 예수와 달리 사도들은 그들의 행동에서 잘못을 범할 수 있기 때문입니다. 톨스토이는 교회가 예수의 가르침에서 일탈한 것은 바로 바울에게서 시작되었다고 봅니다. 따라서 톨스토이는 바울을 싫어하고, 그가 예수의 메시지를 기껏해야 혼란스럽게 하고, 최악의 경우 그것을 배반한 것으로 간주합니다. 당국에 복종하라는 바울의 충고는 그리스도의 임박한 재림에 대한 기대에서 나온 것이라고 보는 견해도 있습니다. 바울은 현재의 질서가 곧 소멸될 것이라고 잘못 예상했기 때문에 복종을 권고했다는 것입니다.

위 구절과 비슷한 바울의 말이 많습니다. 가령 에베소서에 나오는 주인과 종의 관계에 대한 바울의 다음 말입니다.

> 남의 종이 된 사람들은 그리스도에게 복종하듯이 두렵고 떨리는 마음으로 성의를 다하여 자기 주인에게 복종하십시오. 사람에게 잘 보이려고 눈가림으로만 섬기지 말고, 그리스도의 종답게 진심으로 신의 뜻을 실천하십시오. 사람을 섬긴다고 생각하지 말고, 주님을 섬기는 마음으로 기쁘게 섬기십시오. 선한 일을 하는 사람은 그가 종이든 종이 아니든 각기 주님께로부터 그만한 상금을 받는다는 것을 알아두십시오. 엡 6:5~8 [214]

위 말에 의하면 노예제는 신의 뜻에 의해 만들어진 것입니다. 그래서 고대부터 19세기까지 노예제도를 성서는 합리화하고 정당화했다고 할 수 있습니다. 이는 위에서 본 창세기 9장에 나오는 함의 후손들이 아프리카 노예가 되었다는 주장과 함께 노예제도를 정당화했습니다. 물론 기독교 이전에 그리스로마에서도 노예제도는 정당화되었습니다.

---

214) 베드로전서에서 "하인 여러분, 극히 두려운 마음으로 선하고 너그러운 주인뿐 아니라 못된 주인에게도 순종하시오"라고 한 것(2:18)도 같은 취지입니다.

이에 대해 기독교는 노예제도를 옹호한 것이 아니라, 사랑과 용서로 노예제도에 대한 복종을 받아들임으로써 노예제도를 전복시키라는 부름이라고 보는 견해가 있습니다. 더욱이 바울과 마찬가지로 기독교 아나키스트들은 베드로가 그의 선언을 항상 완전히 준수하지 않은 것 같다고 지적합니다. 바울과 마찬가지로 베드로의 충성은 무엇보다도 오직 신에게만 향해 있으며, 국가에 대한 존경심은 결코 절대적이지 않다는 것입니다. 그러나 바울은 남편과 아내의 관계에 대해서도 다음과 같이 말합니다.

> 아내 된 사람들은 주님에게 하듯이 남편에게 순종하십시오. 그리스도께서 당신의 몸인 교회의 구원자로서 그 교회의 머리가 되는 것처럼 남편은 아내의 주인이 됩니다. 교회가 그리스도께 순종하듯이, 아내도 모든 일에 남편에게 순종해야 합니다. 엡 5:22~24

부부관계를 신과 교회의 관계로 비유하는 위 문장은 오랫동안 가부장제를 정당화하는 말로 통용되었습니다.

엘륄 등의 반론

모든 기독교 아나키스트가 바울을 싫어하거나 의심의 눈초리로 보는 것은 아닙니다. 다른 사람들은 정사와 권세에 대항하여 싸우라는 바울의 충고가 로마서 13장 앞의 12장 2절에 분명히 있음을 지적하면서, 그가 국가로부터 보호를 구했다는 주장에 대해 그를 변호하려고 시도합니다. 그래서 13장 등은 바울이 쓴 말이 아니라고 보는 주장도 나왔습니다. 그러나 그렇게 볼 수 있는 근거는 없습니다. 그래서 대부분 사람들은 13장은 바울이 쓴 것이 맞다고 인정하면서, 12장과의 조화로운 해석을 시도합니다. 가령 엘륄은 로마서 12

장과 13장을 일관된 전체로 해석하면서 사랑은 "친구, 이방인, 원수 등을 대상으로 하여 계속되며 바로 이 자리에 권위들에 대한 단락도 자리한다!"고 봅니다.[215] 엘러도 이에 동의합니다.[216] 요더는 로마서 "12장과 13장 전체가 하나의 문학적 단위를 형성한다"라고 주장합니다.[217] 12장은 그리스도인 공동체의 새로운 생활과 영적 생활의 지침에 관한 것이고, 12장과 13장 모두에서 바울은 사랑과 희생에 관해, 선으로 악을 극복하는 것에 관해, 박해를 위해 자신을 기꺼이 바치는 것에 관해 쓰고 있다는 것입니다.

바울의 편지는 로마제국의 심장부인 로마의 교회에 보낸 것입니다. 기독교인들이 이미 그 제국 전역에서 박해를 받고 있는 때였습니다. 그러므로 바울은 고의로 말을 매우 신중하게 사용했다고 볼 수도 있습니다. 즉 바울의 충고는 실용적인 차원에서 쓰인 것이라고 볼 수 있습니다. 당국의 요구에 복종함으로써 로마 기독교인들은 박해자들과 좋은 관계를 발전시켜 더 이상의 갈등을 피할 수 있었습니다.

따라서 로마서 13장에 대해 기독교 아나키스트들은 기독교인들이 국가를 받아들이고 용서할 것을 요구하지만, 국가에 절대적인 권위를 부여하지는 않는다고 주장합니다. 그들에게 이것은 국가에 대한 예수의 암묵적인 비판이나 국가를 극복하라는 인류의 요청을 타협하는 것이 아니라, 예수가 기독교인들이 사랑, 봉사, 희생을 통해 국가를 전복시키라고 요구한다는 점을 확인시켜 줄 뿐이라는 것입니다.

그러므로 로마서 13장에 있는 바울의 메시지는 기독교인들이 사랑, 용서, 희생으로 정치적 권력에 굴복할 것을 촉구하는 것이라고 봅니다. 그런 관점에서 볼 때, 톨스토이가 비판한 것처럼 예수의 혁명적인 산상설교를 배반한

---

215) 자끄 엘륄, 『무정부주의와 기독교』, 이창현 옮김, 대장간, 2011, 115쪽.
216) 버나드 엘러, 황의무 배용하 옮김, 『기독교 무지배』, 대장간, 2022, 289쪽.
217) 존 하워드 요더, 신원하, 권연경 옮김, 『예수의 정치학』, IVP, 2007, 338쪽.

것이 아니라, 실제로는 그것을 주석한 것이라고 볼 수도 있게 됩니다. 예수는 그의 추종자들에게 그들의 원수를 사랑하고, 박해하는 자들을 축복하라고 요구하는데, 로마서 12~13장에서 바울은 같은 일을 하고 있으며, 예수의 계명을 당국에 적용하고 있다는 것입니다.

바울의 관점에서 보면 로마의 기독교도들은 반항해서는 안 되고, 오히려 압제자들을 사랑하고 진노는 신에게 맡겨야 합니다. 이는 로마 정부가 선하기 때문이 아니라, 예수를 따르는 사람들이 사랑의 길로 부름을 받았기 때문입니다. 그러나 바울은 "어떠한 공권도 신으로부터 나오지 않으면 있을 수 없으며, 기존하는 공권은 신으로부터 명을 받은 것"이라고 말합니다. 이것은 국가 권위의 신성한 성화를 인정하는 말이 아닌가요? 이것은 정치권력이 항상 신의 승인을 받는다는 의미가 아닌가요? 이는 결국 예수 아나키즘의 타락을 시작한 것이 아닌가요?

2. 예수 아나키즘의 몰락

교회에 대한 콘스탄티누스 황제의 유혹

기독교 역사의 보다 갑작스럽고 실질적인 변화는 서기 306년부터 327년까지 로마 황제 콘스탄티누스와 함께 찾아왔습니다. 315년 콘스탄티누스 대제의 개종으로 '황제 기독교 시대'가 시작합니다. 기독교가 정치적으로 위험할 정도로 커지고, 기독교를 왜곡하면 분열된 로마제국을 통합하는 데 도움이 될 수 있다는 판단 아래 로마는 기독교를 국교로 삼았습니다.

콘스탄티누스의 유혹은 초기 기독교의 핵심적 본질인 아나키즘의 체제 전복성을 부패시켰습니다. 기독교가 상당한 정치적 세력이 되었기 때문에 콘스탄티누스는 공식적으로 그러한 유혹을 채택했고, 그렇게 함으로써 교회를 함정에 빠뜨렸습니다. 주로 귀족 계층 신도들에 의해 교회는 정치권력이 제공하는 기회에 이끌려 병역과 같은 문제에 대한 급진적 입장을 누그러뜨렸습니다. 콘스탄티누스 대제 이후 초기 교회는 극심하게 타락했습니다. 그 후 476년에 서로마제국이 게르만족의 침략에 의해 무너진 뒤 기독교 아나키즘은 물론 기독교 평화주의도 거의 천 년 동안 쇠퇴했습니다. 중세를 '야만 시대'라고 부를 수 있는 참된 이유는 바로 그런 의미에서입니다. 물론 일반적으로 중세를 '야만 시대'라고 부르는 이유는 그러한 이유에서가 아니고, 일반적인 문명론 차원에서 야만이라고 하는 것인데, 이에 대해서는 의문이 있습니다.

콘스탄티누스는 특정 세금과 군대 의무를 면제하고 니케아 신조Symbolum Nicaenum 218의 만장일치 수용을 강요하기 위해 국가의 권력을 사용하여 교회 안에서 더 반항적인 목소리를 침묵시키겠다고 약속함으로써 성직자들을 유혹했습니다. 콘스탄티누스는 당시의 교황 실베스터 1세[219]에게 땅을 기증하고, 로마를 교회에 물려주었습니다. 즉, 콘스탄티누스는 정치권력과 경제적 안위로 교회를 유혹했습니다. 교회는 예수가 부인한 바로 그 유혹에 대해 '예'라고 답했습니다. 콘스탄티누스의 유혹을 받은 교회는 예수가 광야의 유혹에서 거부한 바로 그 정치적 권력을 선택했습니다. 그래서 예수가 없는 기독교가 되었습니다. 위에서 말했듯이 중세를 야만이라고 부르는 참된 이유는 바로 그 때문입니다.

콘스탄티누스가 주도한 개혁은 교회를 전복적인 아나키즘적 위협에서 국가와의 협력자로 변화시키는 데 중추적인 역할을 했습니다. 콘스탄티누스 치하에서 로마제국을 뒤집어 놓은 예수가 로마 황제의 애완견으로 변했습니다. 톨스토이가 개탄했듯이 황제를 위해 기독교는 새로 조직되었습니다. 콘스탄

---

218) 니케아 신조는 성자와 성부의 동일 실체(그리스도의 신성과 인성의 결합을 '호모우시오스, homoousios'라고 규정함), 성자의 강생, 죽음, 부활을 강조하며, 그 끝에 아리우스 파에 대한 파문 선언을 덧붙였습니다.
219) 실베스터 1세(Silvester I)는 제33대 교황(재위: 314~335)으로 그의 재위 기간에 콘스탄티누스 대제의 주도로 성 베드로 대성전 등의 웅장한 성당들이 건립되었습니다.

티누스 제국은 아무런 변화도 없이 별안간 기독교가 되었고, 기독교는 모든 반동적 변화를 가져왔습니다. 톨스토이는 교회의 '실질적인 사기행각'이 콘스탄티누스가 소집한 니케아 공의회에 의해 확정되었다고 봅니다.

그리하여 자발적이고 비폭력적인 운동으로 시작된 기독교가 정치적 반대를 사납게 진압하는 격렬한 반동 세력이 되었습니다. 기독교는 신앙과 헌신보다는 권력과 영토와 연관되었습니다. 제국은 기독교가 되었고, 교회는 제국이 되었습니다. 제국주의 기독교는 로마의 중산층과 그 비슷한 다른 '경건하지 않은 사람들' 사이에 퍼졌고, 국가 권력과 더욱 타협하게 되었습니다. 이러한 경향에 동의하지 않는 사람들은 이단으로 박해를 받고 심판과 정죄를 받았습니다.

헬치츠키의 비유

밀라노 칙령과 니케아 공의회를 통해 콘스탄티누스는 거의 2천년 동안 이어져 온 왕좌와 제단의 동맹을 출범시켰습니다. 따라서 페트르 헬치츠키Petr Chelčický, 1390경~1460경 같은 기독교 아나키스트들에게 콘스탄티누스의 교회와 국가의 합병은 교회와 역사의 몰락을 의미합니다. 이것이 바로 톨스토이가 콘스탄티누스를 '정식화된 악당'이라고 부른 이유입니다. 헬치츠키는 누가복음 5장에 나오는 물고기와 그물 에피소드를 원용한 해석을 통해 기독교 역사에서 이 중요한 순간을 다음과 같이 묘사합니다.

신앙의 그물은 초대 교회의 훈련된 삶에 충성하는 신자들의 신실함으로 함께 묶인 신의 법입니다. 세상 바다에서 신이 택하신 자들을 그물이 끌어 올립니다. 그러나 그물은 일반 물고기보다 더 많은 것을 잡았습니다. 신의 법에 대한 구속력은 교황과 황제라는 두 명의 거대한 포식자에 의해 찢어졌습니다. 중략 두 악랄한 침입자는 신의 규례에 대한 적개심을 발산하면서 그물을 휘젓고 다녔습니다. 신앙의 그물은 이제 너무 망가져서 사도의 원래 그물인 원시 교회의 간신히 보이는 조각만 남아 있을 뿐입니다.[220]

헬치츠키는 초기 교회가 300년 이상 동안 예수의 가르침에 신실하게 남아 있었지만, 두 마리의 큰 고래가 그물에 들어갔을 때 그물은 크게 찢어졌다고 비유합니다. 그들은 세속법과 교황법을 추가하여 '그리스도의 법'으로 타협했습니다. 그것은 '기독교 사회'의 즉각적인 악화로 이어졌습니다. 다른 기독교 아나키스트들과 마찬가지로, 헬치츠키는 기독교에 순응하기 위해 제국을 개혁하는 대신, 기독교는 제국과 제국의 법률과 공직과 법정, 그리고 다른 형태의 비기독교적 폭력과 강압, 특히 전쟁에 순응하도록 개혁되었다고 주장합니다. 즉, 기독교인들은 오직 신만을 신뢰하고 도움을 구하는 대신에 황제에게 신뢰를 두고 그에게 도움을 구하기 시작했습니다.

헬치츠키는 기독교의 타락은 앞에서 살펴본 사무엘서의 에피소드와 유사하다는 점을 지적하고, 신의 법보다 인간의 제도와 규범을 우선함은 스스로 다른 이방 신들을 택하는 것이라고 봅니다. 그러므로 기독교 신만을 믿는 참된 믿음의 그물은 콘스탄티누스와 실베스터의 야합으로 찢어졌고, 교회는 국가와 세속적인 권력 수단과 연합하여 제도주의가 되었습니다. 기독교 몰락의 가장 뚜렷한 징후는 로마 군대가 예수의 사랑과 희생의 궁극적인 상징으로 십자가를 채택한 점입니다. 톨스토이가 설명하듯이 참된 교회에 대한 국가의 정복은 곧 완료되었습니다.

416년에 이교도들의 군대 입대를 금지하는 칙령이 내려지고, 모든 군인들

---

220) Murray L. Wagner, *Petr Chelcicky: A Radical Separatist in Hussite Bohemia* (STUDIES IN ANABAPTIST AND MENNONITE HISTORY), Herald Press, 1983, 132쪽.

은 기독교인이 되었습니다. 즉, 소수의 예외를 제외하고는 모든 기독교인이 그리스도를 부인하게 된 것이었습니다. 그 직후 제국에서 발견된 모든 '이단' 을 죽음으로 위협하는 법이 공포되었습니다. 콘스탄티누스가 시작한 반예수 사업은 거의 1세기 후에 완성되었습니다. 로마는 기독교의 아나키즘 전복으 로 인한 위협을 성공적으로 극복했습니다. 기독교의 성장하는 정치 세력에 직면한 로마 국가는 명목상으로 기독교를 채택했고, 교회 엘리트들의 공모로 기독교를 왜곡시켰습니다. 그리하여 기독교의 암흑기가 시작되었습니다.

전통 신학의 왜곡

9세기부터 시작된 신성로마제국Heiliges Römisches Reich 하에서 기독교 엘리 트들은 서서히, 그러나 확실하게 국가를 장악했습니다. 중세에 교회는 교회 법의 적용 범위를 정기적으로 확장함으로써 그 관할권을 더욱 확장했습니다. 잔인한 유럽 식민화로 교회는 유럽을 넘어 세계의 방방곡곡으로 진출했습니 다. 따라서 이 기간에 국가는 타락한 교회의 수중에 있는 도구였습니다. 교회 는 십자군과 종교 재판을 시작하고, 반역적인 이단자를 사냥하고 학살하며, 정치적 폭동을 진압하기 위해 국가의 강압적인 도구를 사용했습니다. 그러므 로 기독교 아나키스트들에게 중세 기독교는 거짓되고 폭력적이며 보복적인 것이었습니다.

교회가 정치적으로 권력 전복적인 것에서 친권력적인 것으로 바뀌기 위해 서는 기독교 신학에 대한 중대한 수정이 요구되었습니다. 그것은 콘스탄티누 스 이전부터 시작되었으나, 기독교의 국교화 이후 신학의 수정은 가속화되었 습니다. 그 결과 전쟁과 복음의 양립을 주장하는 데 노력이 집중되었습니다. 아타나시우스, 암브로시우스, 아우구스티누스가 그 최초의 기독교 신학자들 이었습니다. 아우구스티누스는 특히 왕좌와 제단의 동맹을 수용하기 위해 기독교 신학을 수정하는 데 중심적인 역할을 했습니다.

기독교가 로마제국의 공식 종교가 되었을 때 중추적인 역할을 한 아우구스티누스가 예수의 산상설교 계명을 해석한 것은 기독교 아나키스트들의 해석과 상당히 다릅니다. 아우구스티누스의 특이한 독해의 한 가지 예는 '맹세하지 말라'는 계명에 관한 것인데, 그는 이것을 증인으로서 신에게 호소하는 것을 금지하는 것이 아니고, 실제로 원칙적으로 맹세하는 것도 아니라고 해석합니다. 그는 심지어 '설득을 위해 필요하기 때문에' '맹세를 잘 활용'하는 것이 악이 아니라고 주장합니다. 그러나 톨스토이는 맹세를 정당화하기 위해 제시된 이와 유사한 변명은 모두 부정직하며, 예수의 간단한 지시와 양립할 수 없다고 봅니다. 앞에서 설명했듯이 톨스토이는 예수가 맹세를 명백히 금지한 것으로 봅니다.

아우구스티누스가 '화내지 말라'는 계명을 재해석한 것도 기독교 아나키스트들의 해석과 달랐습니다. '적을 사랑하라'는 계명도 마찬가지였습니다. 아우구스티누스 이후 적절한 사랑의 내면적 태도가 유지되는 한 원수를 살해해도 좋다는 터무니없는 결론에 도달했습니다. 톨스토이도 비판한 또 다른 해석은 예수의 말은 너무 어렵기 때문에 일반적으로 원수를 사랑할 수는 없지만, 그들에게 해를 끼치는 것을 자제할 수 있다는 의미로 수정된 것입니다. 물론 기독교 아나키스트들에게 이러한 방법은 그 반대를 정당화하려고 시도함으로써 원래의 계명을 배반하는 것입니다.

톨스토이는 또한 '판단하지 말라'는 계명에 대한 교회의 해석에 대해 비판적입니다. 톨스토이에게 그것은 일관성이 없으며, 헬라어 원문을 면밀히 분석하면 본문에서 의미하는 바가 '판결을 내리다' 또는 '처벌을 선고하다'라는 관습적인 의미에서의 '심판'이라는 것이 확인됩니다. 이 분석을 바탕으로 톨스토이는 '사악한 말 또는 중상모략'으로 번역하는 것이 모든 것 중에서 가장 환상적이고 승인되지 않은 것이라고 추론합니다.

톨스토이는 또한 '간음하지 말라'는 계명에 대한 전통적인 이해에 의문을 제기합니다. 이 계명은 기독교 아나키즘에 중요하지 않지만, 그럼에도 불구하고 톨스토이에게는 일반적인 해석이 예수 말의 도덕적, 종교적, 문법적, 논리적 의미를 파괴하는 '텍스트의 고의적 부패'의 또 다른 예입니다. 따라서 톨스토이와 같은 기독교 아나키스트들은 아우구스티누스 이후 설교 계명에 대한 전통적인 교회의 해석을 의심하였습니다. 너무나 자주, 예수 가르침의 명백한 의미가 모순되었습니다. 그러나 이 모순이 더욱 두드러지는 곳은 '악에 저항하지 말라'는 계명이었습니다.

기독교 아나키스드들은 주류 신학자들이 '악에 저항하지 말고 다른 뺨을 돌려대라'는 예수 요구의 급진적 의미를 회피하기 위해 사용한다고 비난하는 다양한 전략과 주장을 나열합니다. 가장 간단한 전략은 그것을 무시하거나 예수가 가르쳤다는 것을 부인하거나 질문을 완전히 회피하는 것입니다. 일부 사람들은 예수가 비폭력을 가르쳤다는 사실을 부인하기까지 했다고 톨스토이는 비판합니다.

주류 신학자들이 제시하는 유사한 변명은 오늘날의 세계에서 무저항이 '실용 불가능'하므로 그것이 실행되기 전에 '천년까지 기다려야' 한다는 것입니다. 그러나 예수는 '언제까지' 무저항이 '실용 불가능'하다는 암시를 주지 않았습니다. 톨스토이는 무저항이 현재의 정치 체제를 위협할 것이기 때문에, 전통 신학이 비현실적이고 유토피아적인 것으로 해석하기로 결정한 것을 예수가 가르칠 의도가 없었을 것이라고 주장했습니다.

예수의 지시를 피하기 위해 사용된 또 다른 방법은 폭력을 정당화하는 다른 성서 구절을 인용하는 것입니다. 따라서 기독교 아나키스트들은 많은 신학자가 폭력에 대한 정당성을 구축할 수 있다는 희망을 가지고 고의로 성서를 조사했다고 비난합니다. 검색해야 할 확실한 장소 중 하나는 많은 법률과 전쟁이 있는 구약입니다. 그러나 톨스토이는 그것이 예수가 아니라 모세의 것이라고 비판합니다. 어쨌든 앞에서 이미 논의한 바와 같이 모세가 허가하고 명령한 악에 대한 저항을 예수는 명백히 거부하고 금지했습니다.

아우구스티누스는 강압이 타락 이후 정치적 권위의 자연스러운 부분이며 죄 많은 세상에서 필요한 교육 도구라고 주장합니다. 그러나 기독교 아나키스트들에게 기독교적 사랑과 무저항은 정확히 처벌과 폭력의 교육학에 대한 대안적 교육학입니다. 따라서 기독교 아나키스트들은 예수의 급진적 가르침을 구현해야 하는 교회가 교회를 버리고 대신 형벌과 강압을 정당화했을 뿐만 아니라 국가와 왕의 이익을 위해 '정의로운 전쟁' 이론을 처음으로 발전시킨 아우구스티누스와 같은 순응주의 신학자들을 따른다고 비난합니다. 기독교 아나키스트들에게 교회에 의한 폭력과 전쟁의 축복, 교회가 수세기에 걸쳐 더욱 발전시킨 이 '정의로운 전쟁' 이론은 소름 끼치는 것이며, 예수의 가르침의 근본적인 진리를 더욱 모호하게 만드는 것입니다.

기독교 아나키스트들에 따르면, 예수의 가르침에 대한 교회의 잘못된 해석에는 하나의 특별한 목적이 있습니다. 정치적 권위, 즉 국가를 지지하는 길을 닦는 것입니다. 그러나 이 지지를 합법화하기 위해, 예수의 가르침의 아나키즘적 의미를 무시하는 것 외에도, 교회 신학자들은 국가와 그 강압 도구를 직접 지지하는 긍정적인 주장을 고안해야 했습니다. 이러한 주장은 크게 두 가지로 나눌 수 있습니다. 바로 성서 구절에 근거한 주장과 그렇지 않은 주장입니다.

정치적 권위를 지지한다고 말하는 신약의 구절 중에서 가장 자주 인용되는 구절은 앞에서 본 로마서 13장이 틀림없습니다. 국가를 지지하는 사람들이 자주 인용하는 또 다른 구절은 더 앞에서 논의된 '카이사르에게 바치는'에피소드입니다. 국가의 옹호자들은 재판 중에 빌라도에게 한 예수의 대답을 지지합니다. 국가 변명론자들은 기독교인들이 왕을 포함한 모든 사람을 위해 기도하라는 바울의 요청을 정치권력의 성서적 기반으로 해석합니다.

또 다른 논리는 교회가 국가의 지원 없이는 결코 그 힘을 유지할 수 없고, 따라서 세상에서 그 사명을 완수할 수 없을 것이라고 주장하는 것입니다. 기독교 아나키스트들은 이것을 거부하고, 기독교의 좋은 목적이 국가의 잘못된 수단을 통해 실현될 수 있다고 믿지 않습니다.

기독교 아나키스트들에게 교회가 국가와 그 도구에 대한 지원을 합법화하기 위해 사용하는 이러한 모든 주장은 비기독교적이며 실제로 숨겨진 동기가 있습니다. 바로 부의 축적과 보호입니다. 사치에 너무 익숙해져 있기 때문에 교회는 일반적으로 국가의 지배적인 이데올로기가 무엇이든 그것이 교회의 부를 위협하지 않는 한 기꺼이 옹호하고 봉헌합니다. 따라서 교회는 아나키스트 혁명을 위한 힘이 되는 대신 일반적으로 기득권층 편에 섰고, 어려운 시기에 가난한 사람들과 그들의 혁명적 이데올로기보다는 프랑코나 페론, 박정희나 전두환과 같은 우익 군사 독재 정권 편에 섰습니다.

따라서 교회와 국가는 서로를 지원합니다. 그들의 관계에 대한 정확한 헌법상의 세부 사항은 시간과 장소에 따라 크게 변했지만, 그들은 서로가 권력과 물질적 안락함을 계속 향유하는 데 필요한 이데올로기나 순수한 힘을 제공하기 위해 서로에게 의존하면서 서로의 보조자가 되었습니다. 물론 이것은 교회가 예수 가르침의 정치적으로 급진적인 요소들을 재해석하도록 요구했지만, 콘스탄티누스와 아우구스티누스 이후로 많은 신학자들은 바로 그것을 하기 위해 열심히 노력해 왔습니다. 기독교 아나키스트들이 예수의 전복적인 메시지를 더욱 모호하게 하기 위해 교회를 발전시키고 있다고 비난하는 또 다른 중요한 속임수는 일련의 교리, 신조 및 기타 그러한 믿음의 신조입니다.

신성한 독선

기독교 아나키스트들은 교회의 가장 큰 죄 중 하나가 성서 해석의 유일한 권위자로 스스로를 지정한 것이라고 비판합니다. 톨스토이는 그리스도가 비난한 바로 그 사람들이 자신들을 그의 교리를 설명하는 유일한 설교자이자 해석자로 여기게 된 것에 분노합니다. 더욱이 톨스토이는 복음서 어디에도 성직자들이 교회라고 부르는 것의 기초에 대해 언급된 바가 없다고 말합니다. 교회라는 단어는 복음에서 두 번만 언급되는데, 한 번은 '분쟁을 해결하기 위한 사람들의 모임'을 의미하고, 다른 하나는 '바위, 베드로, 지옥의 문에 대한 모호한 발언과 관련하여'를 의미합니다. 예수가 언급한 이 두 구절에서 교회는 그 권위와 기독교 설교의 독점을 이끌어냈습니다. 그리고 이 권위를 근거로 교회는 신자들에게 무엇이 옳고 그른지를 알려주고, '이단'을 정의하고, 그 지지자들을 박해해 왔습니다. 따라서 톨스토이에 따르면 기독교의 '모든 사기'는 '교회'라는 환상적인 개념 위에 세워져 있습니다.

기독교 아나키스트들은 교회가 모호하고 최면에 걸리는 듯한 외부적 의식을 우선시함으로써 예수의 정치적 가르침을 은폐한다고 비판합니다. 톨스토이는 예수 자신이 그러한 종교의 외부적 예식을 해로운 망상이라고 비난했다고 주장합니다. 톨스토이에게 성례전은 거칠고 타락한 주술에 해당하고, 성찬례에 대한 믿음은 신성모독에 해당합니다. 톨스토이와 같은 기독교 아나키스트는 교회 전례를 속임수의 도구로 봅니다. 톨스토이는 교회가 모호한 의식뿐만 아니라 모호한 교리와 신념을 만들어내어 예수의 급진적인 가르침으로부터 사람들을 더욱 혼란스럽게 만들었다고 비난합니다.

기독교의 제도화

기독교 아나키스트들은 예수가 제도화된 종교의 창시자가 되려는 의도가 없었다고 주장합니다. 초대 교회도 제도라기보다 민중적인 운동에 가까웠습니다. 톨스토이는 이 초기 교회가 인내하고 고통을 겪는 동안에는 순결한 상태로 존재했지만, 살찌고 윤기가 나자마자 종말을 고했다고 비판합니다. 기독교 아나키스트들에게 오늘날의 제도화된 교회는 예수의 가르침과 전혀 유사하지 않습니다.

교회의 부패에 대한 이러한 평가 때문에 기독교 아나키스트는 제도화되거나 조직화된 종교에 대해 매우 비판적입니다. 제도화된 종교는 일반적으로 국가로부터 지원과 보호를 구합니다. 시간이 지남에 따라 부패하고 강력한 조직은 압제적이고 독재적으로 변합니다. 톨스토이에 의하면 사제는 기독교의 가장 큰 적이고 교회는 사탄의 소굴입니다. 헬치츠키는 교황을 적그리스도라고 부르며, 동시대의 교회평의회는 음녀들의 모임, 의인의 암살자, 신의 모든 계명을 범하는 자라고 부릅니다. 반면 기독교 아나키스트들은 예수의 가르침과 삶에서 혁명적 잠재력을 봅니다. 국가에 대한 비판과 아나키 사회에 대한 비전을 봅니다.

식민지와 기독교

기독교는 식민주의의 군함과 상선을 타고 전 세계의 약소 민족들에게 성서를 나누어주고 '예수 천당 불신 지옥'을 외치면서 땅을 빼앗았습니다. 식민지 침략의 선구인 영국의 국교인 성공회는 왕이나 여왕을 우두머리로 합니다. 일본의 신도가 천황을 현세에 강림한 신으로 삼는 것보다는 약하지만 거의 유사하다고 볼 수 있습니다.

한국에 온 기독교도 마찬가지였습니다. 19세기 말 중국과 러시아를 막기 위해 미국이 일본과 손잡고 한국을 지배하려고 한 정책은 당시 미국에서 건너온 기독교의 이해관계와 일치했는데, 이는 21세기 지금까지도 변함없는 것입

니다. 일제강점기에 미국 정부는 한반도에 파견된 미국 선교사들에게 정치에
는 관여하지 말도록 지시했고, 실제로 선교사들은 친일이었는데, 이는 바로
예수가 아닌 바울의 노선이 미국 선교였음을 입증합니다. 그것은 미국이 필
리핀을 지배하는 것을 일본이 묵인한다는 것과 맞바꾸어진 외교의 일부였습
니다.

한국 기독교인들은 유대인임을 자처하는 것을 다음과 같은 가사의 찬송가
140장 '왕 되신 우리 주께'에서 볼 수 있으므로 그들이 이스라엘 국기를 들고
거리를 행진하는 것이 조금도 이상하지 않습니다.

> 1. 왕 되신 우리 주께 다 영광 돌리세
>   그 옛날 많은 무리 호산나 불렀네
>   다윗의 자손으로 세상에 오시어
>   왕 위에 오른 주께 다 영광 돌리세
> 2. 저 천군 천사들이 호산나 부르니
>   뒤따라 가던 무리 다 화답하도다
>   저 유대 백성같이 종려 가지 들고
>   오시는 주를 맞아 호산나 부르세
> 3. 주 고난받기 전에 수많은 무리가
>   영광의 찬송 불러 주 찬양하였네
>   이같이 우리들도 주 환영하오니
>   그 넓은 사랑 안에 다 받아주소서

그 왕의 위대함은 대속에 있다고 찬송가 144절은 다음과 같이 노래합니다.

1. 예수 나를 위하여 십자가를 질 때

　세상 죄를 지시고 고초 당하셨네

　예수님 예수님 나의 죄 위하여

　보배 피를 흘리니 죄인 받으소서

2. 십자가를 지심은 무슨 죄가 있나

　저 무지한 사람들 메시야 죽였네

　예수님 예수님 나의 죄 위하여

　보배 피를 흘리니 죄인 받으소서

3. 피와 같이 붉은 죄 없는 이가 없네

　십자가의 공로로 눈과 같이 되네

　예수님 예수님 나의 죄 위하여

　보배 피를 흘리니 죄인 받으소서

4. 아름답다 예수여 나의 좋은 친구

　예수 공로 아니면 영원 형벌 받네

　예수님 예수님 나의 죄 위하여

　보배 피를 흘리니 죄인 받으소서

예수가 죽으면서 우리 모두의 죄값을 대신 치루었으니 우리는 모두 깨끗해졌다는 것입니다. 따라서 예수만 믿으면 모두 천당에 간다고 교회는 확신합니다. 그러나 이러한 타력 신앙은 예수의 참된 가르침이 아님은 앞에서도 강조했습니다.

아나키스트들의 종교 비판

아나키스트들의 종교 비판의 본질은 종교가 불평등과 불의의 근원이며,

사제 계급과 국가가 민중을 두려움과 무지 속에 가두어 권력을 키우기 위해 사용하는 거짓말이라는 것입니다. 에마 골드먼에 의하면 종교는 자연현상을 해결할 수 없는 인간의 정신적 무능력에서 비롯된 미신이고, 교회는 항상 진보의 걸림돌이 되어 온 조직으로 종교를 인간의 영혼을 억압하고 정신을 속박하는 악몽으로 만들었습니다.

이러한 비판은 17세기 후반과 18세기의 반성직주의, 유물론, 무신론 작가들에 의해 일찍부터 표명되었는데, 무신론 사제인 장 메슬리에와 같이 재산, 법, 정부에 대한 아나키즘적 적대감을 표현한 이들도 있었습니다. 현대 아나키즘의 선구자로 여겨지는 윌리엄 고드윈은 홀바흐 남작의 무신론 논문인 「자연 체계」1770를 자신의 사고에 주요한 영향을 준 것으로 인용했으나, 1793년의 『정치적 정의에 대한 탐구』에서 신의 존재나 종교의 진실에 대한 문제에 대해 깊이 다루지 않았습니다. 그의 주된 관심사는 도덕적 개선의 원인에 대한 종교의 유용성 부족이었습니다. 고드윈은 문학, 교육, 정치적 정의가 도덕적 개선으로 이어지는 반면, 종교는 수치심과 미신을 통해 인간을 노예로 만들 뿐이며, 정부의 지원을 받기 때문에 그렇게 할 수 있다고 했습니다.[221] 나아가 종교 기관과 종교적 순응에 대한 요구는 '맹목적인 복종'을 요구하고, 따라서 사람들을 위선자로 만들어 동의하지 않거나 믿지 않더라도 겉으로는 신앙의 조항을 고수한다고 공언해야 하게 하고, 평신도에게 도덕적 교육을 제공해야 하는 성직자는 지적으로 융통성이 없고 위선적인 자들로, 사람들을 속여 덕행을 실천하도록 하는 것이 그들의 일인 것처럼 보여야 한다고 비판했습니다.[222] 고드윈은 또한 정부가 누구에게도 종교 기관을 지원하도록 강요해

221) William Godwin, *Enquiry Concerning Political Justice, and its Influence on Morals and Happiness*. Gale Ecco, 2018, 1권 28쪽.
222) William Godwin, *Enquiry Concerning Political Justice, and its Influence on Morals and Happiness*. Gale Ecco, 2018, 1권 151~15쪽4.

서는 안 된다고 주장했습니다.[223]

　마지막으로 그는 무지가 미덕으로 이어지지 않으며 다른 의견에 대한 탐구가 파괴적이지 않다는 이유로 종교적, 정치적 '이단'을 억압하는 것에 반대했습니다. 정부가 특정 종교를 지원할 때 그 결과는 특히 폭력적입니다. "정부가 종파의 휘장을 달기 위해 내려오는 순간, 종교 전쟁이 시작되고 세상은 참을 수 없는 불길로 치욕을 당하고 피로 범람합니다."[224]

　고드윈과 마찬가지로 크로포트킨은 도덕성이 종교에 의존하지 않는다고 주장했습니다. 도덕적 감각은 후각이나 촉각과 마찬가지로 인간의 자연스러운 능력이라고 본 그는 모든 동물처럼 인간이 갖는 원칙, 즉 자기가 대우받고 싶은 대로 타인을 대우하는 도덕 원칙을 법과 종교가 '탈취'하고 정복자, 착취자, 사제의 이익을 위해 은폐했다고 비판합니다. 따라서 종교는 도덕에 불필요할 뿐만 아니라 국가와 교회는 폭력과 공포를 통해 인류를 지배하고 억압하기 위해 협력하여 도덕성을 오염시키고 왜곡했으며, 그 결과 인간 본성이 착취와 예속으로 인해 저하되는 사회가 되었다고 본 그는 진정한 도덕성을 회복하기 위해서는 복종을 영속시키기 위해 공모하는 법, 종교, 권위를 거부해야 한다고 주장했습니다.

　미하일 바쿠닌과 피에르 조제프 프루동은 모두 종교의 기원과 발전에 대한 설명을 포함하는 종교에 대한 광범위한 비판을 전개했습니다. 바쿠닌은『신과 국가』1882에서 신에 대한 믿음이 순전히 동물적인 상태에서 인류의 진화에 필요한 단계였지만, 그것은 근절되어야 할 노예제와 집단적 광기의 한 형태라고 주장했습니다. 특히 완벽한 존재로서의 신이라는 개념은 인간을 신의

---

223) William Godwin, *Enquiry Concerning Political Justice, and its Influence on Morals and Happiness*. Gale Ecco, 2018, 1권 155쪽.
224) William Godwin, *Enquiry Concerning Political Justice, and its Influence on Morals and Happiness*. Gale Ecco, 2018, 1권 160쪽.

반대자이자 열등한 존재로 보는 필연적으로 부정적인 견해를 만들어내고, 주인인 신이 인간을 노예로 만듭니다.[225] 모든 종교는 이성을 파괴하고, 무지를 장려하고, 인간 노동을 모욕하고, 인간의 자존심과 존엄성을 죽이고, 인간을 서로 잔인하게 만들어 인간을 낮추고 타락시킵니다.[226] 사람들 대부분이 여전히 무지하고 경제적 억압에 짓눌려 있으며 신의 개념에서 스스로를 해방시킬 교육과 여가를 박탈당했기 때문에 종교는 지속됩니다. 사람들은 물질적, 지적 조건의 비참함에서 벗어나기 위해 술집과 교회, 신체의 방탕이나 정신의 방탕으로 향합니다. 사회 혁명만이 인류가 자유롭게 완전히 발전할 수 있도록 허용함으로써 모든 술집과 모든 교회를 동시에 폐쇄할 수 있는 힘을 가질 것입니다.[227]

한편 프루동은 신의 개념의 의미를 의문시하며, 『재산이란 무엇인가?』 1840에서 신성에 대한 원래의 원시적 개념은 결코 성공적으로 정의되지 않았으며 의인화는 신의 개념을 왜곡하거나 훼손한다고 주장했습니다. 더 많은 왜곡은 신을 소유물로 취급하는 데서 비롯됩니다. 이렇게 괴물 같은 형태로 표현된 신은 어디에서나 인간과 국가의 소유가 되었습니다. 프루동은 『경제적 모순 체계』 1846에서 '신은 집단적 본능이나 보편적 이성에 불과하다'라며, 즉 인간이 세상 속에서 자신의 자의식을 이해하는 방법이라고 했습니다. 막스 슈티르너는 유령의 이미지를 언급하면서 『예술과 종교』 1842에서 신, 영혼 등은 우리를 괴롭히는 고정 관념 또는 '머릿속의 바퀴'로, 특히 신성이라는 관념에 집착하는 사람은 바보라고 했습니다. 종교에 대한 이러한 비판은 관습 도덕, 합법, 진실 및 사랑을 포함한 고정 관념에 대한 그의 전반적인 비판의 일부입니다.

---

225) Michail Bakunin, *God and the State*, Dialectics, 2013, 24쪽.
226) Michail Bakunin, *God and the State*, Dialectics, 2013, 25쪽.
227) Michail Bakunin, *God and the State*, Dialectics, 2013, 16~17쪽.

이처럼 아나키스트들과 다른 19세기 정치 사상가들은 종교가 쇠퇴하고 있으며, 특히 민중을 교육하고 생활 조건을 개선함으로써 그렇게 하도록 장려한다면 사라질 것이라고 믿었으나, 종교는 21세기에도 사라지지 않았습니다.

종교가 사라지지 않은 이유 중에는 앞에서 보았듯이 16세기 종교 개혁 동안 재세례파와 같은 급진적인 종교 집단이 반성직자적이고 세속적 권위에 반대한 것을 비롯하여 자정 운동이 지속된 점을 들 수 있습니다. 그것은 종교의 가부장적 구조를 비판해 왔고, '신'은 항상 또는 오로지 '주인'으로 정의되지 않고, 창조주, 해방자, 교사, 치유자, 안내자, 공급자, 보호자, 사랑으로 인식됩니다. 따라서 아나키스트는 신을 잘못 이해한다는 비판을 받습니다. 즉 신을 독재자로 이해하는 것은 기독교 전통 내의 신에 대하 다양한 이해를 오해한 것입니다.

3. 예수 아나키즘의 부활

중세의 기독교 아나키즘

기독교 아나키즘은 예수에서 시작되고 초기 기독교로 이어지지만 4세기에 기독교가 국교화되면서 끊어졌다가 다시 중세 말에 부활했습니다. 즉 11~12세기경에 맹세를 거부하고 전쟁과 사형을 비난한 발트파Waldenses에 의한 평화주의 사상으로 다시 시작되었습니다. 발트파의 가르침은 가톨릭교회와 충돌하였고 결국 1215년에 이단으로 선언되었는데, 이는 그들이 프란치스코회도 전파한 사도적 청빈을 전파했기 때문이 아니라, 그들이 설교 내용에 대해 지역 주교들의 특권을 전혀 인정하지 않고, 누가 설교하기에 적합한지에 대한 표준을 인정하지도 않았기 때문입니다. 당시 교황은 발트파에게 교회로 돌아올 기회를 주었지만, 발트파는 거부하여 극심한 박해를 받았으며 다음 세기에 걸쳐 조직적이고 일반적인 차별에 직면했습니다. 알비파Albigenses 또한 전쟁과 사형을 비난하고 가톨릭교회를 경멸했습니다. 발트파와 알비파는 모두 가톨릭 박해에 의해 분쇄되었지만, 발트파는 오늘날까지 변형된 형태로 적응하고 생존했습니다.

또한 공동생활로 돌아가려는 시도인 수도원 운동이 나타났습니다. 탁발 수도사 아시시의 프란체스코Saint Francis of Assisi와 그의 추종자들이 빈곤에 중점을 둔 점은 교황청에 의해 파괴적인 것으로 여겨졌습니다. 프란체스코는 마태복음 10장에서 예수가 말한 무소유로 살기로 결심하고 돈이 될 만한 것들을 소유하지 않고, 여행길엔 몸에 걸친 옷 외에는 아무것도 가지지 않으며, 하나님 나라와 사고혁명을 선포해야 한다는 신조를 지켰습니다. 프란체스코는 십자군 전쟁 동안 무기를 들기를 거부했습니다. 그러나 시간이 지남에 따라 프란체스코 운동은 제도화되고 공식 교회에 통합되어 정치적 급진성을 잃었습니다. 이러한 제도화에 실망한 프란체스코는 수도원에서 물러나 은둔처에 은거했습니다. 프란체스코를 기독교 아나키스트로 보지 않는 경향이 있지만, 그 선구자의 한 사람임은 의심하지 않습니다.

종교개혁기의 기독교 아나키즘

종교개혁의 주인공들로 역사 책에 소개되는 마르틴 루터나 요한 칼뱅은 바울신학을 숭배하는 자들로 권력과 결탁하여 교회 권력을 신장시켰으므로 그들을 숭배하는 개신교가 권력과 결탁해 교회 권력의 신장에 노력하는 오늘의 모습은 별로 이상하게 생각되지 않습니다. 루터가 프리드리히 영주와 결탁하여 재세례파를 박해하고, 칼뱅이 제네바시 의회로 하여금 이단을 처형하게 한 것도 마찬가지입니다. 그러면서 그들은 정교분리를 주장하여 속세 권력은 신이 준 것이기에 복종하여야 한다고 주장한 것도 앞에서 본 예수가 아니라, 다윗과 바울의 전통에 따른 것입니다.

14세기와 15세기의 주요 기독교 아나키스트는 헬치츠키와 그의 보헤미안 전임자 및 추종자들인 존 위클리프John Wycliffe와 얀 후스Jan Hus로부터 영감을 받은 보헤미안 개혁가들입니다. 다른 개혁가들과 마찬가지로 헬치츠키는 면죄부 판매뿐만 아니라 가톨릭교회의 신학과 실천에 분노했고, 같은 생각을 가진 다른 체코 급진파, 특히 타보르파Taborites와 달리 가톨릭 군대에 대항했습니다. 헬치츠키의 추종자들은 형제단Unity of Brethren, Czech 또는 Bohemian Brethren 또는 Unitas Fratrum이라고도 함을 형성해 엄격한 평화주의로 살려고 노력했습니다. 그러나 타보르파는 가톨릭 군대에 의해 분쇄되었고, 헬치츠키의 죽음 이후 형제단은 국가에 대한 급진적 입장을 점차 완화했습니다.

기독교 아나키스트들이 중시하는 17세기 사례의 대부분은 영국에서 나타났습니다. 그들은 종종 예수 가르침의 급진적인 정치적 함의와 씨름하는 운동의 예로 농민 반란, 폭동, 디거스Diggers, 수평파를 인용하며, 디거스를 이끌었던 제라드 윈스턴리는 용감하고 급진적인 기독교 지도자로 종종 지목됩니다. 마찬가지로 아비에셀 코퍼Abiezer Coppe도 평등주의적 사회적 비전과 묵시적인 종교적 비전을 결합했습니다. 17세기에 창설되어 오늘날에도 계속 번성하고 있는 퀘이커교도는 엄격한 평화주의와 그에 따른 시민 불복종을 옹호하는 기독교 아나키즘의 일부 요소를 용감하게 구현한 그룹입니다.

종교개혁 기간에 일어난 가장 중요한 기독교 아나키즘 운동은 아나뱁티스트-메노나이트 운동입니다. 이 개신교 교파는 16세기에 생겨났으며, 오늘날에도 계속해서 강력한 지지를 받고 있습니다. 이 책에서 자주 언급되는 엘러와 요더는 모두 이 전통에 속합니다. 아나뱁티즘은 항상 예수의 윤리적 가르침을 진지하게 받아들여야 할 필요성을 확인했으며, 종종 기독교의 강압적인 경향에 항의했습니다. 그러므로 그것은 폭력과 맹세에 반대합니다. 콘스탄티누스 기독교에 대해 매우 비판적인 그것은 초기 기독교 교회의 증언에서 영감을 받은 기독교적 사랑과 희생의 공동체를 세상에 제시하는 것의 중요성을 강조합니다. 더욱이 그것은 교회 구성원들이 자발적으로 행해야 하고, 완전한 사랑의 삶과 필연적인 결과로 무저항을 강조합니다. 많은 아나뱁티스트들은 어떤 기독교인도 국가 기관에 참여할 수 없다고 믿으므로 교회와 국가의 보다 명확하고 완전한 분리를 요구합니다. 그래서 아나키즘의 유명한 아버지 중 한 사람인 크로포트킨은 아나뱁티즘에 '상당한 아나키즘'이 있다고 주장했습니다.[228]

그러나 이러한 종파들은 기독교 아나키즘 사상의 일부 요소만을 포괄하였습니다. 평화주의는 일반적으로 강력한 특징이었으며, 참된 교회와 국가를 더 명확하게 분리해야 한다는 요청과 무권력 사회에 대한 갈망이 많았습니다. 그러나 그들은 모든 의미에서 기독교 아나키즘을 완전히 표현하고 제시하는 데 거의 추진력을 발휘하지 못했습니다. 그럼에도 그들은 종종 국가와 주류교회의 박해를 받았습니다. 불행하게도 이러한 박해에 직면하여 이러한 급진적인 종파와 운동 중 다수는 점차 폭력의 사용을 인정하고, 곧 기독교 자체를 거부하게 되었습니다.

그후 근대의 종교개혁, 근대성 및 계몽주의는 교회-국가 관계의 재구성을 가져왔습니다. 교회는 중세 시대에 전유했던 국가 권력의 상당 부분을 잃었음에도 불구하고, 예수의 급진적인 정치적 가르침과 양립할 수 없는 방식으로 계속 행동했습니다. 유대인 대학살을 부추긴 반유대주의에서 교회의 역할 뿐만 아니라 최근 라틴 아메리카의 억압 정권에 대한 교회의 지원도 그 예입니다. 교회는 종종 인권을 무시하는 죄를 지었으며, 20세기 최악의 대량 학살 사건에서 결백과는 거리가 멉니다. 따라서 기독교의 역사는 잔인하다고 할

---

228) Peter Kropotkin, *Modern Science and Anarchism*, The Social Science Club, dwardmac.pitzer.edu, 단락10.

수 있고, 이러한 잔인한 행위는 기독교인들과 마주하고 있으며, 그것들을 너무 쉽게 무시할 수 없습니다.

8장 · 예수 아나키스트의 길

1. 예수 아나키스트

나는 예수 아나키스트

지금까지 기독교도로 아나키스트인 사람들을 기독교 아나키스트라고 불렀습니다. 나는 그들의 말에 대체로 동의하면서도 일부 반대합니다. 그 반대의 예는 앞에서도 보았듯이 바울의 권력에 대한 복종의 태도를 용인하는 엘륄이나 엘러와 같은 기독교 아나키스트들의 입장입니다. 그래서 그들과는 분명히 선을 그을 필요가 있다고 생각하여, 그런 나의 입장을 지금부터 '예수 아나키스트'라고 부르겠습니다. 다양한 기독교 아나키스트들과 달리 더욱더 예수의 아나키즘에 충실하고자 하기 때문입니다. 기독교 아나키스트와 예수 아나키스트가 가장 크게 다른 점은 기독교나 교회를 인정하느냐 부인하느냐 하는 점입니다. 나는 예수의 길과 기독교의 길이 다르다고 봅니다. 그런 점에서 예수 아나키스트의 전형은 톨스토이입니다. 그는 러시아 정교를 비판했습니다만, 그의 비판은 기독교 전반에 적용됩니다.

아나키스트라는 말은 한 마디로 정의하기 어렵습니다. 흔히 혼돈과 무질서를 갈망하는 화난 청년을 가리키는 말이라고 오해받기도 하지만, 이는 정말 오해에 불과합니다. 아나키스트는 권력이나 권위에 반대하고 통치자가 없는 세상을 추구하는 사람, 권력 중에서도 가장 강력한 국가 없는 사회를 장려하면서 국가를 비판하고 자유와 자치를 추구하는 사람들입니다. 그러나 과거의 아나키스트들과 달리 오늘날 대부분의 아나키스트들은 단순히 국가를 전복하는 데에는 크게 관심이 없고, 다양한 형태의 억압계급주의, 집단주의, 성차별주의, 인종차별주의, 종교차별주의, 소수자차별주의 등의 교차점을 인식하는 것이 중요하다고 생각합니다. 특히 국내외의 대기업이나 경제조직의 권력에 반대합니다. 그래서 최근 아나키스트들은 반자본주의나 반세계화 운동에 적극적으로 참여합니다.

19세기의 대표적인 아나키스트들바쿠닌, 크로포트킨, 프루동 등이 아나키즘의 기본 원칙으로 본 자유와 자치의 사상, 즉 자기 조직화, 자발적 연합, 상호 지원 등은 그들이 인류와 거의 같은 기간 동안 존재해 왔다고 가정한 인간 행동의 형태를 가리키는 것입니다. 그 중 가장 중요한 사람이 예수입니다. 그는 모든 형태의 억압을 제거하고 새로운 아나키 사회를 추구했기 때문입니다. 예수를 따르는 사람들이 기독교인이고 그 믿음이 기독교입니다. 그중에서 예수를 특히 아나키스트로 보고 그를 따르는 사람들을 기독교 아나키스트라고 할 수 있습니다.

예수를 포함한 아나키스트들의 기본 사상을 나는 자유-자치-자연이라고 봅니다. 그 세 가지 중에서 자치는 당시의 로마제국이나 유대왕의 중앙집중식 권력을 부정하고 구약에 나오는 12지파의 일시적 지도자인 사사들에 의한 권력의 분립을 말합니다. 그리고 이웃과의 경쟁보다는 이웃과의 사랑을 필요로 하고요 13:34 이는 상호구제로 이어집니다. 이러한 이웃사랑은 구약에도 나옵니다.레 19:18 다음으로 자연은 구체적으로 명시되지는 않지만, 여러 비유에서 동식물이 원용되는 것은 예수가 자연에 친숙했음을 보여줍니다.

그러나 예수에게 가장 중요한 것은 자유입니다. 자유에는 개인의 자유와 집단의 자유가 있습니다. 자유의 사상사를 보면 자유라는 개념은 어느 집단민족이 다른 집단에게 침략을 받아 종속되고 지배받지 않는 것으로부터 출발합니다. 그리스 로마 시대의 고전을 보면 전쟁에 패배하여 노예가 되지 않는 것이 자유의 핵심이었습니다. 그뿐만 아니라 고대는 농업이 주였으므로 집단적인 생활이 지배적이었습니다. 그래서 전통과 집단이 우월했습니다.

그러나 집단이 자유를 갖는다고 해도, 그 집단 속에서 개인은 다시 자유를 갈망할 수 있습니다. 그러한 집단으로부터의 자유를 처음으로 명확하게 주장한 사람이 예수입니다. 그는 가장 견고한 집단인 가족과 친족 및 종족으로부터 개인을 해방시키고자 합니다. "아버지나 어머니를 나보다 더 사랑하는 자는 내게 합당하지 아니하고, 아들이나 딸을 나보다 더 사랑하는 자도 내게 합당하지 아니합니다."마 10:37, 눅 14:26 또한 전통으로부터의 해방을 요구합니다. 가령 탈리오의 법과 그것에 따른 복수출 21:23~25를 대신하는 이웃 사랑과 원수 사랑을 말합니다.마 5:38~45, 18:21~22, 눅 23:34 예수는 위계라는 전통, 정결한 음식이나 안식일과 같은 종교적 계율도 비판하고, 개인의 양심에 따른 결단과 책임의 문제로 봅니다. 예수에 의하면 "입으로 들어가는 것이 사람을 더럽게 하는 것이 아니라, 입에서 나오는 그것이 사람을 더럽게 하는 것입니다."마 15:11

자유는 특히 계급이나 위계가 있으면 불가능합니다. 따라서 자유는 평등을 필연적으로 요구합니다. 평등은 그 자체로도 중요한 덕목이지만 자유롭기 위해서도 평등해야 합니다. 상하 계급 관계 하에서는 자유로울 수가 없습니다. 마찬가지로 빈부 차이가 극심하면 자유는 위험할 수 있습니다. 따라서 부의 평등이 필요합니다.

자유는 어떤 차별도 인정하지 않는 완전한 평등을 요구합니다. 앞에서 말한 대로 예수는 서양사상사에서 최초의 평등주의자였습니다. 유대교는 유대인과 비유대인의 평등을 인정하지 않았고, 그리스 로마인들도 타민족과의 평등을 인정하지 않았습니다. 그러나 예수는 모든 인간의 평등을 주장합니다.

그는 나이, 직위, 성별, 민족 간의 차별을 부인합니다.눅 10:29~37 특히 남녀 평등을 주장하는 최초의 여성해방주의자가 예수라고 해도 과언이 아닙니다.마 5:34; 11:22~28, 눅 7:36~50; 10:38~42, 요 4:5~30; 8:3~11 비폭력은 자유에 포함되기 어렵다고 볼 수도 있지만 진정으로 자유로운 사회는 폭력에 의해서는 불가능합니다.마 26:52

기독교와 아나키즘

대부분의 기독교인들은 아나키즘을 거부합니다. 이유는 아나키즘이 성서적이지 않다고 생각하기 때문입니다. 성서를 읽어보면 자신을 일종의 전사戰士 왕으로 생각하는 신이 나타납니다. 그는 국가가 제정한 법과 제도만이 아니라 국가에 의한 대량 학살도 승인하고, 다윗 왕과 같은 일련의 성스러운 왕을 장려합니다. 예수도 지상의 왕국과 공존하는 것을 만족스러워하는 신의 왕국을 시작할 것으로 기대됩니다. 그 증거로 예수는 '카이사르의 것은 카이사르에게 돌려주라'고 말하였고, 바울은 통치 당국에 좋은 신하가 되라고 주장했다는 것을 곧잘 들먹입니다. 그러므로 기독교 아나키즘이란 용어상 모순이라고 보고, 기독교인들은 아나키즘을 거부하는 것이 옳다고 합니다.

그러나 예수가 아나키스트였다는 주장은 '아나키스트'라는 용어가 1840년대 프루동에 의해 긍정적인 의미로 사용되기 시작한 이래 다양한 개인과 운동에 의해 제기되어왔습니다. 니체는 예수에게 이러한 라벨을 붙인 문화적으로 가장 중요한 인물입니다. 베르댜예프『노예와 자유』, 톨스토이『신의 나라는 네 안에 있다』, 그러나 당시 아나키스트는 폭력주의자로 여겨졌기 때문에 톨스토이는 자신과 예수를 아나키스트로 부르지 않았습니다, 와일드『사회주의 하 인간의 영혼』를 비롯하여 많은 사람이 그렇게 말했습니다. 기독교 아나키즘을 공개적으로 지지하는 그룹과 네트워크, 가령 도로시 데이의 '가톨릭 노동자 운동', '예수 급진파'Jesus Radicals, '형제교회', '그리스도 영적 공동체 연합'Union of the Communities of Christ, 그리고 해방 신학도 예수를 아나키스트로 봅니다. 역사적 예수의 아나키즘적 잠재력은 프루동을 비롯한 바쿠닌, 크로포트킨, 슈티르너 등의 고전적 아나키즘 사상가들에 의해서도 일찍부터 인정되었습니다.

그러나 많은 기독교 아나키스트들이 지닌 사상도 명백히 성서적이지 않다고 기독교인들은 봅니다. 그래서 대부분의 기독교인들은 기독교 아나키스트들이 주장하는 비폭력많은 성서적 영웅들이 폭력적인 자들이었습니다과 같은 것, 공산주의특정 족장들은 막대한 재산으로 '축복받았습니다', 그들은 그것을 모든 사람과 동등하게 공유하지 않았습니다와 같은 것, 평등주의바울은 남성적 리더십을 긍정하는 경향이 있고, 예수는 권위 있는 지위를 차지한 백부장을 칭찬했습니다와 같은 것을 성서는 인정하지 않는다고 보고 성서는 아나키즘의 적이라고 주장하는 것입니다. 그러나 과연 그럴까요?

예수를 아나키스트라고 부를 때 정확히 무엇을 의미하는지는 객관적으로 분명하지는 않지만, 신약에서 예수가 궁극적으로 추구하는 '신의 왕국'이라는 개념에는 강압적인 권력관계에 대한 적극적인 식별 및 비판, 새로운 평등주의적이고 미래지향적인 사회생활 양식의 이행, 그리고 반성적이고 결정되지 않은 자기 창조적인 실천이 포함되고, 역사적 예수의 교육은 주로 미래지향적이고 비강압적입니다. 이는 예수가 단순히 반권위주의적이었다거나 폭력적 반란자였다거나 혁명가였다고 말하는 것과 다릅니다. 그런데 예수가 말하는 '신의 나라'에는 사실상 신이 없고 하나의 나라일 뿐입니다. 신이란 세속이 아니라는 의미 외에 다른 구별점이 없습니다. 그래서 나는 이를 예수의 '아나키 사회'라고 부릅니다.

그런데 대부분의 아나키스트들은 아나키즘은 무신론이며, 역사적으로 성서적 사고가 계급과 지상의 통치 권력자에 대한 방어와 연관되어 온 것은 우연이 아니라고 주장합니다. 따라서 대다수의 아나키스트는 무신론자였고, 지금도 무신론자가 아나키즘의 주류입니다. 그들은 자연적이든 초자연적이든 어떤 존재를 숭배하거나 존경하는 것은 항상 사회적 지배를 낳을 자기 복종과 예속의 한 형태가 될 것이라고 봅니다. 인간이 자신보다 '더 높은' 어떤 것 앞에 무릎을 꿇는 순간, 계급은 자유에 대한 첫 번째 승리를 거둘 것이라고도 합니다.

게다가 기독교가 기본적으로 아나키즘이라는 생각은 기독교 역사와 조화되기 어렵습니다. 성서는 불의를 방어하는 데 사용된 경우가 불의와 싸우는 데 사용된 경우보다 훨씬 많았습니다. 아일랜드, 남미 일부 지역, 19세기와 20세기 초 스페인 등, 교회가 사실상 정치적 권력을 쥐고 있는 나라에서 아나키스트들은 전형적으로 빈종교적이었습니다. 교회가 반대 의견과 계급 투쟁을 억압할 수 있는 권력을 가지고 있었기 때문입니다. 따라서 교회의 실제 역할은 성서가 아나키즘 텍스트라는 주장을 반박합니다.

그래서 종교는 지배에 기초하고 있다고도 합니다. 물론입니다. 대부분의 종교는 지배적인 신을 전제하고, 아나키스트들이 거부하는 사회적 구조와 위계를 인정합니다. 기독교 아나키스트는 보통 두 가지 방식으로 이 문제를 다룹니다. 첫째, 아나키즘은 신과 신이 정한 체계에는 적용되지 않는다, 즉, 아나키즘은 '인간이 만든' 것에 관한 것일 뿐이라고 주장합니다. 둘째, 그들은 사회적 위계와 권위를 인정하지 않고도 공동체적으로 공유되는 영적 신념과 관행 및 이야기를 지닐 수 있다고 주장합니다.

그러나 '신은 너무나 위대한 왕이어서 다른 모든 왕을 몰살시키므로 신을 믿는 나는 아나키스트다'라고 말하는 것은 말이 안 되고, 오히려 '신이 존재하고 인간과 깊은 관계를 맺는 방식은 왕이 기능하는 방식과 정반대이므로 나는 아나키스트다'라고 주장함이 옳습니다. 예수는 왕이 아닙니다. 그는 지상의 왕권을 전복하는 존재입니다. 그는 단순히 왕을 반대하는 것이 아니라, 왕권을 초월하고 배제합니다. 앞에서도 강조했듯이 나는 그를 친구라고 부릅니다. 하인이 주인에게 복종하는 방식으로 그에게 복종하지 않습니다. 대부분의 녹색 아나키스트들이 자연을 존중하고 소중히 여기고 긍정해야 한다고 믿는 것처럼, 생명의 근원인 신을 믿고 사랑한다는 의미에서 유신론을 긍정해도 무방합니다.

무엇보다도 중요한 점은 기독교 아나키스트들이 폭력을 거부한다는 점입니다. 물론 모든 기독교 아나키스트가 비폭력 평화주의자는 아닙니다. 많은 기독교 아나키스트가 비폭력적인 이유는 예수가 '오른뺨을 치면 왼뺨도 대라'고 했기 때문입니다. 많은대부분은 아니더라도 기독교 아나키스트들에게 아나키즘적 비전은 사회적 분열에 도전하고 권력을 이기는 예수의 사랑의 상호성에서 시작됩니다. 더욱이 많은 기독교 아나키스트들은 폭력비인간 동물에 대한 폭력을 포함이 없는 샬롬평화에 대한 미래의 비전에서 영감을 받고, 내면의 빛이 모든 사람 안에 존재한다고 믿기 때문에 기독교 아나키즘은 모든 사람을 변화시킬 수 있는 신의 능력에 대한 희망적인 관점을 갖습니다.

비폭력을 지지하는 사람들 대부분은 예수의 영향을 받은 위대한 현대 인물들인 톨스토이, 간디, 킹의 영향을 받았습니다. 그러나 폭력을 지지하는 아나키스트들도 여전히 존재합니다. 새로운 아나키 세상에 대한 공유된 희망 속에서 함께 사는 가장 좋은 방법은 비폭력을 지지하는 사람들이 혁명적 폭력주의자들의 비판에 대해 겸손한 태도를 유지하는 것입니다. 반면 '전술의 다양성'을 활용하고자 하는 사람들은 비폭력적 전통에서 배울 수 있는 지혜를 인식해야 합니다. 또한 예수의 삶과 가르침에 근거하여 보통 '폭력적'이라고 여기는 모든 것이 금지되어 있다고 잘못 생각한 점도 있습니다. 그러나 분명히 예수는 재산 파괴, 언어적 학대, 시민 불복종과 같은 일에 관여했습니다.

기독교 아나키스트들은 국가에 저항하지 않는 경향이 있습니다. 대부분의 아나키스트들은 국가와 같은 구조에 반대하는 반면, 많은 기독교 아나키스트들은 단순히 국가에 무관심하며 일종의 '두 왕국' 신학을 옹호하기도 합니다. 가령 전통적인 재세례파와 많은 신재세례파는 신의 왕국과 세속 왕국이라는 두 개의 왕국이 있으며, 그 둘은 완전히 분리되어야 한다고 주장합니다.

이는 일단 기독교인이 되면 세속 왕국과는 아무런 상관이 없다는 것입니다. 왜냐하면 기독교인이 되면서 신의 왕국의 일부가 되었다고 생각하기 때문입니다. 그래서 기독교인은 군인이 될 수 없고, 정부에 있을 수 없고, 투표해서는 안 됩니다. 만약 군인이 되거나 정부에 있거나 이 세상의 왕국에서 억압에 가담하고 싶다면, 그것은 그들의 선택이니 내버려두어야 한다고 봅니다. 신에게는 신의 것을 주고, 카이사르는 그의 일을 하게 두어야 한다는 것이 성서의 가르침이라고 생각되기 때문입니다. 그래서 시위에 관여해서는 안 된다고도 합니다. 그러나 많은 기독교 아나키스트는 이런 사고방식을 거부합니다. 사람들을 억압적인 구조에서 끌어내 아나키 사회로 이끄는 것이 옳다고 믿지 않습니다. 억압 시스템에 대한 저항 행위에 능숙해지지 않고는 건강한 대안을 만들 수 없습니다.

예수는 자율적 주체성의 발견자

예수 아나키스트가 나아갈 길은 무엇보다도 먼저 개인의 자유는 인간을 자율적 주체로 보는 것을 전제로 한다는 점을 분명히 인식하는 것입니다. 고대 사회에서 인간은 집단의 구성원으로서만 가치가 있었을 뿐이고, 개별적인 자율적 주체로서 인정받지 못했습니다. 개인적 주체로 인정받은 자는 왕 정도뿐이었고, 나머지는 부족이나 종족, 국가나 국민, 도시나 마을의 일부로서 인정되었을 뿐입니다. 각각의 특별한 인격을 갖는 개별적 존재로서의 인간이라는 개념은 예수에 의해서 비로소 인정됩니다. 예수가 아나키스트로서 중요한 이유는 그러한 자율적 주체성을 발견한 사람이기 때문입니다.

위에서 보았듯이 고대의 인간은 집단의 일원으로서만 그 가치를 인정받았습니다. 플라톤이 쓴 대화편의 『크리톤』을 보면, 소크라테스조차 개인이 자기 목숨을 건지기 위해 법을 위반하는 것은 집단에 대한 범죄로서, 무질서와 전복을 초래한다고 부자 친구 크리톤에게 말한 것을 볼 수 있습니다. 그는 자유와 자치를 무서워하고 그것을 무질서라고 비난한 서양철학의 아버지입니다. 그래서 그 제자인 플라톤은 철인 독재정치를 주장합니다. 반면 예수는 결코 법을 지키지 않았습니다. 그는 법을 지킨다는 이유로 십자가형을 감수한 것이 아닙니다.

소크라테스적인 질서 관념은 로마법에서 동일한 권리와 의무를 가진 존재인 추상적인 사람으로 규정됩니다. 그것은 특정한 지역을 넘어 로마법이 적용되는 모든 지역에 균일하게 적용됩니다. 단 그런 가치를 인정받는 주체는 제한된 사람들입니다. 여성, 아동, 노예, 외국인 등에게는 인정되지 않습니다.

이러한 그리스 로마의 추상적인 개인, 즉 집단 속에서 원자화된 균일한 인간은 예수에 의해서 비로소 구체적인 개인, 즉 집단을 떠나 개별화된 다양한 인간으로 나타납니다. 이는 외면이나 형식을 거부하고 내면과 실질로 인간을 판단하는 새로운 사고방식을 보여줍니다. 여기서 중요한 개념은 인간의 존엄성과 가치를 인정하는 것입니다. 존엄성은 종교적으로는 신성성이라고 할 수 있습니다만, 나는 무신론자이기 때문에 존엄성이라는 말을 선호합니다. 그러나 예수가 자신을 신인 '아빠'의 아들이라고 했을 때, 이를 자기에게만이 아니라 모든 인간에게 한 말이라고 생각하면 그 신성성은 인간의 자유와 평등의 기초가 되고, 모든 인간은 동일한 가치를 갖게 된다는 점에서 나는 그런 사고를 인정합니다.

예수는 항상 일 대 일로 사람을 만나, 즉 대면으로 직접 사람들과 대화를 하면서 자신의 가르침을 전합니다. 그리고 상대가 누구든, 어떤 집단에 속하고, 무슨 일을 하는 사람이든 친구로 맞아줍니다. 그래서 기존 종교인이나 정치인들과 갈등을 빚었습니다. 예수는 한센병 환자도 만나 병을 고치고, 불결하다는 이교도도 만나고, 유대교에서 활동을 금지하는 안식일에도 활동하는 등 기존의 전통도 어깁니다. 그런 전통을 형식적인 규범이나 의례에 불과하다고 보고 거기서 벗어나는 자유인인 예수이기에 내 친구이고 훌륭한 사람인 것이지, 치료를 하고 기적을 만들기에 훌륭한 친구인 것이 아닙니다.

무엇보다도 인간의 보편성인 존엄성과 함께 구체성인 고유성개성을 중시하는 태도를 예수는 구현합니다. 그런 태도로부터 자유롭고 자율적인 개인이 나오고, 그런 개인들이 주체적으로 참여하는 자치가 가능해지고, 그런 개인들이 사회만이 아니라 자연에 대해서도 친화력을 갖게 됩니다. 그것이 내가 말하는 자유-자치-자연의 삶이고 아나키즘의 삶입니다.

2. 예수 아나키스트의 권력 비판

종교 권력 비판

예수는 모든 권력을 비판합니다. 예수는 이미 생전에 제도화된 종교인 유대교를 신랄하게 비판했습니다. 그것을 가장 잘 보여주는 부분이 마태복음 23장으로, 종교 지도자나 성직자를 비판하고 그들을 닮지 말라고 경고합니다.

> 그러므로 무엇이든지 그들이 말하는 것은 모두 행하고 지키시오. 그러나 그들이 하는 행위는 본받지 마십시오. 그들은 말만 하고 행하지 않습니다. 그들은 무거운 짐을 묶어 사람들의 어깨에 지우고 자기는 그것을 한 손가락으로도 움직이려 하지 않습니다. 그들의 모든 행위를 사람들에게 보이고자 합니다.마

그리고 그들이 바라는 것은 기다란 예복을 입고 나다니는 것, "장터에서 인사받는 것, 회당에서는 높은 좌석을, 잔치에서는 윗자리를 차지하는 것"^마 23:6~8이고, "과부들의 가산을 등쳐먹고 또한 겉을 꾸며 길게 기도하는" 것이라고 예수는 비판합니다.^{막 12:38~40, 눅 20:45~47} 이러한 비판은 반드시 종교 지도자나 성직자에게 맞는 말이 아니라 모든 종류의 지도자에게 적용되어야 하는 것이지만, 특히 신부나 목사의 행태에 맞는 말임을 2천 년 전의 예수 나라나 지금 우리나라에서도 확인할 수 있습니다. 그래서 예수는 제자들에게 특히 율사랍비나 사부로 불리는 것을 경계하라고 합니다.^{마 23:8~10} 위 경고에 이어 예수는 성직자들에게 저주를 퍼붓습니다. 복음서를 통틀어 예수의 말이 가장 극도로 분노에 차 있음을 볼 수 있습니다.

> 저주받으리라, 너희 법률가들과 바리새 위선자들아!²²⁹ 너희는 천국 문을 사람들 앞에서 닫고, 너희도 들어가지 않고, 들어가려 하는 자도 들어가지 못하게 한다.
> 저주받으리라, 너희 법률가들과 바리새 위선자들아! 너희는 개종자 하나를 만들려고 바다와 육지를 돌아다니다가 개종자가 생기면 그를 너희보다 갑절이나 못된 지옥의 아들로 만들어버린다.
> 저주받으리라, 너희 눈먼 길잡이들아! 너희가 말하기를 '누구든지 성전을 두고 맹세하면 아무 것도 아니지만, 누가 성전의 황금으로 맹세하면 지켜야 한다'고 하는구나. 어리석은 맹인들이여! 어느 것이 더 중하냐? 황금이냐, 아니면 황금

---

229) 이는 뒤에 바울에 의해서 다음과 같이 반복됩니다. **"낡은 법체계에 의존하는 모든 사람은 저주를 받게 됩니다."**(갈 3:10)

을 거룩하게 하는 성전이냐?마 23:13~17

이어 예수는 당대 종교의 상징인 성전을 정화함으로써 종교 권력을 거부합니다. 앞에서 본 대로 요한복음에 따르면, 유대인의 유월절이 가까워져 예수가 예루살렘으로 갔는데, 성전 안에서 소와 양과 비둘기 파는 사람들과 돈 바꾸는 사람들이 앉아 있는 것을 보고는, 노끈으로 채찍을 만들어 양과 소를 다 성전에서 내쫓고 돈 바꾸는 사람들의 돈을 쏟아 상을 엎고, 비둘기 파는 사람들에게 그것을 가져가라고 하며, "내 아버지의 집을 장사하는 집으로 만들지 마시오"라고 말합니다. 그리고 제자들에게 "이 성전을 허무시오. 세우는 데 46년 걸린 그 성전을 내가 사흘 안에 다시 세우겠소"라고 합니다.요 2:13~19 여기서 성전은 억압기관의 상징으로 예수는 모든 억압 기구를 파괴하고자 합니다.

예수의 국가 권력 비판과 비폭력 평화주의

앞에서 보았듯이 국가 권력의 폭력성에 대한 비판은 예수가 광야에서 받은 유혹에서부터 시작됩니다.눅 4:8 이는 두 주인을 섬길 수 없다마 6:24는 예수의 주장으로 이어지고, 현실 권력의 비판마 20:25~26으로 나아갑니다. 그러나 가장 중요한 논점은 카이사르의 것은 카이사르에게 하는 부분마 22:15~22입니다. 이를 로마서에서 바울이 권력자에게 복종하라고 한 구절롬 13:1과 함께 권력에 대한 복종을 예수가 말한 것이라고 하는 기독교의 전통적인 보수적 견해에 대해서는 앞에서 비판했습니다만, 여기서 다시 검토할 필요가 있습니다. 예수는 신의 복종자에게 화폐는 악이라고 하며 그들은 그것을 가져서는 안 된다고 말한 것이니 전통적인 해석과는 반대되는 것이 예수의 참뜻입니다. 이는 4세기 프랑스의 힐라리우스 주교의 해석과도 일치합니다. 예수가 납세를 옹호했든 아니든, 또는 그가 세금을 냈든 아니든^{마 17:24~27} 간에, 예수는 국가 권력이 세금을 요구할 권리가 있다고 인정하지 않았습니다. 이는 빌라도에게 예수를 고발한 자들이 예수가 "황제에게 세금 내는 것을 가로막고 자칭 그리스도 왕이라고 했"다고 주장^{눅 23:2}한 점으로도 알 수 있습니다. 또한, 이는 사도행전에서 우리는 사람이 아니라 신에게 복종해야 한다는 말에서 반복됩니다.^{행 5:29}

이처럼 예수는 국가 권력에 반대했기 때문에 반사회적인 반란자로 처형당합니다. 예루살렘에서 온 법률가들은 "예수에게 사탄이 붙었다", "그가 귀신의 왕을 힘입어 귀신을 쫓아낸다"라고 비난합니다.^{막 3:22} 이는 현대에 정의를 위해 싸우는 사람들을 과격분자, 반사회분자, 반국가세력, 선동자, 테러리스트, 공산주의자 등으로 이름 붙여 탄압하는 것과 같습니다. 예수 자신도 "세상에 불을 지르러 왔다"^{눅 12:49}고 했습니다.

국가 권력에 대한 저항에서 예수의 중요한 가르침은 비폭력입니다. 복음서에는 평화주의의 표현들이 많이 나옵니다. 가령 "복되어라, 평화를 이루는 사람들! 그들은 신의 아들들이라고 일컬어지리니"^{마 5:9}, 탈리오의 법칙을 부정하는 것을 비롯하여 보복하지 말라고 하는 예수의 말^{마 5:38~43}, 예수가 체포될 때 제자가 들고 있는 칼을 칼집에 넣으라고 한 말^{마 26:52}, 마음 속에 소금을 간직하고 평화롭게 지내라는 말^{막 9:50}, 발걸음을 평화의 길로 인도하리라는 즈가리아의 노래^{눅 1:79}, 평화를 남겨두고 간다는 예수의 말^{요 14:27} 등입니다. 그밖에도 구약이나 신약에 평화를 간구하는 표현은 많습니다. 가령 바울은 고린도후서에서 다음과 같이 말합니다.

비록 우리가 육신을 가지고 살지만 육신의 생각대로 싸우고 있는 것은 아닙니다. 우리의 무기는 육적인 것이 아니라 마귀의 요새라도 파괴할 수 있는 신의 강

력한 무기입니다.고후 10:3

이 점을 가장 중시한 사람은 톨스토이이지만, 앞에서 보았듯이 이미 초기 교회에서 기독교도의 군복무와 공직 복무는 금지되었습니다. 그래서 298년 탕헤르의 마르셀루스는 군복무를 거부했다는 이유로 처형 당했습니다. 그 뒤로 메노나이트, 퀘이커, 아미쉬, 형제교회Brethren 등의 소규모 교단도 평화와 비폭력을 주장해 왔지만, 대규모 교회는 '정당한 전쟁'이라는 비성서적 폭력 용인을 주장해 왔습니다. 그러나 이는 예수의 가르침에 명백히 위반하여 국가와 타협한 것입니다. 국가는 그 협력 지배 체제인 교회, 군대, 경찰, 주류언론, 정부가 통제하는 학교, 부정의한 경제 체제 등이 사람들을 통제하기 위하여 사람들에게 공포와 의존을 조장하기 위해서 그렇게 했습니다. 따라서 예수와 성서의 명백한 가르침을 무시한다면, 국가의 제국주의를 너무나 쉽게 지지하고 희생양으로 삼은 적에 대항하는 복수에 가담하는 것이 됩니다.

따라서 당연히 저항해야 하고, 그것은 비폭력 저항이어야 합니다. 예수 아나키스트는 안락의자에 앉은 철학자가 아니라 성찰하는 행동하는 사람이어야 합니다. 이는 예수의 성전 정화처럼 분노하고 행동하는 것을 뜻합니다. 그것은 살아있는 존재를 폭행하는 물리적 폭력의 야기가 아니라, 억압의 강요에 대해 평화적으로 대응하는 것이어야 합니다. 실제로 비폭력 운동의 성공률이 반에 이르는데, 그것은 폭력 운동의 그것보다 두 배 이상이라는 연구 결과가 있습니다. 예수의 비폭력 행동과 권력의 억압에 대한 승리를 궁극적으로 구현한 것은 십자가형과 부활이고, 그것은 그를 따르려는 예수 아나키스트들이 가야 할 길입니다.

이는 바울이 골로새서에서 "사탄의 권세를 짓밟아 십자가로 승리하여 그것을 사람들에게 보여주었습니다"라고 한 말에서 집약적으로 나타납니다.

예수가 자발적으로 십자가형을 받아들인 것은 국가를 비롯한 통치 체제에 대항하는 주장의 궁극적 표시입니다. 예수는 카이사르, 빌라도, 헤롯의 권력이 아무것도 아니고, 그들의 십자가형은 그를 죽이지 못하고 자유라는 대의를 더욱 강하게 할 뿐이라고 주장하면서, 심지어 그들을 용서합니다. 예수는 참된 삶을 위해 죽을 수 있어야 살만한 가치가 있음을 보여줍니다. 따라서 비폭력은 엄청난 용기를 필요로 합니다.

톨스토이의 국가 권력 비판

예수 아나키스트의 길을 톨스토이만큼 분명히 보여주는 아나키스트는 없습니다. 모든 아나키스트들처럼 기독교 아나키스트들도 국가가 폭력적이라고 비판합니다. 국가 폭력의 명백한 예는 전쟁이지만, 국가는 또한 자국민에 대해서도 폭력과 위협을 사용합니다. 특히 톨스토이는 모든 국가가 필연적으로 폭력과 위협을 행사하고, 특히 입법권의 본질은 조직화된 폭력이라고 주장합니다. 그는 입법이 국민 전체의 의사 표현 행위라는 법률가들의 견해에 동의하지 않습니다. 젊어서 법학을 공부한 적이 있던 톨스토이는 법학이란 정치경제학보다 더 오래되고 더 부정직하고 더 혼란스러운 학문으로, 그 목적은 "정치경제학의 경우와 똑같이 현재 무엇이 존재하고 무엇이 존재해야 하는가를 설명하는 것이 아니라, 현재 존재하는 것이 마땅히 존재해야 하는 것임을 증명하는 것입니다."[230]

톨스토이에게 입법이란 폭력적인 처벌의 위협에 의해서만 달성될 수 있는 권력을 가진 사람들의 의지를 표현하는 것일 뿐입니다. 따라서 법은 "조직화된 폭력으로 통치하는 사람들이 만든 규칙"이고, 그것에 따르지 않으면 "폭행

---

230) 레프 톨스토이, 조윤정 옮김, 『국가는 폭력입니다』, 달팽이, 2008, 152쪽.

하거나 감옥에 가두거나 심지어 죽이기까지 합니다."[231] 입법이 "노예제도의 근본적인 원인"이라고 단호하게 주장하면서[232] 정의상 어떤 입법적 해결책도 이 노예제도를 진정으로 근절할 수 없고, 오직 인간법의 폐지만이 그것을 할 수 있다고 합니다.

더욱이 과학적 진보는 상황을 악화시킬 뿐이라고 보는 톨스토이는 『현대과학』에서 "자연에 대한 모든 승리는 불가피하게 지배하는 소수의 '권력'과 다수의 '억압'을 증가시키는 데에만 기여할 것"이라고 주장하고[233] 『신의 나라는 네 안에 있다』에서는 정부가 '전신을 가진 징기스칸'이 되었다는 헤르젠 Herzen의 말을 인용합니다. 물론 지금은 그것을 훨씬 능가한 기술적 발명이 이루어졌습니다. 과학과 기술의 진보는 민중을 폭력적으로 억압하는 데 사용할 수 있는 선택의 범위를 확장함으로써 지배 소수를 위해 봉사합니다. 이러한 기술의 폭력성 문제는 엘륄도 지적한 바 있습니다.

국가 조직의 복잡성 중 일부는 국가가 책임지는 폭력을 어떻게 모호하게 하는지 보여줍니다. 여기서 주목해야 할 점은 기술 진보로 인해 국가가 점점 더 정교한 방식으로 더욱 폭력적이게 되었으며, 동시에 이러한 정교함과 복잡성 아래에서 폭력을 은폐할 수 있게 되었다는 점입니다. 따라서 기술 진보는 '끔찍한 권력 기계'의 건설을 가능하게 했다고 톨스토이는 말합니다. 기술 진보 덕분에 적지 않은 부분에서 국가 폭력은 체제 전복자들이 자행하는 것보다 더 위협적이고 교활합니다.

사람들은 국가가 저지른 폭력에 속고 있습니다. 그러한 속임수 중 하나는 민주 정부가 어떻게든 국가의 권력 남용을 제한하거나 그에 대한 보호 장치

231) 레프 톨스토이, 조윤정 옮김, 『국가는 폭력입니다』, 달팽이, 2008, 153쪽.
232) 레프 톨스토이, 조윤정 옮김, 『국가는 폭력입니다』, 달팽이, 2008, 151쪽.
233) Lev Tolstoy, *Recollections and Essays*, trans. Aylmer Maude, Oxford University Press, 1937, 185쪽.

를 제공한다는 환상에서 비롯됩니다. 따라서 모든 아나키스트들은 민주주의에 대한 그런 편리한 견해를 공유하기를 거부합니다. 우선 선거 과정에서 정치가들은 권력 남용의 유혹을 누그러뜨리는 절제나 청렴과는 동떨어진 행태를 보인다고 비판합니다. 다시 말해 권력에 대한 갈증으로 후보자들은 종종 비열한 전술에 의존하고, 민주주의 국가가 다른 국가보다 덜 폭력적이라는 확신을 정당화할 도덕성이나 인간성에 대한 관심을 거의 나타내지 않습니다. 실제로 선거 운동을 특징짓는 부정직한 경쟁은 최고가 아니라 최악의 후보를 공직으로 승진시킬 가능성이 훨씬 높습니다.

마찬가지로 사람들은 외국 독재자들의 권력 남용보다 자국의 행정부, 사법부, 군대에 대해서는 잘 알지 못합니다. 그들은 교활한 소수의 정치인에 의해 추천되고 매우 단호한 소수의 사람들에 의해 선출됩니다. 더욱이 톨스토이에 따르면, 민주주의 국가가 어떻게든 헌법적으로 더 정의롭다는 생각은 터무니없습니다. 더 중요한 점은 권력 남용이 소수의 사람들에 의해 더 많이 행해진다고 해서 학대나 착취가 덜한 것은 아니라는 점입니다. 민주 정부가 덜 압제적이라거나, 민주주의 국가의 무력 사용이 더 합법적이라고 주장하는 바로 그 속임수가 실제로 폭력을 훨씬 더 악화시킵니다. 도덕적 합법성에 대한 주장은 실제로는 덜 폭력적이거나 모욕적인 행동을 저지르는 것을 더 쉽게 용인할 수 있게 만듭니다. 더욱이 역설적이게도 톨스토이가 지적한 것처럼 이 속임수는 민주적 유권자를 자발적으로 노예제도에 참여하게 만듭니다. 따라서 민주주의는 기만적인 정부 형태입니다. 국가도 덜 폭력적이지는 않지만, 국가가 주장하는 합법성은 폭력을 더 수용할 수 있는 것으로 보이게 합니다.

톨스토이를 비롯한 기독교 아나키스트들이 비난하는 또 다른 국가 기만은 국가의 폭력적인 기구에 있는 각 개별 톱니바퀴가 제 역할을 수행하면서도 책임을 회피하는 최면에 걸린 의무감에 관한 것입니다. 사다리의 각 단에서 사람들은 단지 자신의 '법적 의무'를 다하고 있다고 생각합니다. 그들은 단지 주어진 일을 하고 있을 뿐입니다. 일부는 충성 맹세로 묶여 있습니다. 다른 사람들은 단지 그들의 전문적인 기능을 존중하고 있습니다. 그러나 그들은 국가 전체가 저지른 잔인한 행위에 대해 책임을 지지 않습니다. 결과적으로 인간이 느끼도록 만들어진 도덕적 책임은 시스템에 의해 희석됩니다. 이러한 과업의 세분화는 사람들이 집단적으로 그러한 야만적인 행위를 저지르는 이유를 설명합니다. 그들은 복잡한 기계의 다른 모든 개별 톱니바퀴의 기여와 함께 자신의 기여가 다른 사람 그리고 실제로 자신에게 가하는 폭력에 대해 적어도 부분적으로는 도덕적 책임이 있다는 사실을 기만적으로 간과합니다. 이는 이미 아이히만 재판에 의해 입증되었습니다.

따라서 국가 시스템의 모든 단위는 최면에 걸려 특별한 의무가 있다고 느끼게 됩니다. 그들은 자신이 다른 인간과 동등한 인간일 뿐이라는 사실을 잊고, 대신 다른 사람에게 자신을 특별한 인습적 존재로 주장합니다. 그들은 직업적 기능에 도취되어 인간으로서의 가장 기본적인 도덕적 책임을 간과합니다.

지배계급도 어느 정도 스스로에게 최면을 걸고 있습니다. 그러나 의식적으로든 무의식적으로든 그들은 시스템의 설계와 영속화에 책임이 있습니다. 톨스토이는 『나는 침묵할 수 없습니다』에서 공개 처형에 대한 책임감을 완화하는 작업의 세분화가 "상류층의 학식 있고 깨달은 사람들에 의해 신중하게 준비되고 계획된 것"이라고 믿게 한다고 봅니다.[234]

---

234) Lev Tolstoy, *Recollections and Essays*, trans. Aylmer Maude, Oxford University Press, 1937, 396쪽.

군대

톨스토이에 의하면 국가 권력의 기초는 물리적 폭력이며, 사람들에게 물리적 폭력을 가할 가능성은 주로 일제히 행동하도록 훈련받은 무장 조직인 군대에 의해 제공됩니다. 그러므로 권력은 항상 군대를 통제하는 자의 손아귀에 있습니다. 군대는 민중으로부터 지배계급을 보호하고 피억압자로부터 압제자를 보호하기 위한 최후의 수단으로 사용될 수 있습니다. 실제로 톨스토이에게는 이것이 군대의 주요 목적입니다. 그러나 군대는 대부분 노동계급으로 구성되어 있으며, 따라서 그들은 역설적이게도 그들에게 가해지는 국가폭력의 공범자가 됩니다. 그들이 그렇게 하기 위해서는 그들을 명령하게 만들고 잔인하게 만드는 특별하고 집중적인 방법이 필요합니다.

이와 관련하여 가장 중요한 속임수 중 하나는 애국심입니다. 톨스토이는 애국심이 전체 국가를 최면에 걸리게 하고 동료 인간에 대해 가장 끔찍한 야만성을 저지르도록 준비시키는 '정신적 전염병'이라고 주장합니다. 그것은 그들이 저지른 폭력이 더 높은 목적을 가지고 있고, 그들이 하고 있는 일이 매우 부당한 체제를 유지하는 것이 아니라 국가의 가치와 영토를 방어하는 것이라고 생각하도록 그들을 속이기 때문에 군인들을 더욱 어리둥절하게 만드는 결정적인 속임수입니다.

톨스토이는 지배계급이 그들의 군대의 존재를 정당화하기 위해 고의로 국제적 경쟁과 군비 경쟁을 부채질하고 있으며, 따라서 바로 그 군대가 그들의 특권을 방어하고 확장하도록 요청받을 수 있다고 비난합니다. 그는 또한 국제 평화 회의의 위선을 비난합니다. 왜냐하면 그는 그러한 회의에서 결코 진지하게 고려되지 않는 조치인 군대 근절을 통해서만 진정한 평화가 달성될 수 있다고 주장하기 때문입니다. 더욱이 평화라는 이름으로 모인 국제 군사 동맹은 단지 전쟁 동맹일 뿐입니다. 정부는 그들의 의도가 순수하다고 믿도록 사람들을 속이려고 노력할 수 있지만, 실제로는 군대에 대한 장악력을 강화하기 위해 계속해서 애국심을 배양하고 정기적으로 촉구합니다.

요컨대, 기독교 아나키스트들에게 국가는 폭력을 가하는 동일한 사람들의 동의를 이끌어 내기 위해 일련의 강력한 속임수에 의존합니다. 톨스토이는 사람들이 이러한 속임수에 최면에 걸린다고 말하는데, 그는 인류가 폭력적인 상태에서 벗어나 예수가 구상한 진정한 평화와 사랑의 사회를 실현할 수 있도록 인류가 떨쳐버릴 것을 거듭 촉구합니다.

경제적 착취

국가에 대한 기독교 아나키스트의 비판은 정치적인 것에서 경제적인 것으로 확장됩니다. 그들은 국가가 외국의 땅과 민족을 착취하여 부유층을 풍요롭게 하기 위해 전쟁을 벌일 뿐만 아니라, 부유층이 민중으로부터 훔친 것을 보호하기 위해 국내에 모든 무기를 배치한다고 비난합니다. 기독교 아나키스트들에 따르면 국제무대에서 국가는 부당하게 획득한 부를 방어적으로 보호할 뿐만 아니라, 외국 자원과 노동력을 공격적으로 착취하기 위해 탐욕과 정욕으로 전쟁을 벌입니다.

국내적으로도 국가는 합법화된 강도의 도구입니다. 가난한 사람의 부를 부자에게 이전하여 부자가 전자의 노예 상태를 더욱 공고히 할 수 있도록 합니다. 국가는 강도, 범죄자 등과 같은 최악의 인간 본성으로부터 시민을 보호한다고 주장하고, 이러한 서비스를 제공하기 위해 세금을 요구하지만, 그렇게 함으로써 보호한다고 주장하는 악과 똑같이 행동합니다.

노동자에 의해 생산되는 모든 물품은 그것을 생산하지 않는 사람들이 소유하고 생산되는 대로 계속해서 가져갑니다. 취약한 사람들을 보호하기 위해 고안된 것으로 알려진 법은 사실상 그들을 더 착취하는 수단이 됩니다. 사회적 불의의 가장 중요한 원인은 토지의 개인 소유입니다. 따라서 부유한 지주들이 많은 양의 토지를 사용하지 못하게 하고, 토지 생산에 노력을 기울이지 않았음에도 불구하고 토지에서 부를 창출하는 사람들로부터 임대료를 강탈하는 것은 강력하게 비난받습니다. 지세를 받는 사람은 굶주린 사람에게 빵 한 조각을 위해 황금 주머니를 내놓으라고 강요하는 사람과 똑같습니다. 따라서 기독교 아나키스트들은 국가가 그러한 만연된 불의를 막는 대신 노동자를 기소하고 지주를 지원하는 것에 분노합니다.

토지를 자유롭게 경작할 수 없는 상태에서 기독교 아나키스트들은 토지가 없는 민중이 임금 체계의 경제적 노예가 된다고 주장합니다. 톨스토이가 보기에 자유로이 받아들여진 이 노예 상태에는 세 가지 원인이 있습니다. 노동자들은 경작하고 살 땅이 없습니다. 그들은 정기적으로 국가로부터 세금을 내도록 강요받습니다. 그리고 그들은 도시 생활의 더 호화로운 습관에 의해 유혹을 받고 덫에 걸리게 됩니다. 이러한 요인들은 노동자가 임금 노예제에 복종하도록 설득합니다. 따라서 톨스토이에 의하면 "노동자들은 언제나 이런저런 식으로 세금, 토지, 그리고 그들의 필요와 욕구를 충족시켜줄 상품을 지배하는 사람들 밑에서 노예가 될 수밖에 없습니다."[235]

톨스토이는 비록 노예제가 오래 전에 공식적으로 폐지되었지만 후기 산업 경제 체제는 명백히 노예제에 해당한다고 주장합니다. 일부는 둘 다일 수도 있고 한 범주에서 다른 범주로 이동할 수 있기 때문에 이전 노예와 주인을 구분하는 선만큼 날카로운 구분선을 긋는 것은 어렵습니다고 하더라도, 우리 시대의 사람들이 노예와 노예 소유주로 나뉘어 있다는 사실을 부정하게 하지 않습니다.

게다가 톨스토이는 이 체계가 자연스럽거나 변할 수 없다는 사실을 받아들

---

235) 레프 톨스토이, 조윤정 옮김, 『국가는 폭력입니다』, 달팽이, 2008, 142쪽.

이기를 거부합니다. 우리 대부분은 그들의 고통과 우리의 호화로운 삶 사이의 연관성을 보지 않으려고 최선을 다합니다. 톨스토이는 이 사회 제도가 신의 뜻이라는 기독교 교리를 열거합니다. 기독교 아나키스트들은 경제에 관한 전통 이론 대부분을 의심합니다. 이러한 이론은 좀 더 안락한 사회 계층에 의해 표현되는 경향이 있으며, 약간 불공평하다고 인정되는 경우, 예상대로 현상 유지를 신성불가침으로 높이며, 이러한 현상 유지의 토대 보존에 달려 있으므로 거의 급진적이지 않은 주장된 수정안으로 이어집니다. 그동안 민중의 경제적 노예화는 억제되지 않고 계속됩니다.

경제학에 관해서는 톨스토이가 더 일반적으로 돈과 돈에 대한 경제 이론을 의심했다는 점을 언급할 가치가 있습니다. 그는 돈을 중립적인 교환 수단이 아니라 또 다른 노예제도의 도구로 봅니다. 돈의 임금 또는 세금 기능은 현대판 노예를 그들의 허드렛일에 얽매는 폭력과 강압과 분리할 수 없기 때문입니다. 같은 맥락에서 고리대금업^{이자를 받고 돈을 빌려주는 것}은 예언자들의 가르침에 반할 뿐만 아니라 다른 사람의 이마에 땀을 흘리며 살려고 노력하는 것이라고 비난받게 됩니다. 기독교 아나키스트들에게 돈은 민중을 착취하는 또 다른 도구입니다.

예수도 말했습니다. "아무도 두 주인을 섬길 수 없습니다. 사실 한편을 미워하고 다른 편을 사랑하거나 한편을 받들고 다른 편을 업신여길 것입니다. 여러분은 신과 마몬을 함께 섬길 수는 없습니다."^{마 6:24} 그러나 예수의 경고에도 불구하고 우리의 모든 교육은 두 주인을 어떻게 섬길 수 있는지 알아내려고 노력하는 것이며 사람들은 계속해서 "마음을 다해 마몬을 섬기고자" 유혹을 받습니다. 그러나 톨스토이와 같은 기독교 아나키스트들에게는 우리 모두가 두 주인 중 누구를 섬기고 누구를 포기할지 결정해야 합니다. 실제로 의식적이든 무의식적이든 그 결정은 보통 이미 내려져 있습니다. 돈을 선택했다면 신은 버림받은 것입니다. 많은 기독교인들은 신을 경배하는 대신 돈을 숭배합니다. 즉, 그들은 우상숭배의 희생양이 됩니다.

우상숭배로서의 국가

기독교 아나키스트들은 기독교인들이 돈을 숭배할 뿐만 아니라 국가를 숭배한다는 점에서 우상숭배를 한다고 비난합니다. 간단히 말해서, 그들은 국가가 신과 그의 법을 폐위시키는 인간의 창조물이라고 주장합니다. 사무엘상 8장에서 설명된 것처럼 이 창조물은 인간이 신에 대한 믿음과 신뢰가 부족함을 증명합니다.

인간의 법과 법 집행에 의존하는 것은 신의 법과 섭리에 대한 믿음의 부족과 인간의 자기 관리 능력에 대한 오만한 확신을 암시합니다. 그러므로 국가는 인간의 원죄, 즉 신처럼 되고자 하는 욕망의 표현이라고 기독교 아나키스트는 말합니다. 그것은 모든 이단의 어머니인 통치 욕구를 표현합니다. 그러므로 국가는 신의 보좌에 앉고자 하는 죄악에 젖은 인간의 욕망을 구현합니다.

게다가 국가는 우리 사회에서 신성한 것의 새로운 장소가 되었습니다. 신 대신에 발생하는 모든 일에 책임이 있고, 이제 사람들이 안전과 보호, 모든 문제의 해결책을 찾는 것은 국가입니다. 국가는 차례로 이러한 종교적 헌신으로 번창하고 이를 장려하며 모든 결정에 대한 시민의 완전한 준수를 요구합니다. 사람들은 국가를 믿고 국가에 복종하며 신의 속성과 능력을 국가에 전가합니다. 그러므로 국가 숭배는 오늘날의 금송아지입니다. 앞에서 본 예수의 세 번째 광야 유혹이 암시하듯이 국가는 참으로 악마의 영역에 속합니다. 그것은 숭배를 요구하고, 법을 만들고 집행할 전권을 추구합니다. 그것은 다른 신과의 어떤 경쟁도 허용하지 않습니다.

그러나 사도행전에서 베드로는 "사람보다 신께 순종하는 것이 마땅합니다"라고 분명히 말합니다.^{행 5:17~32} 두 가지 유형의 정부는 결합될 수 없습니다. 톨스토이는 신의 법이 다른 모든 법을 대체한다고 주장한 다음 "두 주인을 섬길 수 없습니다"라고 반복하며 인간 정부에 대한 충성 맹세는 기독교에 대한 직접적인 부정이라고 주장합니다. 기독교 아나키스트들에게 참된 기독교는 신을 유일한 왕, 입법자, 재판관이자 인간 사회의 주권자로 인정하고 다른 인간에 의한 정부를 우상숭배로 거부할 것입니다.

기독교 아나키스트는 신에게 순종하는 사람에게는 다른 권위가 필요하지 않다고 주장합니다. 산상설교는 모세 율법의 요구 사항을 충족합니다. 유사하게 일부 기독교 아나키스트들은 그 자체로 신에게 순종하는 것이 기독교인으로 하여금 대부분의 인간 법의 의도를 성취하게 한다고 주장합니다.

기독교 아나키즘의 요점은 진정한 기독교는 국가를 신의 지위로 끌어올리지 않을 것이라는 점입니다. 궁극적으로 사람은 신의 사랑의 법이나 강압적이고 인간적인 법 중 하나를 신뢰하고 믿음을 가질 수 있습니다. 따라서 기독교 아나키스트들은 권력과 폭력의 중심인 국가에 대해 기독교적 이름과 정당성을 부여하는 것에 대해 비판합니다. 그들에게는 국가와 복음 사이에 근본적인 모순이 있습니다. 하나는 본질적으로 폭력적이고 강압적이며, 다른 하나는 사랑과 용서를 가르치기 때문에 '기독교 국가'라는 용어 자체는 '뜨거운 얼음'이라는 용어처럼 모순입니다. 따라서 톨스토이는 '신성모독'을 '기독교에 의한 정치권력의 신성화'라고 부릅니다. 그것은 기독교를 부정하는 것이기 때문입니다.

진정한 의미의 기독교는 국가에 종지부를 찍습니다. 그것은 처음부터 그렇게 이해되었고, 그래서 그리스도가 십자가에 못 박힌 것입니다. 기독교 국가를 정당화할 필요가 없는 사람들은 항상 그렇게 이해해 왔습니다. 통치자들이 명목상의 외부 기독교를 채택한 이후에야 사람들은 기독교를 국가와 양립할 수 있는 것처럼 가장하는 모든 불가능하고 교활하게 꾸며낸 이론을 고안하기 시작했습니다. 그러나 우리 시대의 진지하고 성실한 모든 사람에게 진정한 기독교겸손, 용서, 사랑의 교리와 국가의 화려함, 폭력, 처형, 전쟁이 양립할 수 없다는 사실은 명백합니다. 참된 기독교 신앙을 고백하는 것은 국가를 인정할 가능성을 배제할 뿐만 아니라 국가의 토대까지 파괴합니다.

요컨대 톨스토이 같은 기독교 아나키스트들에게 국가는 폭력적이고 기만적이며 착취적인 인간 창조물입니다. 그것을 따르는 것은 그것을 신격화하는 것입니다. 기독교의 신을 국가 위에 두어 예수의 산상설교를 따를 수도 있고, 국가를 신 위에 올려 인간의 법을 따를 수도 있습니다. 전자는 진정한 기독교인이고 후자는 우상 숭배자입니다. 순응주의 신학자들이 제시한 "교활하게 꾸며낸 이론"을 통해 우리에게 그 반대를 확신시키려는 시도에도 불구하고 둘 다 따를 수는 없습니다.

3. 폭력 체제에 대한 예수 아나키스트의 대응

시민 불복종

폭력 국가에 대한 시민 불복종의 허용 한계에 대해 기독교 아나키스트들 사이에 의견이 분분합니다. 모든 형태의 시민 불복종에 반대하는 기독교 아나키스트도 있습니다. 시민 불복종은 사회를 경쟁적인 정치적 견해로 양극화하는 상호적이고 열성적이며 독선적인 비난의 정치적 분위기를 초래하고, 그 과정에서 신에 대한 순종이라는 더 높은 목적을 잃기 때문이라고 합니다. 그러나 기독교 아나키스트들 대부분은 그런 주장이 사실상 억압을 '수용'하거나 '용인'하는 것이라고 비판합니다. 그들은 우리는 저항하도록, 악과 증오와 폭력에 능동적으로 맞서도록 부름을 받았다고 말합니다. 물론 그 투쟁은 사랑과 비폭력 수단이어야 합니다. '오만한 국가'의 가면을 벗기고 전복해야 한다는 것입니다. 예수 자신이 당국에 도전하고, 그들에 반대하는 목소리를 내고, 안식일에 규칙을 어겼고, 심지어 때때로 호전적인, 그러나 비폭력적인 직접 행동에 참여하기도 했습니다. 그는 또한 기독교인들이 박해를 받을 것이며, 이것이 '증언할 기회'가 될 것이라고 경고했습니다.

십자가는 '악에 대한 저항의 상징'이므로 예수를 따르고 십자가를 지는 것은 적어도 어떤 형태의 저항을 의미합니다. 게다가, 신과 국가가 반대되는 것을 요구할 때, 기독교인들은 분명히 국가가 아니라 신에게 순종하도록 부름을 받습니다. 그러면 그것은 실제로 국가에 대한 일종의 불순종을 의미할 뿐만 아니라, 결괴에 대한 찬성 있는 인내를 의미합니다. 그러므로 기독교인은 그것을 시민 불복종으로 보기보다는 신에 대한 복종으로 보아야 합니다. 기독교 아나키스트들은 심지어 전례의 언어로 국가에 대한 불복종 행위나 증언에 대해 말하기도 합니다. 따라서 시민 불복종은 '기도'가 되고, 국가 권력에 맞서는 것은 일종의 '귀신을 쫓아내는 것'이 됩니다.

그러나 엘륄은 시민 불복종이 실제로 정치적 전략으로 효과적일 수 있든 없든 정치적 목표를 달성하기 위한 정치적 전략이 되어서는 안 된다고 주장합니다. 기독교인은 시민 불복종 운동에 공감하고 참여할 수 있지만, 그들의 목표는 항상 오로지 신의 계명을 따르는 것으로 남아 있어야 합니다. 더욱이 그러한 불복종에 대한 국가의 처벌은 전적으로 수용되어야 합니다. 불복종에 대한 형벌은 인내하고 용서하는 마음으로 견뎌야 합니다. 게다가 기독교 아나키스트들에게 감옥은 오늘날의 세계에서 일종의 안식처이자 기독교인들이 '명예롭게 거할' 수 있는 '새로운 수도원'입니다. 기독교 아나키스트들에게는 다른 뺨을 돌려주는 것조차 악^{방금 가해진 폭력}의 가면을 벗기려는 도전적인 시도이며, 예수의 성전 정화는 동등하게 또 다른 악^{권력의 집중}의 가면을 벗기려는 비폭력적 시도입니다.

신과 이웃에 대한 사랑

모든 기독교 아나키스트 지침의 근거가 되는 최고의 원칙이자 궁극적 준거는 사랑입니다. 예수는 신과 이웃에 대한 사랑이 율법의 나머지 부분에 달려 있는 가장 기본적인 두 계명이라고 자주 반복합니다. 따라서 신을 사랑하고 이웃을 사랑하는 것이 때때로 국가에 대한 불복종을 요구한다면 국가에 대한 복종이 이 두 가지 기본 계명 중 하나를 위반하는 것을 의미할 때 저항하지 말라는 다음 명령의 가장 순수한 해석을 완화하는 경우가 있을 수 있습니다.

게다가 윙크가 원래의 헬라어를 폭력적인 저항과 반란만을 비판하는 것으로 해석하는 것이 옳다면, 그리고 실제로 기독교 아나키즘에 따라 예수가 우리에게 국가 폭력과 불의에 대응하라고 부르기 때문에 어느 정도의 시민 불복종은 불가피해 보입니다. 그럼에도 불구하고 기독교 아나키스트들에게 예수의 계명에 명백히 모순되는 것은 폭력적인 저항입니다.

폭력에 대한 톨스토이 자신의 반응은 다양한 에세이, 희곡, 소설을 통해 자신의 복음을 전파하는 것이었습니다. 톨스토이에게서 영감을 받은 간디는 비폭력의 원칙을 훨씬 더 대립적으로 적용했습니다. 마틴 루터 킹과 평화주의자들은 그것을 전술적 정치 행동주의로 더욱 밀어붙였습니다. 유사하게, '가톨릭 노동자 운동'은 시간이 지남에 따라 부분적으로 헤나시의 영향을 받아 보다 대립적인 시민 불복종 방법을 채택했습니다.

따라서 다양한 행동이 기독교 아나키스트의 성서 읽기와 일치하더라도 엘러가 지적한 타락을 피하기 위해 항상 경계해야 합니다. 모든 상황에서 국가가 아닌 신을 계속 섬기는 데 가장 적합한 서로 다른 행동이 나타날 수 있지만, 항상 신을 섬기는 것이 주된 관심사일 뿐만 아니라 순종하든 불복종하든 국가에 대한 기독교적 반응은 항상 신에 대한 기독교적 순종에 부수적이어야 합니다.

국가 기관 무시

기독교 아나키스트들에 의하면 기독교인에게 첫 번째이자 가장 명백하게 금지된 영역은 국가 공직에 관한 것입니다. 국가 폭력과 억압에 연루될 수 있기 때문입니다. 기독교 아나키스트들이 인정하는 유일한 통치자는 신입니다. 기독교 아나키스트들은 또한 기독교인들이 국가 기구에 참여하는 것이 어떻게든 그 기구를 '개혁'하거나 '정화'할 수 있다는 주장을 거부합니다.

게다가 투표는 국가와 그 선거 절차에 대한 승인에 해당한다는 점에서 기독교 아나키스트들에게도 거부됩니다. 선거에 참여한다는 것은 그 선거의 최종 결과가 무엇이든 간에 선거 과정과 그 결과의 합법성에 대한 암묵적인 승인을 의미합니다. 몇몇 기독교 아나키스트들에게는 이 모든 것이 예수의 가르침을 부인하는 결과를 낳고, 따라서 기독교들은 선거에 참여할 수 없습니다.

세금 납부와 관련하여 어떤 사람들은 기독교인들이 국가의 비기독교적 기구에 연료를 공급하기 때문에 세금을 내지 말아야 한다고 믿습니다. 다른 사람들은 세금을 자발적으로 지불해서는 안 되지만 국가가 세금을 강제적으로 징수하는 데 저항해서는 안 된다고 주장합니다. 결국 대부분은 예수의 충고를 따르고 결국에는 불쾌감을 주지 않기 위해 마지못해 돈을 지불합니다.

톨스토이는 토지 가치에 단일 세금을 부과할 것을 권장하는 헨리 조지의 사회 프로그램을 옹호했습니다. 이것이 모순으로 보일 수 있지만 톨스토이는 조지의 주장만을 지지한다는 점을 강조해야 합니다. 그가 때때로 조지에게 열광하는 것은 그의 계획이 올바른 방향으로 나아가는 단계이기 때문입니다.

전쟁은 너무 폭력적이고 비기독교적이어서 기독교인이 군인이 되어 전쟁의 공포에 가담할 수 없습니다. 더욱이 군인은 국가에 의해 전쟁뿐만 아니라 자국민을 억압하는 데에도 동원됩니다. 군복무가 강제적이면 반대해야 합니다. 보편적인 병역 징집이 일반화되던 시기에 살았던 톨스토이는 특히 양심적 병역 거부를 장려했습니다. 톨스토이는 양심적 거부의 물결이 여론의 조류가 되어 사회가 예수의 급진적인 가르침을 받아들이는 길을 닦을 수 있다는 희망을 품었습니다.

아나키스트들은 국가를 매우 싫어하기 때문에 국가의 어떤 기관도 사용하기를 거부합니다. 따라서 기독교인들은 경찰을 위해 일할 수 없을 뿐만 아니라 경찰에 불만을 제기하거나 경찰의 서비스에 의존해서는 안 됩니다. 또한 법절차에 참여할 수 없으며 분쟁의 판결을 위해 법원에 의존할 수 없습니다. 기독교인은 사법 제도를 통해 다른 사람을 처벌할 수 없으며, 세속 법정을 자신의 존재로 장식해서는 안 됩니다. 엘륄은 또한 강제 예방 접종이나 의무 교육과 같은 것에 대한 양심적 거부를 옹호합니다. 후자는 국가 교육 정책을 통한 선전 도구에 불과하기 때문입니다.

따라서 전반적으로 대부분의 기독교 아나키스트들은 국가 기관과 서비스에 대한 기독교인의 무시와 참여를 거부할 것을 권장합니다. 국가가 세금 납부와 같은 것을 주장하는 경우 대부분은 결국 카이사르에게 그의 동전을 줄 것이지만, 국가에 참여하거나 국가에 의존하는 것이 신에 대한 불순종을 의미하는 경우군복무와 같이 기독교인에게 더 강력한 조치를 취할 것을 촉구합니다.

폭력의 거부

국가를 아무리 비판해도 기독교 아나키스트들은 정부 전복을 지지하지는 않습니다. 그들에게 이러한 방법은 '보복과 폭력과 살인의 정신'을 따르는 것이며 결국 득보다 실이 더 많은 결과를 낳을 것이기 때문입니다. 그러므로 국가에 대한 그들의 반응은 다른 많은 혁명가들보다 더 자비롭고 더 관용적이며 더 참을성이 있습니다.

따라서 기독교 아나키스트들은 일반적으로 폭력이나 강압과의 타협에 대한 절대적인 거부를 반복함으로써 다른 혁명적 흐름과의 유사점뿐만 아니라 차이점을 강조합니다. 많은 기독교 아나키스트는 그들의 입장을 사회주의 및 공산주의 사상과 구별합니다. 그들은 일반적으로 공산주의, 무국가, 계급 없는 사회의 목표에 진정으로 공감하지만, 강하게 동의하지 않는 것은 사회주의자들이 그 목적에 도달하기 위해 기꺼이 채택하는 강압적 수단입니다. 기독교 아나키스트들에게 목적은 결코 수단을 정당화하지 않습니다. 왜냐하면 '수단이 목적이 되거나' 적어도 그것을 '부패'시키거나 모호하게 하기 때문입니다. 바쿠닌과 마찬가지로 톨스토이도 공산주의 혁명이 또 다른 독재를 초래할 위험을 예견했습니다. 따라서 그와 다른 기독교 아나키스트들은 사회주의자들과 공산주의자들에게 국가의 고삐를 잡거나 폭력과 타협하는 다른 혁명 방법을 통해서는 그들의 의로운 목적지에 도달하는 것이 불가능하다는 점을 반성할 것을 거듭 촉구했습니다.

기독교 아나키스트들은 때때로 아나키즘이라는 용어와 그 배후의 혁명적 흐름으로부터 거리를 두었습니다. 19세기 말, 아나키즘이 테러리즘, 국왕 암살 및 기타 형태의 혁명적 폭력과 광범위하게 연관되었던 때였습니다. 그러므로 종종 일부 기독교 아나키스트들이 아나키즘이라는 꼬리표를 완전히 거부한 것은 그들이 아나키스트 이론의 강력한 비폭력 전통에 익숙하지 않았기 때문입니다. 기독교 아나키즘의 근간은 폭력을 거부하는 것이므로, 기독교 아나키스트들은 폭력을 조장하는 아나키스트를 비난하는 것과 마찬가지로 국가를 장악함으로써 목표를 달성하려는 다른 혁명적 흐름을 비난합니다.

기독교 아나키스트들은 또한 예수 시대에 세력을 키워 로마 점령을 폭력적으로 전복시키려 했던 종교 및 정치 분파인 열심당에 대해서도 비판합니다. 몇몇 기독교 아나키스트들은 예수와 그의 추종자들이 열심당의 비판과 열망에 분명히 공감했을 것이라고 강조하지만 오늘날 그들이 사회주의와 공산주의에 공감하는 것과 같은 방식으로, 그럼에도 불구하고 예수는 이러한 열심당과 매우 분명히 거리를 두었습니다. 기독교 아나키스트들에 따르면 예수가 진정으로 혁명가인 것은 바로 그의 대안적 방법 때문이었습니다. 몇 번이나 망설이고 신의 나라로 가는 다른 길을 고민했을지 모르지만, 결국 그는 기꺼이 십자가를 졌고 사랑과 용서의 혁명적 잠재력을 보여 주었습니다. 그의 가르침과 모범은 분명합니다. 악은 심지어 최악의 경우라도 죽음의 위험을 무릅쓰고 인내하는 사랑과 용서로 대응해야 한다는 것입니다.

여기서 기독교 아나키즘은 해방신학과도 분명히 다릅니다. 해방신학이 억압적인 정부를 타도하고 억압받는 자들에게 국가를 통해 힘을 실어주려 한다면, 기독교 아나키즘은 매우 실제적인 억압에도 불구하고 인내하는 사랑과 용서를 설교하며 이것이 신약성서에 기초한 유일한 혁명적 방법임을 지적합니다. 더욱이 기독교 아나키스트들은 해방신학이 십자가를 예수 가르침의 상징으로 취급하는 것을 비판합니다. 십자가는 예수 혁명의 실패가 아니라 그 자체로 그 전형입니다.

혁명적 폭력은 본질적으로 역효과를 내는 경향이 있습니다. 그것은 혁명가들의 대의에 대한 민중의 지지를 잠식하고 국가가 억압을 강화하는 편리한 구실이 됩니다. 그 결과는 혁명적인 변화가 아니라 더 많은 폭력과 억압입니다. 폭력적인 혁명적 수단은 끝없는 폭력과 반폭력으로 이어질 뿐입니다. 기독교 아나키스트들에 따르면 폭력적인 혁명에 대한 거의 모든 시도는 유혈과 비난으로 전락했으며 혁명이 억압적인 정부를 전복시키는 데 성공한 곳에서도 더 많은 억압을 초래했습니다.

대안적인 혁명적 방법은 하향식 정치 공학에 대한 열망을 포기해야 한다는 것을 의미합니다. 그것이 아무리 매력적일지라도, 기독교 아나키스트들에게 법으로 사람들을 선하게 만들려는 희망은 미혹된 것입니다. 대신에 기독교 아나키스트들에게는 진정한 변화는 아래에서 위로, 더 좋게는 내부에서 외부로 와야 합니다. 즉 유일한 선택은 모범을 보여주는 것입니다. 그러면 사람들은 자신의 의지로 그 모범을 따르기로 선택할 수 있습니다. 정의로운 사회는 각 개인의 마음과 생각을 바꿔야만 실현될 수 있습니다.

창조적 파괴

아나키 사회를 건설하는 것은 '가톨릭 노동자 운동'이 반복하기를 좋아하는 것처럼 낡은 사회의 껍질 안에 새로운 사회를 건설하는 것입니다. 아나키스트들이 모든 형태의 조직화를 거부한다고 봄은 오해입니다. 예수 자신이 제자들을 불러 모았습니다. 그러나 모든 조직은 분권화되어야 하는 것입니다. 예를 들어 톨스토이는 모든 구성원이 평등하고 모든 산업 사업에서 협력이 가장 중요하며 토지가 공유되는 농업 조직을 추천합니다. 그러나 이 조직은 중앙 집중식 계획이나 강제 없이 상호 합의에 기반해야 합니다. 참된 교회의 조직은 완전히 상향식으로, 합의적이고 자발적이어야 합니다.

대면, 실습, 풀뿌리 참여를 대신할 수 있는 것은 없습니다. 그것은 또한 마치 보편적으로 적용할 수 있는 것처럼 미리 규정할 수 있는 제도적 메커니즘이 없음을 의미합니다. 대부분의 세부 사항은 특정 상황에서 특정 커뮤니티에 의해서만 합의되고 강요 없이 합의될 수 있습니다. 물론 예수의 가르침에 기초해야 합니다.

대안적 공동체의 조직을 제시한 유일한 기독교 아나키스트는 '가톨릭 노동자 운동'인데, 그들은 그들 자신의 공동체에서 이러한 주장을 시험했습니다. 세부 사항은 단체마다 다르지만 대부분은 원탁 토론, 환대의 집, 농업대학이라는 '세 가지 프로그램'을 향해 일하는 경향이 있습니다. 원탁 토론은 구성원에게 영향을 미치는 문제에 대한 사려 깊은 성찰과 대화를 장려하기 위한 것이고, 환대의 집은 일반적으로 사회의 소외된 사람들을 돌보고 도움이 필요한 사람들에게 쉼터, 음식 및 회사를 제공하는 도시 주택입니다. 그리고 농업 대학은 자원봉사자가 땅을 일구고 지역 사회에서 생활하는 것입니다. 실제로 이 모든 집과 농장은 보살핌과 희생의 경제의 요소를 수용하기 위해 노력하는 자원 봉사자들에 의해 운영됩니다.

기독교 아나키스트들에 따르면, 단순히 그러한 분산된 공동체에 사는 것은 그 자체로 정치적 성명입니다. 즉, 참된 교회의 존재 자체가 정치적 진술입니다. 실제로 기독교 아나키스트들은 예수가 '교회'로 번역되는 헬라어 에클레시아ekklesia를 처음 사용했을 때 종교적인 의미가 아니라 정치적인 용어인 '모임'이었다고 설명합니다.

그것은 수도원처럼 사회로부터 완전히 물러나는 것이 아니라, 사회 안에서 그 대안을 실천하고, 전복적인 사회와 그 제도에 대한 정치적 반문화를 구현하고, 이 반문화를 사회의 나머지 사람들에게 가시화하도록 부름 받은 것입니다. 교회는 국가로부터 스스로를 분리하면서도 그 안에서 대안을 제시해야 합니다. 그러므로 기독교 아나키스트들에게 참된 교회는 국가에 대한 반대 성명서인 전복적인 정치 공동체가 되도록 부름을 받았습니다.

전복의 어려움 – 커뮤니티에서 악에 대처하기

기독교 아나키스트의 비전이 너무 어렵고 위험할 정도로 비현실적이라는 비판이 있습니다. 기독교 아나키스트, 특히 톨스토이는 이러한 비판을 반박하면서 진정한 교회가 공동체의 악을 어떻게 처리할 것인지를 설명합니다. 톨스토이는 악이 선을 노예로 삼고 억압하기 쉽게 만드는 것은 오래전부터 일어난 일이고, 모든 국가에서 여전히 일어나고 있는 일이라고 말합니다. 악한 사람들이 정부 권위로 억제되어야 한다는 주장은 '선한' 사람들이 '지금 권력을 잡고 있다'는 것을 '당연히' 받아들이지만, 권력을 '찾고' 획득하고 '유지'하는 사람들은 '선'이 아니라 '오만, 교활함, 잔인함'에 의해 움직입니다. 또한, 톨스토이는 국가가 있든 없든 어떤 사람들은 다른 사람들을 억압할 것이라고 주장합니다.

그러므로 국가가 폐지되어야 하는 것은 바로 어떤 사람들은 악하고 그들이 선을 지배하는 경향이 있기 때문입니다. 기독교인들이 국가를 통해 악을 억제하는 것보다 급진적 원칙을 따름으로써 세상을 질서 있게 유지하는 데 더 많이 기여할 수 있습니다. 톨스토이는 또한 사람들이 '현명한 정부'에 의해 '반드시 인도되어야 한다'는 생각을 거부합니다. 일부 사람들이 인간에게 폭력을 사용하도록 허용한다는 사실은 그들이 더 현명한 것이 아니라 덜 현명하다는 것을 나타냅니다. 도덕은 법으로 강제될 수 없습니다. 사람들이 강압적인 입법에 의해 인도될 수 있다는 생각은 잘못된 것입니다.

톨스토이는 더 나아가 국가의 폐지가 사회적 혼란을 수반할 것이라는 점을 인정하기를 거부합니다. 그는 국가가 없는 사회가 어떤 모습일지 정확히 알지 못하다고 하면서도, 국가는 사랑과 희생이라는 반문화에 의해 쓸모없게 될 것이기 때문에 이 대안은 현재 국가 탄압으로 인한 사회적 긴장보다 더 크지 않다고 봅니다. 기독교 교회는 국가가 보존하는 불공평한 사회보다 폭동과 사회적 무질서에 덜 취약할 것입니다. 게다가 인간이 향유하는 안전과 복지의 정도는 국가권력에 의해 보장된다고 주장하는 것은 자의적입니다. 오늘날 인간이 어느 정도의 안전과 복지를 누릴 수 있는 것은 꼭 국가 덕분만은 아닙니다.

그러나 가령 무장한 미치광이가 자신이나 가족을 공격한다면 기독교 아나키스트는 어떻게 해야 할까요? 그런 미치광이에게 공격당하는 아이를 보호하기 위해 최후의 수단으로 무력을 사용해야 하지 않을까요? 하는 질문에 답하면서 일부 기독교 아나키스트들은 급진적 원칙과 기꺼이 타협하기도 합니다. 그래서 베르다예프는 극단적인 경우에 최소한의 힘이 허용될 수 있다고 합니다. 그러나 톨스토이는 반대합니다.

우선 톨스토이는 아이를 구할 수 있는 유일한 대답은 가해자를 죽이는 것이라고 일반적으로 말하지만, 이는 잘못 생각하는 것이라고 지적합니다. 우리 자신의 폭력은 그 자체로 악이며, 더 큰 악의 원인이 될 수 있기 때문입니다. 톨스토이는 특히 전쟁에서 인간이 저지를 수 있는 매우 실제적인 고문, 강간, 살인을 무시하지 않지만, 그러한 공포를 근절하기 위해 인간이 싸움을 멈추고 서로 사랑하고 용서하기 시작할 필요가 있다고 주장합니다. 비록 단기적으로는 매우 현실적인 희생과 고통을 치르더라도 말입니다. 그것이 기독교 아나키스트들이 이해하는 예수의 가르침입니다.

그들에게 무저항의 고통은 적어도 인류를 더 밝은 미래로 인도할 수 있습니다. 물론 특히 자신의 자녀에 관해 이야기할 때 그것은 매우 어렵습니다. 그러나 방어를 위한 폭력의 사용은 또 다른 가족을 괴롭힐 뿐이며 폭력의 악순환은 계속됩니다. 따라서 사랑하는 사람을 무장한 미치광이로부터 보호하기 위해서라도 톨스토이와 같은 일부 기독교 아나키스트들은 폭력이 궁극적으로 정당화되거나 실제로 도움이 된다고 믿지 않습니다.

기독교 아나키스트들에게 폭력적인 대응이란, 더 많은 폭력의 씨앗을 뿌리고, 자신의 중요한 이익으로 간주되는 것을 보호하기 위해 폭력을 사용할 상대방의 권리를 정당화합니다. 더욱이 진정한 기독교 교회에서는 아무도 다른 사람에게 폭력을 사용하지 않고, 모든 사람이 모든 사람을 돌보고 베풀고 돕는 곳에서 폭력이 발생할 위험은 처음부터 매우 낮을 것입니다.

진정한 기독교인은 사랑과 무저항이 실패하는 경우에 기꺼이 죽음을 받아들일 것입니다. 그렇게 하는 것은 예수의 모범과 수천 명의 기독교 순교자의 모범을 따르는 것일 뿐입니다. 참된 교회의 구성원은 공동체에 직면할 수 있는 악을 처리할 때 예수의 가르침에 대한 순교자로서 죽음을 무릅쓰고 궁극적인 희생을 기꺼이 감수할 준비가 되어 있어야 합니다. 기독교 아나키스트들은 예수 자신이 십자가까지 그를 따라가는 것과 관련된 궁극적인 희생에 대해 경고했다는 것을 기억합니다. 그들에게 '화평이 아니라 칼을 주러 왔습니다'고 말할 때 그가 의미한 바입니다. 죽음에 대한 헌신은 예수 아나키즘 운동의 결론이며 당면한 미래입니다. 참된 교회의 구성원은 예수와 그의 가르침에 대한 확고한 믿음에 대한 간증으로 예수처럼 죽을 준비가 되어 있어야 합니다.

그러므로 기독교 아나키스트들에게 고통은 참된 아나키 사회에서 피할 수 없는 것입니다. 선을 악으로 갚는 것은 항상 어려울 것입니다. 그리고 악을 악으로 갚는 것 역시 고통을 수반합니다. 예수를 따르는 데는 용기가 필요합니다.

겨자씨의 신비한 성장

기독교 아나키스트들은 참된 교회의 아나키 사회 생활에 의해 설정된 집단적 모범이 개인적 희생의 개별적 예만큼 영감을 주고 전염될 수 있다고 믿습니다. 예수는 겨자씨의 신비한 성장을 말했습니다. 처음에는 사소해 보이지만 결국에는 엄청난 중요성을 지닌 능력으로 성장합니다. 예수의 비유가 씨앗이 어떻게 자라는지는 수수께끼라는 점을 분명히 하고 있습니다. 게다가 예수는 쉽게 파괴될 수 있는 환경에서 강하게 성장한다고 말하였습니다. 이는 아나키 사회가 직면할 적대적이고 광범위한 환경에 대한 경고입니다. 어쨌든 마이어스가 설명하듯이 "제자/독자의 소명은 풍성한 수확을 위한 독려가 아니라 그것은 '스스로' 이루어진다 '씨를 뿌림'에 있습니다."[236] 예수를 따르는 자들의 임무는 씨를 뿌리고 추수 때까지 인내하며 기다리는 것입니다. 물론 어려운 점은 씨가 땅에 떨어져 죽어야 열매를 맺을 수 있다는 것입니다. 이것은 그 씨앗을 구성하는 삶을 가진 우리들이 우리의 삶에 우리 자신을 묻어야 한다는 것을 의미합니다. 그러나 어떤 면에서 이 비유는 또한 순교자들을 교회의 씨앗으로 묘사함으로써 의미하는 바를 더욱 분명하게 합니다. 참으로 그들의 피와 희생, 그들의 죽음에서 아나키 사회가 신비롭게 번창할 수 있습니다.

더욱이 이미 언급했듯이 추수 날짜는 알 수 없습니다. 우리는 무국가 신의 나라인 아나키 사회가 언제 시작될지 알 수 없습니다. 그럼에도 불구하고 톨스토이는 씨앗의 성장은 불가피하다고 주장합니다.

신의 나라는 여러분 안에 있습니다

이 책에서 몇 번이나 반복한 예수가 최초로 한 말, "회개하십시오. 신의 나라가 다가왔습니다"는 보통 개인적 차원의 정신적 메시지로 이해되지만, 그것은 동시에 심오한 사회적 및 정치적 메시지입니다. 예수가 그 말을 했을 때 유대인들도 그렇게 들었습니다. '신의 나라'라는 것이 사후에 가는 저 세상의 천국이나 천당이 아니라, 이 세상에 새로운 나라를 세우는 것이라고 들었습니다. 그렇다고 해서 그 말은 지금 세상보다 좀 더 좋거나 좀 더 이상적인 나라로 개혁하려고 하는 것도 아닙니다, '신의 나라'라고 한 말의 나라는 원래 '왕

---

236) 체드 마이어스, 황의무 옮김, 『강한 자 결박하기』, 대장간, 2022, 360쪽.

국'kingdom으로 적혀 있었던 말이지만, 이는 외부에서 강제되는 룰이나 사회를 전면적으로 계급적으로 지배하는 전통적인 왕국을 말하는 것은 물론 아닙니다. 그래서 기독교 아나키스트 중에는 '비왕국'unkingdom이라는 영어사전에도 없는 말로 대체하는 사람들[237]이 있지만, 그 말은 예수가 말한 신의 나라인 아나키 사회를 말하기에는 문제가 많습니다. 또 예수의 가르침이 사랑인 점에서 '신의 나라'를 '사랑의 공화정'commoweal of love이라고 부르기도 하지만[238] 역시 아나키 사회와는 무관한 말입니다.

예수는 "신의 나라는 여러분 안에 있습니다"라고 합니다.눅 17:21, 바울은 "신의 나라는 먹고 마시는 것이 아니라, 성령 안에서 누리는 의로움과 평화와 기쁨"이라고 합니다.롬 14:17 즉 '신의 나라'는 하나의 생활방식을 말하는 것이라고 바울은 봅니다. 적극적인 비폭력주의자인 바울은 '신의 나라'를 현실 국가를 대체하는 것으로 보고, 그곳에서는 현실 국가의 무기를 사용해서는 안 된다고 했음을 앞에서 보았습니다. 이는 독일의 아나키스트 시인이었던 구스타프 란다우어가 다음과 같이 말한 것과 통합니다.

> 국가는 혁명에 의해 파괴될 수 있는 어떤 것이 아니라, 사람들 사이의 어떤 조건이나 관계, 인간 행동의 한 양식이므로, 우리는 서로 다른 관계를 맺고, 다른 행동을 함에 의해 국가를 파괴할 수 있다.[239]

이 말은 마르크스주의나 해방 신학 등이 주장하는 혁명보다도 아나키즘은 더 근본적인 변화를 촉구하는 것이라는 점에서 예수의 길과 통합니다. 1870

---

237) Mark van Steenwyk, *The Unkingdom of God: Embracing the Subversive Power of Repentence*, InterVasity Press, 2013.

238) Paul Dordal, In Search of Jesus the Anarchist, Eleutheria Press, 2017, 53쪽.

239) Colin Ward, *Anarchism*, Oxford, 2004, 8쪽 재인용.

년대 제1 인터내셔널에서 마르크스와 논쟁하던 바쿠닌은 "사회주의 없는 자유는 특권이자 부정의이고, 자유 없는 사회주의는 노예이자 야만이다"라고 말한 것으로 유명합니다. 그 말은 20세기 공산주의의 운명을 예견한 것으로 유명하지만, 자유주의라는 미명의 자본주의의 운명을 예언한 말이기도 했습니다.

많은 기독교 아나키스트는 무국가 사회에 대한 비전을 예수가 예견한 신의 나라와 동일시합니다. 그들은 이 나라가 지상에서 미래의 현실이 될 것을 기대합니다. 특히 톨스토이는 모든 인간이 예수의 아나키즘을 이행한다면, 신의 나라가 참으로 '지상에 임할 것'이라고 여러 번 반복해 말했습니다. 그러므로 예수를 따른다는 것은 미래에 인간의 나라를 무국가 신의 나라로 대체하는 길을 걷는 것입니다.

그러나 신의 나라의 도래를 재촉하려는 시도에는 큰 위험이 있습니다. 그 목적을 위해 폭력적인 수단을 채택하려는 유혹입니다. 수많은 천년왕국 종파와 운동이 이 함정에 빠져 예수의 가르침의 본질을 배반했습니다. 사회에 대한 많은 유토피아적 비전종교적이든 세속적이든이 폭력적이고 잔인한 운동으로 타락했습니다. 기독교 아나키즘이 강조하는 것처럼 문제는 유토피아적 목적이 아니라, 이 목적을 위한 강압적 수단에 있습니다.

기독교 아나키즘과 해방신학 사이의 가장 분명한 차이점 중 하나를 발견하는 것도 여기에서 찾을 수 있습니다. 기독교 아나키스트와 평화주의자는 기독교인은 역사의 과정을 관리하려고 시도해서는 안 된다고 하면서 해방신학을 비판합니다. 해방신학자들은 신의 나라의 도래가 인간에 의해 관리될 수 있고 관리되어야 한다고 일반적으로 가정하고 있는 반면, 기독교 아나키즘 사상가 대부분은 인간의 관리가 아니라 예수의 가르침을 통해 신의 나라가 진정으로 잠재력을 최대한 발휘하기를 기대합니다.

즉 기독교 아나키스트들은 신은 우리 자신의 삶과 공동체에서 인내와 희생의 사랑과 용서에 대한 예수의 가르침을 증거하기를 원하고, 신의 나라는 그러한 증언에 대한 응답으로 동료 인간의 자발적인 회심에 의해서만 촉진될 수 있다고 생각합니다. 기독교 아나키스트들은 예수가 그의 가르침과 모범에서 정치공학의 유혹을 거부하고 대신 십자가에 자신을 내맡겼다고 주장합니다. 인간의 경영으로 신의 섭리를 대신하여 '인간의 손으로 지상의 나라를 건설'하려는 결정의 뿌리가 되는 것은 그러한 기독교인의 인내와 믿음의 상실입니다.

기독교 아나키스트들 대부분에게는 기독교를 정치적 효능에 대한 망상으로부터 분리하는 것이 중요합니다. 정치권력을 통해 사회를 형성하려는 유혹은 예수가 광야에서 거부한 바로 그 유혹입니다. 그것은 마귀 숭배와 신에 대한 믿음의 부족을 뜻하기 때문입니다. 예수의 방식은 정치적입니다. 그것이 국가에 의한 이러저러한 정책의 채택을 규정하기 때문이 아니라, 그 방식을 비판하고 국가와 관습적 경로를 만드는 삶의 방식을 예시함으로써 정치권력의 정당성을 전복시키기 때문입니다.

아나키 사회는 미래지향적

아나키는 심판과 연관될 뿐만 아니라 새로운 형태의 사회생활과도 연관되며, 이것들은 옹호될 뿐만 아니라 실행됩니다. 따라서 그것은 미래지향적이라고 유용하게 이해될 수 있으며, 더 구체적으로는 아나키즘 윤리와 유사한 방식으로 미래지향적입니다. 대부분의 아나키즘 윤리에서 수단은 원하는 목적과 일치합니다. 즉, 결과는 방법에 의해 미리 보여집니다. 아나키스트의 관행은 즉각적인 결과를 가져오고 원하는 결과와 유사하다고 가정합니다. 바쿠닌의 동료인 제임스 기욤이 국가 사회주의자에 대한 유명한 비판에서 말했듯이, "권위주의 조직에서 평등하고 자유로운 사회가 나오기를 어떻게 바랄 수 있습니까? 불가능합니다." 예수의 윤리는 이것과 유사하다고 볼 수 있으며, 여러 면에서 이것은 아나키 사회가 이미 존재하고, 비록 처음에는 중요하지 않은 방식이더라도 최종 형태와 유사하고 관련된 방식으로 이행되고 있다는 개념을 이해하는 데 도움이 됩니다. 예를 들어, 겨자씨의 비유마 13:31, 막 4:31, 눅 13:18~19, 도 20나 개방적 공동생활의 관행입니다.

사실, 아나키 사회의 미래지향적 윤리가 아나키즘의 특징인 직접적 행동의 형태를 필요로 한다고 말하는 것이 지나치다고 생각하지 않습니다. 예수의 활동 중 일부는 이런 특징을 가지고 있는 것으로 보입니다. 성전에서의 행동에 대한 전통마 21:13, 막 11:15~19, 눅 19:45~48, 요 2:13~17이든, 카이사르에게 세금을 내는 것에 대한 질문에 대한 답변마 22:15~22, 막 12:13~17, 눅 20:20~26, 도 100이든, 재판에서의 행동마 26:57~27:26, 막 14:53~15:15, 눅 22:54~25, 요 18:12~19:16이든, 이 모든 것에서 그는 자신의 행동의 결과에 대해 전혀 신경 쓰지 않는 것처럼 보입니다. 실제로 직접적인 행동이 때때로 "장난기 있고 카니발적"인 것처럼 예수에게 기인하거나, 그가 옹호하는 행동 형태도 종종 그렇습니다.마 17:19~27; 18:3, 막 9:15, 눅 18:17 예수는 지속해서 "정치적 권위를 비웃으며" 그 권위가 주장하는 권력의 신비를 풀고 조롱했습니다.

아나키에 대한 비전은 유토피아적이지 않고 반사적이고 결정되지 않으며 자기 창조적입니다. 예수가 제안한 새로운 현실에서 기대하는 사회적 삶의 형태를 자세히 설명하는 것은 어렵습니다. 앞서 언급했듯이, 개방적 공동생활과 같은 특정 관행으로 특징지을 수 있지만, 자세히 설명되지 않은 부분이 많습니다. 분명한 유토피아적 청사진은 확실히 없으며, 예수가 견지한 아나키 비전을 유토피아적이라고 특징짓는 것은 유용하지 않습니다.

앞서 언급했듯이, 예수가 사용한 주요 가르침 방식인 비유는 본질적으로 암시적이어서 간단한 설명을 거부하고 불확실하고 경험적인 반응 범위를 허용합니다. 비유는 구체적인 계획을 전달하지 않습니다. 실제로 예수를 반유토피아로 생각하는 것이 더 도움이 되는 듯합니다. 이는 아나키스트들이 민중적으로 유토피아적 비전에 의해 주도된다고 가정하더라도 아나키즘적 사고방식과 공명하는 특성입니다. 유토피아는 영감을 주고, 격려하고, 즐거운 탈출구를 제공할 수 있는 등의 용도가 있지만, 동시에 강압적일 수 있으며, 그래서 전반적으로 아나키스트들이 이에 저항했습니다. 유토피아주의는 다른 사람들이 특정한 방식으로 살도록 강요하고, 단일하고 총체적인 종점으로 구상된 유토피아는 미리 정해진 계획에 맞게 조작이 필요합니다. 마리 루이스 베르네리가 플라톤에서 헉슬리에 이르기까지 유토피아적 사고를 분석하면서 보여주었듯이, 유토피아는 본질적으로 권위주의적입니다. 아나키스트에게 그러한 사회 질서의 세부 사항은 지배받는 사람들이 결정해야 합니다. 그들의 윤리는 반성적이고 자기 창조적입니다. 어떤 유토피아 이론가들이 한 것처럼 보편적으로 규정된 종착점에 대해 관행을 평가하지 않고 내재적 비판 과정을 통해 평가하기 때문입니다.

맺음말 - 아나키스트 예수는 지금 부활해야 합니다

이 책의 처음 머리말에서 "회개하십시오. 신의 나라가 다가왔습니다"라고 예수의 최초 설교는 사실 "생각을 바꾸세요. 새로운 세상이 왔습니다"라는 것이라고 했습니다. 그가 말한 새로운 세상은 당시 지배자였던 황제니 왕이니 하는 권력자가 아니라, 그 밑에서 신음하던 민중이 주인공이 되어 모두 자유롭고 평등하고 평화롭게 사는 권력 없는 세상을 말한다고도 했습니다. 바로 '아나키 사회'입니다. 그렇게 말한 아나키스트 예수에 공감하여 그를 따른 사람들도 있었지만, 그는 결국 그가 비판한 권력에 의해 한 해 정도 만에 십자가에 못 박혀 죽었습니다.

반세기 만에 친구를 만나려 그가 목사로 있는 시골 교회를 힘들게 찾아갔는데, 교회 입구에 차별금지법과 학생인권조례에 반대한다는 등의 플래카드가 요란스레 붙어있는 것을 보고 논쟁을 했다고도 했습니다. 예수는 차별을 비롯한 사회적 약자의 인권 보장을 위해 적극적으로 싸우다가 그것을 싫어하는 권력자들에 의해 처형당했기 때문입니다. 50여 년 만에 친구와 헤어지면서 다시 보지 못할 것을 생각하니 너무 슬펐습니다. 그러나 더 큰 슬픔은 대한민국의 교회 대부분에 그런 플래카드가 몇 년째 걸려 있고, 지금도 걸려 있으며, 앞으로도 걸려 있을 것이라는 점입니다.

제발 그 저주의 플래카드를 내려 주십시오. 대한민국이 플래카드의 나라인 것은 세계적으로도 유명하지만, 제발 교회만큼은 그런 것들을 매달지 마십시오. 성당에서도, 절에서도 내려주십시오. 합격을 기원하니 뭘 위해 기도

하니 따위의 낙서도 내려주십시오. 내가 이 책에서 설명한 아나키 사회는 성서에 '신의 나라'라고 하는 곳이고, 교회나 성당은 그런 나라를 세우기 위한 전초기지입니다. 절도 붓다의 나라를 세우기 위한 주춧돌이자 터전입니다. 그 아나키 사회는 민주주의와 인간의 존엄과 가치, 자유와 평등을 보장하는 우리 헌법이 추구하는 사회이기도 합니다. 아나키스트는 법을 믿지 않지만, 나는 적어도 헌법의 민주주의 선언과 인권 조항만큼은 아나키즘에도 중요하다고 생각합니다.

이 책에서 나는 예수는 아나키스트였기 때문에 로마제국에 의해 처형을 당했고3~6장, 초기 기독교는 예수의 아나키즘을 계승했으나, 4세기 이후 권력과 결탁하여 타락해 시금까지 왔는데 이제 다시금 새롭게 부활하고 있다고 주장합니다.7장 예수를 따른다는 기독교만이 아니라, 그런 기독교가 기초를 이루는 서양의 정치, 경제, 사회, 문화, 나아가 19세기 이래 극단적으로 타락한 인간 정신과 세계 문명의 부활이 예수 아나키즘의 부활에 달려 있습니다. 따라서 이는 종교만의 문제가 아니라 정치, 경제, 사회, 문화 전반의 문제입니다. 삼십여 년의 예수 생애라는 개체 발생이 그의 사후 이천 년 여년의 인류 역사라는 계통발생으로 반복되고 있습니다. 예수가 처형당했듯이 세계가 처형당했습니다. 이제 예수가 부활하듯이 세계가 부활해야 합니다.

이 책의 중요한 논점은 먼저 3장에서 아나키스트였던 구약의 예언자들이 예수의 참된 선조이지, 다윗 왕 같은 이들은 예수의 선조이기는커녕 예수를 죽인 권력자들의 선조라고 주장하는 점입니다. 그리고 예수의 활동 장소에 따라 4장에서 갈릴리 예수, 6장에서 예루살렘 예수로 나누어 설명하는데, 이를 각각 1차 예수 아나키즘 운동과 2차 예수 아나키즘 운동으로도 부를 수 있습니다. 예수는 가난한 농부인 소작인들이 많이 살았던 갈릴리에서 설교를 시작하고그 절정이 5장의 산상설교입니다, 부유한 부재지주들이 많이 살았던 예루살렘에 가서 당시 지배자인 로마제국에 저항하다가 사형을 당합니다. 7장에서는 예수 사후 초기 기독교는 예수의 아나키즘에 충실한 면도 있지만 베드로나 바울이 예수와 달리 권력주의에 빠졌고, 4세기에 기독교가 로마의 국교가 되면서 예수 아나키즘은 완전히 사라지며, 기독교는 타락하여 다윗 왕처럼 권력자로 왜곡된 예수를 권력자의 의미가 포함된 그리스도^{예수는 스스로 메시아라는 뜻의 그리스도를 자처하지 않았습니다}로 섬겨왔다는 점, 그리고 그 가운데서도 조금씩 예수 아나키즘이 새롭게 부활했음을 설명하면서 다윗 왕 같은 권력자가 없어져야 예수가 '신의 나라'라고 부른 새로운 세상인 '아나키 사회'가 온다고 주장합니다. 다윗과 같은 왕이 아니라 예수 같은 민중이 주인공인 새로운 세상이 와야 한다는 것입니다.

이 책의 2장은 제가 이스라엘에서 본 것을 중심으로 하지만, 나머지 대부분은 주로 성서 독서를 중심으로 한 내용입니다. 성서를 차례대로 읽는 방식으로 썼으니 독자 여러분도 성서와 함께 읽어도 좋습니다. 성서를 설명하는 경우 중요한 것만 인용하고, 나머지는 해당 쪽수만 밝혔는데, 생략된 쪽들의 내용을 확인하며 읽으면 더욱 흥미로울 수 있습니다. 2천여 년 전쯤의 일을 후대의 여러 사람들이 쓴 성서이니 이상하고 황당한 구석도 적지 않지만, 흥미로운 부분도 많습니다.

기독교 신자가 아닌 내가 성서를 처음부터 끝까지 완독한 것은, 읽을 수 있는 책이 성경과 불경뿐인 군대 훈련 시절이었습니다. 한쪽 귀가 들리지 않을 정도로 당한 구타와 기합이 반복되는 폭압적인 훈련 반년을 성경과 함께 이겨내면서 예수를 아나키스트로 만나 친구가 되었고, 그 뒤 반백 년 동안 계속 아나키스트 예수는 나의 가장 소중한 친구로 내 삶의 등불이 되어 왔습니다. 이 책은 그런 관점에 선 '나의 예수 읽기'이자 '나의 성서 읽기'입니다.

가끔 사제, 목사, 수녀, 신학자 등을 만나 나의 성서관에 대해 말한 적도 있지만, 그렇게 호의적인 반응을 얻지는 못했습니다. 그들 중에는 나에게 성당이나 교회에 나오면 성서를 제대로 이해할 수 있다고 권한 사람들도 있어서 나가보기도 했지만, 나의 성서 이해와는 다르다는 느낌을 버리지 못해 지금까지도 혼자 성서를 읽고 구약의 예언자들이나 예수를 아나키스트로 느끼며 친구로 삼아 살고 있습니다. 다행히도 저와 같이 생각하는 사람들이 이 나라 저 나라에 많아 그들과도 친구로 지냅니다. 그러나 예수를 아나키스트로 보는 사람들은 옛날이나 지금이나 여전히 다수파가 아니라 소수파입니다. 예수도 소수파였으니 그를 친구로 삼는 내가 소수파여서 슬프거나 유감인 것은 전혀 아닙니다. 이제 일흔이 넘어 예수의 삶과 죽음을 조금이나마 나름으로 이해하게 된 것이 기쁠 따름입니다.

나는 고독한 아나키스트 예수를 사랑합니다. 70여 년을 살아오면서 교회나 성당에 가본 적이 여러 번 있고, 아주 어릴 적에 아버지의 권유로 간 성당에서 요아킴이라는 세례명을 받고 잠시 다닌 것 외에 신자인 적은 없어도 항상 성서를 읽고 가까이했습니다. 불경이나 유교 경전 등도 가끔 읽지만, 그 횟수는 성서에 비할 바 아닙니다. 성서를 가까이 한 이유 중 가장 큰 것은 예수라는 사람에 대한 관심 때문입니다. 그래서 오랫동안 그가 태어나 살았던 이스라엘에 가고 싶었고, 7년 전 봄에 퇴직하자마자 바로 그곳에 갔습니다. 이 책은 그때 보고 느낀 점을 중심으로 하여 내가 생각하는 예수를 고독하고 연약한 아나키스트로 그려본 책입니다. 무신론자가 일반인을 위해 쓴 책이어서 기독교 신자에게는 상식적인 이야기들이 나올 수도 있고, 불쾌한 이야기도 나올 수 있지만, 예수를 사랑하고 존경하는 점에서 누구 못지않다고 자부하는 점만은 믿어주기 바랍니다. 기독교인은 모두 예수를 사랑하는 사람들이 아닌가요? 그 점에서 나도 기독교인과 전혀 다르지 않습니다.

이 책에서 나는 구약과 신약에는 분명히 아나키즘적 요소가 있지만, 반아나키즘적인 요소도 있다고 주장합니다. 약 2500년 전부터 여러 사람에 의해 여러 시대에 걸쳐 쓰인 책이 하나의 일관된 체계의 사상일 수 없습니다. 이는 불교나 유교 심지어 노자와 장자에서도 볼 수 있는 현상입니다. 따라서 불교는 아나키즘이고 유교는 반아나키즘이라거나, 노자는 아나키스트가 아니지만 장자는 아나키스트라고 말하는 것 등은 반드시 옳지 않습니다. 나라나 세계도 마찬가지입니다. 그러나 성서나 불경이나 근본은 아나키즘입니다. 특히 구약은 왕의 권력이 집중되는 국가가 아닌 소규모의 분권 사회를 이상으로 삼으며, 신약의 예수도 그런 사회를 신의 나라로 보고 로마제국을 부정했습니다. 나는 구약의 이스라엘처럼 세상의 모든 나라는 원래 소규모의 분권 사회인 아나키였다고 생각하고, 그런 세상이 다시 와야 한다고 믿습니다.

그러나 예수가 그러했듯이 어디에서나 아나키스트는 소수입니다. 과거나 지금이나 이스라엘에서도 소수입니다. 예수가 살았을 때 예수도 고독한 소수파였습니다. 그를 따르는 사람 중에는 아나키스트도 있지만 역시 소수이고, 다수는 반아나키스트들입니다. 지금 이스라엘에도 아나키스트로서 평화주의를 하는 주장하는 사람은 소수입니다. 반면 대다수는 반아나키스트이자 반평화주의자로서 팔레스타인 사람들을 학살하는 데 앞장 서고 있습니다. 팔레스타인 사람들이나 평화주의적인 이스라엘 사람들이 다수파가 되어야 이스라엘에서 전쟁은 끝날 수 있습니다. 한국도 마찬가지입니다. 평화주의자가 다수파가 되어야 전쟁은 일어나지 않습니다. 세상 모든 곳에서 평화주의자가 다수가 되어야 전쟁은 일어나지 않을 것입니다.

이스라엘의 대학살이 70년 이상 이어지고 있고, 그것을 여전히 보수 기독교에 터잡은 서양 제국들이 지원하고 있습니다. 심지어 지금 한국에서도 성조기와 함께 이스라엘국기가 태극기와 함께 펄럭이면서 가장 반아나키적인 작태가 벌어지고 있습니다. 한국 기독교의 이스라엘 동경은 일제강점기부터 시작되었고, 1948년 이스라엘 건국과 함께 더욱 깊어져 2천여 년 만의 이스라엘 건국처럼 우리도 만주 고토를 회복하여 강대국이 되어야 한다는 주장으로 이어졌습니다. 그러나 그런 지리적 강대국 주장이나 오늘날의 경제적 강대국 주장이나 모두 반아나키적인 것입니다. 심지어 문화적 강대국 주장도 반아나키적입니다. 나는 한강 소설의 오랜 애독자로서 제 나름으로는 반국가권력의 아나키즘 문학으로 읽어왔기 때문에 그가 2024년 노벨문학상을 받은 것을 기뻐하지만, 그것이 소위 K문학이니 K문화의 위대함을 보여주는 것이라고 하는 식의 찬양에는 동의하지 않습니다. 내가 좋아하는 동학에 대해서도 그것이 기독교라는 서양 종교를 대체하는 K신의 새로운 K종교라고 하는 식의 쇼비니즘에 찬성할 수 없습니다. 민족 통일이라는 것도 그런 강대국화를 위한 것이라면 역시 나는 찬성할 수 없습니다. 자유-자치-자연의 통일이 아니라면 무의미합니다.

모든 아나키즘처럼 기독교 아나키즘도 자유-자치-자연을 추구합니다. 기독교만이 아니라 모든 종교나 문화가 그래야 합니다. 불교나 이슬람교나 도교도 예외가 아닙니다. 심지어 권위주의로 알려진 유교도 예외가 아닙니다. 그래서 이 책이 불교나 유교에도 자극이 되기를 빕니다. 마찬가지로 여러 학문에도 자극이 되기를 빕니다. 가령 기독교가 아나키즘이라면 기독교가 자본주의를 시작했다는 베버식 주장에는 문제가 있습니다. 그 주장이 옳다면 칼뱅의 프로테스탄티즘은 참된 기독교가 아니라 그 왜곡이라고 해야 할 것입니다. 유교가 동아시아 자본주의의 근본 요인이라는 주장도 마찬가지입니다. 나아가 정치, 경제, 사회, 문화 등 전반적인 차원에서 아나키즘 관점의 비판이 필요합니다. 어중간하게 현실과 타협하는 아나키즘이어서는 안 됩니다. 특히 지금, 종교가 점점 더 쇠잔해지고 있는 지금, 기독교 아나키즘의 역할은 더욱 소중하다고 생각합니다. 기독교가 원래의 모습을 회복하여 다시금 참된 복음이 될 수 있는 유일한 기회라고 생각하기 때문입니다.

마지막으로 이 책이 팔레스타인 문제에 대해 지극히 소극적인 한국 정부에 대한 비판으로도 읽히기를 바랍니다. 팔레스타인을 국가로 인정하지도 않는 한국 정부는 유엔의 인권이사국이면서도 2009년 유엔 인권이사회가 이스라엘의 가자 공격에 대한 전범 책임을 묻는 표결이 통과될 때 기권을 했을 정도로 야만적이기 때문입니다. 이어 1947년 팔레스타인 분할안이 결정된 지 65주년을 맞는 2012년 11월 29일, 유엔은 팔레스타인을 옵서버 단체에서 옵서버 국가로 인정했으나, 한국은 지금까지도 팔레스타인을 국가로 인정하지 않고 있습니다. 2024년 4월, 한국이 팔레스타인의 유엔 가입을 권고하는 안보리 결의안 표결에 찬성한 점은 그나마 다행스러운 일입니다.

일제강점기에 상하이에 세워진 임시정부 수립을 건국으로 보는 소위 진보 정권에서도 팔레스타인을 국가로 인정하지 않는 태도에는 변함이 없었습니다. 당시 이 세상의 어떤 나라도 임시정부를 나라라고 인정하지 않았지만, 팔레스타인의 경우는 세계의 대다수 국가가 국가로 인정함에도 유독 한국이나 미국 그리고 일본 정부를 비롯한 몇 나라가 부정합니다. 미국과 이스라엘이 팔레스타인을 국가로 인정해야 이스라엘-팔레스타인 문제가 풀릴 수 있으므로 그 문제는 대단히 중요합니다. 아울러 이 책은 나 자신 역시 그런 야만국에 사는 야만인임을 고백하는 책이기도 합니다. 2024년 12월 밤, 대통령이라는 자에 의한 내란이라는 터무니 없는 사건도 우리가 여전히 야만국임을 보여줍니다. 세계 10위의 경제 대국 운운하지만, 우리의 민주주의는 지극히 위험한 것임이 드러났습니다. 그런 야만을 충분히 겪은 한국은 이미 이제 세계 평화와 인류의 인권 보장에 앞장 서는 나라가 되어야 합니다. 그런 앞장에 기독교인들도 함께 나서야 합니다. 아니 기독교이든 아니든 예수라는 아나키스트의 가르침에 모두 관심을 가져야 합니다. 그가 말한 무권력의 새로운 세상,

누구도 지배하지 않고 지배당하지 않는 무권력의 세상을 함께 만들어야 합니다. 그래서 나는 내 친구 예수를 아나키스트라고 부르고, 그가 이 땅에 부활하여 자유-자치-자연을 존중하는 새로운 아나키 사회가 이루어지기를 학수고대합니다.

인용문헌

자주 인용한 인용서는 다음과 같습니다.

• 김용옥, 『나는 예수입니다』, 통나무, 2020.
• 게르트 타이센, 이진경 옮김, 『갈릴래아 사람의 그림자 – 이야기로 본 예수와 그의 시대』, 비아, 2019.
• 게르트 타이센, 박찬웅, 민경식 옮김, 『기독교의 탄생』, 대한기독교서회, 2018.
• 다나미 아모에, 송태옥 옮김, 『이스라엘에는 누가 사는가』, 현암사, 2014.
• 레프 톨스토이, 조윤정 옮김, 『국가는 폭력입니다』, 달팽이, 2008 .
• 레프 톨스토이, 강주헌 옮김, 『톨스토이 성서』, 작가정신, 1999.
• 레프 톨스토이, 박홍규 옮김, 『신의 나라는 네 안에 있습니다』, 들녘, 2016.
• 레프 톨스토이, 홍창배 옮김, 『나의 신앙은 어디에 있는가』, 바다출판사, 2020.
• 레프 톨스토이, 박홍규 옮김, 『톨스토이 비폭력 평화 편지』, 영남대출판부, 2022.
• 루돌프 불트만, 허엽 옮김, 『예수』, 삼성출판사, 1977.
• 문동환, 『예수냐 바울이냐』, 삼인, 2015.
• 버나드 엘러, 황의무 배용하 옮김, 『기독교 무지배』, 대장간, 2022.
• 월트 윙크, 김준우 옮김, 『예수와 비폭력 저항』, 한국기독교연구소, 2003.
• 이재옥, 『걸어서 성서 속으로』, 다할미디어, 2015.
• 장-피에르 이즈부츠, 배안용 옮김, 『예수의 발자취』, 황소자리, 2015.
• 자끄 엘륄, 『무정부주의와 기독교』, 이창현 옮김, 대장간, 2011.
• 자끄 엘륄, 이창현 옮김, 『폭력에 맞서』, 대장간, 2012.

- 존 브라이트, 엄성욱 옮김, 『이스라엘의 역사』, 제4판, 은성, 2002.
- 존 도미닉 크로산, 김준우 옮김, 『역사적 예수 : 지중해 지역의 한 유대인 농부의 생애』, 한국기독교연구소, 2000.
- 존 도미니크 크로산, 이종욱 옮김, 『하나님과 제국』, 포이에마, 2010.
- 존 하워드 요더, 김기현 전남식 옮김, 『근원적 혁명』, 대장간, 2011.
- 존 하워드 요더, 신원하, 권연경 옮김, 『예수의 정치학』, IVP, 2007.
- 체드 마이어스 외, 임진아 옮김, 『오늘, 마가복음을 살다』, 대장간, 2018.
- 키스 W. 휘틀럼, 김문호 옮김, 『고대 이스라엘의 발명 침묵당한 팔레스타인의 역사』, 이산, 2003.
- 체드 마이어스, 황의무 옮김, 『강한 자 결박하기』, 대장간, 2022.
- 팔레스타인평화연대, 『라피크 팔레스타인과 나』, 메이데이, 2002.
- 함석헌, 『함석헌저작집』, 한길사, 2009.

- Emma Goldman, *Anarchism and Other Essays*, Motherearth Publishing Association, 1010.
- John Dominic Crossan, *The Essential Jesus: Original Sayings and Earliest Images*, HarperCollins, 1994.
- Lev Tolstoy, *Recollections and Essays*, trans. Aylmer Maude, Oxford University Press, 1937.
- Michail Bakunin, *God and the State*, Dialectics, 2013
- Murray L. Wagner, *Petr Chelcicky: A Radical Separatist in Hussite Bohemia (STUDIES IN ANABAPTIST AND MENNONITE HISTORY)*, Herald Press, 1983.
- Paul Dordal, *In Search of Jesus the Anarchist*, Eleutheria Press, 2017.
- William Godwn, *Enquiry Concerning Political Justice, and its Influence on Morals and Happiness*. Gale Ecco, 2018 .